Reinhold Messner

ANTARKTIS
Himmel
und Hölle zugleich

W0056679

Piper
München Zürich

SERIE PIPER
ABENTEUER

Herausgegeben von Harald Eggebrecht

Für Magdalena, der die Antarktis so
bleiben soll, wie sie Shackleton,
Scott und Amundsen erlebt haben.

ISBN 3-492-11711-2
Neuausgabe 1993
4. Auflage, 86.–98. Tausend März 1993
(1. Auflage, 1.–13. Tausend dieser Ausgabe)
© R. Piper GmbH & Co. KG, München 1991
Umschlag: Federico Luci
Umschlagfoto: R. Messner
Satz: Kösel, Kempten
Druck und Bindung: Clausen & Bosse, Leck
Printed in Germany

Als ich zum Südpol aufbrach, konnte Magdalena, meine Tochter, noch nicht sprechen. Als ich zurückkam, stellte sie mir viele Fragen:

– Was hast du da unten gefunden?
– Die Unendlichkeit.
– Wie ist die Unendlichkeit?
– Weiß, friedlich, still, und alles geht dort langsam.
– So ist doch auch der Himmel?
– Vielleicht ist das der Himmel.
– Hast du in der Antarktis den Himmel gesucht?
– Nein, ich habe dort nichts gesucht, dabei aber die weiße Unendlichkeit entdeckt.
– Was muß ich tun, um die weiße Unendlichkeit zu sehen?
– Dein Leben lang dafür streiten, daß die Menschen die letzte Wildnis nicht verbauen, verdrahten, umwühlen oder unter sich aufteilen.

Bildnachweise:

Patrick Smith: S. 181, 207, 228/29, 274, 345, 383
Alle übrigen Bilder: Archiv R. Messner
Karten: Jutta Winter
Umschlagbild: Reinhold Messner im »White out«

Seite 396–397: Die Übersichtskarte unseres Weges durch das Transantarktische Gebirge, die uns als Navigationsunterlage diente. Diese 300 Kilometer über Mill- und Beardmore-Gletscher (etwa die Strecke München–Venedig) waren die schwierigsten.

Der Dank des Autors gilt allen Mitarbeitern des Verlages. Besonders sei Ralf-Peter Märtin für die Zusammenstellung des historischen Kapitels gedankt.

Inhalt

7

I. Die Reise

1. »Geh nicht!«

Es war Herbst. Herbst nicht nur auf den Bergen um Juval, auch unten im Tal. Die Obstgärten leuchteten nicht mehr, sie machten mich traurig. Obwohl ich weg wollte. So oder so. Hintendrinnen im Schnalstal, wo der Winterschnee den Sommer überdauerte, ahnte ich Kälte und Sturm. Ängste? Ja. Auf den vorgelagerten, sonst schwarzen Gipfeln der Ortlergruppe lag der erste Schnee. Die Kälte leuchtete bis ins Tal. Es war Herbst. Braun und gelb das Gras. Geruch von Fäulnis. Herbst im Wald. Von den Birken und Linden waren die Blätter gefallen. Auf den Wiesen das Gebimmel von Kuh- und Schafglocken. Vor Wochen schon war das Vieh von den Almen gekommen. Jetzt weideten die kleinen Herden neben den braunen Gehöften. Die Bauern waren bei der Obsternte und froh, wenn das Vieh die Reste des im Sommer nicht gemähten Grases abweidete. So war es auch in meiner Kindheit gewesen. Hier war ich daheim.

Seit drei Monaten lebte ich fast ausschließlich mit der Vorbereitung meiner Antarktis-Expedition. Ich las, plante, verhandelte mit Sponsoren und besprach mich mit Wilhelm Bittorf vom SPIEGEL, der über unsere Reise ins Eis berichten sollte. Material wurde getestet. Dann wieder war ich tagelang unterwegs, irgendwo auf einem Gletscher, um den Umgang mit dem Segel zu üben, das uns in der Antarktis helfen sollte, unsere Schlitten zu ziehen. Ich lernte es rasch. Ab und zu nächtigte ich im Freien. Zu Hause stand ich oft im Morgengrauen auf und zwang mich, den Weg von Schloß Juval, wo ich wohnte, hinein ins Schnalstal zu laufen und auf die Altrateiseralm. Ich trainierte sonst nicht, schon seit Jahren nicht mehr, aber die Angst zwang mich auf die Beine. Sie weckte mich auf, sie trieb mich an. Sie ließ mich nicht schlafen.

500 Höhenmeter waren es, die ich steil bergan hetzte. Dann ein Quersteig, über den ich zu den Juvalhöfen und zurück ins Schloß kam. Ich keuchte, schwitzte. Bald fühlte ich mich körperlich fit. Trotzdem, die Ängste blieben. Ich spürte das Übergewicht, das ich mit mir herum-

11

Bergfried und Ruine von Juval.
Der Nordtrakt der alten Burganlage ist nur gefestigt, nicht bewohnbar.

schleppte, und die Sorge, bei diesem Vorhaben auf der Strecke zu bleiben. Ich hatte mir Übergewicht ›angegessen‹, ein Fettpolster, um in der Antarktis nicht zu frieren und Reserven zu haben für die monatelange Schinderei. Ein Team von Ärzten hatte mir geraten, Fett anzusetzen und beim Training maßzuhalten. Die Gelenke mußten geschont werden für den 3000 Kilometer langen Marsch.

Überall war Herbst. Nicht aber in meiner Stimmung. Ich war abwesend, voller Neugierde. Vor allem war ich unruhig, geplagt von Ängsten. Mit dieser Expedition verbanden sich Vorstellungen von Schrecken und Einsamkeit. Sie überfielen mich immer häufiger, je näher der Zeitpunkt des Starts kam. Solange ein Abenteuer nur als Idee existiert, ist es leicht, ein »Held« zu sein. Vor der Realität aber hatte ich Angst. Die geplante Antarktis-Überquerung würde eine neue Dimension des Abenteuers für mich werden, vielleicht mit zu vielen Unbekannten. Immer wieder fuhr ich nachts aus dem Schlaf: von Angstträumen geplagt, in der Empfindung, allein gelassen zu sein wie ein Findelkind, den Schrecken des Eises und der Stürme ausgesetzt.

Warum wollte ich ausgerechnet dorthin, wohin Dante die Schlimmsten seiner Feinde gesteckt hatte, ins tiefste Inferno? Dieses unendliche Eis, »wo die Sünder in der Kälte steckten«, warf sein Entsetzen voraus. Im Halbschlaf, wenn ich ungewollt Bilder aus Dantes »Göttlicher Komödie« heraufbeschwor, fror ich.

So waren fahl bis wo man schamrot wird
im Eise ganz erstarrt die Schmerzensschatten,
wie Storchenschnäbel schlugen ihre Zähne.

Nach unten war ein jeder Blick gesenkt,
laut klapperte ihr Mund vor grimmiger Kälte
und aus den Augen trieft' die Qual des Herzens.

Da tropften ihre vorher feuchten Augen
hinunter auf die Lippen, und die Kälte
ließ durch die Tränen sie zusammenfrieren.

Wenn ich dann beim Laufen meine Energie spürte, wandelte sich die Antarktis in meiner Vorstellung von einem »See von Eis, der aussah so wie Glas und nicht wie Wasser unter kaltem Himmel« in ein Reich der Stille, des Friedens, der Unendlichkeit. Das war Dantes Paradies:

Schloß Juval, Stahlstich nach einer Zeichnung von Johanna v. Isser (1821). Auf dem Bauernhof darunter (»Schloßwirt«) betreibe ich eine biologische Landwirtschaft.

So löst sich an der Sonne auf der Schnee,
so auch verschwand einst der Sybille Spruch,
im Wind auf leichten Blättern fortgewirbelt.

O höchstes Licht, das so weit übersteigt
die menschlichen Begriffe, leih ein wenig
von dem, wie du dich zeigtest, meinem Geist.

Seit fünf Jahren war ich in Juval daheim. 1983 hatte ich eine Ruine erworben. Mit Hilfe einheimischer Handwerker hatte ich sie ausgebaut und so weit instandgesetzt, daß wir dort wohnen konnten, Sabine, Magdalena und ich. Ich liebte die beiden und fühlte mich wohl auf Juval.

Aber wie lange konnte ich es aushalten hier? Ein Jahr vielleicht oder zwei. Noch war ich zu jung, um ein Stubenhocker zu werden. So sehr ich diese bürgerliche Sicherheit auch zu schätzen wußte, sie konnte mich nicht halten. Vielleicht würde ich später einmal die Kraft und die Ausdauer haben, daheim zu bleiben und all das niederzuschreiben, was ich in meinem Leben erfahren habe. Vielleicht könnte ich seßhaft werden und den Bergbauernhof am Fuße des Schlosses bewirtschaften, ohne immer wieder fort zu müssen. Noch konnte ich es nicht.

13

Was wußte ich schon über das Leben, als das, was sich in den Gesichtern der Berge, der Eiswüsten widerspiegelt, wenn ein Gewitter oder ein Blizzard über sie und mich hinweggeht? Nicht ein weiches Bett oder eine gute Mahlzeit blieben mir in Erinnerung. Die Tage und Wochen, die ich in der Wildnis bei Kälte und Hunger zugebracht hatte, waren es, die mich geprägt haben. Danach sehnte ich mich, wie sehr ich mich auch davor fürchtete.

Meine Reisen hatten nichts mit Tourismus zu tun, diesem größten Industrieunternehmen der Erde. Sie dienten auch nicht der Wissenschaft. Sie führten abseits aller Wege. Mir ging es beim Unterwegssein in der Wildnis nicht um die Welt draußen, sondern um die Welt in mir drinnen. Ich war der Eroberer meiner eigenen Seele. Ich fühlte mich als Schüler des Heiligen Augustinus, der von der Natur als Medium zur Selbsterfahrung gesprochen hatte:

> Da gehen die Menschen, die Höhen der Berge zu bewundern und die Fluten des Meeres, die Strömungen der Flüsse, des Ozeans Umkreis und der Gestirne Bahnen und verlieren dabei sich selbst.

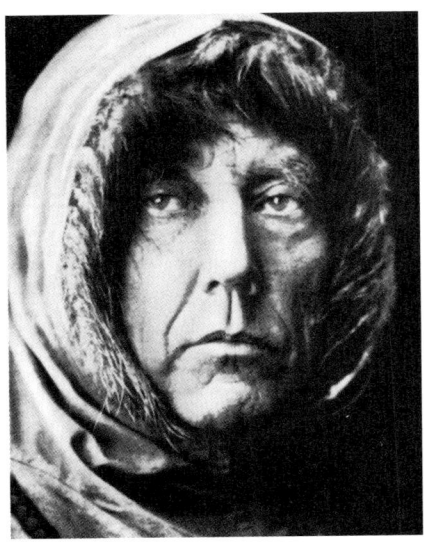

Roald Amundsen.
Der Norweger ist zweifellos der erfolg-
reichste aller Polar-Abenteurer. Ein
»Schüler« von Nansen, der als erster
die Nordwestpassage durchfuhr und
zum Nordpol flog.

Meine Reisen wollten keine Reichtümer entdecken, sie sollten der Menschheit nichts beweisen. Den Touristen, die mir folgten, hatte ich immer von ihren Vorhaben abgeraten. Vielleicht war es mir gelungen, ab und zu wenigstens, den Paradiesen im Eis, in der Wildnis des Himalaja, einen Teil jener Mythen zurückzugeben, die die Eroberer der Jahrhundertwende – Sven Hedin, Fridtjof Nansen, Roald Amundsen – mit ihrem viktorianischen Entdeckergeist zerstört hatten. Ich verzichtete auf meinen Reisen mehr und mehr auf technische Hilfe. Ich wollte den Menschen das Schützenswerte an der Wildnis bewußt machen, indem ich als Mensch dorthinging. Die Antarktis, der Himalaja, Grönland waren ein Potential für menschliche Träume. Und deshalb von unabschätzbarem Wert. Trotzdem war es für mich oft nahezu unmöglich, meine Motivation begreiflich zu machen. Das Unverständnis, das mir vor jeder neuen Reise entgegenschlug, konnte mich allerdings nicht bremsen.

»Die meisten Menschen denken an ›Abenteuer‹, wenn das Wort ›Entdeckung‹ fällt. Deshalb will ich den Unterschied zwischen diesen beiden Ausdrücken vom Standpunkt des Entdeckers festlegen. Für den Entdecker ist das Abenteuer nur eine unwillkommene Unterbrechung ernster Arbeit. Er sucht nicht Nervenkitzel, sondern Tatsachen, die bisher unbekannt waren. Oft ist seine Entdeckungsfahrt nichts anderes als ein Wettlauf mit der Zeit, um dem Hungertode zu entgehen. Für ihn ist ein Abenteuer bloß ein Fehler in seinen Berechnungen, den die ›Probe‹ der Tatsachen aufgedeckt hat. Oder ist es ein unglückseliger Beweis dafür, daß niemand alle zukünftigen Möglichkeiten in Betracht ziehen kann? ... Jeder Entdecker erlebt Abenteuer. Sie regen ihn an, und er denkt gerne an sie zurück. Aber er sucht sie niemals auf.«

So hat der Entdecker des Südpols, Roald Amundsen, den scheinbaren Widerspruch zwischen dem »Abenteuer« und seiner »Arbeit« aufgeklärt. Für mich war es umgekehrt. Ich suchte den »Nervenkitzel«, um mich als Mensch zu entdecken. Das Abenteuer als Selbstzweck. Dabei bin ich kein Masochist und kein Selbstmörder, auch nicht unterbewußt. Ich halte es mit Robert Edwin Peary, dem Entdecker des Nordpols:

»Eingefrorene und blutende Wangen und Ohren sind die Unannehmlichkeiten, die zu einem großen Abenteuer gehören.

Schmerz und Unbequemlichkeiten sind unvermeidlich, aber im Zusammenhang mit dem Ganzen gesehen, sind sie kaum wichtig.«

Ich fühlte mich wohl auf Juval. Ich hatte das historische Gebäude nach meinem Geschmack, meinen Vorstellungen eingerichtet. Trotzdem mußte ich weg. Die Nachbarn, Bauern, beobachteten mein Kommen und Gehen mit Skepsis. Ich wußte, daß es keine Freundschaft geben konnte zwischen mir und ihnen, solange ich nicht dablieb und lebte wie sie. Ich mußte immer wieder weg. Vielleicht würde ein Leben nicht ausreichen, um »heimisch« zu werden, vielleicht wollte ich das auch nicht. In Villnöß, wo ich aufgewachsen war, hatte ich unter der Nähe der Dorfbewohner gelitten. Die Schulfreunde, die Gastwirte, die für ihre Pensionen und Hotels mit meiner Prominenz warben, schickten mir bei Schlechtwetter ihre Touristen ins Haus. Sie störten mich in meiner Ruhe auf und brachten meinen Lebensrhythmus durcheinander. Auf Juval gab es eine Mauer um meinen Bereich. Ich hatte nicht nur das Gefühl, abgeschottet zu sein, ich hatte auch die Sicherheit, *mein* Leben leben zu können. Wie es *meinen* Vorstellungen entsprach.

Und trotzdem mußte ich weg. Toni verstand es nicht. Toni, mein nächster Nachbar, war mir ein lieber Freund. Früher, als das Schloß langsam verfiel und die Mauern abbröckelten, hatte er die Aufsicht über das Gebäude. Dann, beim Wiederaufbau, hatte er mit Fleiß und Geschick geholfen. Er war Bergbauer, sechzig Jahre alt und ein naturbegabter Maurer. Einer, der mit Steinen umgehen konnte wie ein Künstler mit Farben. Er war immer da, wenn es galt, einen Pflasterweg anzulegen oder Mauerreste auszuflicken. Oft hatte er mir geholfen, Steine zurechtzurücken oder aus Felsplatten Tische und Bänke aufzuschichten. Toni brachte seine Vorschläge ein, Toni beriet mich, er liebte Juval. Wenn er mir Ratschläge gab, fing er an: »Ich habe nichts zu sagen...«, »Ich meine nur...«. Zwischen uns war eine schweigende Freundschaft entstanden.

Als Toni hörte, daß ich zum Südpol aufbrach, wußte er nicht genau, was er sich darunter vorstellen sollte. Er beobachtete mein Training mit Kopfschütteln. Das Beladen des Wagens, mit dem ich immer wieder Ausrüstung nach München fuhr, wo das Expeditionslager war, gefiel ihm noch weniger. Sein Mißtrauen wuchs. Er wußte nicht, wann es losgehen sollte und – was hätte ich ihm sagen sollen? Wie der Südpol definiert wird?

Der geographische Südpol ist der mathematische Punkt, den die gedachte Achse der Erdrotation durchsticht, auf dem sich die Meridiane vereinigen, auf dem es nur noch die Nordrichtung gibt, wo der Wind nur aus Norden kommt und nach Norden weht und der Magnetkompaß stets nach Norden zeigt, wo die Zentrifugalkraft der Erde aufhört und die Gestirne nicht mehr auf- und untergehen.

Warum war die Antarktis dem »einfachen Mann« so fremd? Sicher, weil sie so weit weg war. So unzugänglich. Es kamen fast ausschließlich ökologische, politische und wissenschaftliche Probleme zur Sprache, wenn es in den Medien um die Antarktis ging. Wer war schon dort gewesen?

Die ersten Landexpeditionen, die um die Jahrhundertwende stattgefunden hatten, waren vergessen, wenn man vom Tod des »unsterblichen« Captain Scott absieht. Und die Nationen, die ihre wissenschaftlichen Basen dort unterhielten und damit ihre Claims absteckten, verstanden es glänzend, die Antarktis aus dem öffentlichen Interesse auszugrenzen. Dieser Kontinent war für die meisten von uns so weit weg wie der Mond und kälter als das Weltall. Wir konnten ihm gegenüber keine Gefühle entwickeln. Daß die Antarktis wichtig war für den Wasserhaushalt, das Klima, das Leben auf dieser Erde, glaubten wir den Fachleuten, wie wir an die Relativitätstheorie von Einstein glaubten. Aber wir empfanden nicht viel dabei. Der Südpol war ein geographisches Neutrum.

Ich wollte von unserer Reise ein Gefühl heimbringen. Ein Gefühl für die Landschaft, Hoffnung für ihr Überleben. Ich wollte der Antarktis ein menschliches Maß geben. Nur wenn Millionen von Menschen Gefühle für dieses Stück Erde entwickelten, konnte ein »Naturpark Antarktis« durchgesetzt werden.

Der Südpol war für Toni das Gegenstück zum Nordpol. Ein Etwas auf der anderen Seite der Welt. Weit weg. War es dort warm? Toni fragte ab und zu. Gab es Eisbären dort? So ›nebenbei‹ wollte er wissen, wann und wie diese Expedition stattfinden würde.

Anfang Oktober, als ich meinen Wagen wieder einmal vollpackte mit Kisten, Koffern, Skiern und Zelten, beobachtete mich Toni. Ich winkte ihm. Vielleicht sah es aus, als wäre mein Gruß ein Abschied für Monate. Toni kam heran, als ich losfahren wollte.

»Bist du dann weg?«

»Nein«, sagte ich, »ich komme wieder, aber nur ganz kurz.«

»Wo geht es diesmal hin?«

»In die Antarktis, das habe ich dir schon erzählt.«

»Also nicht zum Nordpol?«

»Nein«, sagte ich, »genau auf die andere Seite der Welt, zum Südpol. Wir wollen zum Südpol und die Antarktis überqueren.«

Ich merkte, daß die geographischen Angaben für Toni keine Bedeutung hatten. Er hatte die Volksschule besucht und kannte nicht viel mehr als die Höfe ringsum, Bozen und Meran. Er hatte vor bald vierzig Jahren mit seinem Vater diesen »Schloßbauernhof« übernommen und sein Leben hier verbracht. Weit war er in seinem Leben nicht weggekommen, aber er wußte, was es bedeutete, bei dreißig Grad Kälte einen Zaun zu reparieren, mit bloßen Händen Steine zu schleppen oder Eisen zu handhaben. Er konnte mit Werkzeugen umgehen. Auch im Winter. Er wußte, was es heißt, im kalten, eisigen Schnalserwind gegen den Sturm zu gehen. Toni war ein praktischer Mensch. Er konnte sich vorstellen, was es bedeutete, bei vierzig Grad unter Null zu überleben.

»Bleib daheim!« meinte Toni lapidar. Es klang wie ein Befehl. »Jetzt, wo du alles hast, wo das Schloß repariert ist, wo du ein Kind hast. Bleib doch da!«

Ich sagte, jetzt könnte ich diese Expedition nicht mehr stoppen, jetzt sei alles schon festgelegt.

Er schüttelte den Kopf und sagte: »Wenn du daheim bleiben willst, kannst du daheim bleiben.« – Und er hatte recht.

Die Vorbereitungen für diese Expedition liefen seit drei Jahren. Ich hatte Sponsoren gefunden, eine Logistik entwickelt und Ausrüstungsgegenstände gebastelt. Zwei Jahre vorher hatte ich den idealen Partner für diese Reise gefunden: den norddeutschen Abenteurer und Seemann Arved Fuchs, der für den Teil der Expedition die Verantwortung übernahm, für den mir die Erfahrung fehlte: die Navigation, das Funkgerät, das Zusammenstellen der Nahrungsmittel im Detail.

»Jetzt bist du fünf Jahre auf Juval«, setzte Toni das Gespräch fort. »Ja, fünf Jahre, und es ist schön geworden auf Juval.«

»Ja«, sagte ich, »es gefällt mir gut.«

»Dann bleib doch!«

»Ich komme schon wieder.«

Toni schaute mich ungläubig an. Er wollte noch nicht glauben, daß ich

Toni Pichler.
Mein unmittelbarer Nachbar in Juval,
Toni, der »alte« Schloßbauer, verbarg
seine Sorgen vor der Antarktis-Expedi-
tion nicht. Ich nahm seine Einwände
ernst.

nicht zu halten war. »Warum mußt du denn immer wieder weg? Juval ist das zweitschönste Schloß in Südtirol.«

Ich lachte. Dann fragte ich zurück: »Was ist denn das schönste Schloß in Südtirol?« Er gab keine Antwort. Toni, der hier jahrzehntelang die Verantwortung getragen hatte, der aufgepaßt hatte, daß nicht noch die Balken, die letzten Täfelungen aus der Ruine verschwanden, liebte dieses Gebäude aus dem 8. Jahrhundert ebenso wie ich. Damals war auf dem Hügel von Juval eine Art Festung entstanden. Errichtet von den Langobarden, die von Norden nach Süden durchzogen. Im 13. Jahrhundert dann haben adelige Herren eine Burg auf dem Felsen gebaut und dort residiert. Im 16. Jahrhundert hat der Kellermeister der Herren von Tirol, Sinkmoser, die zerfallende Burg erworben und wiederhergerichtet. Er, der Norditalien bereist hatte, in der Toskana gewesen war, hat die düsteren Burgmauern auf dem sonnigen Granithügel von Juval in ein stolzes Renaissancegebäude verzaubert. Danach verfiel das Schloß wieder. Zweihundert Jahre lang war es in der Hand von Bergbauern. Nur die Fundamente und Mauern blieben erhalten. Zum Glück hat es 1913 ein holländischer Kolonialherr erworben, der in Malaysia Kautschuk- und Teeplantagen besessen hatte. Auf einer Skitour ins Schnalstal hatte er es gesehen und sofort gekauft. Nachdem er seine Kolonien in Malaysia verloren hatte, ist er 1924 nach Juval gezogen. Mit viel Einfühlungsvermögen und Geschmack hat er die Anlage wiederaufgebaut und so dem ehemaligen Renaissancegebäude jenes stolze und gleichzeitig verspielte romantische Gesicht gegeben, das mir sofort auffiel. Als ich diesen versteckten Hügel 1983 vom Tal aus erstmals erspäht hatte, fuhr ich hinauf – und verliebte mich beim ersten Besuch.

Ich steckte viel Energie, Begeisterung und Kreativität in die alten Gemäuer. Dieses Schloß beflügelte meine Phantasie. Nicht nur, weil es mein »Heim« werden sollte, meine »Festung«, mein »Nest«. Vor allem, weil es eine Geschichte hatte. Ich brauchte einen Hafen für die Zeit zwischen den Expeditionen, für spätere Jahre, für die Monate nach der Rückkehr. Immer wieder. Dieses Stück von Südtirol lag mir auch am Herzen, weil es zu jener Natur- und Kulturlandschaft gehört, die ich, trotz meiner Reisen nach Tibet und Südamerika, zu den schönsten Flecken auf dieser Erde, mehr mochte als jede andere Gegend sonst.

Hier also war ich zu Hause. Trotz alledem, ich empfand mein nomadenhaftes Reisen nicht als Widerspruch. Ich brauchte es wie dieses Daheim. Ich kannte auf Juval jeden Stein, jeden Baum, jeden Strauch. Ich hatte den Ehrgeiz, diesen Burghügel so zu erhalten, wie er vor Hunderten von Jahren gewesen war. Soviel Ruhe, soviel selbstverständliche Eleganz hatte ich sonst nur bei tibetischen Klosterfestungen verspürt.

Ich wollte »Ade« sagen zu Toni, nach München fahren. Ich hatte es eilig wie meist vor Expeditionen. »Geh nicht!« Toni sagte es plötzlich. Es klang wie eine Beschwörung. Ich wußte, daß mich dieser alte Mann mochte, und deshalb berührte mich seine Sorge. Es wäre müßig gewesen, nach dem »Warum« zu fragen. Also sagte ich nochmals: »Die Expedition hat schon angefangen, sie ist nicht aufzuhalten.«

»Geh nicht!« wiederholte Toni. »Du hast ja alles erlebt. Bisher ist alles gutgegangen. Denk daran, was alles hätte passieren können. Geh nicht!«

Toni hatte recht, und er war nicht der einzige, der mich zu warnen versuchte.

Vor dieser Expedition kamen zahlreiche Anrufe, Briefe von Freunden, denen ich traute. Immer klang dieselbe Sorge durch. Vor allem bei denen, die es gut mit mir meinten. Sie hatten mehr Angst, mehr Zweifel als vor früheren Expeditionen, vor Reisen, die ich in Afrika, an den Siebentausendern im Hindukusch, im Himalaja unternommen hatte. Die Achttau-

Der Engländer Robert F. Scott war zweimal in die Antarktis gereist. Trotz vieler Trainingsläufe mit den Hunden konnte er sich nicht mit ihnen anfreunden.

sender in Tibet waren gefährlich gewesen. Der Marsch zum Südpol bedeutete noch mehr Einsamkeit, Verlorensein, Lebensgefahr.

Da war diese unendliche Weite der Antarktis. Vielleicht spielten auch die früheren Expeditionen von Shackleton, Scott und Amundsen eine Rolle, die viele von uns aus der Literatur kannten, wenn wir an meinen Plan dachten. Wenn ich diese Berichte las und Sorgen aufkommen ließ, konnte ich trotz Schlaftablette lange nicht einschlafen.

Vielleicht waren bei dieser Expedition meine Zweifel und Ängste auch deshalb größer als in den zehn Jahren zuvor, in denen ich regelmäßig, Jahr für Jahr, in den Himalaja aufgebrochen war, weil mir die Erfahrung im Eiswandern fehlte. Umgekehrt hatte ich in den letzten fünf Jahren gemerkt, daß mich genau diese Spannung, die mir zunehmend fehlte, die Zweifel, die Ängste bei den früheren Achttausender-Expeditionen nicht nur gebremst, sondern auch getragen und beflügelt hatten. In diesem Spannungsbogen zwischen Begeisterung und Angst, zwischen dem Um-die-Gefahren-Wissen und dem Die-Gefahren-Fürchten war jene Energie entstanden, die mich über mich selbst hatte hinauswachsen lassen.

21

Ich hatte ein Leben lang von Abenteuern geträumt. Vierzig Jahre lang hatte mich niemand am Ende von meinen Vorhaben abbringen können. Nicht die Eltern, nicht die Lehrer, nicht meine Kritiker. Habe ich nicht das Recht, mein Leben einzusetzen, um es leben zu können? Aber die Worte von Toni gingen mir unter die Haut. Vielleicht deshalb, weil er mehr über das Leben wußte als ich. Seine Einwände wogen mehr als die eines Intellektuellen. Trotz seiner Naivität wußte er mehr über die Antarktis als irgendein Schreibtischmensch oder Bürokrat. Toni dachte nicht daran, daß da einer aus dem bürgerlichen Leben ausstieg und sein Abenteuer suchte. Ihn interessierte diese meine andere Existenz nicht. Er konnte sich ein Leben, wie es die Menschen vor Tausenden von Jahren führen mußten, um überleben zu können, gut vorstellen. Er wußte auch, daß der Mensch fähig war, über Monate unter derart harten Umweltbedingungen, wie sie in der Antarktis zu erwarten waren, zu überleben: −30° C, immer Wind, immer allein. Sein ganzes Leben war ein Beweis dafür gewesen. Ihm ging es darum, den Nachbarn nicht zu verlieren. Auch darum, den Vater einer Tochter hierzubehalten, die er alle Tage beim Spaziergang beobachtete.

Es gab in Südtirol wenig Tradition, was die Arktis und Antarktis anging. Viele Südtiroler waren seit zweihundert Jahren tüchtige Bergsteiger gewesen, Bergführer auch, und der Tourismus im Lande ging auf diese frühen Pioniere zurück. Die Berge kannten alle irgendwie. An den Polen war noch kein Südtiroler gewesen. Drei haben 1983 Grönland durchquert, und zwei Bergbauern aus dem Passeiertal, Johann Haller und Alexander Klotz, hatten 1872 Julius Payer, den berühmten Erschließer der Ortlergruppe, in Richtung Nordpol begleitet. Das war alles. Sie waren Teilnehmer jener berühmt gewordenen Tegetthoff-Expedition gewesen, die Franz-Josef-Land entdecken sollte. Uns Südtiroler hat es nicht zu den Polen gezogen.

In den Wochen vor der Abreise kam es nicht selten vor, daß mich irgend jemand auf der Straße, in der Bank, im Gasthaus anredete und fragte: »Aha, nach Alaska geht es diesmal?« Geduldig antwortete ich. Immer wieder dasselbe: »Nein, in die Antarktis.« Um es kurz zu machen und die Erklärung eindeutig, betonte ich meist, es ginge zum Südpol. Der Südpol war nur eine Station auf dieser Reise. Natürlich ein Schlüsselpunkt. Wir wollten, von der südamerikanischen Seite kommend, über den antarktischen Kontinent zum Südpol marschieren und über die andere, Neuseeland zugekehrte Seite der Antarktis, nach

22

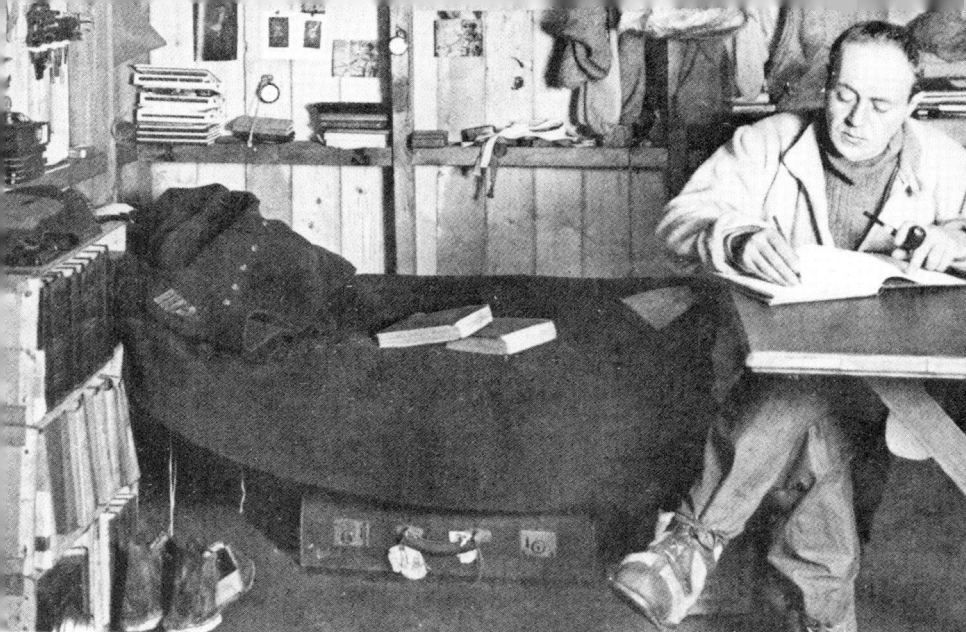

Robert F. Scott verbrachte vier Winter in der Antarktis. Am Beginn des fünften Winters kam er mit seiner Mannschaft ums Leben.

McMurdo zum Meer gehen. Teilweise auf jener Route, auf der Scott den Südpol 1912 erreicht hatte und auf der er auf dem Rückweg umgekommen war.

Toni ließ sich nicht abschütteln. Er blieb beim Auto stehen. Er wollte eine Antwort. Fragend schaute er mich mit seinen jungen Augen an. Immer noch glaubte er, mich von diesem Antarktis-Abenteuer abhalten zu können. »Im Frühling komme ich wieder«, sagte ich ihm. Es war wie zum Trost. Er gab sich nicht damit zufrieden. »Toni, es wird schon gehen.« Und nach einer Weile: »Ich komme schon durch.«

Toni insistierte: »Geh nicht!«. Und weiter: »Du hast es nicht mehr notwendig. Du hast gezeigt, daß du alles kannst. Du mußt es doch nicht immer wieder beweisen.«

»Ja«, sagte ich, »es ist richtig. Ich muß nichts mehr beweisen. Aber ich muß dort hin.«

»Gar nichts mußt du!«

»Ich *muß* dort hin«, fuhr ich nach einer Weile fort. »Ich kann nicht ein Leben lang hier in Juval sitzen. Juval ist fertig. Es ist ein phantastischer Ort. In Juval bin ich daheim, auf Dauer aber nicht glücklich. Ich werde

23

wiederkommen. Magdalena zuliebe, dir zuliebe, Sabine zuliebe. Euch allen zuliebe. Vor allem auch mir zuliebe. Ich hänge am Leben, und«, sagte ich schmunzelnd, »ich bin hier so gerne, Toni, du kannst sicher sein, ich komme wieder!«

Ich verabschiedete mich, fuhr den steilen Bergweg hinunter ins Tal. Nach Süden hin konnte ich einen Teil des Schloßberges sehen. Dort stand die Ruine, die ich als Zen-Garten gestaltet und sonst belassen hatte, wie sie gewesen war. Ein stehender Stein dort symbolisierte den Berg, ein liegender die Wüste. Von dort konnte ich die Bewegung der Wolken sehen und nachts den Sternen zuschauen, wenn ich zwischen den Mauern lag und an nichts denken wollte. Ich verließ Juval jetzt noch nicht endgültig. Es stand fest, ich würde in einigen Tagen wiederkommen, um weitere Ausrüstungsgegenstände zu holen. Um mich daheim zu verabschieden. Ich fuhr am Schloßwirt vorbei, wo ich eine Landwirtschaft mit Buschenschank betrieb. Mit einigen einheimischen Helfern hatte ich hier eine autarke Oase begründet, die mir Sicherheit gab, über alle Ängste und Sorgen hinweg.

Ich schlief schlecht. Seit Tagen nahm ich Schlaftabletten. Es half nicht. Seit wieviel Jahren hatte ich solche Mittel nicht mehr genommen! Jetzt wachte ich gegen drei Uhr früh auf, manchmal in Angstschweiß gebadet, manchmal verzweifelt. Und ich schlief nicht wieder ein. Die Phantasie spiegelte mir die Antarktis vor. Wie im Film. Gegen so viele Eindrücke kam keine Planung an. Meine eigenen Erfahrungen und meine Antarktis-Studien vermischten sich in meinem Unterbewußtsein zu einem Alptraum. Immer öfter kamen die Ängste. Ängste, wie ich sie als Fünfjähriger erlebt hatte, unter meinem ersten Berg. Als Fünfzehnjähriger, unter meiner ersten großen Dolomitenwand, vor der ersten extremen Klettertour. Ängste wie damals, als ich als Fünfundzwanzigjähriger 1970 zur Rupalwand am Nanga Parbat aufgebrochen war, zur höchsten Fels- und Eiswand der Erde, meinem ersten Achttausender. Nochmals zehn Jahre später hatte ich ähnliche Ängste erlebt, als ich daran gegangen war, allein und ohne Sauerstoffgerät mitten im Monsun auf den Gipfel des Mount Everest zu klettern. Jetzt, mit fünfundvierzig, packten mich diese Ängste bei dem Gedanken an die Antarktis-Überquerung.

Es war interessant: Das Umsteigen von einer Form des Abenteuers auf eine andere gab mir viel Energie, einen Begeisterungsschub. Gleichzeitig erlebte ich diese bremsenden Ängste.

24

Weil ich schlafen mußte, nahm ich Tabletten. Ich wollte ausgeruht sein. Deshalb blieben mir nur einige dieser Angstträume in Erinnerung. Da sah ich mich mit jemandem, der nicht zu identifizieren war, in eine unendliche Schneefläche hineingehen. Es war nicht die Größe der Landschaft, nicht das Weiß, die mich beeindruckten. Es war die innere Leere. Sie erschreckte mich. Was mich beschäftigte, war dieses Ausgesetztsein, dieses Verlorensein. Dieses Gefühl von Ausweglosigkeit, weil kein Weg da war, marterte mich. Ich hatte Sinnlosigkeit vorher nie so vehement erlebt. Am Berg gibt es ein Oben und Unten. Der Landweg hat eine Richtung. Die Antarktis war unendlich und ohne jeden Anhaltspunkt. Ich wußte nicht, wo diese Bilder herkamen. Sie beschäftigten mich nicht nur im Traum. Ich hatte die Antarktis nur als Bergsteiger kennengelernt. Und sie hatte mich begeistert. Vorerst war alles nur ein Projekt. Entstanden aus einer Idee. Meine vorbereitete Expedition, die in einigen Wochen beginnen sollte, beherrschte mich ganz. Noch war ich kein Eiswanderer. Ich wußte auch nicht, wo die vielen Ängste herkamen, die mich nicht schlafen ließen.

Ich habe zwei Töchter. Eine Neunjährige, die in Kanada lebt, und eine Zweijährige bei mir auf Juval. Magdalena, mein zweites Kind, konnte laufen, aber nicht sprechen. Sie stellte also keine Fragen. Sie schaute mich mit großen Augen an, wenn ich Koffer packte. Seit Monaten wußte sie, daß Kofferpacken Wegfahren bedeutete. Ich ahnte, daß sie nach meiner Reise Fragen stellen würde, und ich freute mich darauf.

Wenn ich jetzt in die Antarktis ging, blieb Verantwortung offen. Das bedrückte mich nicht. Nur ein Narr konnte den Tod bei einer derartigen Tour von vorneherein ausschließen. Ich wußte, daß ich in der Antarktis umkommen könnte, aber ich glaubte es nicht. Glaube ist stärker als Wissen.

Nachdem ich die Historie der geographischen »Eroberung« der Antarktis studiert hatte, wurde meine Angst vor einem Scheitern größer. Die ersten Forscher, vor allem jene, die zu Beginn dieses Jahrhunderts versucht hatten, zum Südpol und wieder zurück zu kommen, waren mir vertraut: Shackleton, Amundsen, Scott. In ähnlicher Weise wie sie wollten auch wir zum Südpol und weiter: mit eigener Kraft, mit den einfachsten Mitteln. Den Stürmen, der Kälte, der Einsamkeit ausgesetzt. In derselben unendlich großen Weite.

»Man-hauling« oder: die Proviantschlitten selber ziehen. Mit dieser Methode hatte Nansen mit seiner Mannschaft 1888 das Inlandeis Grönlands überquert.

Durch mein Abenteuerleben setzte ich mich seit Jahren einer wachsenden Kritik aus. Ein Teil der Kritik kam von Naturschützern, die meinten, ich würde die letzten Urlandschaften auf dieser Erde der Fremdenverkehrsindustrie schmackhaft machen. Ein zweiter Teil kam von Bürgern, die sich indirekt über sich selbst ärgerten, wenn sie sahen, daß da einer seine Träume mit letzter Konsequenz auslebte. Ich verstand die Anliegen der Naturschützer und versuchte, bei meinen Reisen keine Spuren zu hinterlassen. Vor allem aber verstand ich eine dritte Gruppe von Kritikern: meine nächsten Nachbarn. Sie hielten mein Tun für unverantwortlich. Daß da einer mit seiner bürgerlichen Verantwortung umging, wie er allein es für richtig hielt, war ein Affront gegen ihre Moral. Daß ich trotz Familie monatelang aus den alltäglichen Zwängen ausstieg, um meinen privaten Zwängen zu folgen, war für sie nicht zu rechtfertigen. Also versuchte ich es nicht. Ich nahm die Kritik hin und stand zu meinem Egoismus. Ich würde weiterhin zu meinem Egoismus stehen müssen, denn nur dann, wenn ich immer wieder meinen Körper und meinen Geist bis an den Rand ihrer Möglichkeiten führe, bin ich ganz ich. Ich bin dann zufrieden, ausgeglichen, erträglich. Ich bin überzeugt davon, daß die Menschheit friedlicher wäre, würde jeder dann und wann eine Chance haben, sich bis an den Rand seiner Fähigkeiten zu verausgaben. Frieden setzt nicht nur freie Nationen voraus, Frieden ist nur möglich, wenn *alle* Menschen sich als *ganze* Menschen entfalten können.

In den letzten Jahren meine Schulzeit schon hatte ich gemerkt, daß mein Weg zum Wissen nicht über Bibliotheken und Professoren, über Universitäten und Studien führen konnte. Mein Weg war das Leben und Erleben in der Realität. Ich konnte noch so vieles lernen, Erfahrungen aus zweiter Hand übernehmen – nichts übertraf meine Erlebnisse in der Wildnis. All mein Wissen über soziale, naturwissenschaftliche, religiöse Zusammenhänge beruhen auf Erfahrungen, die ich selbst gemacht habe. Das war einer der Gründe, warum ich mich immer wieder zwang, eine neue Expedition auf die Beine zu stellen, eine neue Reise zu beginnen. Wie oft hatte ich mir unterwegs gesagt: Es ist genug! Trotzdem, Wochen später, wenn die Anstrengung, die Sorgen, die Schinderei vergessen waren, begann ich von einer neuen Herausforderung zu träumen, eine neue Reise zu planen. Bald war ich wieder unterwegs. Und es war wieder gefährlich. Nein, ich wollte nie Kopf und Kragen riskieren! Ich wußte aber: Würde ich eines Tages nicht mehr träumen, nicht mehr reisen können, ich würde alt sein und daran verzweifeln.

2. Der Plan

Dreimal hintereinander hatte ich versucht, in die Antarktis zu kommen. 1983, 1984 und 1986. Im Dezember 1986 endlich landete ich am Fuß der Ellsworth-Berge. Um den Mount Vinson besteigen zu können, war ich mit zwei Freunden, Oswald Oelz und Wolfgang Thomaseth, um die halbe Welt geflogen. Mit knapp 5000 Meter Meereshöhe ist der Mount Vinson der höchste Berg der Antarktis. Er zählt zu jenen sieben Bergen, die ein paar Kletterfreaks als die »Seven Summits« bezeichneten: die jeweils höchsten Berge der Kontinente Europa, Asien, Südamerika, Nordamerika, Afrika, Ozeanien, Antarktis. Seit Jahren spielten ein paar reiche Wohlstandsalpinisten ein Spiel, das so dumm war wie der Abhak-Tourismus. Auch ich spielte mit. Ich hatte den höchsten Berg Südamerikas, den Aconcagua, über die Südwand bestiegen; den Mount McKinley über die »Wand der Mitternachtssonne«. Den Elbrus als höchsten Gipfel Europas hatte ich im Schneesturm erlebt. Zweimal war ich auf dem Mount Everest gestanden und zweimal auf dem Kilimandscharo. In Ozeanien, dem Erdteil, zu dem auch Australien gehört, hatte ich die Carstensz-Pyramide auf Neuguinea bestiegen. Nun »mußte« ich auch den Mount Vinson schaffen, wollte ich bei diesem kindischen Spiel um die »Seven Summits« nicht zurückstehen. Die Summe dieser Gipfelbesteigungen ergab keine besondere Leistung, aber sie beeindruckte das Medienpublikum.

Sechs der sieben Berge kannte ich seit Jahren. Der Ehrgeiz, mit dem Mount Vinson den siebten zu besteigen, war größer als der Wunsch, den siebten Kontinent zu erleben.

Die Antarktis beschäftigte meine Phantasie. Aber ich konnte praktisch nicht viel mit ihr anfangen. Vage kannte ich die Bücher von Scott und Amundsen, die Expeditionen von Filchner und Shackleton, die am Beginn des Jahrhunderts versucht hatten, die Antarktis zu überqueren. Meine übrigen Informationen über den Eiskontinent waren Klischees: steril, unvorstellbar groß, kalt. Es gab da nur eine emotionale Beziehung zum Südpol, eine Erinnerung aus meiner Schulzeit. Wir hatten Scotts

28

Mein Freund Oswald Oelz, einer der »Seven Summiters«, und Wolfgang Thomaseth, Grönlanddurchquerer, am Fuße des Mount Vinson in der Antarktis.

Tagebuch gelesen, eine heldenhafte und traurige Geschichte, von der mir das Ende in Erinnerung geblieben war. Am 29. März 1912 starb Robert F. Scott, 18 Kilometer vom nächsten Vorratsdepot entfernt, im Schneesturm. Mit dem Vorrat von 30 Opiumtabletten dämmerte der Engländer in seinem Zelt dem Kältetod entgegen.

Fasziniert war ich von Ernest Shackletons dritter Antarktis-Reise. Nach seinem gescheiterten Versuch, den Südpol zu erreichen, hatte dieser Haudegen den kühnen Plan entwickelt, die Antarktis zu überqueren. Der polarerfahrene »Shack«, wie ihn seine Männer nannten, war der zweite Mann, der den Entschluß faßte, den Eiskontinent von einer Seite zur anderen zu überqueren.»Shack« sollte es viel schlimmer ergehen als dem Deutschen Filchner. Als er in den letzten Monaten des Jahres 1914 auf seinem eisenverstärkten Schiff, das den Namen »Endurance« (»Ausdauer«) trug, in den Südatlantik fuhr, begann eine einmalige Odyssee. Das Schiff kam nicht einmal so weit wie die »Deutschland« unter Kapitän Filchner. Ohne anzulegen, ohne die antarktische Küste auch nur zu sehen, lief Shackletons »Endurance« im Packeis fest und fror ein. Sie wurde von den aufgetürmten Schollen zermalmt und sank. Wie Sir Ernest und seine Männer in monatelanger Schlepparbeit weiterkamen, den Winter unter

Ernest Shackleton vor den Trümmern seiner »Endurance« im Weddell-Meer. Das Schiff wurde von den Eispressungen zerstört.

Beibooten verbrachten, auf dem treibenden Eis und auf sturmgepeitschten Felseninseln überlebten und zuletzt alle gerettet wurden, ist eine der aufregendsten Abenteuergeschichten überhaupt.

Meine Reise in die Antarktis 1986 hatte ich über »Aventure-Network-International« (ANI) organisiert. Diese private kanadische Organisation, die Bergsteiger und Touristen in die Antarktis fliegt, ist noch jung. Um das Innere der Antarktis zu erschließen, hatte eine Handvoll Outdoor-Spezialisten und Piloten eine Logistik aufgebaut, die es erlaubte, mit zweimotorigen Twin-Otters von Punta Arenas in Südchile bis zu den Ellsworth-Bergen zu kommen. An der antarktischen Halbinsel entlang flogen wir bis zu einem Basecamp auf etwa 2000 m Höhe. So war der Mount Vinson auch Bergsteigern mit nur zwei Wochen Zeit zugänglich.

Nachdem ich mit »Wolfi« Thomaseth, dem südtiroler Kameramann, und Dr. Oswald Oelz, meinem Expeditionsfreund aus vielen Jahren, den Gipfel erreicht hatte, blieb im Basislager noch eine Menge Zeit, ehe uns der erfahrene Polpilot Giles Kershaw mit der »Twotter«, wie er sein weiß-rotes Flugzeug liebevoll nannte, abholen konnte.

Ich saß mitten in der Antarktis. Der Mount Vinson war einfacher zu

Testlauf (Dezember 1986) mit einem 80 kg schweren Schlitten in der Nähe des ANI-Camps am Fuße des Mount Vinson. War »Shacks« Idee realisierbar?

besteigen gewesen, als ich es erwartet hatte. Der Wind hatte zwar ständig an unseren Kleidern gezerrt, und die Kälte war uns bis unter die Haut gekrochen, aber trotzdem: die Antarktis war zugänglich. Das war der Eindruck, der mir blieb. Im Basislager diskutierte ich mit »Wolfi« Thomaseth die Möglichkeit, Shackletons Plan in die Tat umzusetzen. »Wolfi« hatte mit Robert Peroni und Sepp Schrott, zwei weiteren Südtirolern, im Sommer 1983 Grönland durchquert. In 88 Tagen hatten sie eine Strecke von knapp 1100 Kilometern zurückgelegt und die Proviantschlitten selbst gezogen. War es möglich, in diesem Stil quer über den antarktischen Kontinent zu laufen? 3000 Kilometer in 120 Tagen? Mit ANI als logistische Unterstützung? Vielleicht ja.

In diesen Tagen begann ich, mit einem Schlitten, der im Camp herumlag, Versuche zu machen. Ich belud ihn mit 80 Kilogramm und zog ihn über die Schneefläche. Ich schaffte gute vier Kilometer in der Stunde. Die theoretische Rechnung ergab, daß ich einen etwa 80 Kilogramm schweren Proviantschlitten in 100 Tagen 3000 Kilometer weit über die Antarktis ziehen konnte. Ich begann weiterzurechnen: In vier Monaten, zwei Depots vorausgesetzt, konnte ich von der einen Seite der Antarktis bis zur anderen gelangen. Über den Südpol. Der Marsch, den Shackleton »die faszinierendste Landreise auf dieser Erde« genannt hatte, war denkbar. Und er stand noch offen. Eine einmalige Problemstellung! 1989, 75 Jahre nach Shackletons Start, wollte ich eine Reise beginnen, wie sie niemand vorher auch nur versucht hatte. Ich wollte die Antarktis, die größer ist als Australien, mit eigener Kraft durchmessen: nicht mit Hundeschlitten, wie Filchner und Shackleton es vorgehabt hatten, nicht mit Flugmaschinen und kettengetriebenen Motorfahrzeugen, wie die modernen Eroberer, sondern zu Fuß. Auf Skiern. Den Schlitten mit Proviant und Ausrüstung selbst schleppend. Kein Abgasqualm, kein Motorenlärm, nur das Knirschen der Skier und Schlittenkufen auf der Schneekruste. Das war mein Stil! Ein Marsch durch die unabsehbare weiße Wüste.

Damals, auf der Heimreise vom Mount Vinson, hörte ich erstmals von der Idee »Weltpark Antarktis«. Auf unserer überfüllten Erde galt die Antarktis als eine Art Traumland. Die Luft dort ist rein, die Sommersonne scheint länger als in Südeuropa. Im Winter ist es immer Nacht. Was war, wenn sich die Umweltschützer nicht durchsetzten? Das Tauziehen um die Antarktis hatte längst begonnen. Die Ressourcen, die unter dem Eis vermutet wurden, lockten immer mehr Nationen auf den Siebten Kontinent. Aber wer zeigte den Menschen, wie einmalig und deshalb schützenswert die Antarktis war? Ihre Ausbeuter sicher nicht.

Die Antarktis ist das kälteste, trockenste, stürmischste, unzugänglichste und lebensfeindlichste Gebiet der Erde. Gleichzeitig der friedlichste aller Kontinente: Himmel und Hölle zugleich. Dort wächst so gut wie nichts, obwohl 70% des Süßwassers der Erde in der gigantischen Eiskappe gespeichert sind.

Überleben konnten auf dem Eiskontinent bisher nur »offizielle Expeditionen«, also Wissenschaftler, die in den nationalen Forschungsstationen arbeiteten. Diese Eiswüste am Rand der Welt war trotzdem ein Paradies geblieben. Hier war der Weltfriede noch Wirklichkeit. Seit 30 Jahren ist die Antarktis ein waffenfreies Territorium, es gibt einen funktionierenden Vertrag, der die Anwesenheit von Menschen regelt. Jeder Staat, der Mitglied der Vereinten Nationen ist oder der von den Vertragspartnern eingeladen wird, kann dem Vertrag beitreten. Fast 30 Staaten haben das bisher getan. Von diesen konnten bisher nur die 12 ursprünglichen Vertragspartner und solche, die in der Antarktis aktiv forschten, den Status eines konsultativen Mitglieds erhalten. Gegenwärtig sind das 20 Staaten: die USA, die UdSSR, Großbritannien, Frank-

Eisberge und Festland über dem Ross-Meer. Die Ausbeutung der antarktischen Boden-schätze ist vor allem wegen des gefährlichen Transports unverantwortlich.

reich, Norwegen, Belgien, Argentinien, Chile, Japan, Australien, Neu-seeland, Südafrika, Polen, Indien, Brasilien, die BRD, China, Uruguay, Italien und die DDR. Sie stimmen über strittige Fragen ab.

Erster Erfolg der Zusammenarbeit war ein Abkommen über die Erhaltung der antarktischen Meeresfauna und der Versuch, wissenschaft-liche Daten untereinander auszutauschen. Der Antarktis-Vertrag soll 1991 erneuert werden. Ist er nicht von zu vielen materialistischen Überle-gungen bedroht? Die einen glauben, daß mit den Bodenschätzen, die unter der antarktischen Eiskappe liegen, Riesengewinne zu machen seien. Andere errechnen sich Umsätze mit dem Verkauf von Technologie für die Förderung von Öl oder durch den Tourismus.

Große Ölfelder, Edelmetallvorkommen und Tourismus sind die Ma-gnete, die immer mehr Menschen in die Antarktis locken, nicht die ursprüngliche, die unverfälschte Landschaft. Schon wird die Frage disku-tiert, wie die potentiellen Schätze aus dem Eis geholt werden könnten.

Im Antarktis-Vertrag ist die Frage, wem was gehört, ausgeklammert. Ansprüche wurden bisher nicht festgeschrieben. Niemand hatte den Mut, eine territoriale Aufteilung für alle Zeiten auszuschließen. Jetzt wollen die 20 aufsichtsführenden Länder des Antarktis-Vertrages festle-

33

gen, ob und wie gefundene oder zu entdeckende Bodenschätze erschlossen werden können. Statt jede Nutzung wegen der ökologischen Belastung bei Förderung und Transport von vornherein auszuschließen, wird gepokert. Neue Stationen, immer größere Forschungsschiffe und Flugplätze werden gebaut. Arme Länder, wie zum Beispiel Peru, fürchten, die Antarktis könnte ohne ihre Präsenz unter den Hammer kommen. Sie setzten rasch eigene Forschungen in Gang, um sich für die Zukunft ein Mitspracherecht zu sichern. Die Antarktis ist das gemeinsame Erbe der Menschheit, wie das Meer und die Lufthülle. Wer verteidigt dieses Erbe? In der Antarktis, wo früher offensichtlich nie Menschen gelebt haben, braucht es auch jetzt keine Hoheitsrechte. Es braucht nur eine Umweltpolizei, noch besser: ein Umweltbewußtsein. Eine Kontrolle der Vertragsgemeinschaft durch die UNO wäre nicht nur wegen der Reichtümer des unberührten Kontinents wichtig, sondern vor allem wegen seines empfindlichen ökologischen Gleichgewichts.

Vor 200 Jahren, als der britische Forschungsreisende James Cook zum ersten Mal um die Antarktis segelte, war sie die »terra incognita«. Ob vor hundert Jahren ein amerikanischer Robbenjäger als erster seinen Fuß auf das Eis gesetzt oder vor tausend Jahren ein südamerikanischer Ureinwohner auf der antarktischen Halbinsel Schiffbruch erlitten hat, ist belanglos. Flaggen jeder Art sind in der »Heimat des Eises und der Stürme« eine Farce. Norweger überstanden erstmals einen Winter im Eis. Norweger erreichten als erste den Südpol. Amerikaner schickten das erste Flugzeug dorthin. Briten überqueten als erste den Kontinent. Das erste Antarktiskind kam 1978 in einer argentinischen Station zur Welt. Gebietsansprüche sind auch daraus nicht ableitbar. Trotzdem, seit 1943 beanspruchen sieben Länder keilförmige Stücke des antarktischen Kontinents für sich: England, Frankreich, Norwegen, Australien, Neuseeland, Chile und Argentinien. Australien reklamiert fast die Hälfte des Kontinents. Auf dem von Neuseeland beanspruchten Stück, am McMurdo-Sund, steht die Hauptforschungsstation der USA. Explosiv könnte die Situation auf der antarktischen Halbinsel werden, wo sich Gebietsansprüche Großbritanniens, Chiles und Argentiniens überlappen. Die Halbinsel ist deshalb so wichtig, weil sie in das relativ eisfreie Wasser nahe der südamerikanischen Landspitze ragt. Auf King George Island vor der Spitze der

Halbinsel liegen sieben Forschungsstationen wie die Eier unter der Henne nebeneinander. Zwar läßt der Antarktis-Vertrag alle Gebietsansprüche in der Schwebe, aber wer wehrt sie ab? Der ehemalige chilenische Staatspräsident Pinochet hat den Boden der Antarktis geküßt, flammende Reden dort gehalten, ohne daß die Mitbewerber um die Halbinsel ihm den Krieg erklärten. Die Argentinier haben eine Kabinettssitzung auf dem Eis abgehalten, und niemand nahm Anstoß. War es nicht ein Protest gegen jede Landnahme, wenn da einer quer über den Kontinent lief: ohne Paß, ohne Genehmigung, ohne ein Ministerium im Rücken? Vor diesem Hintergrund wollte ich mit meiner Reise die Wildnis der Antarktis aufzeigen, ihre Schönheit. Auf die Probleme ihrer Erschließung, Ausbeutung und Aufteilung hinweisen. Eine gerechte Regelung gibt es bei einer etwaigen Nutzung nicht. Es gibt nur den Verzicht zugunsten der Wildnis. Solange niemand den Handelswert des Kontinents wirklich kennt, muß ein Weltpark doch durchsetzbar sein. Deshalb meine Eile.

Der alte Antarktis-Vertrag läuft 1991 nicht endgültig aus. Er kann in diesem Jahr aber, auf Verlangen einer Vertragspartei, revidiert werden. Das ist eine Chance und eine Gefahr. Eine wachsende Flotte von Versorgungsschiffen arbeitet sich inzwischen Sommer für Sommer durch den Treibeisgürtel. In den Forschungsstationen lagern Millionen Liter Öl. Jedes Leck im Tank bedeutet eine Katastrophe! Wie groß würden erst die ökologischen Risiken sein, wenn der Transport von gefördertem Öl aus der Antarktis begänne? Unausdenkbar.

Das amerikanische und das sowjetische Engagement in der Antarktis sind bisher vergleichbar. Touristische Aktivitäten hat man bis gestern nicht gefördert, vielfach sogar zu verhindern versucht. Jetzt stehen Tourismusstrategen mit kühnen Unternehmungen in den Startlöchern. Chile hat das erste Hotel für Antarktisbesucher gebaut. Es soll das Tor zum Südpol für Touristen sein. Argentinier feiern auf dem Eiskontinent nicht nur Hochzeiten. Die BRD, erst spät dem Vertrag beigetreten, zieht inzwischen in ihren Forschungsbemühungen mit den Supermächten gleich. Ihr Eisbrecher »Polarstern« ist eines der modernsten Forschungsschiffe auf den Weltmeeren.

Das AWI (Alfred-Wegener-Institut) für Polar- und Meeresforschung in Bremerhaven, so sein Leiter Prof. Dr. Hempel, »will zur Erforschung der Antarktis beitragen. Es fühlt sich für die Zukunft der Südpolregion mitverantwortlich.« Hoffen wir, daß es so bleibt. Italien hat in der Saison

Wie eine Patchworkdecke schwimmt im Sommer ein gigantischer Treibeisgürtel um die Antarktis. Im Winter frieren die »Eisflächen« zusammen.

1986/87 an der Terra Nova Bay seine Station errichtet, die weiter ausgebaut werden soll. Bisher ist jeder förderbare Rohstoff in der Antarktis nur von relativem kommerziellen Wert. Denn die Erschließung der »Reichtümer« ist unvorstellbar schwierig. In jedem Fall ist sie ökologisch unverantwortbar. Der Weg vom Eis zu uns ist sehr risikoreich und der Eiskontinent mit den umliegenden Gewässern ökologisch überaus empfindlich. Also nicht nur die hohen Förderkosten sollten uns abschrecken, fossile Brennstoffe aus der Antarktis zu holen, es ist vor allem der Transport über das Eis, den niemand verantworten kann.

Die Zukunft des Kontinents hängt ab von der Frage, wer ihn schützen wird. Deshalb darf die Antarktis nicht aufgeteilt werden. Um zu verhindern, daß ein internationales Wettrennen um die Ausbeutung das jungfräuliche Land verwüstet, reichen die Proteste von Greenpeace nicht aus. Möglichst alle Menschen müssen etwas für dieses ihr Erbe empfinden. Wir können die Antarktis nur verteidigen, wenn wir ihre Schönheit begreifen. Der eigentliche Wert des noch unberührten Kontinents für die Menschheit ist nicht in Dollar zu messen. Er ist nur zu messen in der Qualität der Wildnis, die von Natur aus friedlich, unendlich und schön ist.

Wildnis zu erleben ist mein Beruf. Seit drei Jahrzehnten gehe ich ihm mit Begeisterung, ja mit Besessenheit nach. Wer mir zuhört, erfährt von meinem Respekt für die wilde Natur, von meinen Sorgen um die letzten Reservate der Erde. Nicht von Rekorden, Siegen oder Entdeckungen. Ich bin kein Eroberer und kein Geograph. Ich bin ein Mensch, der in der Wildnis zurechtkommt, der damit anderen Menschen Einblicke und Ausblicke vermitteln kann, die sie selbst nie erleben können. Ich versuche, nach dem Unterwegssein in der Wildnis ein Zeuge zu sein für diese Wildnis – damit Millionen von Menschen sie achten, lieben und verteidigen lernen.

Auf der Heimreise vom Mount Vinson begann ich nachzudenken über die Finanzierung meiner neuen Expedition. Ich brauchte Sponsoren, spezielle Ausrüstungsstücke, die richtigen Partner. Die praktische Vorbereitung einer solchen Antarktis-Überquerung war sicher schwieriger als alles andere nachher. Ein Jahr lang arbeitete ich sporadisch an meinem Plan. Dabei erfuhr ich von Jürgen Lehmann, einem Freund bei der Bavaria in München, der mehrere Dokumentarfilme mit mir gemacht hatte, daß ein deutscher Abenteurer ein anderes Projekt in der Antarktis verfolgte: eine Expedition mit Hundeschlitten. Er hieß Arved Fuchs, war Norddeutscher und Seemann mit Arktiserfahrung. Ich kannte ihn aus der Fachliteratur. Er hatte 1983 Grönland durchquert. Seine schwierigen Wasser- und Landreisen in Kanada und Südamerika beeindruckten mich.

Ich hatte mich noch für keine Mannschaft entschieden. Eines aber stand fest: Ich brauchte für diese Reise einen Partner, der Erfahrung im Eiswandern hatte, navigieren konnte und durch die Hölle zu gehen bereit war. War Arved Fuchs der richtige Mann? Er war gelernter Seemann, 35 Jahre alt, hatte extreme Touren hinter sich. Mit Hundeschlitten hatte er das grönländische Inlandeis überquert. Mit einem Einmannfaltboot war er im Winter rund um Kap Hoorn gepaddelt. Als Mitglied einer internationalen Expedition sollte er im Frühjahr 1989 auf dem brüchigen Treibeis zum Nordpol marschieren.

Ich dachte darüber nach, bevor ich Lehmann bat, Arved Fuchs in mein Vorhaben einzuweihen. Wenn Fuchs mitmachen wollte, sollte er sich bei mir melden. Gerne wäre ich wieder mit einem »Bergmenschen« unterwegs gewesen. Sie kannte ich. Meine Kletterfreunde hatten alle eine sehr gute Kondition und waren für die Antarktis zu begeistern. Je intensiver ich mich aber mit meinem Antarktis-Projekt beschäftigte, um so klarer wurde mir, daß ein Seemann als Partner besser war. Er mußte ein Eiswanderspezialist sein, kein Bergsteiger. Dazu Navigator und Funker. Es gab keinen Zweifel: Arved Fuchs war der ideale Partner für eine Antarktis-Durchquerung. Würde er mitmachen?

Während ich plante und organisierte, las ich mehr und mehr über frühere Antarktis-Expeditionen. Und plötzlich merkte ich, daß ich mich schon seit vielen Jahren für den Eiskontinent interessiert hatte, ohne mir dessen bewußt zu sein: In meiner Bibliothek standen einige Antarktis-Bücher. Ich hatte Karten und Bilder gesammelt. Ich sehnte mich nach der Realität. An die Anfänge dieser Sehnsucht konnte ich mich nicht genau erinnern. Erst 1986, nach der Besteigung des Mount Vinson, war aus einem unterbewußten Wunsch ein Tagtraum geworden. Wenige Wochen später hatte ich jenes Konzept einer Antarktis-Durchquerung entwickelt, das zu einer fixen Idee werden sollte: Vier Monate lang, von Ende Oktober 1989 bis Mitte Februar 1990, wollte ich im antarktischen Sommer unterwegs sein, um die mehr als 3000 Kilometer lange Durchquerung vom Filchner-Eis über den Südpol bis zur Ross-Insel auf der anderen Seite zu schaffen. Jedes weitere Studium der Südpol-Literatur bestärkte mich in der Überzeugung, diese Reise machen zu müssen.

Cook, der Entdecker der Antarktis, faßte am Schluß seiner Reise 1774 die Resultate der Expedition zusammen:

> »Wir brachten also, nachdem wir unzähligen Gefahren glücklich entgangen und mit zahllosen Schwierigkeiten und Widerständen zu kämpfen gehabt hatten, schließlich unsere Reise zu einem guten Ende; sie hatte drei Jahre und achtzehn Tage gedauert, in welcher Zeit wir nach unserer Berechnung eine Seereise gemacht haben, die länger war als jede andere jemals gemachte Seereise. Wenn wir all unsere Kurse zusammenrechnen, kommen wir auf eine Länge, die mehr als dreimal dem Umfang des Erdballs entspricht. Wir waren gleichermaßen glücklich genug, nur vier Mann von unserer Besatzung zu verlieren, von welchen drei durch unglückliche Zufälle starben, während der vierte an einem Leiden litt, das ihn, wäre er in England geblieben, vielleicht noch früher dahingerafft hätte. Die wichtigste Aufgabe unserer Reise,

James Cook war beeindruckt von der gewaltigen Eisszenerie Antarktis. Betreten wurde der Eiskontinent allerdings erst mehr als 100 Jahre später.

Shackleton hatte die Antarktis mit Scott kennengelernt. Bei seiner ersten eigenen Expedition kam er – mit Ponyschlitten – fast bis zum Südpol.

Ausschau zu halten nach einem südlichen Festlande innerhalb des gemäßigten Klimas, war gelöst. Wir hatten sogar die gefrorene See innerhalb des Südpolarkreises durchforscht, ohne jenes ausgedehnte Festland finden zu können, von dem man früher angenommen hatte, daß es dort liegen müsse. Zur gleichen Zeit hatten wir noch eine andere, für die Wissenschaft bedeutsame Entdeckung gemacht: daß nämlich die Natur im Ozean große Eismassen formt, die, von allen Salzteilchen entblößt, die nützlichen und heilsamen Eigenschaften des Hauptstoffes, des Wassers haben. In anderen Teilen des Jahres durchkreuzten wir den Stillen Ozean zwischen den Wendekreisen in der gemäßigten Zone, wo wir für die Landbeschreiber neue Inseln, für die Naturkundigen neue Pflanzen und Vögel und vor allem für die Freunde der Menschheit neue Rassen mit unbekannten Lebensgewohnheiten entdeckten.«

Obwohl Cook davon abriet, weitere Entdeckungsreisen in Richtung Antarktis zu unternehmen, zollt ihm Amundsen großes Lob:

»Eine große Seemannstat war hier vollbracht worden, und mit
Recht nennt man Cook den größten Seehelden seines Jahrhunderts.«

Cook schrieb von der »unaussprechlich schrecklichen Ansicht« dieses
Eiskontinents, der niemals die Wärme der Sonnenstrahlen zu spüren
bekäme. Er war sicher, daß nie ein Mensch sich weiter wagen werde, als
er es getan hatte, und daß das Gebiet im äußersten Süden niemals
erforscht werden würde. Amundsen konnte Cook widerlegen, trotzdem
respektierte er diesen großartigen Seefahrer:

»Wenige Menschen haben heutzutage noch das rechte Verständnis für diese Heldentat, nur wenige begreifen, welch ein Mannes-
mut und welche Todesverachtung nötig war, um solch ein großes
Risiko auf sich zu nehmen. Mit zwei schwer lenkbaren Schiffen
– nach heutigen Begriffen wahre Kästen – fuhren diese Leute bis
in das Herz des Packeises und taten damit etwas, was nach den
übereinstimmenden Erklärungen aller früheren Polfahrer den
sicheren Untergang bedeutete.«

Frühere Entdecker wurden oft, einmal unterwegs, ungewollt vom Abenteuer überfallen. Sie mußten dann alles einsetzen, um heil davonzukommen. Wir, die wir heute viel mehr wissen, versuchen absichtlich Umstände herbeizuführen, in denen wir umkommen könnten. Die Regeln und die Kunst zu überleben, das Verhalten außerhalb der üblichen Gesellschaftsnormen, die Erfahrungen nach innen bleiben dabei die gleichen wie beim klassischen Abenteurer, ob er nun zur See fährt wie zu Cooks Zeiten oder eine Schlittenreise zum Südpol macht. Die Bücher von Ernest Shackleton über das Innere der Antarktis fesselten mich mehr als alle anderen. Den Bericht über seine Expedition 1907–1909, der unter dem Titel »The Heart of the Antarctic« publiziert worden war, las ich mehrmals. Die Beschreibung der Landschaft, die täglichen Probleme, die Schinderei – alles war so anschaulich beschrieben, daß es bildlich begreifbar wurde. Shackleton liebte die Antarktis. Mit einer Liebe, wie ich sie nicht für möglich gehalten hatte:

»Die Sonnenuntergänge in den ersten Tagen des April boten ein wundervolles Schauspiel. Strahlenbündel in allen Regenbogenfarben und purpur- und goldfarbige Wolken hingen fast den ganzen Tag über am Himmel. Die Zeit eilte, die Sonne schickte sich an, vollständig Abschied von uns zu nehmen. Die Tage wurden kürzer und kürzer, die Dämmerung länger. In dieser Übergangzeit traten die westlichen Höhenzüge in ihrer ganzen Majestät hervor, und der Gipfel des Erebus erstrahlte im purpurnen Glanze, während seine Abhänge nach und nach in tiefgraues Dunkel versanken. Wort und Schrift reichen nicht aus, den Farbenzauber in den letzten Tagen vor dem Verscheiden der Sonne zu beschreiben. Das Gewölk war ein einziges Strahlenmeer, das in allen Farben erglänzte, die Sonnenuntergänge waren eine einzige wundersame Phantasmagorie. Das letzte Verdämmern unter dem schwachen Scheine der Mondsichel war von ganz außergewöhnlicher Schönheit, denn die marmorweißen Klippen opferten bis zum letzten Augenblick nichts von ihrem strahlenden Glanze, ebensowenig wollten sich die düsteren Felsmassen von ihrem unheimlichen Schwarz trennen, als wollten sie bis zum letzten Augenblick ihren ganzen, gewaltigen Kontrast zur Schau tragen, so daß die Wirkung der einfallenden Nacht oft etwas unglaublich Gespenstiges an sich hatte.«

Marshall, Shackleton, Adams und Wild zurück auf ihrem Schiff »Nimrod«. Die vier waren fast bis zum Pol gekommen.

Als Shackleton, Marshall, Adams und Wild am 29. Oktober 1908 zu ihrem Entdeckungszug aufbrachen – der Südpol war nach ihren Berechnungen ungefähr 1400 Kilometer vom Ausgangspunkt entfernt –, begann eines der gefährlichsten Abenteuer der Menschheitsgeschichte.

»29. Oktober 1908. Ein herrlicher Tag für unseren Abmarsch. Glänzender Sonnenschein, ein unbewölkter Himmel, schwacher Wind von Norden, kurz und gut alles, was wir uns für einen verheißungsvollen Anfang nur wünschen können. Wir frühstückten um sieben Uhr. Um halb zehn brach die Hilfskolonne auf und war, da der Motor gut arbeitete, bald außer Sehweite. Um zehn Uhr folgte unsere aus vier Personen bestehende Hauptgruppe der Expedition. Als wir die Hütte verließen, in der wir es so viele Monate behaglich gehabt hatten, mischte sich in uns ein gewisses Bedauern mit der Besorgnis, daß wir vielleicht nie wieder alle in dieser Hütte beisammen sein würden.«

Nach vier Monaten waren die Männer zurück. Sie hatten den Pol nicht erreicht, aber sie lebten. Als Scott und seine Männer drei Jahre später über dieselbe Route bis zum Pol kamen, war Amundsen schon da gewesen. Der Südpol war »erobert«. Shackleton entwickelte daraufhin den Plan, den Eiskontinent zu durchqueren. Aber dieser Versuch sollte schon vor dem Start scheitern.

Vivian Fuchs, ein englischer Geologe, und der Neuseeländer Edmund Hillary, der Erstbesteiger des Mount Everest, konnten endlich 1957/58 diesen alten Plan in die Tat umsetzen. Mit Traktoren und Schneekatzen fuhren sie über die Antarktis. Diese erste Überland-Traversierung aber war so weit entfernt von der ursprünglichen Idee Shackletons, daß ich sie nicht respektieren konnte. Im alten Stil, wie ihn die Pioniere notgedrungen praktiziert hatten, war die Transversale immer noch nicht geschafft worden.

Arved Fuchs rief mich an. Er kam. Wir unterhielten uns lange, und ich mochte ihn auf Anhieb. Wir kamen zu dem Entschluß, die Reise, wenn schon gemeinsam, nur zu zweit zu wagen. Dieser Vorschlag kam von ihm. Ich hatte ursprünglich an eine Dreiergruppe gedacht, weil ein zusätzlicher Mann mehr Sicherheit bedeutete. Aber zwei sind zwei Einzelne. Drei sind ein Haufen. Ich gab nach. Zu zweit war die Reise ein größeres Risiko. Würde sich einer verletzen, könnte der zweite ihm nicht helfen. Aber auch bei drei Teilnehmern hätten bei einem Unfall zwei den Verletzten nicht bis auf die andere Seite der Antarktis schleppen können. Arveds Argument, zwei gäben vom inneren Frieden her eine größere Sicherheit, überzeugte mich. Drei Männer waren keine gute Konstellation. In schwierigen Situationen, über viele Wochen hinweg, wären wir uns zu dritt oder zu viert sicher in die Haare geraten. Ich wollte nicht streiten, ich wollte durchkommen. In einer Dreiergruppe ist immer derjenige, der sich in einer Diskussion zurückgestellt fühlt, schwächer. Wir einigten uns rasch auf eine gemeinsame Expedition im antarktischen Sommer 1989/90.

Langsam führte ich Arved in meine genauen Pläne ein, wobei von Anfang an feststand, daß seine Aufgabe die Navigation war. Nur weil auch *er* diese Reise von Anfang an gewollt hatte, kam er als mein Partner in Frage. Das war vermutlich auch der Grund, warum er diese Reise später als seine Idee empfinden konnte. Und das war wichtig für den Erfolg. Wir waren nicht mehr zwei Individualisten, wir waren zwei Abenteurer, die dasselbe wollten. Wir waren ein Team.

Arved Fuchs in der Antarktis. Er ist zweifellos der erfahrenste »Eiswanderer« in Deutschland. Robert Swan lud ihn zu seiner Nordpol-Reise ein.

Arved war nicht jemand, der sich ständig aufs Spiel setzte. Er war auf »Reisen«. Die Durchquerung der Antarktis mit eigener Kraft, zu Fuß, sollte sein großer, sein »maximaler Trip« werden. Arved lebte in Bad Bramstedt. Bürgerliche Backstein-Idylle zwischen Hamburg und Kiel. Für die Bramstedter war Arved Fuchs kein »Aussteiger«, auch kein »Abenteurer«. Er war ein Kosmopolit, der geplagt war von der Krankheit Fernweh. Sein Großvater war zur See gefahren, der Onkel ebenfalls. Arved hatte die Hitze von Borneo und die Kälte von Labrador erfahren. Standortsuche. Dann wußte er, wohin er gehörte: in die Kälte, in den Norden. Er mußte immer wieder hinfahren: nach Alaska, nach Grönland. Der Ruf des Nordens und des Südens. Nach Feuerland. Er wurde zum Polarfuchs. Bald wußte er, worauf es ankam. Ein Pragmatiker, zurückhaltend, langsam, aber entschlossen.

Waren seine Expeditionen realisierte Kindheitsträume? Nein, eher Fluchten, die er mit Kompaß und Karte organisierte, hinaus aus den Großstädten, wo die Natur für die meisten etwas Abstraktes geworden war. Seine Reisen waren auch ein Protest gegen die kapitalisierte Natur. Umweltbewußt und ohne Besitzanspruch war er unterwegs. »Die Natur braucht nicht uns, wir brauchen die Natur.« Mit dieser Forderung trafen wir uns und wurden Partner. Wir wollten uns nicht nur im Eis der Antarktis ergänzen, wir mußten schon vorher zusammenstehen, als es galt, die Expedition möglich zu machen.

Kritik gab es auch vor dieser Expedition genug. Verständnis hatte ich dabei für jene Schreibtischtäter, die ihre Zeit daheim oder in einem Büro absaßen, aber lieber mit mir durch die Antarktis gelaufen wären. Da sie weder eine aufkeimende Selbstkritik noch die Aufforderung, ihr Leben zu ändern, bewußt wahrnahmen, mußten sie auf mich mit Aggressionen reagieren. Nicht, weil ich ein »Übermensch« gewesen wäre, sondern weil ich sie durch meine Aktionen provozierte. Da ich mein Leben immer wieder in Frage stellte, stellte ich auch ihr Leben in Frage. Trotz Familie, trotz meiner 45 Jahre, trotz jenes fragwürdigen Ruhms, der mir im bürgerlichen Sinne eine Existenz garantierte, war ich wieder einmal bereit, mein Leben aufs Spiel zu setzen.

Arved marschierte im Frühling 1989 zum Nordpol – im Rahmen der Icewalk-Expedition von Robert Swan. Ich erfuhr von Icewalk und ihrem Programm erst später. Aber ich erfuhr nichts über die Leute, die den fragwürdigen deutschen Ableger der Swanschen Icewalk-Idee in Hamburg als »Umweltorganisation« zu etablieren versuchten. Meine Expedition war keine Icewalk-Initiative, Arved nur mein Partner. Beide hatten wir unsere Vorstellungen, was die Umweltproblematik in der Antarktis angeht. Arved war Umweltschützer von Haus aus. Er brachte seine Anliegen mit so klaren Worten vor, daß ich nie daran zweifelte, daß sie ihm wichtig waren. Trotzdem, im Sommer 1989 kamen Leute, die mich warnten: »Paß auf, der ist Mitglied bei Icewalk.« »Na und?« – Wie oft war ich gewarnt worden vor Partnern, weil man selbst gern an ihre Stelle getreten wäre. Nur eines störte mich. Arved betraute einen »Manager« mit seinen Geschäften und der PR-Arbeit. Wer einen Manager braucht und sein Image pflegen läßt, statt ein Gesicht zu haben, ist mir suspekt. Arved nicht. »Am Ende hat der keine Kondition, läßt dich hängen und spielt noch den Helden.« warnte Paul Hanny, ein Freund von mir. »Wie gehabt«, lachte ich, fest überzeugt, in Arved einen ausdauernden und intelligenten Partner gefunden zu haben.

»Reinhold, paß auf, daß es nicht wieder so kommt.«

»Ich weiß, Paul, es kann wieder so kommen, aber soll ich deshalb daheim bleiben?«

Kugelkompaß, Magellan – GPS-Gerät, Eispickel, Innenschuh, Pi-Pott. Bei der Beschaffung der Ausrüstung teilten Arved und ich uns die Arbeit.

»Immer, wenn sich Hintermänner in deine Expeditionen eingeschaltet haben, sind sie in der Darstellung nachher verfälscht worden. Du als Star wirst nur ausgenutzt.«

»Da hast du recht.«

»Such dir einen Partner ohne Manager.«

»Es gibt keinen besseren als Arved Fuchs.«

Damit war die Diskussion für mich beendet. Nein, diesmal würde es anders kommen. Alle Abstauber sollten mir ein für allemal gestohlen bleiben. Wie ich sie verachtete, diese Hintermänner, denen es ausschließlich ums Geschäft ging. Und das beste Geschäft war jeweils mein guter Name.

Es hat ihnen nie etwas ausgemacht, mich zum Unmenschen abzustempeln, mit Lügen und Halbwahrheiten. Das Ziel dieser Hintermänner war es immer gewesen, mich als den öffentlichkeitsgeilen Sklaventreiber hinzustellen, der sich nach gelungenem Abenteuer auf Kosten seiner Partner profiliert. Daß es immer nur umgekehrt sein konnte, weil ich als der Kreativere und Bekanntere die Reisen geplant, finanziert und organisiert hatte, verstanden nur die nüchternen Beobachter. Am liebsten hätten mich die Manager und Freunde einiger meiner Kletterpartner nach den jeweiligen Expeditionen in der Öffentlichkeit so gründlich denunziert, daß sie selbst die Nr. 1 »machen« könnten. Und weil es ihnen nicht gelang, mir meine Selbstachtung zu nehmen, suchte ich immer wieder neue Partner. Und immer die besten.

Arved, der Navigator, schien diese Zusammenhänge zu begreifen. Zudem war er ein Organisationsfreak. Fasziniert vom Spiel der Kräfte – Angst, Ehrgeiz, Trägheit, Wille – suchte er Problemstellungen in der Natur wie ich. Dabei wollte er kein Held sein. Er konnte seine Abenteuer ausgezeichnet vermarkten, besser als alle Kletterer, mit denen ich gestiegen war.

Aber mochte er Menschen?

Er hält gerne Vorträge, fühlt sich aber in der Menge leicht isoliert. »Im Grunde genommen bin ich kein Mann, der die Massen mag.« Wir waren uns in vielen Punkten ähnlich, auch in diesem. Die Massen blieben uns meistens auch erspart. Beide gingen wir am liebsten den einsamen, langen, den eisigen Weg. Harmonie zwischen Handeln und Denken führte zum Einklang mit der Natur. Und wenn alle Brücken abgebrochen waren, fanden wir den Weg zu uns selbst.

Das Schlimmste sind die ersten Stunden. Zu wissen, daß ich meine Freundin wochenlang nicht mehr sehe. Sprache, die sich irgendwann nach innen kehrt, das Reden-Müssen fällt weg. Bleibt nur das Tagebuch, das einzige, was ich an materiellen Dingen von jeder Reise mitbringe.

Arved war ein Einzel-Gänger, am liebsten nur seinen Gesetzen unterworfen. Ein winziger, warmer Punkt in der Eislandschaft, frei im Schopenhauerschen Sinne:

Ganz er selbst sein darf jeder nur, solange er allein ist; wer also nicht die Einsamkeit liebt, der liebt auch nicht die Freiheit.

Dieser wahre Satz stand zwischen uns. Zwei, isoliert in einer Welt ohne Zeit, sind zu zweit allein. Tag für Tag, auf Gedeih und Verderb, Auge in Auge, jeder mit sich selbst. Ich wußte es, alle Masken würden fallen.

Arveds Verantwortung war die Navigation. Auch die Beschaffung

48

Robert F. Scott hatte bei seinem Marsch zum Südpol Unterstützungsmannschaften für den Materialtransport. Robert Swan verzichtete 76 Jahre später darauf.

entsprechender Geräte. Als Funker sollte er die Verbindung zur Außenwelt aufrechterhalten. Zudem wollte er seine Erfahrungen hinsichtlich der Nahrungsmittel in die Expedition einbringen. Meine Aufgabe war die Finanzierung der Reise, der Test von Zelten, Skiern und Steigeisen für das Gehen im Spaltenbereich. Die An- und Heimreise sollte ich organisieren. Die Logistik wollten wir ab jetzt gemeinsam weiterentwickeln. Es stand von vorneherein fest, daß Arved frei war, sich seine eigenen Sponsoren zu suchen, ohne auch nur eine Mark in die Expeditionskasse zu stecken. Auch sollte jeder von uns frei sein, die Expedition nach seinen eigenen Vorstellungen auszuwerten. Es gab keinen Expeditionsvertrag zwischen uns, keinen Expeditionsleiter. Wir waren gleichwertige Partner. Vorher, auf dem Eis und hinterher.

Nachdem wir unsere Erfahrungen ausgetauscht und uns »abgetastet« hatten, stand fest, wir würden den Plan gemeinsam realisieren. Sporadisch trafen wir uns. Es gab eine Menge an dem Projekt zu arbeiten. Viel Zeit blieb nicht.

Denn jeder hatte noch andere Expeditionen im Kopf, die vorbereitet werden mußten. Beide hatten wir ältere Verpflichtungen. Nach und nach lebten wir uns in unsere gemeinsame Idee ein.

Es entstanden Schlittenskizzen, Nahrungsmittellisten, Mappen mit Karten und Briefen. In Sulden am Ortler trafen wir uns erstmals, um das Zelt zu prüfen, das vier Monate lang unser »Haus« sein sollte. Leider gab es zu wenig Wind, um jene Segel auszuprobieren, die Arved auf Anraten eines deutschen Tüftlers mitgebracht hatte. Sie hatten sich in Grönland als Zughilfen bewährt und sollten in der Antarktis ein großer Vorteil sein. Wieder studierte ich alte Expeditionsberichte. Die Bücher von Robert Falcon Scott, von Roald Amundsen und vor allem von Robert Swan bildeten jetzt meine Lektüre. Der Engländer Swan war 1985/86 mit zwei Freunden zu Fuß zum Südpol gegangen, um jene Strapazen zu wiederholen, die Scott 1911/12 auf sich genommen hatte. Diese »Footsteps of Scott Expedition« gab uns vor, wie wir eine fast doppelt so lange Strecke bewältigen könnten. Swan war mit seinen Kameraden vom Südpol ausgeflogen worden. Trotzdem, an ihnen konnten wir uns orientieren. An den Expeditionen, die die Antarktis per Flugzeug oder Kettenfahrzeug überquert hatten, nicht.

Robert Swan, Roger Mear und Gareth Wood wollten im Maschinenzeitalter das Abenteuer der frühen Polarfahrer wiederholen. Sie verzichteten auf Maschinen. Sie beschlossen, »auf den Spuren von Scott« mit selbstgezogenen Proviantschlitten von McMurdo aus zum Südpol zu laufen. Distanz: 1420 Kilometer.

Genau 76 Jahre nach Scott, am 3. November 1985, zogen die drei los. Sie hatten Proviant bis zum Pol dabei und keine Depots angelegt. Sie gingen ohne Funkgerät. Sie wollten »dieselbe Isolation empfinden« wie Scott und seine Männer, die auf ihrem Todesmarsch auch nicht um Hilfe hätten rufen können.

Am 70. Tag ihrer Reise – Scott hatte 78 Tage gebraucht – erreichten Swan, Mear und Wood den Südpol. Die amerikanische Station war der Endpunkt ihres beispiellosen Fußmarsches. Sie ersparten sich aber den schwierigsten Teil von Scotts Expedition: den Rückmarsch. Zu erschöpft, um weiter zu gehen, und auch nicht darauf vorbereitet, ließen sie sich mit dem Flieger nach McMurdo zurückbringen.

Arved und ich konnten uns an einer Reihe weiterer Vorgängerexpeditionen orientieren. Scott hatte 1902/03 eine erste Reise ins Innere der Antarktis unternommen. Es war für ihn der Anfang. Er beklagte dabei Unwissenheit in Bezug auf Taktik und Organisation:

Wie Shackleton setzten später auch Scott und einige Grönlanddurchquerer sibirische Ponys als Zugtiere ein. Keine gute Taktik im eisigen Klima.

»Wir wußten anfänglich weder, wieviel Nahrungsmittel wir mitnehmen mußten, noch wie unsere Kochgeräte funktionierten, ja, wir konnten nicht einmal unsere Zelte richtig aufschlagen und unsere Winterausrüstung richtig anziehen. Man hatte nichts ausprobiert, und die allgemeine Unwissenheit und der Mangel an Organisation wirkten sich höchst peinlich aus.«

Ernest Shackleton, einer der drei Männer bei Scotts erster Antarktis-Reise, organisierte wenige Jahre später seinen eigenen Trip in den Eiskontinent. Sein Ziel: der Südpol. Im Sommer 1908/09 erreichte er zusammen mit Marshall, Wild und Adams über den Beardmore-Gletscher erstmals das Hochplateau. Nur 87 Meilen vom Südpol entfernt gaben die vier Männer auf. Müdigkeit und Proviantmangel zwangen sie zur Umkehr. Von Skorbut befallen, mit steifen Gelenken, geschwollenem Zahnfleisch und ausgemergelt erschienen sie vier Monate nach dem Aufbruch ihren Kameraden in der Küstenbasis »wie Schreckgespenster aus der Hölle«. Sie waren 2100 Kilometer weit marschiert.

Im ersten Stück – beim Marsch über das Ross-Schelfeis – hatten sibirische Ponys die Lasten gezogen, was nicht nur die Anstrengung minderte, sondern vor allem die Anlage von Proviantdepots für den Rückmarsch möglich machte. In dieser »heroischen Zeit« der Polarforschung nahmen alle Expeditionen Zugtiere zu Hilfe. Auf ihren Schiffen brachten sie Eskimohunde und sibirische Ponys aus der Arktis mit in die Antarktis. Auf dem Eiskontinent gab es keine Zugtiere, nicht einmal Eisbären oder andere Säugetiere. War das letzte Pony geschlachtet, die Unterstützungsmannschaft mit der dezimierten Hundemeute zurückgeschickt, zogen die Männer ihre Schlitten selber. Sie hatten – wie die Shackleton-Expedition – nur noch sich selbst zu füttern. »Man-hauling« nannte man diese Schinderei, wenn die Lasten mit der menschlichen Muskelkraft fortbewegt wurden.

Beim Wettlauf zum Südpol 1911/12 zwischen Roald Amundsen, dem Polarzonen-Profi aus Norwegen, und dem britischen Seeoffizier Robert Falcon Scott, fragte niemand nach dem *Wie*. Stilfragen spielten keine Rolle. Es zählte nur, wer 90° Süd zuerst erreichte. Beide hätten Flugzeuge eingesetzt, wenn es sie gegeben hätte. Amundsen, der auf Schlittenhunde gesetzt hatte, gewann. Mit einem ganzen Monat Vorsprung kam er am Pol an. Weil er die Transportfrage bestens gelöst hatte und seine Strecke kürzer war.

Captain Scott experimentierte herum. Mit Hunden und Ponys zog er los. Die Motorschlitten waren vorher schon ausgefallen. Die Nachschuborganisation war bald heillos verfahren. Scott und seine Begleiter mußten 600 Kilometer vor dem Südpol ihren Proviantschlitten ohne Hilfe schleppen. Auf dem Rückweg, die angelegten Depots waren zu knapp bemessen, gingen sie zugrunde.

Arved und ich wollten unsere Schlitten immer selber ziehen. Zwischen dem Südpol und der McMurdo-Bucht sollte kein Depot angelegt werden. Unsere Expedition wäre bei Erfolg mit mehr als 3000 Kilometern das längste »man-hauling« überhaupt geworden. Es ging uns dabei aber nicht um diesen »Rekord«. Es war aus taktischen Gründen notwendig. Bei Captain Scotts längster und letzter Reise war das Schlittenziehen bis zum Ende über knapp 2200 Kilometer gegangen.

Wie anders war doch Amundsen gereist! Mit 52 Hunden zogen die Norweger beim endgültigen Start los. 4 Schlitten mit je 13 Hunden. Mit nur 11 Hunden kamen sie zurück. Hätten sie alle 86 Tiere, die zum Lastentransport eingesetzt worden waren, zum Pol und zurück durchfüt-

Scott (zweiter von rechts) mit seinem Kettenfahrzeug. Die Maschinen bewährten sich nicht. Trotzdem fürchtete Amundsen wegen dieses »Tricks« um seinen Erfolg.

tern wollen, hätten sie gleich dableiben können. Die Schlitten hätten mit Hundefutter so schwer beladen werden müssen, daß die Meute sie nicht hätte ziehen können. Ein Jahr vorher schon hatten die Norweger angefangen, Nahrungsdepots auf der Route zum Pol anzulegen. Sonst hätte die Fahrt gar nicht gestartet werden können.

Die von vornherein todgeweihten Huskies der Amundsen- und die todgeweihten Ponys der Scott-Expedition ließen die Eisriesenwelt furchterregend erscheinen. Die Schrecken der Antarktis aber waren vor allem durch den Tod aller Männer der Scott-Expedition ins Bewußtsein der Menschen gedrungen. Mythen entstanden daraus und Ängste.

Erst die Technik sollte diese Mythen aus der Antarktis wieder vertreiben: der verbrennungsmotorbetriebene Ski-doo, das Flugzeug, der Funkverkehr, das Satellitenauge.

Der Amerikaner Richard Byrd flog 1929 als erster zum Südpol. Ohne dort zu landen, kam er wieder zurück. Er brauchte 16 Stunden. Captain Scott war bis zu seinem letzten Zeltplatz 142 Tage unterwegs gewesen.

Lincoln Ellsworth und sein Pilot Hollick-Kenyon überquerten 1935 die Antarktis in einer einmotorigen Northrop. Weil ihrer Maschine vorzeitig der Treibstoff ausgegangen war, mußten die Flieger die letzten

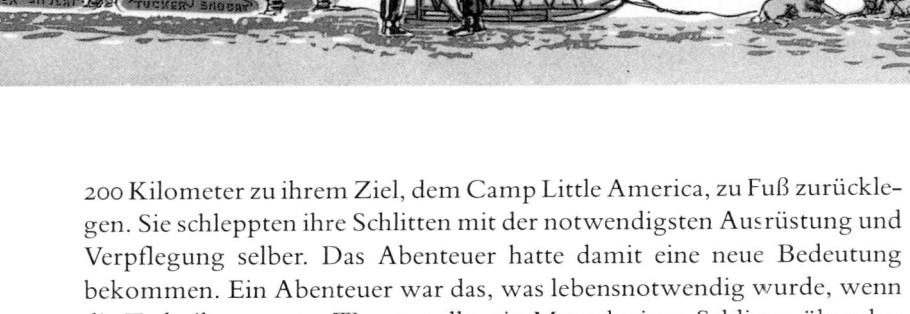

COMMEMORATING
THE FIRST
RANS-ANTARCTIC CROSSING
1957-8

200 Kilometer zu ihrem Ziel, dem Camp Little America, zu Fuß zurücklegen. Sie schleppten ihre Schlitten mit der notwendigsten Ausrüstung und
Verpflegung selber. Das Abenteuer hatte damit eine neue Bedeutung
bekommen. Ein Abenteuer war das, was lebensnotwendig wurde, wenn
die Technik versagte. Warum sollte ein Mensch einen Schlitten über den
gigantischen Block aus Eis ziehen, wenn er doch ein beheizbares Schneemobil benutzen – oder gleich fliegen konnte? Die »man-hauling«-Expe-
dition war lächerlich geworden.

1947 wollte Präsident Harry Truman den Russen demonstrieren, daß
die U.S.Navy in den rauhesten Regionen der Erde operieren konnte.
Kalter Krieg im doppelten Wortsinn. Mit 13 Kriegs- und Versorgungsschiffen, einem ganzen Fluggeschwader und 4700 Mann rückten die USA
mit all ihrer Technologie in die Antarktis ein.

Ein Jahrzehnt nach dieser »Operation High-Jump« wurde die Antarktis zum erstenmal auf dem Landweg von Küste zu Küste durchquert. Der
englische Geologe Vivian Fuchs hatte mit staatlicher Hilfe ein aufwendi-
ges Unternehmen organisiert: Die Commonwealth-Transantarctic-Ex-

*Briefumschlag mit Sonder-
marken der Fuchs-Expedi-
tion 1957/58.
Mit Flugzeugunterstützung
und Hundeschlitten als Vor-
hut konnte der Eiskontinent
mit Traktoren und Ketten-
fahrzeugen überquert wer-
den.*

pedition. Im Polarsommer 1957/58 sollte sie mit Traktoren und Ketten-
fahrzeugen den Eiskontinent »bezwingen«! Die elf Männer aus Großbritannien und Neuseeland starteten aber nicht jene »letzte große Landreise
der Geschichte«, wie Ernest Shackleton seine Durchquerungs-Idee sehn-
süchtig genannt hatte, sondern mit zwei Fahrzeugkolonnen, die wie
Panzer über das Eis rollten.

»Shack« hatte sich seine Reise so sicher nicht vorgestellt. Obwohl auch er
auf Technologie gesetzt hatte. Er hatte eigens ein Raupenfahrzeug für die
Überquerung bauen lassen. Ein Vorläufer des heutigen Ski-doo. Aber
dieser Aufwand! Vivian Fuchs und seine Crew saßen auf »Schneekatzen«,
die von Chrysler-Motoren angetrieben wurden und heizbare Kabinen
hatten. Vier »Cats« brausten mit rasselnden Raupen über das Eis. Die
Szene glich einer Panzeroffensive. Auf der anderen Seite der Antarktis
fuhr die neuseeländische Mannschaft mit Hillary in Traktoren Richtung
Südpol. Das war keine klassische Polarfahrt. Technische Pannen und
Spalten waren für Fuchs und Hillary die Hauptprobleme.

»Am 28. Oktober herrschte White out. Wir konnten weder fliegen noch uns bei unserem langsamen Vormarsch an den Bergen orientieren, die von Wolken verdeckt waren. Darum markierten wir die Strecke mit Stangen nach dem Kompaß. Dabei arbeiteten wir jeweils zu Paaren, jedes Paar neben dem anderen in einem Abstand, der etwas größer war als die Breite der Raupenketten. Langsam schoben wir uns vorwärts und stießen die Holz- oder Aluminiumstangen Meter für Meter bis zu anderthalb Meter tief in den Schnee. Manchmal, wenn wir besonders mißtrauisch waren, sondierten wir sogar alle 30, ja sogar 15 Zentimeter. Fanden wir eine Spalte, öffneten wir die Risse an ihren Kanten, um die Beschaffenheit der Schneefüllung zu untersuchen. Erschien eine Spaltenbrücke zu unsicher, umgingen wir die gefährliche Stelle und kamen dann wieder auf unseren eigentlichen Weg zurück. Glücklicherweise machte die eigentümlich breite, aber kurze Form der Spalten dieses Manöver ziemlich einfach, obwohl wir manchmal in drei oder vier Richtungen sondieren mußten, bevor wir einen sicheren Übergang fanden.«

Zudem gab es Kommunikationsschwierigkeiten. Auch Probleme zwischen den Stars Hillary und Fuchs. Am 22. Dezember sandte Vivian Fuchs Nachricht an Hillary, der von McMurdo aus schon viel weiter zum Pol vorgestoßen war:

»Persönlich an Hillary. Erreichte South-Ice 21. XII. nach schweren Spaltenhindernissen und 3 großen Bergungen von Sno-Cats. Haben in 29 Tagen 561 Kilometer zurückgelegt. Halten dies aber für schlimmste Strecke der Reise und glauben von hier aus schneller voranzukommen. Dank für Auskunft und versprochene Spaltenerkundung. Hoffe Sie werden Route durchgehend oder Teil des Gebiets mit Schneesäulen oder Stangen markieren können. Verlassen South-Ice mit 4 Sno-Cats 3 Weaseln 1 Muskeg, werden vermutlich mit 4 Cats und einem Weasel zu Ihnen stoßen. Zwei Hundegespanne fahren voraus. Verlassen South-Ice voraussichtlich 25. Dann fliegen RAF mit Otter nach dort und warten geeigneten Tag für Flug nach Scott ab. Hoffe auf Funkverbindung mit Ihnen wie vereinbart ab 26. Ihnen allen fröhliche Weihnachten. Bunny (Fuchs)«

Eines der Kettenfahrzeuge der Trans-Antarctic-Expedition von 1957/58 steht heute im Museum in Christchurch in Neuseeland.

Hillary kam am 4. Januar am Pol an. Er blieb ein paar Tage und flog zum Scott-Stützpunkt an der McMurdo-Bucht zurück. In einer Nachricht an Fuchs warnte er diesen, die Transantarktis-Expedition fortzusetzen:

> »Lieber Bunny, ich bin sehr in Sorge wegen der schwerwiegenden Verzögerung, die bei Ihnen eingetreten ist. Vom Pol bis zum Scott-Stützpunkt sind es etwa 2000 Kilometer. Ein großer Teil der Strecke nördlich vom Depot 700 ist voller höckriger, harter Sastrugis und macht das Fahren mühevoll und langsam. Wenn Sie Ende Januar vom Pol aufbrechen, werden Sie in zunehmend schlechtes Wetter und Wintertemperaturen geraten, und das mit Fahrzeugen, die nicht mehr in bestem Zustand sind. Meine beiden Mechaniker halten eine so späte Fahrt für ein nicht zu rechtfertigendes Risiko und sind nicht bereit, zu warten und sich Ihrer Gruppe anzuschließen. Ich bin ihrer Ansicht und bitte Sie, ernsthaft zu erwägen, ob Sie Ihre Fahrt nicht auf zwei Jahre verteilen wollen. Sie haben wahrscheinlich bis zum Pol noch eine ziemlich große Strecke vor sich. Warum wollen Sie Ihre Fahrzeuge nicht am Pol überwintern lassen, mit amerikanischen Flugzeugen zum

Scott-Stützpunkt fliegen, den Winter über in die Zivilisation zurückkehren, dann im nächsten November zur Polarstation zurückfliegen und die Expedition beenden? Wenn Sie so verfahren, könnten Sie sehr viel umfangreichere seismische Untersuchungen vornehmen. Ich bin fest davon überzeugt, daß Kapitän Dufek Sie mit seinen Flugzeugen unterstützen würde. Nach vier Monaten Fahrt mit den Traktoren möchte ich mich endlich vom Plateau zurückziehen, denn es gibt noch so viel anderes zu tun. Ich möchte nicht länger auf der Polarstation warten, sondern so bald wie möglich zum Scott-Stützpunkt zurückkehren. Wenn Sie sich für die Weiterfahrt vom Pol entscheiden, werde ich beim Depot 700 zu Ihnen stoßen. Es tut mir leid, die Lage in so düsteren Farben zu malen; aber es wäre schade, wenn die wertvolle Arbeit, die Sie in die Erzwingung des Weges nach South-Ice und zum Pol investiert haben, umsonst gewesen wäre, weil die Gruppe irgendwo auf dem 2000 Kilometer langen Weg zum Scott-Stützpunkt scheitert. Ich werde Depot 700 weiter auffüllen und genaue Einzelheiten und Karten der Strecke von Scott zum Pol an der Polarstation zurücklassen. Hillary«

Dieser Meinungsaustausch wurde veröffentlicht, und obwohl die Fuchs-Gruppe ihre Arbeit fortsetzte, wurde die Angelegenheit in der Presse zu einer ›Cause célèbre‹ hochgespielt.

»Hillary, Polarstation. Verstehe Ihre Bedenken. Aufgabe der transkontinentalen Überquerung kann aber in diesem Stadium nicht in Betracht gezogen werden. Zahllose Gründe machen die Neuaufstellung der Expedition nach einer Überwinterung außerhalb der Antarktis unmöglich. Die Fahrzeuge werden, was sie schon bewiesen haben, bei −51°C durchaus aktionsfähig sein. Ich erwarte jedoch im März noch nicht so tiefe Temperaturen. White out und Drift werden uns am meisten zu schaffen machen. Ich verstehe auch die Abneigung Ihrer Mechaniker, sich an unserer Fahrt zu beteiligen. In Anbetracht Ihrer Meinung, daß die späte Jahreszeit die Fahrt zu einem nicht zu rechtfertigenden Risiko mache, kann ich Sie, ungeachtet Ihrer wertvollen Ortskenntnisse, nicht bitten, am Depot 700 mit uns zusammenzutreffen. Wir werden also unseren Weg mit Hilfe der Streckenangaben

Heute noch werden in der Antarktis ähnliche Kettenfahrzeuge benützt, wie sie die Fuchs-Expedition mit Erfolg eingesetzt hatte: Schwere Stahlkolosse.

machen müssen, die Sie am Pol zurücklassen. Das Feld mit den riesigen Sastrugis, in dem wir uns zur Zeit befinden, hat bisher eine Ausdehnung von 92 Kilometern und setzt sich mit 1,20 Meter hohen Rücken fort. Werden wir nördlich von Depot 700 ähnliche Gebiete antreffen, und wie groß sind sie etwa insgesamt? Der Hauptschaden entsteht durch die Schlepphaken der Schlitten, die elektrisch geschweißt werden müssen und unsere Verzögerung verursachen. Werden in Kürze, wie geplant, zweites Fahrzeug aufgeben. Damit verbleiben uns vier Sno-Cats und zwei Weasel. Maximaler Abstand der seismischen Messungen 48 Kilometer, der Schweremessungen 24 Kilometer. Ein- oder zweimal täglich Raumsondemessungen, meteorologische Untersuchungen schließen luftelektrische Strahlenmessungen ein. Gegenwärtige Position 84° 43'S bei einer Höhe von 2100 Metern. Bunny«

Am Pol traf Vivan Fuchs trotzdem mit Sir Edmund Hillary, dem Everest-Erstbesteiger, zusammen. Dieser hatte inzwischen vom Ross-Meer her mit seiner motorisierten »Unterstützungstruppe« alle Treibstoffdepots für Fuchs angelegt, war nach McMurdo geflogen und per

Flugzeug wieder zum Pol zurückgekehrt, um Vivian Fuchs und dessen Überquerungs-Crew dort zu treffen. Fuchs wagte trotz der fortgeschrittenen Jahreszeit die gesamte Überquerung der Antarktis. Mit seinen Schneekatzen steuerte er auf der von Hillary ausgekundschafteten Route dem Ross-Meer entgegen. Als sie am 2. März 1958 in der amerikanisch-neuseeländischen Basis an der McMurdo-Bucht eintrafen, wurden sie von eingeflogenen Journalisten empfangen. Sie hatten 3472 Kilometer zurückgelegt und dafür 99 Tage gebraucht. Ironie der Technik: Einer der Cat-Fahrer hatte sich Vergiftungserscheinungen durch die eigenen Motorabgase zugezogen. Dieser Raupenschlepper-Trip des Vivian Fuchs war sicher eine Pionierleistung. Trotzdem ein Anachronismus. War es nicht ein Widersinn, eine Reise in die unberührten Weiten und die Stille der Antarktis zu unternehmen, sitzend, und dabei ständig dem Lärm und Gestank von Motoren ausgesetzt? Gefangen in Kabinen in der saubersten Luft auf Erden beinahe zu ersticken? In der Tat, »was die technische Zivilisation auf dem Eiskontinent tut, wird zu einer Karikatur dieser Zivilisation.« Dieser Satz des amerikanischen Umweltschützers Michael Parfit traf hier in vollem Umfang zu. Und er gilt weiter.

Ich wollte mit meiner Expedition nicht demonstrieren für die Opferbereitschaft der Engländer – ich wollte den Einsatz der Technik relativieren. Deshalb die »Umwertung der Werte«. »Man-hauling« statt Motorenkraft. Es ging mir um das menschliche Maß und nicht um die unbegrenzten Möglichkeiten der Technik. Wer sich mit Motorfahrzeugen, Hubschraubern und Flugzeugen in der Antarktis fortbewegt, ist wie ein Autotourist, der in seiner Kapsel hockt und von seiner Umgebung nichts spürt. »Wer die Antarktis intensiv erleben will«, meinte auch Arved, »der muß weit weg vom Flugzeug und vom Schneemobil; auch wenn wir Flugzeuge brauchen, um ins Eis zu kommen.«

1986 schon, als ich den konkreten Plan entwickelt hatte, die Antarktis zu Fuß zu überqueren, erfuhr ich, daß wir 1989/90 »Konkurrenz« haben würden. Zur gleichen Zeit mit uns sollte eine internationale Expedition, angeführt von Jean-Louis Etienne, einem französischen Alpinisten, und Will Steger, einem amerikanischen Hundezüchter, unterwegs sein, um die Antarktis mit Huskies zu überqueren. Das Sechserteam wollte den Kontinent über die längstmögliche Strecke durchmessen. Von der antarktischen Halbinsel zum Pol und weiter über die russische Station

Scott, in der Mitte, startbereit. Seine Expedition zum Südpol wurde auch deshalb zur Tragödie, weil er keine seiner drei Transportmethoden einwandfrei beherrschte.

Vostok nach Mirnyj. Das war eine gigantische Strecke, mehr als 6000 Kilometer lang. Mit Hundeschlitten vielleicht zu bewältigen. Arved und ich empfanden diese Expedition nicht als Konkurrenzunternehmen, obwohl die Medien versuchten, es so darzustellen. Mein Plan ging auf ein historisches Vorbild zurück. Die Länge der Reise spielte dabei eine untergeordnete Rolle. Die Geographie schrieb sie uns vor. Shackletons historische Idee von 1914 mußte heute mit der Taktik von damals durchführbar sein. Diese Hypothese wollte ich beweisen und dabei für ein Reisen »by fair means« demonstrieren, wie ich es schon bei der Besteigung der Achttausender ohne Sauerstoffmasken verwirklicht hatte.

Als Arved seinen Vorschlag wiederholte, die Expedition mit Segeln auszustatten, die der Deutsche Wolf Behringer entwickelt hatte, blieb ich zunächst skeptisch. Nicht wegen der technischen Hilfe. Nein, wegen logistischer Bedenken. Was war, wenn der Wind ausblieb? Diese Segel waren in Grönland mit Erfolg eingesetzt worden. Man spannte sie zwischen sich und den Wind. Sie sollten helfen, den Schlitten zu ziehen. Mit Segelhilfe war schneller voranzukommen. Sollten wir uns aber auf das Segeln verlassen? Ohne die nötige Erfahrung? Nur, wenn wir auch ohne Segel durchkommen konnten, war unsere Logistik richtig.

61

Bei einem ersten Test mit dem Segel und Skiern auf einem südtiroler Gletscher stellte ich begeistert fest, daß der Wind in der Tat eine große Hilfe war. Obwohl wir nach den Statistiken damit rechnen konnten, vom Pol nach McMurdo, auf der längsten Etappe unserer Reise, vorwiegend Rückenwind zu haben, blieb ich skeptisch. Nicht zuletzt deshalb, weil Scott bei seinem Todesmarsch trotz Segelhilfe gescheitert war. Er hatte mehrere Transportmethoden miteinander vermischt: Pferde-, Hunde-, Menschen- und Windkraft. Zuletzt erlag er der Hoffnungslosigkeit. Ich wußte, daß schon Nansen bei der ersten Durchquerung Grönlands Segel als willkommene Zughilfe eingesetzt hatte. Als Grundlage der Fortbewegung aber erschien mir das Segel zu riskant.

Ein zweites Mal – diesmal bei Nebel und Wind – testete ich dieses farbige Ungeheuer, das einem Gleitschirm ähnlicher war als dem klassischen Nansen-Segel. Wie ein Spinnaker blähte sich das Segel und stieg schräg nach oben wie ein Drachen. Schon ging es los. Vor dem Wind auf Skiern fuhr ich dahin. Gezogen vom Gleitschirm-Segel, das über mir flatterte. Dieses »Wunderinstrument«, das ich bei seinem schwäbischen Erfinder im Remstal erstmals ausprobiert hatte, gefiel mir immer besser. Wenn eine starke Brise in die wurstartigen Lufttaschen fuhr, aus denen es zusammengesetzt ist, gab es kein Halten mehr. Ich mußte das Segel abstürzen lassen, um stehen zu bleiben. Es war bei gutem Wind nicht schwierig, sich selbst und den angehängten Schlitten treiben zu lassen. Das schwierigste dabei war das Hochbringen des Segels. Ich machte das Segel vor der Brust an einem speziellen Sitzgurt fest. Der Schlitten hing am Zuggeschirr, das ich um die Hüften trug. Das bunte, federleichte Perlontuch steuerte ich über Schnüre und eine stabile Stange, die ich mit beiden Fäusten hielt und kippen konnte. Mit der natürlichen Energie der Lüfte kam ich ohne große Anstrengung voran. Fast »wie im Flug«.

Soweit die Theorie. Doch was würde sein, wenn wir das Segel auf dem Weg zum Pol nicht einsetzen konnten? Wenn nach dem Pol der Wind ausblieb oder die Unterlage kein Gleiten erlaubte? Diese Fortbewegungsart konnte auf dem zerrissenen und holprigen Untergrund des Eiskontinents eine Hilfe sein, nicht aber eine permanente Transportmethode.

Arved und ich einigten uns auf einen Kompromiß: Zwei verschieden große Segel pro Mann zur sporadischen Segelhilfe wurden eingekauft. Dabei hätte Arved am liebsten ausschließlich auf die Segel gesetzt. Hoffentlich behielt er recht.

Die Taktik für unser Vorgehen änderten wir nach und nach. Bei unseren Gesprächen. Bei den Tests. Es war nicht so, daß Arved oder ich von vornherein eine richtige, unumstößliche Taktik entwickelt hätten. Wir mußten sie immer wieder ändern. Bis zum letzten Augenblick. Wir konnten und wollten uns nicht nach einer fixen Vorgabe richten. In der Realität sollten uns die Schwierigkeiten in der Antarktis die Taktik aufzwingen.

Mein ursprünglicher Plan war es gewesen, vom Filchner-Eisschelf zu starten und auf dem kürzesten Weg über das Hochplateau zum Pol zu kommen. Über die Scott-Route auf der anderen Seite wollte ich McMurdo erreichen. Diese Variante aber war teuer. Adventure Network, die einzige Organisation, die private Expeditionen in der Antarktis flog, verlangte ein Vermögen dafür. Und die Kanadier hatten eine Monopolstellung. Da ich zu viel hätte dafür bezahlen müssen, von Patriot Hills, dem Adventure-Network-Camp am Rande der Ellsworth-Berge, bis zur Abbruchkante am Filchner-Eisschelf geflogen zu werden, nahm ich eine längere Route in Kauf. Hugh Calver, der Manager von ANI, bot mir an, uns für eine kleinere Summe bis zur deutschen Filchner-Station zu bringen. Diese Sommerstation am Rande des Ronne-Eisschelfs wäre auch ein idealer Ausgangspunkt für uns gewesen. Nach der Überquerung des Ronne-Eisschelfs wären wir nach Patriot Hills gekommen, hätten dort neue Nahrungsmittel in unsere Schlitten packen und weiterziehen können. Das nächste Depot war an den Thiel-Bergen vorgesehen. Fast genau in der Mitte des Weges zwischen Patriot Hills und dem Pol. Für den zweiten Teil der Reise ließen wir es vorerst offen, ob wir ein teures Depot in Gateway, auf halbem Weg zwischen Südpol und McMurdo, einrichten lassen wollten. Vielleicht war es möglich, diese lange Etappe ohne Hilfe zu laufen, wie Robert Swan es vorgemacht hatte. Die längste je von Menschen ohne Depot gelaufene Wegstrecke.

In den drei Jahren der Vorbereitung, von 1986 bis 1989, beschäftigte ich mich nicht nur mit der historischen Erschließung der Antarktis und mit ihrer Geographie. Ich studierte auch ökologische Probleme. In der Antarktis wurden seit dreißig Jahren Winter- und Sommerstationen betrieben. Erst nachdem Greenpeace ihre eigene winzige Station errichtet hatte, wurden die Umweltschäden in größerem Umfang bekannt. Mit ihrem Schiff kreuzten die Greenpeacer von Station zu Station, nahmen Wasserproben, um die Verschmutzung des Meerwassers zu prüfen. Sie beobach-

Müll am Rande der Antarktis. Da die Entsorgung schwierig ist, bleiben leere Ölfässer, Fertigbauteile und Müll aller Art vielerorts zurück. Das Innere ist wild geblieben.

teten das Verhalten der wildlebenden Tiere in der Nähe der Menschen. Ich wollte die Verschmutzung mit meiner Reise nicht vergrößern. Bei der Überquerung sollte kein Müll zurückbleiben – nur eine Spur im Schnee.

In den hundert Jahren, in denen der Mensch den antarktischen Kontinent bereist und »ausbeutet«, hat die Küste stark gelitten. Auch darauf wollten wir mit unserer Reise hinweisen.

Für Arved und mich war das Abenteuer unser erstes Anliegen. Wir wollten aber mit dieser Durchquerung auch eine Lebenshaltung vertreten: Respekt vor der Wildnis. Und wir hofften, nachher eindeutige Aussagen über die Antarktis machen zu können.

Wir verfolgten also vier Ziele. Erstens wollten wir die Antarktis von der südamerikanischen Seite über den Südpol bis zur neuseeländischen Seite überqueren. Dabei versuchten wir zweitens, eine historische Idee in die Tat umzusetzen. Drittens hoffte ich, der Antarktis mit unserem Fußmarsch ein menschliches Maß zu geben. Viertens wollten wir hinterher – wenn wir durchkommen sollten – unsere Publizität für einen »Weltpark Antarktis« einsetzen. Wie aber konnten wir die Menschen für den Schutz der Antarktis gewinnen? Indem wir ihre einmalige Schönheit zeigten! Nur was wir lieben, wollen wir auch erhalten.

64

In der Antarktis gibt es noch Tausende unbestiegener Gipfel. Es ist sicher schwieriger,
den Fuß dieser Berge zu erreichen, als sie zu besteigen.

Der wilde weiße Kontinent, der nur an wenigen Punkten vom Menschen besetzt war, mußte so bleiben, wie er seit Jahrmillionen war. Solange die Antarktis für den Menschen die »terra incognita« gewesen war, hatte er sie in Frieden gelassen.

Je mehr ich mich damit beschäftigte, um so mehr wurde mir klar, daß die Einmaligkeit der Antarktis in Werten bestand, die wir alle längst vergessen hatten: Stille, Friede, unberührte Weite.

Die Antarktis nahm von mir Besitz. Ich schlief immer schlechter. In meinen kurzen Träumen lebte ich mehr und mehr im Eis. Die großen Berge, die mich zwanzig Jahre lang beschäftigt hatten, waren Erinnerung. Die Wüsten in Asien und Afrika, die ich kennengelernt hatte, füllten mich nicht mehr aus. Nichts machte mich so neugierig wie die Eiswüste. Und nichts machte mir mehr Angst. Bilder der Arktis, die viel früher als die Antarktis erforscht und bereist worden war, mischten sich in meinen Träume mit Eindrücken aus der Antarktis. Bilder, erzählt von Shackleton, Scott und Ransmayr wuchsen sich aus zu Eindrücken, die ich selbst erlebt haben könnte. So menschenfeindlich die beiden Polarzonen sind, sie haben die Menschen immer wieder angezogen. Ich wollte endlich dorthin. Auch begreifen, warum Polarmeer und Südpol einen solchen Reiz auf all jene ausübten, die einmal dort gewesen waren. Die Frage, warum die lebensfeindlichste aller Regionen auf der Erde, die Antarktis, für das Überleben der Menschheit so wichtig ist, war wieder Nebensache geworden.

Keine meiner Bergexpeditionen war so teuer gewesen wie die geplante Antarktis-Überquerung. Wenn ich nachrechnete, hatte ich für die Besteigung der Achttausender – das waren alles in allem 30 Versuche, mit 18 erfolgreichen Gipfelbesteigungen – nicht mehr Geld ausgegeben, als diese einzige Reise kosten sollte. Hätte nicht Reinhold Würth, ein junger Industrieller aus Baden-Württemberg, spontan eine Art Patenschaft für die Expedition übernommen, ich wäre im Vorfeld schon gescheitert. Würth war bereit, für eine PR-Aktion die Hälfte unserer Ausgaben zu übernehmen. Als ich Reinhold Würth näher kennenlernte, verstand ich, warum er uns unterstützen wollte. Sein Unternehmen wurde traditionell leistungsorientiert geführt:

Die Mitarbeiter werden bewußt gefordert, bis zu jener sehr feinen und filigranen Linie, bei der Forderung in Überforderung und Motivation in Manipulation umschlagen würde, das heißt, keiner der Mitarbeiter investiert psychische oder physische persönliche Reserven ins Unternehmen, es genügt, wenn die Mitarbeiterinnen und Mitarbeiter Spaß an der Arbeit und diese gemeinsame Freude am Erfolg erleben.

Beim Deutschen Marketing-Tag hatte Reinhold Würth einen Vortrag gehalten, in dem er ein Betriebsklima beschrieb, wie es mir auch für meine Expeditionen vorschwebte:

Gelingt es einem Betrieb, den Mitarbeitern eine gewisse Heimstatt zu bieten, ein Umfeld aufzubauen, das geprägt ist von Harmonie, Optimismus, Ehrlichkeit, Berechenbarkeit, Vertrauenswürdigkeit und Respekt vor der Leistung der Mitarbeiter und Kollegen, werden die Menschen im soziologischen Gebilde Betrieb ein Wir-Gefühl entwickeln, die Mitarbeiter werden sich am gemeinsamen Erfolg, am Wachstum des Unternehmens freuen.

Hatte nicht Shackleton seine Männer so geführt? War es heute, 1989, noch möglich, eine Expedition in einem solchen Klima zu organisieren? Meine Motivation auf die anderen, auf meine Partner zu übertragen, war mir nie schwer gefallen. Wenn wir die »Würth-Antarktis-Transversale« geschafft haben sollten, war es jedem von uns freigestellt, den Erfolg auszuwerten. Das Risiko aber trugen vorerst die Sponsoren und ich allein. Nicht Arved Fuchs, der keine Geldleistungen in die Expedition einbrachte.

Diese Transversale kostete mehr als eine Million Mark. Dabei machten allein die Flüge einschließlich des Einrichtens der Depots 80% unseres Budgets aus. Das Würth-Sponsorship war die finanzielle Basis für die Expedition. Nun mußte ich weitere Sponsoren finden und die Medien für meinen Plan interessieren. Bei einem Zusammentreffen mit Wilhelm Bittorf, einem feinfühligen SPIEGEL-Journalisten, den ich seit mehr als zehn Jahren kannte, bemerkte ich dessen Interesse für den Plan. Bittorf hatte mich 1979 zum K2, dem zweithöchsten Berg der Erde, begleitet. Er war von der Idee, die Antarktis zu überqueren, so begeistert, daß er den SPIEGEL für die exklusive Berichterstattung gewinnen konnte. Er war es dann auch, der sich für einen dreiteiligen Fernsehfilm bei der ARD stark machte.

Damit hatten Arved und ich das Geld, die Expedition zu starten. Natürlich bedeuteten Sponsoren, Presse und Fernsehen Belastungen. Diese nahmen wir gerne auf uns. Ohne sie hätten wir nie zu unserer Traumreise aufbrechen können. Würth als Hauptsponsor hatte ich versprochen, vier Pressekonferenzen zu bestreiten: zwei vor dem Start und zwei nach Beendigung der Expedition. Der SPIEGEL bestand natürlich auf einer weltweiten Exklusivität der Berichterstattung. Die Videofilme, die Arved und ich während der Expedition aufnehmen sollten, gehörten exklusiv der ARD. Arved unterschrieb denselben SPIEGEL-Vertrag wie ich. Darüber hinaus übernahm er keinerlei Verpflichtungen. Er sollte frei sein, zu tun und zu lassen, was er wollte.

Wir durften bei der Planung, bei der Zusammenstellung der Ausrüstung und bei der Logistik keine Fehler machen. Jeder Fehler hätte tödliche Folgen haben oder wenigstens unseren Erfolg in Frage stellen können. Es lag an uns beiden, uns zu ergänzen. Jeder mußte sich auf die Expedition vorbereiten.

Kurz vor der Abreise traf ich mich mit Wilhelm Bittorf und Giles

Giles Kershaw in der Twin Otter von Adventure Network International (ANI). Giles hatte wesentlichen Anteil am Aufbau dieses Unternehmens.

Kershaw in München. Giles war bereit, Arved und mich von McMurdo abzuholen und nach Südamerika auszufliegen, wenn wir verspätet dort ankommen würden.

Fünf Monate später, am 5. März 1990, am Tag, an dem wir nach Europa zurückkommen sollten, wird Giles Kershaw in der Antarktis abstürzen. Giles war einer der erfahrensten Pol-Piloten. Er, und nur er war bereit, uns im Notfall auszufliegen. Es sollte nicht notwendig werden – und nicht im Entferntesten hätte ich gedacht, daß wir uns nie mehr wiedersehen sollten. Beim Versuch, einen Gyrocopter zu fliegen, ist er in Jones Sound bei Rothera aus einer Höhe von 100 Metern abgestürzt und gestorben.

Giles hatte Oswald Oelz, Wolfgang Thomaseth und mich 1986 zum Mount Vinson geflogen. Stundenlang hatte er mir von seinen Abenteuern erzählt und so jene Begeisterung für die Antarktis in mir geweckt, die Voraussetzung für die Antarktis-Transversale war. Mehr als 5000 Flugstunden hatte Giles über dem Siebten Kontinent absolviert, ohne ernsten Unfall. Ich mochte seinen trockenen englischen Humor. Sein Können beeindruckte mich. Er war kühn genug, immer wieder in die Antarktis zurückzukehren.

Mein Abschied hatte vor Wochen begonnen. Obwohl ich noch in Südtirol war, sahen mich die Leute an wie einen, der zum Tode verurteilt ist. Dabei ging ich freiwillig ins Eis. Immer, wenn mir einer Glück wünschte, flohen meine Gedanken voraus. Der Abflugtag stand fest: 16. Oktober. Die Abschiede wurden ernster. Endlich starteten wir in Richtung Südamerika. In der Hauptstadt von Chile, Santiago, trafen wir mit der Pressecrew zusammen: Wilhelm Bittorf, Jürgen Bolz vom Südwestfunk als Kameramann und Ulrich Jaeger, der als Assistent von Wilhelm Bittorf bis zum Südpol nachkommen sollte. In den nächsten drei Wochen würden wir ein fünfköpfiges Expeditionsteam sein.

3. Punta Arenas

Es war später Abend, als wir in Punta Arenas in Südchile landeten. Die Flugpiste glitzerte im Regen. Aus dem Flugzeugfenster sah ich grelle Lampen. Sonst nichts. Als wir ausstiegen, war es so dunkel, daß ich mich nicht orientieren konnte. Martyn Williams von ANI erwartete uns. War alles vorbereitet für den Flug in die Antarktis? Wir fuhren ins Hotel »Cabo de Hornes«, »Kap Hoorn«, und gingen schlafen. Wir waren zu sechst: drei Reporter, Arved, ich und Sabine. Sie wollte einige Tage bei mir bleiben. Wilhelm Bittorf sollte vor Ort für den SPIEGEL berichten, wie unsere Reise verlief. Er hatte sich in früher Jugend für die »Eroberung« des Südpols begeistert und kannte die entsprechende Literatur. Wie kaum ein Zweiter konnte er sich die »Heimat des Eises und der Stürme« vergegenwärtigen. So lebendig, als wäre er selbst dagewesen. Wilhelm ist ein exzellenter Schreiber und engagierter Umweltschützer. Der ideale Berichterstatter bei unserem Vorhaben. Er hatte sich bereiterklärt, auch den Dokumentarfilm zu bearbeiten, der über unsere Durchquerung der Antarktis gedreht werden sollte. Ulrich Jaeger war sein Assistent. Möglichst »live« sollte er Bittorf informieren. Jürgen Bolz war alles in einer Person: Kameramann, Tontechniker, Regisseur. Dieser lebenslustige und energiegeladene Grenzgänger sollte uns begleiten, um für den Südwestfunk im Eis einen Film zu drehen.

Am nächsten Morgen gingen Arved und ich zum Zoll. Wir hatten unser Expeditionsgepäck vorausgeschickt. Knapp 500 Kilogramm Proviant waren auszulösen. Es gab keine Schwierigkeiten. Ich erledigte die übliche Bürokratie – ein Papier hier, ein anderes Amt dort – alles ging schneller, als wir erwartet hatten. Jetzt, vor der Wahl, erlebte Chile eine Vorahnung von Demokratie. Pinochet sollte abtreten. Es war mehr Gelassenheit zu spüren als früher. Gleichzeitig auch mehr Hektik.

Die Antarktis ist kein Teil von Chile. Chile aber beansprucht die antarktische Halbinsel als ihr Hoheitsgebiet. Das bedeutete, daß wir unsere Expeditionsgüter weder ein- noch ausführten. Wir waren im

Das Team: Arved Fuchs war mein Wunschpartner. Auch deshalb hatte ich ihn vor dem Start nicht auf seine Ausdauer geprüft. Dies war mein Fehler gewesen.

Transit. Nachdem wir die Zollformalitäten in diesem Sinne erledigt hatten, brachten wir unsere Ausrüstung in ein kleines Lager am Stadtrand. In einer Tischlerei durften wir sie lagern. Alejo Contreras, ein chilenischer Bergsteiger, war uns dabei behilflich. Die Ausrüstungsgegenstände und Nahrungsmittel, die wir auf die lange Tour ins Eis mitnehmen wollten, waren kontrolliert, gewogen, gezählt. Nach drei Tagen war alles verpackt. Wir waren startklar. Wir warteten auf unseren Flug in die Antarktis. Wo blieb die angekündigte DC-6, eine Maschine, die ANI und »Antarctic Air« eigens für den Antarktissommer 1989/90 gekauft hatten? Sie war nicht in Punta Arenas eingetroffen. Wir ließen uns Zeit. Vor dem Start wollten wir alles noch einmal durchchecken.

Arved und ich hatten jetzt auch viel Zeit, miteinander zu reden. Ich lernte ihn von Tag zu Tag besser kennen. Wir waren uns als zwei Abenteurer begegnet, von derselben Idee besessen. Jetzt galt es, ein Team zu werden. Das war nur möglich, wenn wir uns gegenseitig respektierten. Mit allen Fehlern und Mängeln, mit allen Stärken und Schwächen. Wir waren keine »Freunde«. Wir waren zwei selbstbewußte Einzelgänger, die wußten, daß sie aufeinander angewiesen sein würden. Ich war neugierig. Wie

71

war Arved zu dem Menschen geworden, als den ich ihn kennengelernt hatte?

»Wie bist du zum Abenteuer-Träumer geworden?«

»Als kleiner Bub. Wann das genau angefangen hat, kann ich nicht sagen. Ich kann mich nicht daran erinnern. Es ist, als wäre es immer in mir drin gewesen. Als Kind konnte ich meine Träume nicht so konkret definieren. Dann, als Junge, als ich lesen konnte, interessierte mich ernsthafte Abenteuerliteratur. Ich habe damals »In Nacht und Eis« von Fridtjof Nansen gelesen. Das war für ein Kind recht trockene Abenteuerliteratur. Aber mir gefiel's. Sachlich geschrieben, gut zu lesen. Gelebte Geschichten haben mich immer fasziniert. Mehr als Winnetou und Old Shatterhand. Auch die Bücher von Karl May haben mich gefesselt, oder ›Lederstrumpf‹. Aber faszinierender fand ich die realen Geschichten. Es war in mir drin, obwohl nicht klar umrissen war, was ich einmal machen würde. Für mich selbst wußte ich es. Von den Erwachsenen wurde es als kindliche Träumerei abgetan.« Nach einer Pause:

»Ich war neugierig. Von jeher. Mich haben andere Menschen interessiert, andere Gewohnheiten, andere Länder. Vor allen Dingen haben mich Situationen interessiert. Was ich noch nie mochte: irgendwo herumsitzen. Ich war kein Schreibtischmensch. Wahrscheinlich war ich deshalb auch kein guter Schüler. Meine Schulzeit empfand ich als unangenehme Einschränkung in meiner Zeitgestaltung. Nein, zur Schule ging ich nie gern. Mich zog es immer hinaus. Wieviel Zeit habe ich als Junge draußen zugebracht! Ich hatte das Glück, tolerante Eltern zu haben, die mich meine Träume haben ausleben lassen. Als Kind war ich von früh bis spät irgendwo unterwegs. Hinzu kam, daß mich Sportarten interessiert haben, die man in freier Natur betreibt. Nicht das Sportangebot der Schule. Sportarten, die ich mir selbst ausgesucht habe, Paddeln zum Beispiel. Das tat ich mit Begeisterung. Ich habe als kleiner Junge angefangen zu paddeln und lernte alles, was damit zusammenhängt.«

»Und du hast in den Dolomiten Skifahren gelernt?«

»Ja, das war so. Ich bin durch Zufall dazu gekommen. Meine Eltern sind früher in die Dolomiten gefahren, nach Armentarola im Gadertal. Oft haben sie dort ihren Winterurlaub verbracht. Ich bin öfters mitgefahren. Damals war ich vierzehn. So habe ich zum Skilaufen gefunden. Mitten in den Dolomiten.«

»Dein Vater war Arzt. Hat er in deiner Jugend versucht, dich zu

Arved Fuchs ist gelernter Seemann. Er besitzt ein eigenes Schiff, mit dem er in arktischen Gewässern operieren kann. Er möchte per Schiff in die Antarktis reisen.

bremsen? Wollte er dich nicht in eine bürgerliche Lebenshaltung hinein-führen?«

»Ja und nein. Ich glaube, mein Vater war selbst zwiespältig, was Beruf und Leben anging. Er ist früh gestorben. Einerseits hat er viel Verständnis gezeigt für meinen Freiheitsdrang, andererseits hätte er mich gern als Arzt gesehen. Jedenfalls hat er mich unterstützt in meinem Drang, Träume zu realisieren. Ich durfte meine Wünsche ausleben. Als ich älter wurde, wurden meine Ideen und Pläne klarer. Früh schon wußte ich, was ich machen wollte. Auch, was ich nicht machen wollte. Reisen, in welcher Form auch immer, war meine Leidenschaft. Mein Vater gehörte einer Generation an, die durch den Krieg um ihre Jugend betrogen worden ist. Er hatte Träume nicht ausleben können. Vielleicht zeigte er auch deshalb so viel Verständnis für meine Abenteuer. Er verstand, warum ich es machen wollte. Er hat mir die ersten Reisen ermöglicht. Finanziell und emotional. ›Mach's mal, fahr mit dem Fahrrad weg, tu, was du gerne möchtest‹, sagte er, und ich tat's. Andererseits hat er um die Zukunft seines Sohnes gebangt. Er wollte, daß ich nicht ausflippe. Ich sollte eine Berufsausbildung haben. Zunächst versuchte ich, eine solide berufliche Ausbildung zu machen. Auf Wunsch meiner Eltern. Vielleicht konnte ich irgendwann von meinen Träumen lassen. Dieses Irgendwann war so weit weg wie das Nie. Mein Vater war niedergelassener Arzt, Internist. Ein Beruf, der auch mich interessiert hätte. Bloß ließen sich die Verpflichtungen eines Arztes nicht mit meinen anderen Leidenschaften vereinbaren. Arzt oder Abenteurer, die Frage stellte sich nicht mehr.«

»Du hast eine richtige Seemannsausbildung?«

»Ja. Weißt du, Seemann ist bei uns in Norddeutschland als Beruf nichts Außergewöhnliches. Es fahren viele Leute zur See. Auch in unserer Familie. In der Familie meiner Mutter hatte dieser Beruf Tradition. Mein Großvater und mein Onkel sind zur See gefahren. Zumindest zeitweise in ihrem Leben. Ich war also mit der Schule fertig und stand vor der Entscheidung: Was wirst du nun? Irgendwas mußte ich machen. Ich hatte seit langem mit der Seefahrt geliebäugelt. Jetzt kam die Entscheidung. Ich wollte das Notwendige mit dem Angenehmen verbinden. Als Seemann konnte ich reisen und gleichzeitig eine Berufsausbildung machen. Aus diesem Grunde habe ich den Weg der Seefahrt gewählt. Ich habe meine Ausbildung bei der Handelsmarine begonnen, als Kadett angefangen. Da ich auch technisch interessiert war, ging ich in den technischen Bereich. Ich habe die Ausbildung von der Pike auf durchlaufen. Dann bin ich zur See gefahren und habe ein Studium der Schiffbetriebstechnik abgeschlossen. Als Endziel stand mir der Schiffsingenieur vor Augen. Diese Ausbildung habe ich nicht mehr zu Ende geführt. Ich hatte Annehmlichkeiten und Schwierigkeiten der Seefahrt kennengelernt. Irgendwann kam ich auf meine alten Träume zurück. Beides zusammen ging nicht. Da habe ich mir die Frage gestellt: Was willst du denn? Abenteuer und Beruf? Ich konnte nicht als Ingenieur arbeiten und lange Reisen machen. Ich mußte mich für das eine oder das andere entscheiden. Und ich habe mich für das Abenteuer entschieden.«

»Was war deine erste arktische Reise?«

»Es war ein Abtasten, ein zögerliches, neugieriges Suchen. Ich bin damals, im Spätsommer 1979, allein an die Westküste Grönlands gereist. Nur mit dem Rucksack. Es war keine Expedition. Ich bin einfach gewandert. Entlang des Inlandeises habe ich mir Siedlungen angeguckt, gelernt, gelebt. Knapp zwei Monate war ich dort. Ich war fasziniert: von der Landschaft, von den Menschen, vom Eis. Diese Zeit war entscheidend für mich. Ich hatte vorher Expeditionen in tropische Regionen unternommen, jetzt hatte ich angefangen, mich mit polaren Reisen auseinanderzusetzen. In Grönland wurde ich vom ›Arktis-Bazillus‹ infiziert.«

74

Schlittenhunde im Schneetreiben. Arved Fuchs hatte Erfahrung mit Huskies, er konnte mit ihnen umgehen. Trotzdem wollten wir die Antarktis ohne ihre Hilfe durchqueren.

»Wieviele Reisen in die Arktis hast du gemacht? Wie kam die Steigerung?«

»Jede Reise hat auf eine vorhergehende aufgebaut. Die erste ernsthafte Expedition startete ich 1980. Es war ein hochgestecktes Ziel: Ich wollte zum geographischen Nordpol. Diese Expedition ist auch prompt gescheitert. Das hat mir zwar zu schaffen gemacht, aber mit ein wenig Abstand habe ich gemerkt, daß ich durch das Scheitern viel gelernt hatte. Ich habe viel Zeit bei den Eskimos zugebracht. Von ihnen habe ich die Kunst des Überlebens in der polaren Welt gelernt. Eskimos haben mir alles gezeigt: Wie man Hundeschlitten führt. Wie man Iglus baut. Wie man Robben jagt. All das war letztendlich erforderlich, wenn ich in der Arktis leben wollte. Aufbauend auf diesen Erfahrungen habe ich meine Reisen geplant und ausgeführt. 1983 habe ich Grönland mit Hundeschlitten durchquert. Diese Expedition war erfolgreich, weil ich die Lebensweise der Eskimos kannte.«

»Bei deiner Grönlandexpedition hast du dich doch an einem historischen Vorbild orientiert. An der Überquerung des Inlandeises durch Wegener. Hast du später öfters alten Geschichten nachgeforscht?«

»Ja. Bedingt durch die Literatur. Ich habe die Polar-Literatur gelesen.

75

Und ich war fasziniert. Unter welchen Bedingungen hat die historische Polarforschung stattgefunden! Mit großem Menscheneinsatz und einfachen Mitteln. Der Polarforscher, den es vor 40, 50, 60 Jahren gegeben hat, gehört zu einer ausgestorbenen Gattung. Er war Forscher und Abenteurer zugleich. Moderne Forscher hören das nicht gerne. Andererseits waren die früheren Polarfahrer exzellente Wissenschaftler. Sie haben versucht, beides zu kombinieren, das Forschen und das Überleben. Diese historischen Aspekte interessieren mich. Ich finde eine eigenartige Spannung darin, der verwehten Spur eines Pioniers nachzulaufen, die es nur noch in der Überlieferung gibt. Besonders in der Arktis. Die Anwesenheit des Menschen wird ein Wunsch. Nicht Realität. So entstehen Märchen. Und plötzlich findest du eine Steinpyramide. Und du weißt, irgendwann, vielleicht vor 80 oder 100 Jahren, war eine Expedition da. Nur ein Mensch hat diesen Steinmann errichten können. Wenn du Glück hast, findest du eine Nachricht von dieser Expedition. Das passiert selten. Deshalb bleibt diese Suche spannend. Den Spuren einer historischen Expedition zu folgen, empfinde ich wie die Inszenierung eines Märchens, sogar spannender, weil die Geschichte, die ich nachempfinde, wahr war. Wahr sein könnte. Es ist auch ein wenig Detektivarbeit dabei. Geschichtsforschung. Dieser historische Aspekt war bei meinen Expeditionen wichtig. Es gibt aber auch andere Aspekte. Heute beobachte ich gerne Naturvölker, denen ich persönlich größte Hochachtung zolle. Diese Menschen, die oftmals als primitiv hingestellt werden, mag ich. Wenn ich ein wenig hinter die Kulissen schauen kann, wie bei den Eskimos, bin ich voller Bewunderung. Sie haben über Tausende von Jahren nicht nur ihre Art erhalten, sondern darüber hinaus eine eigenständige Kultur entwikkelt. Und diese ist nicht so niedrig, wie sie immer dargestellt wird. Das Naturverständnis dieser Leute, das uns zivilisierten Menschen abhanden gekommen ist, hat mir in vieler Hinsicht die Augen geöffnet. Ich möchte davon lernen; ich möchte aus ihrer Geschichte lernen.«

Meine eigenen Motivationen lagen inzwischen anders. Früher war meine Neugierde und Lernbereitschaft den Naturvölkern gegenüber mit ein Grund für meine Reisen gewesen. Deshalb verstand ich Arved gut.

Inzwischen aber war das Unterwegssein für mich eine Notwendigkeit geworden. Das Gefühl, aufzubrechen, war wie eine Befreiung. Gab es etwas Schöneres? Würde ich daheim bleiben, es wäre ein Verrat an meiner Natur. Ich mußte weitermachen, wie ich als Kind angefangen hatte, und wenn es noch so falsch war. Ich wußte, wieviel man erleben konnte, und ich mußte mich nur immer wieder fallen lassen in meine Träume. Es war mir unmöglich, immerzu etwas »Richtiges«, etwas »Vernünftiges« zu tun. Es war doch keine Schande, immer wieder etwas »Falsches« zu machen, wenn alle anderen etwas »Richtiges« taten. Einer oder zwei konnten sich bei so viel Nützlichkeit auf der Welt doch den »Wahnsinn« leisten.

Ich hatte unter dem Alltag in Mitteleuropa gelitten, unter der Banalität und dieser Vertrautheit überall. Wie leblos war doch unsere Welt. Ich könnte es nirgends ein Leben lang aushalten. Juval war phantastisch, aber nur, wenn ich zwischendurch weg konnte. Die Vorstellung, nur in diesem Haus zu sitzen, zu schreiben, zum Fenster hinauszuschauen, war schlimmer als der Gedanke an den Tod. Nein, diese Welt war nicht die wahre Welt. Europa erschien mir als Kunstwelt. So greifbar die Autos, so hörbar das Telefon, so sichtbar das Bild am Fernsehschirm war, so schändlich wenig erlebte ich hier. So viel Künstlichkeit tat mir weh. Je weiter ich von Mitteleuropa entfernt war, um so mehr erschien mir diese Kunstwelt als Hölle, die mich fahrig, unzufrieden, müde machte. Den Himmel auf Erden stellte ich mir anders vor: still, friedlich, vielleicht sogar ohne Menschen. Nicht wahrgenommen werden wollen – war das auch Koketterie?

Endlich kündigte Adventure Network die Maschine für den Flug in die Antarktis an. Auf dem Aeropuerto von Punta Arenas stand sie: zerbeult, geflickt, wenig vertrauenerweckend. Eine Blechkiste. Eine DC-6 aus den Anfängen der Verkehrsfliegerei: 18-Zylinder-Sternmotoren, Baujahr 1952, 53000 Flugstunden. Einst war sie ein PanAm-Transatlantik-Clipper gewesen. Wer mochte nicht alles mit ihr geflogen sein? Jetzt kam sie von einem unheimlichen Platz in Miami, Florida, den die Piloten »Corrosion Corner« nennen. Dort werden alte Maschinen ausgeschlachtet und neu zusammengebastelt. Aus fünf mach eins, aber flugtauglich. Normalerweise waren diese aus Schrotteilen zusammengesetzten Flieger ausschließlich für die Luftfracht im Einsatz. Bis sie nicht mehr aufsteigen konnten oder vom Himmel fielen. Mit »Antarctic Air« aber sollten Menschen in die unwirtlichste Gegend der Welt geflogen werden.

»Das Flugzeug ist ›strukturell gesund‹«, versicherte augenzwinkernd und vertrauenerweckend der Chefpilot und Miteigentümer der DC-6,

Antarctic Air: Der 40 Jahre alte Flieger auf dem Flugplatz in Punta Arenas. Aus der Ferne sah er vertrauenswürdig aus. Wegen seiner Mängel verloren wir Wochen.

Colin Campbell. Auch er war, wie die Eigentümer von ANI, Kanadier, 68 Jahre alt.

»Und wenn sie über der Drake Passage auseinanderbricht?«

»Ich habe so viele Flugstunden wie die DC-6 und nicht vergessen, wie man schwimmt. Ich habe nur vergessen, wie man aufhört zu fliegen.« Wir lachten.

Campbell, dem zwei junge Piloten assistierten, sollte uns gleich in den nächsten Tagen nach Patriot Hills, dem ANI-Camp in der Antarktis, fliegen. Wir waren bereit. Aber es kam anders. Die Maschine aus »Corrosion Corner« war zu spät und genau zu dem Zeitpunkt im windigen Punta Arenas angekommen, als in der Antarktis eine Schlechtwetterperiode begann, die 17 Tage dauern sollte – vom 21. Oktober bis zum 6. November.

Zweimal versuchte Campbell, die 3200 Kilometer lange Route von Südchile nach Patriot Hills nonstop zu fliegen. Beide Male mußte er auf gut halbem Weg umkehren. Beim ersten Versuch waren wir noch zuversichtlich gewesen. Bald aber steigerte sich der Gegenwind über der Drake Passage, über den »schrillen Sechzigern«, bis auf 185 km/h. Die Übergrundgeschwindigkeit der DC-6, die normal bei 450 km/h liegt,

Magellan-Denkmal in Punta Arenas. Magellan hatte die Meerenge nördlich von Feuerland erforscht und die Überfahrt vom Atlantik in den Pazifik entdeckt.

sank auf nahezu die Hälfte. Aller Sprit wäre vor Patriot Hills verbraucht gewesen. Wir wären ins Meer gestürzt, wenn Campbell nicht umgedreht hätte. Außerdem lief Öl aus. Glitzernde Streifen rannen über die rechte Tragfläche.

Beim zweiten Versuch zog Nebel über dem antarktischen Camp auf, während wir unterwegs waren. Der dünne Nebel genügte, um die Umrisse der Eispiste und der Berggipfel dahinter in weißer Unsichtbarkeit verschwimmen zu lassen. Eine Landung kam nicht in Frage. Wieder drehte die Maschine um. Ohne daß wir eine ehrliche Erklärung für das nochmalige Scheitern erwarten durften. Diese Verzögerung warf unseren Zeitplan um. Es sah nicht gut aus.

Arved und ich waren sauer. Wir mußten abwarten. Tag für Tag. Wir hofften auf den erneuten, den endgültigen Start. Vor dem Hotel »Cabo de Hornes« wurden die Laubbäume buschiger. Mehr und mehr verdeckten sie das Bronzestandbild Magellans, der mit ausgestrecktem Arm dort stand, als wollte er das Meer und die 100 000 Menschen von Punta Arenas befehligen. Mit dem Frühling kam auch der Wind. Am Abend schob er oft Müll und Menschen durch die breiten, geraden Straßen. Er wehte von Süden, vom Meer her.

Arved und ich aßen dreimal am Tag, lasen, diskutierten Alternativpläne. Wir tranken »vino tinto« und überlegten zuletzt, was wir tun würden, wenn wir vor dem Start schon scheitern sollten.

»Wenn du dich einer Berufsgruppe zuordnen müßtest«, fragte ich Arved beim Essen, »also wenn man dich zwingen würde, einen Beruf in deinen Paß zu schreiben, was würdest du angeben?«
»Ich bezeichne mich als Abenteurer. Das ist bewußt provokativ. Ich meine, daß das Abenteuer eine großartige Sache ist. Ich weiß, in Deutschland hat dieser Begriff einen negativen Beigeschmack. Aber mir gefällt es trotzdem. Ein Abenteurer ist für viele Leute bei uns jemand, der mal hier ist und mal dort, einer, der in der Schwebe hängt. Ein Luftikus. In Deutschland gilt »Abenteuer« als etwas Unseriöses. Das ist großer Blödsinn. Sicherlich gibt es Gründe für diese Auffassung. Der Abenteuerbegriff ist dehnbar wie alles. Er ist sehr komplex, und ich versuche auch, ihn geradezurücken. Das klassische Abenteuer ist eine kreative Art, sich auszudrücken. Jeder kann doch auf seine Weise kreativ sein. Der eine mit Musik, ein anderer kann Bilder malen, ein dritter macht interessante Reisen. Auch ich kann mich auf diese Art ausdrücken. Ich kann über eine Reise erzählen, ich kann mich dadurch darstellen, ich kann auch Kritik üben, wenn ich beispielsweise auf die Umweltzerstörung eingehe.«
»Glaubst du nicht auch, daß der Begriff Abenteuer in Deutschland auch deswegen einen schlechten Beigeschmack hat, weil er provoziert? Viele, die ein bürgerliches Leben führen, was ich respektiere, fühlen sich irgendwie beschnitten, wenn sie jemanden erleben wie uns. Beschnitten in ihren Freiheiten, das auszuleben, was ich die Kreativität des einfachen Lebens nennen möchte.«
»Ja, sicherlich. Wir werden oft als lebendige Provokation verstanden. Als Stachel an der eigenen Existenz. Andererseits kann nicht jeder Kunstmaler sein, Schuster oder Arzt. Es muß eine Veranlagung dasein. Wenn ich jetzt die Reise betrachte, die wir vor uns haben, die Antarktis-Durchquerung, so ist das Abenteuer mehr Beruf als Romantik.
Wenn du planst, ist es spannend, und wenn du nachher vor dem warmen Kamin sitzt, mit einem Grog in der Hand und darüber erzählst, ist es Abenteuer pur. Dann ist ein Flair von Gefahr und Aufbruchsstimmung da, nenn es Romantik, und alle Nöte, die Ängste und Härten, die eine solche Reise beinhaltet, sind vergessen. Wenn wir aber einige Tage lang unterwegs sind, steht das Abenteuer für uns, die Akteure, zunächst

im Hintergrund. Unser Reisen ist dann pickelharter Alltag. Wir absolvieren unsere Tagesleistung, kochen, versuchen zu schlafen. Wir werden laufen, und es wird zunächst nicht dramatisch sein. Abenteuer ist nicht spannend, wenn es Realität ist. Viele Leute würden daran verzweifeln, weil ihnen klar werden würde, daß sich das Abenteuer in Aktivität auflöst. Zuhause kannst du dir das alles noch so schön ausmalen, in der Realität wird es schnell zum Alltag. Und darauf mußt du vorbereitet sein. Ich weiß, daß viele Leute eine solche Reise falsch einschätzen.«

»Trotzdem ist dir die Idee gekommen – ich will zum Südpol. Wann?«

»Es war nicht gleich der Südpol oder der Nordpol. Anfang der achtziger Jahre habe ich mir die Frage gestellt, brichst du jetzt das Studium ab, oder... Ich stand kurz vor der Prüfung. Ich hätte ohne Probleme abschließen können. Aber alles in mir sträubte sich. Ich habe mir gesagt, entweder du läßt deine Reisen sein, oder du machst deine Reisen. Dieser Zeitpunkt Anfang der achtziger Jahre war für mich so wichtig! Als ich mir sagte, ich schmeiß das Studium hin, war das eine Art Befreiungsschlag. Die Entscheidung fürs Abenteuer. Jeder hat damals gesagt: ›Du bist verrückt: Jetzt, so kurz vor dem Examen, alles hinschmeißen und auf Reisen gehen! Mach dein Studium fertig, dann kannst du weitersehen.‹ Ich wußte aber, daß die Gefahr bestand, von diesem System geschluckt zu werden. Der nächste Schritt nach dem Examen wäre das Geldverdienen gewesen. Eine ›Karriere‹. Man wird so schnell geschluckt. Ich machte etwas, was alle Welt für verantwortungslos hielt: Ich machte Expeditionen, allen Warnungen zum Trotz. Natürlich kam auch der Vorwurf, ich wäre meiner Mutter gegenüber undankbar. Dabei war sie diejenige – mein Vater lebte zu diesem Zeitpunkt nicht mehr –, die am meisten Verständnis zeigte. Sie hat mich nicht am Reisen gehindert. Trotzdem war es eine schwierige Zeit. Wenig Geld, kaum Erfahrung und ein Kopf voller Ideen. Diese Jahre aber haben mich persönlich geformt. Seitdem stand ich voll und ganz hinter dem, was ich machen wollte.«

»Und der konkrete Plan, in die Antarktis zu reisen, wann ist der entstanden? Wann hast du mit dem Alfred-Wegener-Institut (AWI), mit den deutschen Antarktisforschern verhandelt?«

»Vor etwa vier Jahren. Geträumt habe ich von der Antarktis immer, seit meiner Kindheit. Aber ich sah keine realistische Möglichkeit, in diesen Erdteil zu kommen. Vor vier Jahren fing ich an, konkret darüber nachzudenken. Nach der Grönland-Expedition hatte ich vor, mit Hundeschlitten in die Antarktis zu reisen. Ich wollte den Südpol erreichen, eventuell auch eine Durchquerung versuchen. Diese Hundeschlittenreise wurde zur fixen Idee. Ich habe dann Kontakte aufgenommen, verhandelt, mit dem AWI korrespondiert. Keiner sah sich in der Lage, mich an den Rand des Eises zu transportieren. Und mit Hunden entstehen in der Antarktis enorme Kosten. Man hätte die Hunde von Kanada oder Grönland hierher fliegen müssen und dann weiter. Tonnen von Hundefutter wären notwendig gewesen. Ein solches Unternehmen hätte Millionen von Dollar verschlungen. Meine Idee war nicht zu realisieren. So bin ich von diesem Plan wieder abgekommen. Dann kam unser Kontakt und dein Vorschlag, auf Skiern durch die Antarktis zu laufen.«

»Wie waren deine Kontakte mit der deutschen Forschungsgemeinschaft, mit dem Alfred-Wegener-Institut? Du wolltest doch mit denen zusammen deine Schlittenreise durchführen. Warum hat das nicht funktioniert?«

»Ich habe dem Alfred-Wegener-Institut eine Zusammenarbeit angeboten. Die Leute dort haben aber besondere Schwierigkeiten mit dem Begriff Abenteuer. Für die scheint unser Tun etwas ganz Schlimmes zu sein. So habe ich es verstanden. So direkt hat man es mir nicht gesagt, aber ich habe es zwischen den Zeilen lesen können. Kein Interesse für Privatinitiativen. Ich habe dafür keine direkte Gegenleistung gefordert, weder Geld noch Transportmöglichkeiten. Natürlich hätte ich es begrüßt, wenn ich mit der ›Polarstern‹ in die Antarktis hätte reisen können.«

»Aber das wäre doch eine riesige Hilfe gewesen, die größtmögliche Unterstützung.«

»Ich habe dafür angeboten, daß ein Wissenschaftler mitgehen kann. Er hätte uns eine Zeitlang begleiten können, meine Expedition hätte ihn sicher durch gefährliche Regionen geleitet. Nach Belieben hätte er irgendwo von einem Flugzeug der Station wieder aufgenommen werden können. Das hätte ich von der Logistik her arrangiert. Es kam immer wieder die lakonische Antwort, daß an derartigen Experimenten kein Bedarf war. Niemand war daran interessiert. Das Schiff sei über Jahre ausgebucht, sagte man mir. Nicht einmal einen Rucksack hätten sie mir in die Antarktis mitgenommen. Das war die Politik, die im AWI betrieben wurde.«

»Und jetzt, siehst du den Marsch über die Antarktis in Verbindung mit den beiden anderen großen Reisen, die du im Eis gemacht hast – die Durchquerung von Grönland, den Marsch zum Nordpol –, als den Hattrick im Eiswandern?«

»Nicht unbedingt. Was soll der Hattrick des Eiswanderns? Aber du hast recht: Es sind die drei großen Reisen, die man im Eis machen kann. Die Antarktis-Durchquerung nach der historischen Idee von Shackleton wäre ein Höhepunkt. Es ist wirklich das ganz große Abenteuer. Das letzte, was in der Antarktis, ja, im Eis überhaupt zu machen ist. Der arktische Ozean ist überquert worden, auf Skiern und mit Hundeschlitten. Die Antarktis bislang ohne Maschinen nicht. Insofern stellt diese Problemstellung für mich einen ungeheueren Reiz dar. Diese Aufgabe, wieder vor einem historischen Hintergrund, füllt mich ganz aus. Ich sehe im Moment kein reizvolleres Ziel, was die großen Traversen angeht. Es gibt sicherlich noch andere Reisen, die ich mir gut vorstellen kann. Trotzdem: Grönland, Nordpol, Südpol bleiben die drei herausragenden ›Icewalks‹, die ich machen wollte.«

»Und nachher? Wirst du nach den drei großen Reisen in den Dschungel gehen oder weiterhin im Eis bleiben?«

»Die polaren Zonen, ganz gleich ob Arktis oder Antarktis, haben in keiner Weise ihre Faszination für mich verloren. Im Gegenteil. Je mehr Zeit ich dort verbringe, desto begeisterter bin ich. Natürlich werde ich froh sein, nach der Antarktis wieder nach Hause zu kommen, eine andere Umgebung zu sehen: Grün, ein Haus, andere Gerüche wahrnehmen. Aber ich plane jetzt schon eine neue Reise ins Eis. Für den Sommer 1990. Ich werde mit einem Segelschiff nach Grönland fahren, und wenn die Eisverhältnisse es erlauben, werde ich 1991 versuchen, durch die Nordwestpassage zu kommen. Ich werde mit Sicherheit weitere Jahre im Eis zubringen.«

»Ich vielleicht auch. Aber zu Fuß, nicht per Schiff. Mich packt die Schwermut, wenn ich nicht gehen kann. Wenn ich unterwegs bin, träume ich oft von zu Hause, und das ist schön. Ich habe zwei Kinder und wohne an einem friedlichen Ort. Aber ich darf nicht zu lange da bleiben. Zu Hause werde ich müde und gedankenschwer. Daheimbleiben ist gleichbedeutend mit Altwerden für mich. Du bist fast zehn Jahre jünger, vielleicht verstehst du mich nicht. Aber Gehen in der Wildnis ist wie vergessenes Leben für mich, und dabei geht es immer heimwärts.«

Obwohl das Warten in Punta Arenas langweilig war, lebte ich in einer Hochstimmung. Warten auf den Sprung. Wir trafen uns zum Essen in der Stadt, lasen und tranken am Abend. Gerne saß ich mit Wilhelm zusammen. Bei einem Schluck Weißwein erzählte er mir oft seine Versionen der

Robert F. Scott (Mitte) in seiner Hütte in der Antarktis. Unser Berichterstatter Wilhelm Bittorf hatte viel über diesen tragischen Helden nachgedacht.

Scott-, Amundsen- und Shackleton-Expeditionen. Dieser melancholische Wilhelm Bittorf konnte beim Schreiben – wie ein anderer bei einer realen Exkursion – seine Schwermut ablegen. Das mochte ich so an ihm. Und seine Genauigkeit, seine Unbestechlichkeit, sein Vorstellungsvermögen. Er ahnte, daß ich Angst hatte. Weil er diesen aufwühlenden Übergang begriffen hatte, von der Depression des Altwerdens daheim zum Wagnis in der Antarktis. Wenn es falsch war, diese Reise zu machen, könnte doch etwas Richtiges daraus entstehen. Wenigstens für mich. Der Zustand dazwischen, das Jetzt, bewies mir, daß ich lebendig war. Seit dem Aufbruch in Südtirol, am 16. Oktober, war mir genau in Erinnerung, wie die einzelnen Tage vergangen waren. Notizen als Erinnerungsstützen brauchte ich nur, wenn die Tage zum Alltag wurden.

Ich wußte noch genau, wie sich Toni von mir verabschiedet hatte, wie das Holz vor seinem Hof gestapelt war. Der Abschied war lebendig geblieben.

Obwohl ich mir Mühe gegeben hatte, ihm meine Reise zum Südpol verständlich zu machen, hatte Toni immerzu den Kopf geschüttelt. Sicher hatte er mir nicht sagen wollen, daß ich verrückt wäre. Er dachte es nur. Erst als er wußte, daß es mir mit dem Südpol so ernst war, daß nichts

84

auf der Welt mich aufhalten könnte, gab er mir über das Autodach hinweg die Hand. Wir hatten uns lange angesehen, ohne zu reden – jeder von einem anderen Stern.

Das Unterwegssein an sich, ohne Botschaft, ohne Erfolgszwang, ohne Hintergedanken, war nicht nur das nützlichste, es war auch das befreiendste Dasein für mich. Nur gegen den eigenen und den Widerstand der Natur leben. So asozial konnte ich sein. Gab es Räume ohne jede Moral? In meinen Tagträumen kamen sie vor. Und ich suchte die entsprechende Realität: die Wildnis ohne Menschen. Die Antarktis, wo Himmel und Hölle noch eins zu sein schienen, gehörte dazu. Dieses Land war nicht aufgeteilt. Jeder konnte dort tun, was er wollte. Die Natur allein rächte die Fehler. Und die Fehler machte ausschließlich der Mensch.

Ich habe mich von Anfang an dagegen gewehrt, unser Abenteuer unter das bloße Mäntelchen des Umweltschutzes zu stellen. So wie ich Bergsteiger nicht mochte, die ihr Tun mit wissenschaftlichen Zielen rechtfertigten, fand ich Expeditionen suspekt, die eine ökologische Rechtfertigung brauchten. Wer mit der Lächerlichkeit seines Tuns nicht zurechtkommt, sollte zu Hause bleiben. Der Umwelt zuliebe zum Nordpol! Daß ich nicht lache. Ein Schlagwort, aber nicht ehrlich. Ich wußte, daß unsere Aktivität, das Durchlaufen des Eiskontinents, mehr aussagte als alle Sprüche vorher und danach. Natürlich unternahm ich diese Expedition, weil ich neugierig war und wieder ein Abenteuer suchte. Ich war dabei ein Mensch mit Hunger nach Anerkennung, mit Ehrgeiz und dem Bedürfnis nach Steigerung – wie andere Menschen auch.

Greenpeace, die erfolgreichste Umweltorganisation der Welt, die meinen ganzen Respekt hat, ist seit Jahren in der Antarktis aktiv. Greenpeace hat ihre eigene Station in der McMurdo-Bucht errichtet. Die freiwilligen Helfer vor Ort machen Jahr für Jahr die Drecksarbeit. Sie prüfen das Meerwasser bei den wissenschaftlichen Stationen. Sie räumen Müll weg, wo es die Verantwortlichen nicht tun. Und sie machen die ganze Welt darauf aufmerksam, wie gefährdet das ökologische Gleichgewicht in der Antarktis ist.

Arved und ich wollten etwas tun, was außerhalb dieser ökologischen Aktivitäten und außerhalb der wissenschaftlichen Arbeit stand: Wir wollten die Antarktis durchlaufen und dabei aufzeigen, wie sauber, unzugänglich und friedlich der Eiskontinent war. Wir wollten »sauberer«

Die »Deutschland« war 1912 ein hochmodernes Eisschiff. Heute ist die deutsche »Polarstern« eines der bestausgerüsteten Forschungsschiffe für polare Gewässer.

reisen als die Pioniere, denen sich ökologische Fragen nicht gestellt hatten.

1911 war jener Mann gestartet, der es sich als erster in den Kopf gesetzt hatte, die Antarktis zu durchqueren. Es war Wilhelm Filchner, ein Königlich Bayerischer Artillerieoffizier, der später ein berühmter Tibet-Forscher werden sollte. Nicht nur äußerlich war er der Typ eines Mannes, der sich allen Widerständen stellt. Mit seinen kurzgeschnittenen blonden Haaren und den klaren, trotzigen Augen war er der Eroberer par excellence. In jungen Jahren hatte er eine Forschungsreise in Asien unternommen. Seine erste und einzige Antarktis-Expedition aber sollte ihm den Eiskontinent für immer vermiesen. Dabei hatte Filchner anfangs großes Glück. Auf der dampfunterstützten »Deutschland«, einem Segler, der eigens für die Antarktis ausgerüstet worden war, fuhr er mit seiner Mannschaft durch alle Treibeisgürtel und Nebelbänke bis an den Rand des Kontinents. Als die Expedition am Rand des Eisschelfs, das heute Filchners Namen trägt, anlegte, wußten die Männer nicht, was sie bei der geplanten Durchquerung des riesigen Kontinents erwartete. Männer, Pferde und Hunde mußten für eine lange Zeit sicher untergebracht

Wilhelm Filchner.
Der Artillerieoffizier Filchner wurde
ein bedeutender Forscher. In »Om mani
padme hum« beschreibt er meine Lieb-
lingswelt Tibet.

werden. Dort, wo das Schiff lag, ist eine gewaltige Bucht, die weit in die antarktische Landmasse hineinragt.

An »Land« sollte ein Haus errichtet werden, das den Abenteurern einen Winter lang Schutz bieten konnte. Dieser Hausbau aus Fertigteilen war zu Hause oft geübt worden. Als die Baracke einigermaßen gemütlich ausgestattet war, begann sie plötzlich zu wackeln. Die Balken krachten. Die Männer lagen in ihren Schlafsäcken auf den Pritschen, als es unter ihnen zu rumpeln begann. »Ein Getöse ging los wie von hundert schweren Geschützen, die Schnellfeuer geben«, berichtete Filchner später. Der Artillerist Filchner reagierte schnell. Er gab Befehl, das Haus abzubauen. Eine Eistafel, schätzungsweise so groß wie Paris, hatte sich von der Schelfeismasse gelöst. Mit dem Stationshaus und den Männern der »Deutschland« driftete sie aufs offene Meer hinaus. Alles von der Station wurde eingesammelt. Alle Männer retteten sich aufs Schiff. Die »Deutschland« aber saß bald fest. Erst neun Monate später kam sie aus dem Packeis frei. »Der Teufel selbst hat unser Schicksal besiegelt«, schrieb Filchner in sein Tagebuch. Die Antarktis-Durchquerung war gescheitert, bevor sie begonnen hatte. Jedes Vordringen auf den Kontinent schien undenkbar. Nach einer langen antarktischen Winternacht,

Bau der Winterunterkunft aus vorgefertigten Teilen für die Mannschaft der Filchner-Expedition. Wenig später brach das Eis darunter ab und driftete davon. »Pech.«

großer Kälte und Angst, kehrte die »Deutschland« mit der Mannschaft in die Heimat zurück.

Wilhelm Filchner hatte nach dieser Antarktis-Expedition ein für allemal genug von den kalten Regionen. Er riet dem Kaiser und den Deutschen entschieden davon ab, weiterhin in die Antarktis zu reisen. Seine Schlußfolgerung:

> »Die Skandinavier, die Russen, die Briten und Kanadier sollen dieses Gebiet erforschen, sie sind Spezialisten in der Arktis und damit auch in der Antarktis.«

Der zweite Mann, der ernstlich daran dachte, die Antarktis zu durchqueren, war der polarerfahrene Abenteurer Sir Ernest Shackleton. »Shack« war ein Mann mit großer Ausstrahlungskraft. Er hatte seltene Führerqualitäten: Bescheidenheit, Begeisterungsfähigkeit, alle vertrauten ihm. Shackleton war zu Beginn des Jahrhunderts mit Scott in der Antarktis gewesen. Dann, wenige Jahre später, 1908/09, war er auf eigene Faust mit drei Freunden fast bis zum Südpol marschiert. Nachdem Amundsen und Scott den Südpol erreicht hatten, plante »Shack« 1914 die Durchquerung

Viele hundert Kilometer weit schleppte die »Endurance«-Mannschaft die Beiboote mit Proviant und Ausrüstung über das Eis der Antarktis. »Mehr Pech.«

des antarktischen Kontinents: Vom Filchner-Eisschelf wollte er über den Südpol bis nach McMurdo kommen. Was er als »die letztmögliche Landreise auf dieser Erde« plante, war ein großangelegtes Unternehmen mit zwei Schiffen und einer Hundertschaft an Helfern. Von der McMurdo-Bucht aus sollte eine Unterstützungsmannschaft Depots am Beardmore-Gletscher anlegen, während er von der gegenüberliegenden Seite des Eiskontinents her vorgehen wollte. Als Shackleton 1914 startete, war Krieg. Niemand ahnte, daß sein Schicksal und das seiner Männer eine Odyssee voller Dramatik werden und fast so lang dauern sollte wie der Erste Weltkrieg. »Shack« war sicher, der Krieg würde in wenigen Monaten vorbei sein. Trotzdem war er mit schlechtem Gewissen in die Antarktis gestartet. Dort vergaß er die Heimat schnell. Das Schiff mit dem verheißungsvollen Namen »Endurance«, »Ausdauer«, sollte ein viel schlimmeres Schicksal erleiden als die »Deutschland«. Es fror gleich fest. Während Europa unterzugehen drohte, kämpften »Shack« und seine Männer drei Jahre lang ums Überleben. Was sie während dieser Kriegsjahre weit ab vom Schuß in der Antarktis erlebten, war vielleicht nicht weniger schrecklich als das, was ein Frontsoldat zu erleiden hatte. Trotzdem, Shackleton verlor auf dem Weddell-Meer

Während die Mannschaft überwinterte, segelte »Shack« mit einigen Kameraden nach South Georgia, um bei einer Walfänger-Station Hilfe zu holen.

keinen einzigen Mann. Die Unterstützungsmannschaft im Ross-Meer hingegen verlor das Schiff und zwei Männer. 1918 erst sollten die Überlebenden gerettet werden.

Ohne die antarktische Küste erreichen zu können, war die »Endurance« im Packeis eingefroren.

Sie wurde gequetscht, geschoben und mehr und mehr von dem riesigen Druck der Eisschollen beschädigt. Zu guter Letzt wurde sie vom Eis zermalmt wie eine Nuß. Damit begann eine der aufregendsten Segelreisen der Menschheit seit Odysseus' Zeiten. Die unglaubliche Irrfahrt Shackletons und seiner Männer, die, alle Ausrüstungsgegenstände in Rettungsbooten verstaut, über das Schelfeis marschierten und sich monatelang plagten, um das offene Meer zu erreichen, endete zwei Jahre später. Magellan und Captain Cook haben viel erlebt. »Shack« vielleicht mehr. Obwohl es der gescheiterten »Endurance«-Mannschaft nicht mehr um Landeroberung ging, sondern ausschließlich um das nackte Leben, machten sie alles mit: Hunger, Kälte, einen Winter unter umgekippten Beibooten. Sie waren zu unmenschlichen Strapazen verurteilt und standen sie durch – vielleicht nur, weil sie ihrem Anführer vertrauten.

Niemand hatte nach der »Endurance«-Expedition versucht, Shackletons Plan in die Tat umzusetzen. Arved und ich hatten uns vorgenommen, diese Idee aufzugreifen. Wir wollten die Antarktis, die so groß ist wie Europa und Australien zusammengenommen, mit eigener Körperkraft durchmessen. Ohne Hundeschlitten, ohne Motorfahrzeuge, ohne Flugmaschinen. Natürlich war es ein Kompromiß, wenn wir unterwegs zwei Depots anlegen ließen. Auch mußten wir Flugzeuge benutzen, um überhaupt in die Antarktis zu kommen. Die Anreise per Schiff wäre viel teurer gewesen. Wir hatten keinen Hilfstrupp auf der anderen Seite des Kontinents, der uns hätte unterstützen können, wie es damals Hillary für die Fuchs-Expedition tat.

Meine ursprüngliche Idee, vom 21. Oktober bis Mitte Februar 1990 von der deutschen Filchner-Station am Rand des Ronne-Eisschelfs bis zum Ross-Meer nach McMurdo zu kommen, war nach den gescheiterten Anflügen mit der DC-6 nicht mehr zu realisieren. Arved und ich stellten den Plan um. Die ursprüngliche Shackleton-Route war kürzer: Filchner-Eisschelf – Südpol – McMurdo-Bucht. ANI garantierte uns ohne Aufpreis den längeren Anflug von Patriot Hills zum Filchner-Eisschelf. Sie hatten schließlich unseren Transport in die Antarktis vermasselt. Neue Karten mußten besorgt werden. Wieder half uns Charles Swithinbank mit Ratschlägen. Was aber, wenn es bis zum 10. November unmöglich blieb, in die Antarktis zu kommen?

Die viermotorige Propellermaschine sah nach den beiden Starts aus, als wäre sie im Zweiten Weltkrieg schon im Einsatz gewesen. Als die Wartungsarbeiten an der DC-6 in Punta Arenas erledigt waren, meldete Patriot Hills wieder schlechtes Wetter. Unser Vertrauen in Flugzeug und Piloten schwand. Es fehlte nur ein deutliches Zeichen, und ich hätte aufgegeben.

Die Zweifel waren jetzt größer als die Hoffnungen. Vielleicht waren wir beim zweiten Anlauf, am 2. November, gescheitert, weil ein Motor Probleme machte, und nicht wegen des dichten Nebels über Patriot Hills, wie man uns erklärt hatte. Ob dieses Flugzeug in Patriot Hills wirklich landen konnte? Waren die beiden Versuche nur Ausreden gewesen? Wurden wir belogen? Die Eislandepiste beim ANI-Camp, die 1986 von Charles Swithinbank ausgemacht worden war, ist holprig und liegt in unmittelbarer Nähe von Felsen.

Am 6. November wurden wir wieder zum Flughafen gerufen: Die

Charles Swithinbank im ANI-Camp am Fuße des Mount Vinson. Dieser Glaziologe hatte mich in der Routenwahl beraten und Kartenmaterial besorgt.

Maschine war startklar. Das Wetter in Patriot Hills war nach den letzten Funksprüchen gut. Zum fünften Mal zog ich jetzt die Polarkleider an. Es war heiß im Hotel. Tapsig stand ich vor dem Spiegel. So unförmig ich aussah, ich fühlte mich sicher unter vier Schichten Kunstfaser: Unterwäsche, Flauschi, Anorak und Überhose. Die Gletscherbrille hielt die langen Haare aus der Stirn. Sogar im Sitzen machte es Mühe, die Doppelschuhe anzuziehen. Ich kam mir beengt vor und schwitzte. Ob dieser Anlauf glücken würde? Ich wollte und konnte es nicht glauben. Mein Vertrauen in ANI war auf dem Nullpunkt.

Die Tatsache, daß eine Reihe von Journalisten mit an Bord kam, die über die Hundeschlitten-Expedition berichten wollten, war keine Garantie für einen erfolgreichen Flug. Zweimal schon waren wir mehr als acht Stunden in der Luft gewesen, zweimal umsonst.

Wir flogen Stunde um Stunde nach Süden. Die Ersatzhunde für die Steger/Etienne-Expedition wurden zunehmend unruhiger. Die Journalisten aus den USA, Australien, Frankreich stellten auch uns Fragen. Wir hatten noch nichts zu erzählen. Unser Abenteuer mußte erst noch beginnen.

In der Nacht vom 7. zum 8. November endlich schaffte die DC-6 den

Flug – und wäre doch um ein Haar gescheitert. Unter uns eine graue Wolkensuppe. Plötzlich ein paar Fetzen von einem Berg. Mehr als eine Stunde lang suchten Campbell und seine Copiloten Patriot Hills im Nebel. Mit ihrem Bordradar tasteten sie die Ellsworth-Berge ab. Als sie das ANI-Camp gefunden hatten, war nicht mehr viel Sprit in den Tanks. Eine dünne Wolkendecke lag über der weißen Unendlichkeit. Die Eispiste darunter war ohne Kontraste. Wir kreisten und kreisten.

4. Patriot Hills

Ich war eingeschlafen. Als ich aufwachte und um mich sah, erschrak ich. Ich saß immer noch in dieser alten, zerbeulten DC-6. Alles war geflickt. Der Wind pfiff durch. Nur der tiefe Sound der 18-Zylinder-Sternmotoren beruhigte. In welche Richtung flogen wir? War die Maschine in Ordnung? Der alte PanAm-Transatlantik-Clipper flog über die Antarktis. Immer noch. Wie eine Stunde vorher. Diesmal schien alles zu klappen. Wir kreisten über einer geschlossenen Wolkendecke. Das antarktische Alpinistencamp Patriot Hills lag irgendwo unter uns. Wo war die Eispiste, auf der die DC-6 landen sollte? Selten Bergspitzen. Ab und zu waren dunkle Fetzen zwischen dem schäfchengesprenkelten Grau der Nebel zu erkennen. Felsinseln. Der Rest der Berge lag unter einer mächtigen Gletscherdecke begraben. Mir liefen kalte Schauer über den Rücken. So viel Leblosigkeit! Unser Flug über das Eis dauerte schon Stunden. Fast 3200 Kilometer weit waren wir von Punta Arenas in Südchile über Feuerland und den rauhen Südatlantik geflogen.

Endlich fand Colin Campbell ein Loch in den Wolken. Er setzte zur Landung an. Allen stockte der Atem. Nach neunstündigem Flug schlitterte die Maschine über das Eis, drehte sich halb und blieb abrupt stehen. Wir waren da! Wir hatten jetzt nicht nur zwei Wochen Verspätung, wir hatten durch Warten, Hoffen und Ärger viel von unserer Energie verloren. Die Crew von Patriot Hills kam in den Flieger. Als wir die Männer begrüßt hatten, fragte ich sofort: Wann können wir weiterfliegen? Arved und ich mußten schnellstmöglich zum Filchner-Eisschelf.

Mike Sharp, verantwortlich für ANI in Patriot Hills, zuckte die Schultern. Kaum waren Arved und ich über die wackelige Aluminiumleiter aus dem Flieger geklettert, wurden wir von sechs mutigen Männern umringt: die Teilnehmer der »Transantarctica«-Expedition. Ihre Wangen waren verbrannt, ihre Kleider schmutzig. Seit drei Monaten waren sie unterwegs. Von der antarktischen Halbinsel kommend, wollten sie den Kontinent über die längstmögliche Strecke überqueren. Sie froren. Offensichtlich mehr als wir. Obwohl sie bestimmt abgehärtet waren,

»Antarctic Air« in der Antarktis. Dahinter die Patriot Hills. Nachdem die Maschine entladen war, flog sie zurück und wurde zu einer Notlandung gezwungen.

litten sie nach so vielen Wochen im Eis mehr unter der Kälte als wir Neuankömmlinge. Ein Widerspruch, den ich erst noch begreifen mußte. Sie hatten meine ganze Bewunderung.

Als der Pilot Brydon Knibbs auftauchte, fragte ich nochmals: »Können wir morgen weiterfliegen?«

Dieser kanadische Pilot mit Arktis- und Antarktiserfahrung sollte uns an den Startpunkt der Landreise fliegen. »Es ist zu wenig Benzin für die Twin-Otter da«, sagte er kurz, lakonisch.

Ich war wütend. Die kleine zweimotorige Propellermaschine war seit einigen Tagen in Patriot Hills stationiert. Ich sah mich betrogen. Ich fühlte mich wie ein Gefangener in diesem unendlich großen Eiskontinent. Von hier aus konnte ich nichts mehr ändern. Ich wollte und konnte die Aussage von Brydon Knibbs nicht glauben. Ich wartete ab. Nachdem wir Expeditionsgepäck und Schlitten ausgeladen hatten, stapften Arved und ich zum Camp. Ich war jetzt zornig und still.

Auch Ulrich Jaeger war mitgeflogen nach Patriot Hills. Als Verbindungsmann zwischen uns und Wilhelm Bittorf in Punta Arenas. Jürgen Bolz, der Kameramann vom Südwestfunk, drehte unsere »Ankunft im Eis«. Während Arved und ich die Container zählten und prüften, ob alles

95

Fototermin im Eis. Die sechs Männer von »Transantarctica« und einige ihrer Hunde stellen sich den Fotografen, ehe sie ihre Reise fortsetzen.

da war – es fehlte nur unsere Schneesäge –, wurden die sechs Männer von »Transantarctica« interviewt, fotografiert, ausgefragt.

Ein befremdendes Gefühl, eine Pressekonferenz im Eis mitzuerleben. Du kommst dir selbst lächerlich vor, wenn du siehst, wie wichtig andere dieses Tun nehmen. Die Journalistenschar war von weither angereist, hatte einen gefährlichen Flug auf sich genommen, um die Akteure der Hundeschlitten-Expedition zu filmen und mit vorformulierten Fragen zu konfrontieren. Wie kannst du Distanz zu deinem Abenteuer gewinnen, wenn dein Ziel schon vor der Abreise klar definiert, den Menschen mit der Morgenzeitung und den Sportnachrichten im Fernsehen als Sensation angeboten wird?

> »Sechs Männer aus sechs Nationen – ein Franzose, ein Amerikaner, ein Sowjetrusse, ein Engländer, ein Japaner, ein Chinese – reisen in sechs Monaten 6000 Kilometer weit mit Hunden und Schlitten durch die Antarktis – die längste Durchquerung des sechsten Kontinents.«

Der Hundeschlittentrupp machte drei Tage in Patriot Hills Station.

Jetzt war nicht der richtige Zeitpunkt, über Abenteuer ohne Zuschauer nachzudenken und über unseren Exklusivvertrag zu klagen. Auch wir wären ohne das Interesse der Medien an unserer Reise nicht da gewesen. Ebensowenig wie »Transantarctica«. Mein Respekt vor diesen sechs Männern war groß. Sie hatten schon schwierige Monate im Eis verbracht und uns viel Erfahrung voraus.

Mit unserer DC-6 waren auch ausgeruhte Schlittenhunde für die »Transantarctica« eingeflogen worden. Auf einer Farm bei Punta Arenas hatten sie ihren Erholungsurlaub verbracht. Die Hunde jaulten erleichtert auf, als sie wieder am Boden waren. Die zehn Huskies hatten das Heck der DC-6 während des Fluges mit Urin- und Kotgeruch geschwängert. Mit frischen Kräften sollten sie jetzt wieder mitziehen bei der längsten Hundeschlittenreise der Menschheitsgeschichte, die sich ein Amerikaner ausgedacht hatte.

Will Steger, der Initiator und Motor dieser Expedition, war ein Abenteurer und Hundezüchter aus Minnesota. Er, Geoff Somers und der Japaner Keizo Funatsu führten je ein Hundegespann. Wie diese Männer mit den Hunden umgehen konnten! Im Vergleich dazu war Scott bei seiner ersten Antarktis-Expedition ein reiner Amateur gewesen. Am 10. Dezember 1902 hatte er in seinem Tagebuch vermerkt:

»Gestern konnten wir nur 3 km zurücklegen. Um die zurückgelassene Fracht zu holen, mußten wir uns eines abscheulichen Tricks bedienen. Wir mußten nämlich immer das Futter vor den Hunden hertragen, damit sie überhaupt einen Versuch zum Ziehen machten. ›Snatcher‹ starb gestern, die andern werden von Stunde zu Stunde schwächer; es ist ein schrecklicher Anblick.«

Mit Scotts Taktik wäre Steger nicht weit gekommen. Im Camp traf ich mit Jean-Louis Etienne zusammen, dem Funker und Sprecher der »Transantarctica«-Expedition. »Du hast hier unendlich viel Zeit zum Denken« war ein Satz, den er immerzu wiederholte.

Nachdem wir unsere Ausrüstung vor dem Werkzeugzelt deponiert hatten, stapften wir zum Mannschaftszelt, in dem auch gekocht wurde. Eine Gruppe von Kanadiern mit Arktiserfahrung hatte dieses Camp aufgeschlagen. Seit drei Jahren funktionierte es für die kurze Dauer des

Antarktis-Sommers. Es hatte mehrere Schlafzelte, ein Materialzelt und ein Kochzelt. An einem langen Tisch saßen die Mitglieder von »Transantarctica«. Will Steger schrieb Briefe. Jean-Louis Etienne las. Als ich eintrat, blinzelte er mir zu: »Du wirst viel Zeit zum Nachdenken haben!« Das war es, was ihn beschäftigte. Victor Boyarsky, Geoff Somers, Keizo Funatsu und Quin Dahe diskutierten heftig. Die Männer waren müde, abwesend. Ihre Wangen waren vom Frost verbrannt. Ihre Gesichter sahen alt aus, viel älter, als sie wirklich waren. Wenn ich einem von ihnen irgendwo in Paris, in Minnesota oder in Moskau auf der Straße begegnen sollte, ich würde ihn sicher nicht wiedererkennen, dachte ich.

Am nächsten Tag – wir hatten auf einer Pritsche im Werkzeugzelt geschlafen – begann ich erneut Verhandlungen mit ANI. »Ich werde die Expedition abbrechen, wenn wir nicht am versprochenen Punkt abgesetzt werden«. Ich bestand auf unseren Rechten. Andernfalls wollte ich alle Vorauszahlungen zurück und Schadensersatz fordern. Hugh Calver, der verantwortliche Manager von Adventure-Network, hatte uns schriftlich zugesichert, uns bis an den Rand des Filchner-Eisschelfs fliegen zu lassen. Nur hier war niemand bereit, sein Versprechen einzulösen. Nachdem ich selbst festgestellt hatte, daß der Treibstoff für 1200 Kilometer Flugstrecke nicht ausreichte, entschloß ich mich, die Route ein zweitesmal zu ändern. Arved war damit einverstanden. Wir wollten uns an den äußersten Rand des Festlandes fliegen lassen. An einem Punkt näher beim Camp, zwischen dem Ronne-Eischelf und dem Festland, wollten wir starten. Von dort zu den Thiel-Bergen und weiter zum Pol marschieren. Hätte Arved diesen Kompromiß nicht mitgetragen, ich hätte die Expedition abgesagt. Wir wären gescheitert, bevor wir mit der Überquerung hätten beginnen können. Wie Filchner und Shackleton vor uns.

Um rechtzeitig, spätestens in den Neujahrstagen am Südpol anzukommen, mußten wir schnell sein. Schneller als ursprünglich errechnet. Wollten wir eine kleine Hoffnung haben, vor Beginn des Winters auf der anderen Seite der Antarktis, in McMurdo, zu sein, durften wir jetzt nicht mehr zögern. Beim ersten Schönwetter mußten wir starten. Es dauerte Tage, bis ich den Kompromiß verinnerlicht hatte. Im Streit mit Adventure-Network, über Funk geführt, ging es um Rückzahlungen und neue Daten, um Schäden und den Gesichtsverlust in der Öffentlichkeit. Es half nichts.

Das Mannschaftszelt in Patriot Hills. Die stabilen Tunnelzelte werden nach der Saison abgebaut, in einer Eishöhle gelagert und wieder aufgebaut. Sie sind beheizbar.

Wieviel Vorarbeit, wieviel Reputation, wieviel Energie standen in diesen Tagen auf dem Spiel! Nur, weil ANI das Treibstofflager in Patriot Hills nicht hinreichend aufgefüllt hatte. »Wofür habe ich ein Jahr vorher bezahlt?« Die Antarktis-Durchquerung schien an Abhängigkeiten von der Technik zu scheitern. Wir hatten die bestmögliche Ausrüstung entwickelt. Wir hatten die Antarktis-Literatur studiert. Wir hatten trainiert. Nur fliegen konnten wir nicht selber.

Das Zelt zum Beispiel hatte Ferrino, ein italienischer Zelthersteller, nach meiner Zeichnung gefertigt. Wesentliche Anregungen dazu hatte ich mir bei Amundsen geholt. Erst der dritte Prototyp entsprach unseren Erwartungen: Doppelzelt, Kuppelform. Innen dunkel, außen hell, so daß die »Sommerwärme« zwischen den beiden Zeltplanen gespeichert wurde. Auch beim Proviant hatten wir uns an Amundsen orientiert:

> »Alle unsere Lebensmittel waren so verpackt, daß wir sie nach-zählen konnten, anstatt sie wiegen zu müssen. Unser Pemmikan bestand aus lauter einzelnen Stücken von je einem halben Pfund. Die Schokolade war wie alle Schokolade in kleine Stücke einge-teilt, wir wußten also, was jedes Stück wog. Milchpulver, Zwie-

99

back. Aus diesen vier Sorten Lebensmitteln bestand der ganze Vorrat.«

Wir wollten großzügiger leben – mit schwarzem Kaffee zum Frühstück, Speck und hartem Brot als Kaugenuß. Gefriergetrocknetes Essen, das wir an jedem Abend mit heißem Wasser zu einer frugalen Mahlzeit zubereiten wollten, gab es in sieben Geschmacksrichtungen: Fleisch mit Kartoffeln, Gemüse, Bohnen, Nudeln mit verschiedenen Soßen. Dazu Olivenöl. Und immer Pemmikan, ein altes Indianeressen. Auch die Idee der Bartschere hatten wir von Amundsen übernommen:

»Der Bart wird jeden Samstag mit der Bartschere ganz kurz geschnitten, weniger aus Eitelkeit als aus Rücksicht auf Zweckmäßigkeit und Bequemlichkeit. Im Bart setzt sich nämlich Eis an, und das ist oft recht widerwärtig. Meiner Ansicht nach ist ein Bart in den Polargegenden ebenso unpraktisch und unbequem, wie – nun ja, wie wenn man zum Beispiel in einem Zylinderhut umherspazieren wollte. Nachdem Bartschere und Spiegel unter den Polarfahrern die Runde gemacht haben, verschwindet einer nach dem andern in seinem Schlafsack.«

Arved und ich hatten uns vor der Expedition nur selten getroffen. Trotzdem hatten wir jedes Detail abgesprochen. Wie bei Amundsens Südpol-Expedition galt auch bei uns das demokratische Prinzip. Anders hätte ich diese Expedition nicht durchführen können. Die endgültige Entscheidung, trotz großer Verspätung und auf geänderter Route zu starten, war nicht leicht. In den langen Stunden im Schlafsack grübelte ich darüber nach. Natürlich hätte ich den Vertrag mit Adventure-Network kündigen können. Ob ich das Geld von den Verantwortlichen wiederbekommen hätte, stand in den Sternen. Ich konnte einen neuen Vertrag aushandeln, ja, sonst nichts.

Arved und ich hatten nur die zwei Möglichkeiten: entweder auf die Überquerung zu verzichten oder die Route ein zweites Mal zu ändern. Ich wollte trotz allem starten. »Wir fliegen von Patriot Hills, soweit das Benzin reicht, bis an den Rand des Kontinents.« Das war Arveds Vorschlag. Zwischen dem Ronne-Eisschelf und der Antarktis, im Hercules-Inlet nahe Patriot Hills, zu starten, war mein erster Ausweggedanke gewesen. Arveds Idee war die bessere, auch die logischere.

Zwei Jahre lang hatte ich mit ANI verhandelt. Wilhelm Bittorf war eigens zu einem Gespräch nach Kanada gereist. Trotzdem scheiterte unsere Expedition um ein Haar.

Obwohl ich mit unserer transantarktischen Wanderung für weniger Abhängigkeit von der Technik und für die eigene Kraft demonstrieren wollte, mußte ich einsehen, wie sehr ich in entscheidenden Punkten von der Technik abhängig war. Wegen ein paar Fässern Treibstoff, die fehlten, mußten wir darauf verzichten, den Weg an der Küste zu beginnen. Zum Filchner-Schelfeis auf dem 79. Breitengrad hätten wir zwei Treibstoffdepots für die Twin-Otter gebraucht. Von dort wären es 1200 Kilometer Laufstrecke bis zum Südpol gewesen. Auf dem kürzesten Weg. Was nützte meine Wut über die »Schlamperei« und die »unerfüllten Versprechen« von Adventure-Network. Wir konnten unmöglich noch länger auf genügend Sprit warten. Wegen eines nicht eingehaltenen Vertrags hatten wir die »Würth-Antarktis-Transversale« auf eine reine Kontinentaldurchquerung verkürzt. Auch wenn wir nach 100 Marschtagen die andere Seite erreichen würden, war es keine vollständige Durchquerung der Antarktis mehr. Dieses geschrumpfte Projekt war allerdings schwierig genug. Es fehlte uns der anfängliche Schwung. Würden wir rechtzeitig zum Pol kommen?

Arved und ich waren bescheiden und still geworden. Wir hätten uns sogar mit dem Erreichen des Südpols begnügt. Wenn wir nur starten konnten. Mein Gefühl, daß Arved, der wenige Monate vorher den Nordpol erreicht hatte, mit dem Südpol zufrieden gewesen wäre, bestätigte sich im Gespräch: »Für die große Masse sind Südpol und Antarktis dasselbe«, sagte er. Da hatte er wohl recht.

Wir stiegen auf einen Berg bei Patriot Hills, um unseren Frust loszuwerden. Wir wollten auch zusammen sein, allein sein, den Wind spüren, die nächste Umgebung kennenlernen. Vielleicht taten wir es, um uns zu beschäftigen. Wir konnten und wollten nicht im Camp herumhocken und warten. Bis von Punta Arenas die Nachricht kam, wann unser Start möglich war, wollten wir Kraft schöpfen, Motivation, Zuversicht. Nirgends war das besser möglich als auf den Bergen ringsum. Die Anhöhe gab den Blick frei auf die große Eiswüste. Als ich oben stand im Wind, dachte ich an Dantes Hölle. Mir kam der Verdacht, der Dichter hätte einmal die Antarktis erlebt.

Da sah ich tausend Köpfe, die schwarzblau
geworden durch die Kälte; drum erfaßt' mich
ein Graun vor Eisespfützen, jetzt und immer.

Und während auf die Mitte zu wir gingen,
in der sich aller Schwere Druck vereinigt,
erschauerte ich in dem ewgen Frostwind.

Die Bergspitzen hier sahen aus wie Dantes Verdammte: Sie steckten bis zum Hals im Eis. Im Frostwind stand ich da, erschauerte, war voller Zweifel.

Der Schwung und die Zuversicht, die wir aus Punta Arenas mitgebracht hatten, waren uns ausgetrieben. Wollten wir durchkommen, mußten wir, wie ursprünglich in meinem Plan festgelegt, 30 Kilometer am Tag schaffen, ohne jede Zeitreserve. Um diesen Trip beginnen zu können, durften wir nicht nur an die Leiden denken, die uns erwarteten. Nicht an die Schlittenlast, die uns beugen sollte. Die selbstgestellte Aufgabe und die weiße Unendlichkeit vor uns waren faszinierend. Im Camp zurück, begannen wir, die Schlitten zu packen. Noch einmal prüften wir die Ausrüstung. Jeden einzelnen Gegenstand.

Voller Bewunderung sahen wir dem Start von »Transantarctica« zu. Mit ihren Hundeschlitten zog sie los in Richtung Pol. Drei Gespanne und

Victor Boyarsky und Jean-Louis Etienne mit ihren Hunden knapp vor dem Start in Patriot Hills. Victor war der Vorausläufer, überaus sympathisch.

das Sechs-Mann-Team verschwanden schnell am Horizont. Die weiße Weite hatte sie verschluckt. Arved und ich waren frustriert, aber doch voller Neugierde. Auch wir wollten endlich aufs Eis und losmarschieren.

Wieder schlief ich schlecht. Ich hatte diese Expeditions-Idee so lange mit mir herumgetragen, daß sie jetzt realisiert werden mußte. Sie war zum Zwang geworden. Eine Absage hätte einen Haufen Probleme gebracht: finanzielle Probleme. Die Expedition war angekündigt. Wie hätte ich das Scheitern den Sponsoren und Freunden gegenüber erklären sollen? Niemand würde mir glauben wollen. Das alles belastete mich.

Ich allein trug die Verantwortung den Sponsoren gegenüber. Der Einsatz, der uns bis hierher geführt hatte, der organisatorische und finanzielle Einsatz, zwang mich, es trotz allem zu versuchen.

Endlich, am 13. November, sollten wir fliegen. Das Wetter war gut. »Transantarctica«, seit Tagen unterwegs, brauchte ausgeruhte Hunde und Hilfe. Journalisten mußten abgeholt und Hunde hingebracht werden. Plötzlich die Nachricht im Camp, wir sollten uns bereit machen. »Wenn ihr fliegen wollt, könnt ihr jetzt fliegen.« Der Flug zu unserem Ausgangspunkt mußte mit einem Unterstützungsflug für »Transantarctica« kombiniert werden. So konnte Treibstoff gespart werden.

»Airport Patriot Hills« mit einer Cessna und der Twin-Otter, die Arved Fuchs und mich zum Startpunkt flog. Im Camp sollte unsere »Funkzentrale« sein.

Alles ging sehr schnell. Für Arved und mich zu schnell. Wir zogen uns an. Endgültig. Wie für eine Exekution. Wir packten unsere Schlitten in das Flugzeug. Wir stopften die Container voll, die zurück nach Punta Arenas und Europa mußten. Wir verabschiedeten uns von allen. Gespielte Lässigkeit. Zusammen mit Jürgen Bolz, dem Kameramann vom Südwestfunk und Ulrich Jaeger, dem SPIEGEL-Mann, stiegen wir in die Twin-Otter.

Auf der Fliegerkarte hatte Arved einen Punkt als Startplatz ausgemacht. Einen gedachten Punkt in der weißen Schneewüste: 82° Süd, 71° West, genau am Rand des Kontinents, etwa 500 Kilometer hinter der Schelfeiskante. Er war mehr als 1000 Kilometer vom Pol entfernt. Die Laufstrecke von dort zu den »Thiels« war unbekannt. Bis dorthin sollte der Treibstoff reichen. Also Start an diesem Punkt.

Wir flogen über das Eis. Scheinbar unendlich weit. Unter uns eine einzige, gleißend weiße Fläche. Es war, als ob sie mich nichts anginge. Plötzlich sah ich Spalten. Ungezählte Spalten unter uns! Da war der Rand des Ronne-Eisschelfs! Ich erschrak. Die Angst brach aus, jene Schrecken, die seit Wochen latent in mir gewesen waren. Jetzt, noch in der Schwebe über diesen Spalten, fanden die Ängste ihre praktische Bestätigung. Wie sollten wir zwischen diesen vielen Gletscherspalten einen Weg finden? Wo laufen? Wie die 80 Kilogramm schweren Schlitten über die Schneebrücken ziehen, ohne einzubrechen? Wie konnten Menschen eine Strecke bewältigen, die im Zick-Zack verlief? Zwischen derart großen Gletscherspalten war ein Vorankommen schier unmöglich. Ich sah uns von oben über das Eis laufen. Die Strecke um ein vielfaches länger als die Luftlinie, die wir gemessen hatten! Panik lähmte Arme und Beine. Das Herz jagte. Wie ein Tier, das in die Enge getrieben ist, schaute ich einmal links, einmal rechts aus dem Flugzeugfenster. Das Land unter uns war unüberschaubar.

5. Endlich ausgesetzt!

Der Journalist Ulrich Jaeger und der Kameramann Jürgen Bolz saßen ruhig neben Arved und mir. Es war der 13. November. Wir flogen mit einer zweimotorigen Twin-Otter von Patriot Hills nach Osten. Am 82. Breitengrad sollten wir ausgesetzt werden. Die Maschine war vollgestopft mit den beiden Schlitten und unserer Ausrüstung. Daneben massenhaft Kartons mit Hundefutter. Vier Huskies, jeder einen Zentner schwer, trappelten und sabberten zwischen den Sitzen. Sie sollten »Transantarctica« nachgeflogen werden. Einer versuchte, sich quer über meinen Schoß zu legen.

Nach unserem Absetzen mußte die Twin-Otter die Husky-Expedition von Will Steger und Jean-Louis Etienne mit Nachschub und erholten Tieren versorgen.

Das Motorengeräusch ließ nach, wir schwebten tiefer. Die Maschine begann zu kreisen. Arved spielte mit einem Husky, der ihm das Ohr ableckte. Sein Gesicht war bleich.

Ich war immer noch voller Unrast, blickte hastig auf den Hund vor mir und aus dem rechten Fenster, reckte mich zum gegenüberliegenden. Da war nur diese »stumme, winddurchfegte Unermeßlichkeit«, wie Captain Scott die Antarktis genannt hatte. Überall nur Schnee. Nichts als eine flache, in ihren Ausmaßen nicht vorstellbare Schneefläche.

Keine Spalten mehr unter uns. Plötzlich ein Pfeifen und Knistern. Als Brydon Knibbs die Gleitkufen der Twin-Otter krachend auf die Schneekruste setzte, kam ich wieder zu mir. Der Angstanfall war vorbei. Auf dem Boden und in Aktion vergaß ich sofort, wo wir waren. Wir waren gelandet. Alle stiegen wir aus. Wir brachten unsere Schlitten auf den Boden. Arved bestimmte die Position. Ich maß die Meereshöhe. Jaeger fotografierte, Bolz filmte. Wir hatten keine Zeit zu verlieren. Alles war viel zu hektisch, ein überstürzter Abschied. Wir zogen unsere Skier an. Jürgen Bolz filmte immer noch. Er lief hin und her. Jaeger stand da und machte »letzte« Bilder. Brydon rief, er müsse jetzt weiter. Ein Gruß mit der Hand, in Eile, dann stieg er ein. Die Motoren heulten auf. Es war wie

Die Twin-Otter am Startpunkt. Unsere beiden Schlitten (im Vordergrund) sind mit Ausrüstung und Proviant für mehr als drei Wochen beladen.

von weit weg. Noch ein Winken. Ein Gruß aus der Maschine. – Wir waren allein.

Die Twin-Otter zog einige Schleifen über uns. Wir liefen nebeneinander her, als müßten wir Einigkeit beweisen. Zuversicht, daß wir es schaffen würden. Dann verschwand das rot-weiße Flugzeug im milchigen Dunst am Horizont. Auf Nimmerwiedersehen. Arved und ich standen am Beginn eines 2800 Kilometer langen Marsches durch die menschenfeindlichste Wildnis des Erdballs. Vor uns 90 Tage ohne »Nacht«. 90 Tage Kälte. 90 Tage Schlittenschleppen. 90 »Nächte« im Zelt auf einer schutzlosen Ebene. Dazu das Wissen, daß es keine Umkehr gab.

Ich hatte Mühe, den Schlitten mit seinen 80 Kilo Startgewicht vom Fleck zu ziehen. Ich mußte mich auf dem trockenen Treibschnee ins Geschirr legen wie ein Pferd, um voranzukommen. Nein, ich hatte kein gutes Gefühl. Das Vorankommen glich dem elenden Dahinkriechen einer Schnecke. Welcher Wechsel! Das Klettern fesselt alle deine Sinne. Die Tiefe hält dich wach. Plötzlich diese unabsehbare Weite! Und laufen, laufen, laufen. Der »Schneelöwe«, wie mich meine erste Tochter Làyla immer genannt hatte, als Schlittenhund.

Arved, größer und breiter, hatte es leichter mit der Last seines Schlittens. Er kam zunächst gut voran. Mühselig war es für uns beide. Gleich in der ersten Marschstunde wurde ich an Amundsen erinnert. Keine Spalten und diese Hitze beim Gehen!

»Die Gletscher sahen aus, als seien sie sehr alt und ganz ohne Bewegung, nirgends waren neue Spaltenbildungen zu sehen ... in diesem hügeligen Gelände konnten wir es in unseren Polaranzügen nicht aushalten.«

Arved und ich zogen die Windkleider aus. Wir hatten es eilig. Die Technik, auf die wir uns sowenig wie möglich verlassen wollten, hatte uns in dramatische Zeitnot gebracht. Unser Vorhaben war damit schwieriger geworden als ursprünglich gedacht.

»Wir müssen Tag für Tag fast 30 Kilometer gehen, wenn wir auf der anderen Seite sein wollen, ehe der Winter wiederkommt«, hatte Arved erklärt.

Nach dem Start gingen wir drei Stunden lang. Dann wollte Arved lagern. Er war der Erfahrenere, und ich war einverstanden. »Versuchsweise«, meinte er, »können wir uns langsam steigern.« Am ersten Tag hatten wir erst einmal sieben Kilometer geschafft.

Die Eiswüste wirkte anders als in meinen Träumen. Als nächtlicher Hintergrund meiner Ängste war sie mir feindlich erschienen. In ihrer Ausstrahlung von Einsamkeit eine zerstörende Kraft. Jetzt erschien sie mir friedlich. Ja, sie wirkte beruhigend auf mich. So sehr ich mich in meinen Träumen daheim vor ihr geängstigt hatte, so sehr gefiel sie mir jetzt.

Der Streit mit ANI war vergessen. Jetzt hatten wir andere Sorgen als die, die wir auf der Anreise geteilt hatten. Auch andere Regeln des Zusammenlebens. Andere Wichtigkeiten. Jetzt waren es nur mehr wir beide, die miteinander auskommen mußten. Wir waren zu zweit. Ich wußte, die Anarchie ist nur im Alleingang möglich, und doch mußte sich keiner dem anderen unterordnen. Wir hatten uns auf eine demokratische Expeditionsleitung geeinigt. Entweder zwei Stimmen dafür oder eine gegen die andere.

Drei Stunden waren wir an diesem Tag marschiert. Drei Stunden in einer nicht enden wollenden, gleichmäßig flachen Schneefläche. Es gab keine Gerüche, keinen Laut. Nur dich selbst und deinen Partner. Die

Marschieren im »White out«. Obwohl man dabei keine Bodenwelle und keine Spalte sieht, erkennt man den Partner als dunkle Gestalt im Nebel.

Sonne stand immer gleich hoch am Himmel. Der Schatten wanderte langsam. Es war so heiß unter der Schlittenlast, daß wir schwitzten. Arved hatte mir beim Abmarsch den Kompaß gegeben und die Marschrichtung. Ich war die ganze Strecke vorausgelaufen. Es war alles selbstverständlich und ich stutzte, als Arved lagern wollte. »Noch eine Stunde!« Arved war dagegen. Der Unerfahrenere gab nach.

Wir hatten Mühe beim Zeltaufbau, kamen uns öfters in die Quere. Das Einrichten, alle Handgriffe waren noch ungewohnt. Aber dann im Zelt, als Arved zu kochen begann, fühlte ich mich wohl. Es war gemütlich. Arved strahlte Ruhe aus, und das gab mir meine Selbstsicherheit zurück. Es war, als hätte ich schon öfters irgendwo im Eis mit ihm kampiert.

Mit dem realen, praktischen Alltag in der Eiswildnis waren alle meine Ängste abgefallen. Ich sehnte mich nicht zurück nach Juval oder in die Berge. Ich war ganz da, unterwegs, und ich wußte, diese Expedition würde gelingen.

In der ersten Nacht schlief ich schlecht. Im Zelt blieb es hell. Stundenlang beobachtete ich aus dem Zeltinnern, wie die Sonne verschwand. Trotzdem blieb es Tag. Ab »Mitternacht« nahm der Wind zu. Am Morgen hatten wir »White out«. Über dieses Phänomen hatte ich viel gelesen. Man kann es sich aber nur vorstellen, wenn man es erlebt. Bei Nebel und bewölktem Himmel sieht man absolut nichts. Man tappt mit den Füßen über den unebenen Schneeboden, als wäre es stockfinstere Nacht. Dabei ist es hell. Im Zelt konnten wir sogar lesen. Beim morgendlichen Gang hinaus erfuhr ich endgültig, was »White out« bedeutet: die weiße Nacht.

Arved zündete den Kocher an. Es dauerte eine gute halbe Stunde, bis das Wasser heiß war und Arved den Kaffee hineingab. Wir tranken ihn, aßen fette Kekse dazu und legten uns nochmal in den Schlafsack. Wir wollten auf besseres Wetter warten. Dieser Kaffee zum Frühstück! Ein Luxus in der Antarktis. Arveds Idee war grandios: der tägliche Morgenkaffee. Er trug zu einer Gemütlichkeit bei, die das Leben im Zelt während der gesamten Reise angenehm machen sollte. Später kochten wir nochmals. Öfters holte ich dazu Hartschneebrocken herein, die wir in ziegelgroßen Stücken am Abend vorher am Zelteingang zurechtgelegt hatten.

Mittags begannen wir mit dem Packen. Nachdem wir uns angezogen hatten, gingen wir hinaus: Es war stürmisch und grau. Um 14 Uhr verließen wir den Zeltplatz. Wir versuchten zu segeln und trieben, ohne genau auf die Richtung zu achten, rasch dahin. Arved war voraus. Ich hatte eine Zeitlang Mühe, ihm zu folgen. Öfter, wenn der Wind mich zur Seite riß, fiel ich hin, hatte Probleme mit dem »abgestürzten« Segel. Aber ich gab nicht auf.

Das Segeln nahm der weißen Fläche ihre Eintönigkeit. Der Schlitten holperte über die Eisbuckel und manchmal konnte ich sogar mit den Skiern kleine Sprünge machen.

Es machte Spaß, so in die Unendlichkeit hineinzufahren.

Obwohl wir mehr nach West als nach Süd fuhren, dieser erste Segeltag war ein gutes Experiment. Vom Pol weg, das wußte ich jetzt, könnten wir bei starkem Südwind in einem Monat in McMurdo sein.

Am Abend, bei tiefstehender, nie untergehender Sonne standen wir vor einem riesigen Feld von »Sastrugis«. Ein Meer aus erstarrten Wogen. Blendend weiße Hartschneewehen. Mit der 80 Kilo schweren Schlittenlast nur mühselig zu überwinden. Ein Ende konnten wir nicht erkennen.

Sastrugi, ein Wort, das aus dem Russischen entlehnt ist, beschreibt eisige, aus der Schneefläche herausgearbeitete Buckel und Kämme. Oft sind es formschöne Figuren. Manchmal sind diese nebeneinander liegenden Eiswülste 20 Zentimeter hoch, manchmal mehr als einen Meter. Sie verlaufen in der Richtung, aus der im Winter der Wind kommt. In den

Wintermonaten ist der Sturm in der Antarktis am stärksten, und er ist es, der das Eis formt. Er gibt den Sastrugis ihre Richtung. Hoffentlich hörten sie bald auf. Am Morgen lag ich mit offenen Augen im Zelt. Arved schlief noch. Ich hörte zu, wie der Wind gegen die Zeltwand schlug. Ich griff an meinen schmerzenden Arm, den ich mir bei einem Sturz am Tag vorher aufgeschlagen hatte. Ich faßte den Entschluß, einen Blick ins Freie zu wagen. Ich schälte mich aus dem Schlafsack, öffnete den Zeltausgang. Ein paar Sekunden lang die Hoffnung, draußen eine flache Schneefläche zu sehen. Aber nichts als Sastrugis. So weit das Auge reichte, nichts als ein grelles, wehendes, hellgraues Schneeland. Flach und voller Rillen zugleich. Eine einzige glitzernde Fläche ringsumher. Wo der Horizont sein sollte, verlor sie sich ins Wesenlose. Die Welt, wenn wir auf ihr waren, schien sich dort aufzulösen. Nirgends ein Anhaltspunkt fürs Auge. Im diffusen Licht wären wir ohne Kompaß im Kreis gelaufen. Nirgends ein markanter einzelner Schneekegel, der aus der gefrorenen Ebene ragte. Nur Tausende von Sastrugis.

»Ich hatte ein Gefühl, als sei ich im Schlaf von der Erde gefallen und in ein Niemandsland geraten zwischen den belebten Zonen und den galaktischen Räumen, in eine Sphäre ohne Ort und Zeit.«

Der Amerikaner Barry Lopez hat diese Stimmung genau beschrieben. Und Robert Falcon Scott, der 1902 als erster ins Innere der Antarktis vorgedrungen war und am Ende dort umkommen sollte, hatte geklagt:

»Was könnte schrecklicher sein als diese stumme, winddurchfegte Unermeßlichkeit?«

Arved und ich hatten die Berichte der Pioniere gelesen. Wir waren trotzdem hierhergekommen. Freiwillig. Unsere Einsichten mußten für Außenstehende klingen wie die Klagelieder von Unverbesserlichen. »Du kriechst aus dem Zelt und fühlst dich trotz deiner dicken Klamotten verlassen in der ungeheuren Weite«, sagte Arved bei unserem ersten Funkkontakt zu Ulrich Jaeger, der in Patriot Hills auf Informationen von uns wartete. Und weiter: »In einem Wintersturm vor Kap Hoorn kannst du auf der Leeseite eine schützende Bucht finden. Am Nordpol gibt es Eisbarrieren, die schwer zu überwinden sind, aber den

Wind abhalten. Hier gibt es nichts, nichts, nichts, wohinter du dich verkriechen kannst.«

Jetzt, am Anfang unserer Reise, waren wir langsam. Viel zu langsam. Da Arved mir im Eiswandern viel Erfahrung voraus hatte, ordnete ich mich seiner Taktik unter. Vorerst wenigstens.

Uns ging es genau umgekehrt wie Amundsen 1911 bei seiner Hundeschlitten-Expedition zum Südpol:

»Die Entfernung von 80° s. Br. wollten wir in Tagesmärschen von 28 km zurücklegen: Wir hätten zwar gut das Doppelte leisten können, aber da es sich mehr darum handelte, überhaupt hin zu gelangen, als möglichst rasch vorwärtszukommen, machten wir so kurze Märsche.«

Wir hätten auch 28 Kilometer schaffen müssen und kamen nicht einmal auf die Hälfte dieser Strecke. Meine Rechnung war einfach und ging so nicht auf. Bei unserer Anfangsgeschwindigkeit wären wir nicht weit über den Pol hinausgekommen. Wir hatten knapp 100 Tage Zeit für die Überquerung und eine Laufstrecke von 2800 Kilometer vor uns: 12 Kilometer × 100 Tage ergab nur 1200 Kilometer. Das war wenig mehr als die Strecke vom Startpunkt bis zum Südpol.

Öfters versuchten wir zu segeln. Aber ohne Erfolg. Wir wurden immer nach Westen abgetrieben. Wir hatten das Segeln rasch gelernt. Obwohl uns die Routine fehlte, die das Segeln zum Genuß werden ließ, strengte es doch viel weniger an als das Gehen. Aber meist blies uns der Wind ins Gesicht.

Im Zelt war es von Anfang an gemütlich. Wir hockten um den wärmenden Kocher, schmolzen Hartschneeklumpen, brühten Teefix und Suppe auf. Am »Abend« aßen wir Speck und hartes Brot als Vorspeise. Dann eine Hauptmahlzeit mit Reis, Kartoffeln oder Nudeln, die mit Pemmikan, Olivenöl, Fleisch angereichert war. Diesen fetten Eintopf schlürften wir heiß hinunter. Er schmeckte köstlich. Oft gab es sogar Nachspeise: Bananen- oder Schokoladencreme. Das Frühstück am Morgen – Kaffee, Kekse, wieder Speck und Brot, Reste der Abendmahlzeit – dauerte wieder zwei Stunden. Danach füllten wir unsere Thermosflaschen mit Vitamin- und Mineraliendrinks. Dazu steckten wir Energieriegel in die Anoraktaschen: mit Müsli-Geschmack und Haselmark-Fruchtschnitten mit Bienenhonig.

Doppelte Essensration für einen Tag: Nur der Speck fehlt. Fruchtschnitten, Kekse, Mineral- und Vitamindrinks, Fertiggericht, Pemmikanwurst, Ölkapseln in Gelatine verpackt.

Dann wurde alles zusammengepackt. Mit ein paar Handgriffen brachen wir das Zelt ab und verstauten es auf meinem Schlitten. Einmal marschbereit, schnallten wir die Skier an, streiften das Zuggeschirr aus Nylonriemen über. Es bestand aus einem Schultergurt und einem breiten Gürtel um die Hüfte. An den Druckstellen war es mit Schaumgummi gepolstert. In das Geschirr waren links und rechts an der Hüfte zwei Meter lange, dünne Deichseln eingebunden. Wir waren angespannt wie Pferde, die einen Einspänner ziehen. Wir zogen einen Schlitten, der aussah wie ein flaches Ruderboot. Zwei schmale Kufen am Bauch. Er enthielt unter der festgezurrten Plane den Sprit für den Kocher, Proviant und die übrige Ausrüstung für 30 Tage. Am Anfang und vollbeladen wog jeder Schlitten 80 Kilogramm. Pro Tag wurde er um eineinhalb Kilo leichter. Leicht sollte er nie werden.

Bevor ich startete, band ich das Alugestell mit dem Kugelkompaß vor die Brust und versicherte mich nochmals der Marschzahl.

Vermummt gegen den sengend kalten Wind und mit Gletscherbrillen gegen die Schneeblindheit griff jeder die Skistöcke. Wir stemmten uns gegen die Last. Um die träge Masse des Schlittens in Bewegung zu setzen, mußten wir uns ins Zeug legen wie Esel. Die Schinderei begann. Das

Ziehen der Schlitten über die Antarktis. Bei unserer transantarktischen Reise ging es nicht ums Selberschleppen als Selbstkasteiung. Auch nicht um ein Heldenspiel. Wollten wir mit natürlicher Energie – Wind- und Muskelkraft – auskommen, mußten wir ziehen, immerzu ziehen. Der Verzicht auf eine jaulende Meute von Schlittenhunden als Konsequenz eines Stils. Keine Motorfahrzeuge zum Lastentransport aus ökologischen Überlegungen.

Neben dem Proviant und den persönlichen Ausrüstungsgegenständen – Reservekleidern, Socken, Schlafsack – lagerten die Töpfe und ein Magellan-GPS-Navigationsgerät in Arveds Schlitten. In meinem waren zusätzlich Funkgerät, Werkzeugtasche und der Medizinbeutel untergebracht, in den Arved vorsichtshalber auch eine Zange zum Zähneziehen gepackt hatte. Das GPS ersetzte den Sextanten und war bei regulärer Funktion so simpel zu bedienen wie ein Taschenrechner. Nach einer Woche schon konnte auch ich unsere jeweilige Position bestimmen. Trotzdem blieb die Navigation Arveds Aufgabe, auch wenn ich dann mit der vorgegebenen Marschzahl im Kompaß vorauslief und so im Detail navigierte. In meinem Schlitten lag ein GPS-Ersatzgerät für den Notfall.

Wieder »White out«. Obwohl es hellichter Tag war, tappten wir wie Blinde auf der Schneefläche. Wieder Wind aus Südost. Wir blieben im Zelt. Dieses Ans-Zelt-Gefesseltsein, dieses Nichts-tun-Können belastete mich sehr. Am liebsten wäre ich weitergegangen, solange der Sturm und unsere Kraft es erlaubten.

In diesen Stunden der Untätigkeit entwickelten wir im Zeltinnern eine Arbeitsteilung, die während der ganzen Expedition erhalten bleiben sollte.

Ich weckte zur am Abend vorher ausgemachten Stunde. Nach langem Strecken und Seufzen setzte ich mich im Schlafsack auf und schaute nach dem Wetter. Dabei mußte ich den Reißverschluß am dreieckigen Zelteingang öffnen. Gleichzeitig holte ich den Kaffeetopf, den Arved am Abend vorher schon mit Schnee gefüllt hatte, ins Zeltinnere. Dann, nachdem auch Arved sich aus dem Schlafsack geschält hatte, stülpten wir die Schlafsäcke hinter unsere Rücken. Arved holte das kleine Holzbrett vom Fußende seines Lagers, stellte es in die Zeltmitte. Auf das Brettchen stellte ich den Kocher, Arved zündete ihn an, nachdem ich mit der Pumpe Druck gemacht hatte. Ich setzte den kleinen Topf auf die Flamme. Erst wenn der Kaffee kochte, wurde gegessen. Nach dem Frühstück begannen

Arved Fuchs in Marschbekleidung: Windanzug, Gesichtsmaske, Doppelschuhe. Bis zum Pol wechselten wir öfters zwischen Touren- und Telemark-Skiern.

wir mit dem Anziehen. Über die dünne Unterwäsche zogen wir die dicken Polarfleecejacken und -hosen. Bei den Socken hatten wir verschiedene Gewohnheiten. Arved folgte dabei einem am Nordpol getesteten System: dünne Socke, Vapor-barrier-liner-Socke – dicke Socke – Innenschuhe – Außenschuhe. Ich blieb bei meiner Erfahrung von den Achttausendern: Auf der Haut sitzt eine dünnmaschige, feste Socke, darüber gleich der Innenschuh und dann der Außenschuh. Zuletzt zogen wir die Überhosen und die entsprechenden Jacken an. Beides winddicht natürlich. Bereits im Zelt schlossen wir die Reißverschlüsse. Zuletzt setzten wir Mütze und Brille auf. Zuvor hatten wir unsere Gesichter mit Sonnencreme eingerieben. Dann stülpten wir die Handschuhe über, gingen hinaus ins Freie.

Die Schlitten werden an den Zelteingang gezerrt. Die Plane wird aufgemacht. Sofort packen wir unsere Schlitten. Jeder den seinen. Die privaten Ausrüstungsgegenstände sind schon in einem Sack verstaut. Den Schlafsack und die Tasche mit den Geräten und Schreibutensilien haben wir so an den Zeltausgang gelegt, daß sie von draußen aufgenommen werden können. Einmal draußen, bleiben wir dauernd in Bewegung. Wir dürfen nicht auskühlen. Die Ausrüstungsgegenstände schichten wir so in die Schlitten, daß wir sie am Abend in der richtigen Reihenfolge wieder herausholen können. Unten bleiben Proviant, Benzin und die schweren Dinge. Alles so verteilt, daß der Schlitten vorne leichter ist als hinten. Darüber der Schlafsack, darauf noch die Matten. Zuletzt bauen wir das Zelt ab. Die Verankerungen, Skier und Skistöcke, müssen aus dem Schnee gezogen werden. Wir schütteln es, daß alles Eis und der Kondensschnee herausfallen, und legen es der Länge nach auf meinen Schlitten. Wie einen toten Mann. Bevor ich den Schlitten zuzurre, lege ich die Thermosflasche und meine Leica oben drauf. Dann schirren wir uns an und ziehen los. An jedem »Morgen« dasselbe. Diesen Ablauf haben wir die ganze Expedition über beibehalten.

Wenn die Schneeverhältnisse gut waren, liefen wir mit schmalen Telemark-Skiern und Eskimoschuhen. Bei Sastrugis nahmen wir die schwereren Touren-Skier, die wir mit unseren Doppelschuhen kombinierten. Bei ganz schlechten Verhältnissen – blankes Eis oder besonders eisige Sastrugis – gingen wir mit den bloßen Schuhen. Die einfachen Steigeisen, Grödel genannt, schnallten wir erst zwei Monate später an. Nach den ersten Tagen einer Einlaufzeit entschieden wir uns für eine

Laufzeit von fünf Stunden pro Tag. In diesen fünf Stunden legten wir höchstens 20 Kilometer zurück. Diese 20 Kilometer, die uns wegen der Umwege nicht 20 Kilometer näher an den Pol brachten, waren entschieden zu wenig. Ich wußte, daß so mein Plan, den Pol noch in diesem Jahr zu erreichen, nicht aufgehen konnte.

Trotzdem fühlte ich mich anfangs wohl. Beim Laufen liefen auch meine Gedanken. Das Gehen wäre viel anstrengender gewesen, wenn ich dabei nicht hätte träumen, phantasieren, denken können. Oft wachte ich morgens auf, und das, was ich geträumt hatte, war präsent. Meine Träume waren personifizierter als sonst. Lauter bekannte Gesichter. Tagsüber, während des Gehens, dachten sich diese Traumfetzen weiter. Die Ideen verästelten sich in meinem Gehirn immer weiter, ganz ohne mein Zutun. Die Fortführung des Traums während des Gehens war wie etwas, das sich in mir ausbreitete. Oft waren es Menschen aus dem ersten Drittel meines Lebens, die mich begleiteten. Ich konnte sie klarer sehen als je zuvor, ebenso mein Verhältnis zu ihnen.

Meine Gedanken waren viel radikaler und zugleich viel deutlicher als daheim. Erotische Wunschvorstellungen zum Beispiel, vor allem in den ersten Wochen.

Die Schatten fielen viel schärfer. Die Sonne stand immer oben, und so scharf die Schatten fielen, so scharf waren auch die Umrisse und Konturen meiner Gedanken.

Nach einer Woche der Eingewöhnung fühlte ich mich als Eiswanderer sicher. Ich war explosiv stark. Ähnlich wie damals, als ich aus der engen Kletterwelt eines kleinen Freundeskreises erstmals mit den berühmten Bergsteigern der sechziger Jahre zusammengetroffen war und sah, daß auch meine »Helden« nur mit Händen und Füßen kletterten, wußte ich jetzt, daß mir im Eiswandern ungeahnte Möglichkeiten offenstanden. Wie bei meinem Überwechseln von den Alpen in den Himalaja wuchsen mir mit den neuen, höheren Zielen neue, größere Kräfte zu.

Peter Scholz und Felix Kuen zum Beispiel hatten mir bei unserer Expedition zur Rupalwand am Nanga Parbat 1970 nicht nur Erfahrung voraus, sie waren Bergsteiger gewesen, an denen ich mich orientiert hatte. Mit ihnen zu klettern war mir Ehre und Ansporn gewesen. Nach wenigen Wochen hatte ich alles von ihnen gelernt. Ich wußte spontan: Das Höhenbergsteigen war weiterentwickelbar.

Arved erzählte mir über die Arktis. Ich bewunderte seine Leistungen in

Drei Monate lang über eine flache Schneelandschaft zu marschieren, ist viel aufregender, als ich es mir vorgestellt hatte. Dieser Unterschied in der Struktur der Oberfläche!

Grönland und am Nordpol. Gleichzeitig entwickelte ich Abenteuerpläne jenseits seiner Vorgaben.

Ein Abenteurer, der meine Gedanken tagelang beschäftigte, war Sir Ernest Shackleton. Er war 1908 bis auf 175 Kilometer an den Südpol herangekommen, ehe er mit seinen drei Freunden wegen Zeit- und Proviantmangels hatte aufgeben müssen:

»27. Dezember. Wenn man eine große Schnee-Ebene, die sich jede 12 Kilometer zu steilen Eiskämmen erhebt, ein Plateau nennen darf, so befinden wir uns endlich auf diesem, 2994 Meter über dem Meeresspiegel. Wir brachen um 7 a.m. auf und marschierten bis zur Mittagsstunde: um 11 a.m. trafen wir einen steilen Schneehügel; es war heiße Arbeit, doch um 12 Uhr hatten wir den Schlitten oben und kampierten an Ort und Stelle. Wir ziehen jetzt 68 Kilo pro Mann. Unsere Rücken und Beine waren in böser Verfassung, als wir um 6 Uhr oben auf diesem Kamme unser Nachtlager nach einer Tagesdistanz von 23,400 Kilometer aufschlugen. Gott sei Dank, das Wetter war heiter und der Wind nur schwach. Temperatur 18,2° R Frost. Die Oberfläche ist von

ganz eigenartiger Beschaffenheit, Schneelagen mit kleinen Sastrugis, die alle nach Südost laufen. Die kurzen Rationen lassen die Erinnerung an den Plumpudding nicht zur Ruhe kommen; harter, halbgekochter Mais verursacht Verdauungsstörungen. Jedoch – es geht weiter südwärts und heute abend sind wir schon 86° 19′ südlicher Breite. Unsere Gedanken beschäftigen sich viel mit den Lieben daheim.«

Wie ähnlich waren Shackletons Erfahrungen mit unseren. Wenn ich Vorbilder im Eiswandern hatte, waren es er und Nansen.

»2. Januar. Entsetzlich harte Arbeit. Aufbruch um 6.45 a.m. über leidlich gutem Grund, der jedoch bald wieder weich wurde. Wir sanken bis über die Knöchel in den Schnee und der zerbrochene Schlitten, der fortwährend seitwärts rutschte, erschwerte das Ziehen ungemein. Wieder ging es bergauf den ganzen Tag hindurch; wir befinden uns heute Abend auf 3364 Meter Höhe. Tagesdistanz 16,510 Kilometer, obwohl das Zuggewicht nun ziemlich leicht geworden ist. Ein kalter Wind, bei einer Temperatur von 20,4° R Frost, geht uns durch Mark und Bein, da wir infolge unzureichender Nahrung geschwächt sind. Der hohe Luftdruck erschwert jede Bewegung; am empfindlichsten fühlten wir die Schwäche, wenn wir strauchelten und wieder aufstehen wollten. Mein Kopf machte mich sehr mißgestimmt. Wild scheint sich von uns allen am wohlsten zu fühlen. Gott im Himmel weiß, daß wir Menschenmöglichstes tun, doch die Aussichten sind ernst, sofern sich der Boden nicht bessert und das Plateau weiter ansteigt, denn wir können nicht mehr schnell genug marschieren, um uns mit dem Proviant einzurichten und rechtzeitig zum Depot zurückzukommen. Ich mag noch immer nicht an ein Mißlingen glauben. Ich muß die Dinge vernünftig betrachten und an das Leben meiner Kameraden denken. Und ich fürchte, daß, wenn wir zu weit gehen, wir unmöglich über diese Oberfläche schnell genug zurückmarschieren können: Dann wäre alles für uns und die Welt verloren. Wir können jetzt endgültig feststellen, daß der Südpol auf dem höchsten Plateau der Welt liegt und somit unsere geographischen und meteorologischen Aufzeichnungen von größtem Werte für die Wissenschaft sein werden; doch damit haben wir die Südpoltrophäe noch nicht errungen. Der Mensch kann sein Bestes nur versuchen, und wir haben die stärksten Mächte der Natur zu unseren Zeugen. Dieser schneidende Südwind, von Schneegestöber begleitet, spielt uns hart auf, und nach einem solchen Tanze ein kleines Pfännchen Nahrung mit zwei Biskuits und einer Tasse Kakao! Ich muß die Lage morgen sorgfältig überdenken, denn die Zeit eilt und unser Proviant schwindet zusehends.«

Was hatten wir noch alles vor uns? Wäre ich weiter gegangen, wenn ich gewußt hätte, daß auch mein Schlitten unter der Last in die Brüche gehen würde? Würde auch uns der Hunger plagen? Ich bin sicher, hätten wir vor dem Aufbruch alle Schinderei und Gefahr geahnt, wir wären zu Hause geblieben. Dabei kannte ich den Bericht Shackletons und das Tagebuch von Scott. Im Unterbewußtsein aber hoffte ich, daß es uns besser gehen müsse.

»4. Januar. Das Ende ist in Sicht! Wir können höchstens nur drei Tage noch aushalten, denn unsere Kräfte nehmen schnell ab. Die

Die Shackleton-Expedition auf ihrem Weg nach Süden. Auf dem Schlitten waren Segel montierbar. Das Kilometerrad diente (mit Sextant und Kompaß) der Navigation.

mehr und mehr fühlbaren Folgen unzureichender Nahrung, Stürme von Süden her und Schneegestöber, bei einer Temperatur von 35,1 ° R Frost, haben uns heute klar und deutlich zu verstehen gegeben, daß die Grenze erreicht ist; mittags waren wir derartig erschöpft, daß das klinische Thermometer bei dreien von uns unter das Niveau von 27,5 ° R sank. Nach Errichtung eines Depotlagers auf diesem endlosen Plateau nahmen wir den Weitermarsch auf, ein Risiko, das nur die Bedeutung unseres Projektes gutheißen konnte und das ich nur im Einverständnis mit meinen Kameraden zu laufen beschloß, ohne deren Gutheißen ich unsere kleine Kolonne niemals einer Gefahr ausgesetzt habe oder in Zukunft aussetzen werde. Bei diesem Frohsinn und dieser Nichtachtung des eigenen Ichs, die allein uns ein derart weites Vordringen ermöglicht haben, kann auch dieses Wagnis nicht der Vorwurf des Leichtsinns treffen. Wirklich rührend klein sah die Bambusstange, eine der Zeltpfosten, mit einem Sackfetzen als Fahne, inmitten dieser Unendlichkeit aus; mit diesem Kennzeichen markierten wir die Lagerstätte unseres Proviants, der auf dem Rückmarsch bis zum nächsten Depot, das sind zirka 240

Kilometer nördlich, ausreichen muß. Schon nach einer halben Stunde war dieses Mal außer Sicht und nun können wir uns auf nichts weiter als unsere Fußspuren verlassen, die uns von Pfosten zu Pfosten zurück zu diesem Depot lenken müssen. Ich hoffe, das Wetter wird klar bleiben. Wir kamen heute 23,160 Kilometer vorwärts, doch selbst die wenigen 32 Kilogramm pro Mann, die wir nur noch zu schleppen hatten, erschienen uns schwerer als die 45 Kilogramm, die wir noch gestern zogen, ja – selbst eine größere Last als die 112 Kilogramm, welche wir vor drei Wochen den Gletscher hinauf transportierten. Dieser Zustand beweist am deutlichsten unsere Kräfteabnahme. Die Höhe von 3415 Metern und der schneidende Wind haben es uns angetan. Unsere Gesichter sind aufgesprungen, und es gelang uns nur mit Mühe und Not, Hände und Füße vor Erstarrung zu schützen. Tatsächlich versagten unsere Finger wiederholt den Dienst, doch wir konnten sie gerade noch vor Erfrierung retten. (...) Ich bin der Meinung, daß man selbst bei einer Schlittenfahrt im Hochsommer auf diesem Plateau mindestens 1¼ Kilogramm Nahrung täglich pro Mann benötigt, und wir haben uns selbst die gewöhnliche Ration von 1 Kilogramm kürzen müssen. Unsere Ersatzunterwäsche haben wir zwecks Gewichtsersparnis schon vor drei Wochen eingelagert und stecken deswegen Tag und Nacht in derselben Bekleidung. Und diese eine Garnitur, Hemd, Wams und unsere dünnen Burberryblusen, ist an allen Ecken und Enden zusammengeflickt. Wenn wir früh morgens aus unseren nassen Schlafsäcken herauskriechen, werden unsere Blusen sofort so schwer wie Felleisen; Köpfe und Bärte bedecken sich während des Marsches von der Feuchtigkeit der Atmung mit dünnen Eiskrusten. Ein Wind, schon mehr Sturm, fährt uns zwischen die Zähne. Wir hoffen, bis zu einem Punkte innerhalb 150 Kilometer vom Pole vordringen zu können; ein Mehr können wir unter diesen Umständen nicht erwarten. Ich bin mir fast sicher, daß der Pol auf diesem Plateau liegt, welches wir entdeckt haben, Meilen und Meilen von jedwedem hochgelegenen Lande entfernt.

5. Januar. Wieder Gegenwind und Schneegestöber, bei 36,4° R Frost und einer schrecklichen Oberfläche. Wir marschierten in 8 Zoll tiefem Schnee, der über harten Sastrugis lag, die unsere Füße schändlich zurichten ...«

Nein, ich kam mir nicht als Held vor, während ich den Schlitten über die Sastrugis zog. So lächerlich es war, diese Schinderei zu ertragen, ich wollte durchkommen. Wir mußten zum Pol und drüben hinunter! Nur, weil wir es uns vorgenommen hatten. Alle logischen Begründungen galten nicht mehr. Unglaublich, wie »Shack« seine Männer vor 80 Jahren weitertrieb, obwohl keine Chance bestand, den Südpol zu erreichen.

»6. Januar. Zum letzten Male auf zum Marsch mit dem Schlitten und unserer Ausrüstung! Morgen lassen wir das Lager hinter uns mit etwas Proviant, dringen dann soweit als möglich nach Süden vor und hissen unsere Flagge.«

Unsere Hoffnung war groß. Trotz all unserer Verspätung und dem geringen Marschtempo. Nicht die Flagge wollte ich hissen, sondern aushalten, durchkommen wie Shackleton:

»7. Januar. Ein heulender Schneesturm erschwert den Gebrauch der Augen. Temperatur 40–45° R Frost. Wir konnten unmöglich das Zelt verlassen, da es an der Leeseite vollständig im Schnee vergraben lag. Wir blieben in unseren Schlafsäcken, welche ein feiner Schnee, der durch die abgenutzten Wände drang, bedeckte...«

Wild, Marshall, Adams und Shackleton waren bis auf 90 Meilen an den Pol herangekommen. Ihr »Rekord« bedeutete mir nichts. Das Erlebnis aber, das damit verbunden gewesen war, hätte ich gerne geteilt. Trotz allem.

»...wir waren derart ermattet, daß wir nur noch eine Stunde weitermarschierten und schon um 5 p.m. unser Lager aufschlugen. Temperatur 22,7° R Frost. Glücklicherweise waren unsere Fußspuren durch den Schneesturm nicht verwischt worden. Und nun heimwärts! Mag uns dies auch dauern, doch wir haben unser Bestes versucht!«

Der Rückmarsch gehört zu den aufregendsten Antarktisabenteuern. »Shack« kam mit seiner Mannschaft im letztmöglichen Augenblick nach McMurdo – sein Schiff war schon ausgelaufen. Scott sollte vier Jahre

Nie war früher ein Mensch so weit nach Süden vorgedrungen wie Shackleton, Wild, Marshall und Adams im antarktischen Sommer 1907/08.

später auf demselben Rückmarschweg ums Leben kommen. Niemand nach Scott hatte den Weg vom Südpol bis zur McMurdo-Bucht gewagt. Wir waren die nächsten. Mit einer ähnlichen Technik, mit selbstgezogenen Proviantschlitten und Segelhilfe wollten wir jenen Rückweg wagen, der niemandem in der ganzen Länge geglückt war. Dabei gab es für Arved und mich keine eingerichteten Proviantdepots, wie sie Shackleton für den Rückmarsch angelegt hatte.

»10. Januar. Aufbruch um 7.30 bei leichtem Winde. Mit nur einstündiger Mittagsrast marschierten wir den ganzen Tag und waren abends 29,790 Kilometer nördlicher. Es war wirklich ein Segen für uns, daß der Sturm unsere Fährte nicht verweht hatte, denn von den Pfosten waren die Fähnchen abgerissen worden. Ein Stein wird uns vom Herzen fallen, wenn wir erst unser Depot wieder erreicht haben. Die Einlagerung unseres Proviants auf dieser großen weißen Ebene war zumindest gefährlich, denn nichts als die Schlittenfährte hielt uns im richtigen Kurs. Wir sind jetzt total erschöpft, doch dafür ein tüchtiges Stück vorwärts gekommen. Temperatur 18,2° R Frost.

11. Januar. Ein befriedigender Tag. Marschdistanz 25,650 Kilometer. Nachmittags fanden wir unser Depot und folgen nun weiter der Schlittenfährte nach Norden. Temperatur 20,9° R Frost. Hier muß es arg gestürmt haben, denn die Sastrugis haben einen enormen Umfang.

12. Januar. Distanz 22,630 Kilometer. Der Rückenwind half uns etwas. Die Oberfläche ist schwer passierbar; die Sastrugis sind kolossal groß. Heute abend wurde der Wind stärker. Ich hoffe auf guten Rückenwind für unseren morgigen Marsch.«

Shackleton und seine Männer marschierten schnell. Trotzdem waren sie zu langsam.

»25. Februar. Um früh abmarschieren zu können, standen wir heute schon um 4 a.m. auf, denn die Gefahr liegt vor, daß, wenn wir nicht rapid vorwärts kommen, das Schiff abfährt. Als ich zum Frühstück ins Zelt kam, fand ich Marshall an Magenlähmung und erneuter Dysenterie leiden. Während des Essens begann ein Schneesturm. Wir brachten schnell alles in Sicherheit, da sich über dem Bluff zerrissene Wolkenmassen zeigten und ich erwarten mußte, daß starker Sturm heraufziehe. Marshall hielt ich nicht für kräftig genug, um in einem Blizzard marschieren zu können. Nachmittags, als wir in den Zelten lagen, klärte sich das Wetter etwas auf, obwohl der Wind nur wenig nachließ. Wenn Marshall heute abend nicht besser ist, muß ich ihn mit Adams zurücklassen und weitermarschieren, denn die Zeit eilt, und das Schiff könnte ordergemäß am 1. März abfahren, sofern der Sund eisfrei ist. Ich ging nochmals hinüber in Marshalls Zelt. Er ist noch immer in sehr schlechter Verfassung, glaubt aber, morgen wieder marschieren zu können.«

Was eine Überwinterung nach diesen Strapazen bedeutet hätte, ist kaum vorstellbar. Verständlich werden so die Gewaltmärsche, zu denen »Shack« seine Leute antrieb.

»27. Februar (1 Uhr morgens). Tagesdistanz 38,640 Kilometer. Marshall litt heftig, doch er hielt auf dem Marsche stand.«

Als Adams und Marshall nicht mehr können, geht Shackleton mit Wild voraus. Das Scheitern kurz vor dem Südpol ist vergessen. Der verlorene Haufen ist nur noch auf dem Weg. Zurück zum Schiff. Zurück in die Sicherheit. Das Überleben allein zählt. An diesem letzten Februartag 1908 entscheidet sich ihr Schicksal.

»Um 7.45 p.m. erreichten wir die Höhe des Ski Slope und konnten von hier aus die Hütte und die Bai erkennen. Doch von der ›Nimrod‹ war nichts zu sehen, nirgends Rauch oder andere Lebenszeichen von der Hütte. Wir eilten, Schlimmes ahnend, zur Hütte und fanden tatsächlich niemanden dort. Ein Brief besagte, daß die Nordexpedition den Magnetischen Pol entdeckt habe und alle Expeditionen, mit Ausnahme der unsrigen, zurück seien. Es hieß weiter, daß das Schiff bis 26. Februar am Fuße des Tongue-Gletschers ankern werde. Heute war schon der 28. Februar und man kann sich unsere Besorgnis wohl vorstellen, als wir uns auf die Suche nach Lebensmitteln begaben. Wenn das Schiff bereits abgefahren ist, würden wir und unsere zwei Kameraden, die wir auf dem Barrier zurücklassen mußten, in eine höchst ernste Lage kommen.

Wir richteten einen Herd her, fanden etwas Öl und eine Primuslampe und ließen uns eine gute Portion Biskuits, Zwiebel und Plumpudding gut schmecken, die wir unter anderen Vorräten in der Hütte vorfanden. Wir waren total erschöpft, doch wir hatten keine Schlafausrüstung, da wir die Schlafsäcke auf dem Schlitten gelassen hatten; es war bitter kalt. Wir fanden ein Stück Dachpappe, wickelten uns in diese ein und blieben so die Nacht hindurch sitzen; die Dunkelheit wurde nur unterbrochen, wenn wir die Lampe anzündeten, um uns etwas aufzuwärmen. Wir versuchten, die magnetische Hütte in Brand zu stecken, um Aufmerksamkeit auf dem Schiff zu erregen, doch wollte uns das nicht gelingen. Dann probierten wir, den Union Jack an Vinces Kreuz anzubinden, doch unsere Finger waren so starr, daß wir die Knoten nicht anbringen konnten. Es war eine schlimme Nacht und wir waren wahrlich froh, als es zu dämmern begann. Es gelang uns nun, uns ein wenig aufzuwärmen. Um 9 a.m. ging die magnetische Hütte in Flammen auf und die Flagge stieg am Maste empor. All unsere Sorge und Kummer schwanden mit einem

Schlage, als wir in der Ferne den Widerschein des Schiffes erkennen konnten. Wir signalisierten mit dem Heliographen und um 11 a.m. waren wir an Bord der ›Nimrod‹ in Sicherheit unter all unseren Freunden. Ich will nicht versuchen, unsere Stimmung zu beschreiben. Alle waren hoch erfreut, uns wiederzusehen und von dem Resultate unserer Expedition zu hören. Sie hatten uns bereits als verloren aufgegeben und gerade heute sollte eine Rettungsexpedition aufbrechen, da man hoffte, wenigstens eine Spur von uns zu finden. Ich traf jeden einzelnen Teilnehmer an der Expedition gesund an, war erfreut zu hören, daß die verschiedenen Aufgaben zufriedenstellend gelöst worden waren und der Endzweck der einzelnen Projekte erreicht wurde. Das Schiff hatte nur gute Nachrichten von daheim und der Außenwelt mitgebracht. Ich fühlte einen Stein von meinem Herzen fallen.

Vor allen Dingen hatten wir jetzt an Adams und Marshall zu denken und ich ließ sofort eine Hilfskolonne ausrüsten. Nach einem kräftigen Mahle von gebratenem Speck und geröstetem Brot brach ich um 2.30 p.m. mit Mackay, Mawson und McGillan vom Rande des Barrier auf; Wild blieb auf der ›Nimrod‹ zurück. Wir waren bis 10 p.m. auf dem Marsche, nahmen dann unsere Mahlzeit und gingen für eine kurze Ruhe in die Zelte. Schon um 2 a.m. des nächsten Morgens (2. März) waren wir wieder auf den Beinen und erreichten das Lager um 1 p.m. Marshalls Befinden hatte sich gebessert; die Ruhe hatte ihm sichtlich gut getan, denn er war imstande, sogar beim Ziehen mitzuhelfen. Unmittelbar nach dem Mittagessen traten wir den Rückweg an und blieben bei heiterem Wetter bis 8 p.m. unterwegs. Am nächsten Morgen wurde um 4 Uhr aufgebrochen, eine kurze Mittagsrast gemacht und stramm weitermarschiert, bis wir um 3 p.m. den Rand des Barrier erreichten. Vom Schiffe war nichts zu sehen; das Meer war bereits zugefroren. Wir warteten bis 5 p.m. und fanden dann heraus, daß es möglich war, am Pram Point aufs Land zu kommen. Das Wetter wurde stündlich schlechter; Wolken zogen von Südosten herauf. Marshall litt unter erneuten Dysenterieanfällen infolge Überanstrengung auf dem Marsche. Wir ließen daher den einen Schlitten zurück und bepackten den zweiten mit unseren Schlafsäcken und geologischen Funden. Wir erstiegen das Land über den Crate Hill und ließen dort alles, bis auf die Schlafsäcke, zurück, denn das Wetter wurde immer schlechter. Um 9.35 p.m. stiegen wir abwärts in Richtung nach dem Hut Point. In 15 Minuten waren die Winterquartiere erreicht; Marshall wurde sofort ins Bett gesteckt. Mackay und ich zündeten oben auf dem Hügel am Vinces Kreuz ein Karbidfeuer an und blieben auf Wache, während die übrigen zur Ruhe gingen. Kurze Zeit darauf sah Mackay das Schiff. Inzwischen war ein heftiger Schneesturm losgebrochen, doch Mackintosh hatte noch beizeiten unser Feuersignal in einer Entfernung von 5½ Kilometern gesehen. Ich wollte mich mit Adams zusammen an Bord der ›Nimrod‹ begeben, doch beinahe hätte Adams, nachdem er alle Gefahren des antarktischen Kontinents überstanden, im Angesicht der endlichen Erlösung sein Leben lassen müssen. Er hatte neue Finneskos angelegt und glitt mit diesen am Rande des Eises aus. Nur mit äußerster Anstrengung konnte er sich so lange über Wasser halten, bis er von einer Rettungsmannschaft der ›Nimrod‹ in Sicherheit gebracht wurde.

Ein Boot kehrte dann zurück, um Marshall und die übrigen zu holen und endlich um 1 Uhr nachmittags des 4. März waren wir alle in Sicherheit an Bord der ›Nimrod‹.«

Arved und ich waren mit Verspätung in die Antarktis gekommen. Wie würden wir wieder herauskommen?

Obwohl ich befürchtete, daß auch wir in Bedrängnis kommen könnten wie seinerzeit Shackleton, wenn wir unsere tägliche Marschdistanz nicht steigerten, war ich anfangs mit Arveds Vorschlägen einverstanden. Er hatte Grönland mit Hundeschlitten durchquert. Sein Erfahrungsvorsprung war mir Grund genug, auf ihn zu hören.

Als wir aber in immer schlimmere Sastrugifelder gerieten und unsere Gehgeschwindigkeit abnahm, wurde ich unruhig. Ich lief nun schneller und immer voraus. Arved wurde nach der vierten Stunde jeweils langsamer. Immer häufiger mußte ich in den Rastpausen auf ihn warten.

Anfangs hatten wir nach jeder vollen Stunde gerastet. Mit den Tagen hatten wir uns auf einen Kompromiß geeinigt: 6 Laufstunden täglich, die so aufgeteilt wurden: zwei volle Stunden am Morgen; dann 15 Minuten Pause; dann viermal eine Stunde mit jeweils 15 Minuten Rast dazwischen. Ich konnte damit nicht zufrieden sein. Ich wollte nur eines – daß wir unsere Marschleistung auf sieben oder acht Stunden pro Tag steigerten.

Auf der anderen Seite der Antarktis lag das Schiff »Barken«. Wenn wir rechtzeitig (Mitte Februar) in McMurdo ankamen, sollte es uns mitnehmen.

Ich wollte rechtzeitig am Pol sein, um wenigstens eine *Chance* für die Antarktis-Transversale zu sehen.

Es war nicht so, daß ich gerne vorauslief. Ich sah mich dazu gezwungen. Ich mußte es tun, wenn wir wenigstens 12 Meilen am Tag schaffen wollten. Da ich die größere Marschgeschwindigkeit lief, rechnete ich die gelaufenen Stunden nach meiner Uhr. Arved brauchte für die gleiche Strecke entschieden länger. Das war für uns beide kein Problem, wenn ich in den Rastpausen nicht zu sehr auskühlte. Natürlich wäre es besser gewesen, gleich schnell zu laufen. Aber es ging nicht. Wären wir von Anfang an Arveds Geschwindigkeit gelaufen, hätten wir dann zwar den Pol erreichen, nicht aber die Überquerung schaffen können.

Bis zu den Thiel-Bergen waren es 500 Kilometer. Ich wollte diese erste Etappe nützen, um von Arved zu lernen. Um Erfahrung zu sammeln, um die Antarktis kennenzulernen. Ich hatte mich am Anfang Arveds Vorgaben untergeordnet. Nur nicht seiner Laufgeschwindigkeit. Der tägliche Rückstand wäre sonst uneinholbar geworden. Auf 90 Tage hochgerechnet, hätten uns am Ende vier- oder fünfhundert Kilometer zum Erfolg gefehlt. Wie oft dachte ich darüber nach, wie wir unsere Taktik nach den Thiels verbessern könnten!

129

In diesen Tagen erschienen in Europa die ersten kritischen Zeitungsartikel zu unserem Abenteuer. Am 18. November stand in der »taz«:

»Reinhold Messner ... [der] ... sich nun auf die arme Antarktis stürzt. Zusammen mit Arved Fuchs, der schon durch eine zwielichtige [sic!] Nordpolaktion unangenehm auffiel. Das neue Abenteuer heißt ›Antarktis-Transversale‹. Sie werden auf Skiern rund 3500 Kilometer der Antarktis durchqueren. Natürlich reizt sie nicht nur die menschenleere Eiswüste, sondern sie wollen auch auf die Gefährdung durch das Ozonloch aufmerksam machen und für einen ›Weltpark Antarktis‹ werben. In die gleiche Kerbe haut die sechsköpfige Gruppe der ›Transantarctica‹. Die von einer französischen Versicherung und einem Hundefutterhersteller Finanzierten wollen mit Schlittenhunden die 8000 Kilometer schaffen. Mit ihrer Expedition, der ›letzten großen Landexpedition vor Anbruch des dritten Jahrtausends‹ wollen sie natürlich ›die Aufmerksamkeit der Weltöffentlichkeit auf die Antarktis lenken‹. Natürlich. US-TV ist live dabei.«

Ich akzeptierte diese Skepsis. Obwohl wir uns vorgenommen hatten, keinerlei Müll im Eis zurückzulassen, passierten Fehler. In den ersten Tagen schon riß mir der Sturm beim Zeltaufbauen eine meiner beiden Schlafunterlagen aus der Hand. Es waren Schaumgummi-Matten mit geschlossenen Poren. Obwohl ich versucht hatte, sie einzufangen, verschwand sie in der Ferne auf Nimmerwiedersehen. In großen Sätzen sprang sie über das Eis. Es gab keine Felsen, keine Spalten, keinen Strauch, wo die Matte hätte hängenbleiben können. Einige Tage später verlor ich das Kilometerrad am Schlitten. Beim Segeln über die Sastrugis war die Halterung gerissen. Arved, der hinter mir herfuhr, fand es nicht. Da unser GPS-System fehlerlos funktionierte, waren wir nicht darauf angewiesen. Aber es war Zivilisationsmüll zurückgeblieben. Die »taz« hatte noch einmal recht. Auch unsere guten Vorsätze waren nur Lippenbekenntnisse gewesen:

»Wir wissen, Papier ist geduldig. In einem Ökosystem, in dem die Spezies Mensch nicht existiert, ist jede menschliche Aktivität schon ein Problem. So beispielhaft die Empfehlungen und Umweltschutzvorschriften des Antarktis-Vertrages sind, so sehr verstoßen die Nationen auch jetzt schon dagegen. Immer noch gibt es keine zentrale Kontrollbehörde, immer noch werden Verstöße nicht auf den zweijährigen Konsultativtreffen diskutiert.«

Sicher, unsere Umweltsünden waren verschwindend klein im Verhältnis zu den Schäden, die jedes Schiff anrichtet, das in antarktischen Gewässern kreuzt. Von den Basen einmal ganz abgesehen. Trotzdem nahmen wir sie ernst. Als ich meine Thermosflasche verloren glaubte, erschrak ich doppelt. Ich wollte mich bemühen, vorsichtig zu sein. Nichts, aber schon gar nichts mehr wollte ich verlieren. Nachdem ich sie im Schlitten wiedergefunden hatte, legte ich sie ins Zelt. Am Abend vor dem Schlafengehen füllte ich sie auf und redete mit ihr wie mit einem Kind. Was hätte ich ohne meine Flasche denn gemacht!

Arved und ich waren Reisende, keine Touristen. Wenigstens nicht hier. Was den Tourismus in der Antarktis betrifft, plädiere ich dafür, daß er erstens eingeschränkt wird und zweitens nur zu Fuß stattfinden darf. Niemand sollte den Eiskontinent mit irgendeiner Maschine »bezwingen«. Die Maschine ist der Anfang des Ruins jeder Landschaft.

Die Antarktis war ein Beweis dafür, daß die Welt ursprünglich das Paradies war. Erst als der Mensch begann, sie zu bereisen und aufzuteilen, hat er die »Hölle« erfunden. Sie ist eine Errungenschaft seiner Kultur. Im Laufe von Jahrtausenden dann hat er auch hier seine »Hölle« mit seinem »Himmel« durcheinandergebracht. Durch die Technik, die Maschinen, die Atomkraftwerke wurde aus dem erstrebten Himmel wieder eine Hölle. Im Inneren der Antarktis herrschte der Urzustand. Himmel und Hölle waren hier eins. Ich ging morgens los, es war ein phantastischer Tag. Klarer Himmel. Nach zehn Minuten brach ein Schneesturm los. Die Hölle war wirklich. Innerhalb von wenigen Stunden hatte ich Himmel und Hölle erlebt.

Die Erde wie der Mensch bergen »Himmel« und »Hölle« in sich. Wenn der Mensch versucht, die beiden zu trennen, ist sein Paradies verloren. In der Antarktis bestimmt die Natur, wann der Himmel, wann die Hölle herrscht. Und zwischen diesen beiden Welten, der bedrohenden und der beglückenden, gibt es einen mythologischen Zugang zur Welt. Diese Möglichkeit, Erfahrungen zu sammeln, ist hunderttausend und mehr Jahre alt. Bevor es Kunst und Wissenschaft gab, wußte der Mensch, was der Blitz bedeutet. Ohne zu wissen, daß es sich dabei um eine Entladung von Elektrizität handelt. Diese Erfahrungsmöglichkeit ist uns verlorengegangen. Und dies ist einer der wesentlichsten Gründe, warum etwas wie die Antarktis erhalten werden muß. Wenn die Antarktis erschlossen, aufgeteilt, ausgebeutet wird, gibt es keinen Raum mehr, wo der Mensch Natur so unmittelbar erleben kann. Wir dürfen die »unnützen« Landschaften wie es beispielsweise die Antarktis oder der Mount Everest sind, nicht parzellieren, verbauen und verkabeln. Der Mensch muß seelisch verhungern, wenn er Wildnis, das ist unberührte Natur, nicht mehr denken kann. Diese Größe an sich ist eine Kraft, die viele Naturvölker als Gottheit definiert haben: Mythos Wildnis. Durch sie kann der Mensch sich erkennen, ja, in der Antarktis empfand ich mich selbst stärker, weil es nichts gab, was mich ablenkte. Ich ging und wußte: Du bist lange gegangen, mußt lange gehen und dazwischen bist irgendwo du. Kilometerangaben verloren ihren Wert. Du weißt nur, du gehst ewig und es dauert ewig, bis du ankommst. Der Mensch ist nicht mehr das Maß aller Dinge. Gleichzeitig gibst du der Antarktis dein menschliches Maß, mit jedem Schritt. Die Wahrheit wird relativ. Und sie wird teilbar. Jede Empfindung, meine oder wessen auch immer, ist hier wahr.

Arved und ich marschierten durch eine menschenleere Welt. Jeder mit seinen Empfindungen. Jeder mit seinen Gedanken. Die Regeln des Zusammenlebens hatten sich auf wenige Notwendigkeiten reduziert: Toleranz und Hilfsbereitschaft.

Ich brauchte jetzt eine Welt ohne Menschen nicht mehr als Gedankenspiel, nicht als Experiment zu entwerfen. Oder die Menschen vor der Menschheit. Vergangenheit war da, weil keine Menschen da waren. Hier waren Verhaltensweisen von einst nicht Hypothese, sondern Realität. Dieser Marsch durch ein Stück Wahrheit, die einmal die ganze Erde ausgefüllt hatte, ließ ein anderes Weltbild in mir entstehen. Die Wertungen richtig oder falsch, gut oder schlecht, Himmel und Hölle kamen darin nicht vor.

Die Natur existierte ohne diese Begriffe. Sie war nicht einmal schön. Ich war da, sah, hörte, ging. Von Ethik und Ästhetik hatte ich mehr und mehr Abstand gewonnen. Die Ebene war immer gleich. Ich war weder Wissenschaftler noch Theologe noch Romantiker, trotzdem wissend. Die Erkenntnisse gingen durch mich hindurch, ohne daß ich sie formulieren oder analysieren wollte. Mir reichte das Da-sein-Erlebnis. Was wir jetzt taten und empfanden, reichte uns als Welt. Für alle Außenstehenden würde sie als eine Empfindung erscheinen, die sie nicht nachempfinden konnten.

Wie lange war es her, daß ich die »Göttliche Komödie« gelesen hatte?
Fünfundzwanzig, dreißig Jahre? Warum gingen mir Dantes Bilder hier so
nahe?

> Weil da mein Blick, der immer reiner wurde,
> nun immer mehr hineindrang in den Strahl
> des hohen Lichts, das echt ist in sich selber.

> Von da an war mein Schauen mächtiger
> als Worte, die dem Anblick nicht gewachsen;
> auch das Gedächtnis hält nicht stand der Übermacht.

> Wie's jenem geht, der träumend etwas sieht,
> dem nach dem Traum wohl das Gefühl verbleibt,
> jedoch das andre nicht zum Geist zurückkehrt.

> So ging's auch mir, denn meine Vision
> erlosch fast ganz, doch träufelt' mir im Herzen
> noch jetzt die Wonne, die sie mir erzeugt'...

Es war, als sei die Antarktis jenes Paradies, das Dante beschreibt. Ohne zu
wissen, daß es diesen Eiskontinent gibt, hatte der Dichter vor bald 700
Jahren jene Stimmungen beschrieben, die wir bei gutem Wetter hier
erfuhren. Und nur hier.

> Schenk meiner Zunge diese mächtge Kraft,
> daß einen einzgen Funken dieser Pracht
> ich hinterlasse kommenden Geschlechtern...

Ich lief jetzt leicht. In einem Rausch von Gedankenketten vergingen die
Stunden rasch. Obwohl der Schlitten schwer war.
    Das Zeitgefühl beschränkte sich auf den einzelnen Tag. Und der Erfolg
hing von der Summe dieser einzelnen Tage ab. Das Gestern war unwichtig. Das Morgen weit weg. Das Jetzt zählte.
    Natürlich kostete es Überwindung, an jedem Morgen rechtzeitig
aufzustehen, zu kochen, ins Freie zu kriechen, das Zelt abzubauen und
loszumarschieren. Die Schlitten blieben häufig zwischen den Sastrugis
hängen. Und wenn Treibschnee in den Mulden lag, war er stumpf wie
Sand. Wir waren inzwischen besser trainiert. Die Anstrengung war

deshalb nicht weniger groß. Die kreisenden Gedanken aber machten sie meistens vergessen.

In den ersten zwei Stunden am Morgen lief ich meist ohne jede Müdigkeit. Ich genoß dieses Vor-mich-hin-Laufen. Wenn ich einmal warm war, hätte ich den Rhythmus nicht mehr unterbrechen mögen. Trotzdem schaute ich immer wieder zurück, ob Arved folgen konnte. Vor allem dann, wenn das Wetter schlecht war. Wenn es Nebel gab oder wenn wir im »White out« marschierten, mußten wir auf Sichtdistanz bleiben. Auch im Pulverschnee, obwohl meine Schlittenspur als Wegweiser erkennbar blieb. Die Gefahr des Uns-Verlierens gab es also nie. Im »White out« ging ich langsamer. Ich war trotzdem gezwungen, immer wieder stehenzubleiben.

Ganz anders war das Gehen bei gutem Wetter. So weit ich dann schauen konnte, so weit konnte ich auch denken. Oft lief ich kilometerweit voraus. Nichts bremste mich.

Meine Blasen, die mich in den ersten Tagen geplagt hatten, waren abgeheilt. Ich hatte keine Schmerzen. Füße und Gelenke erholten sich in den Schlafstunden. Ganz anders bei Arved. Seine Füße wurden Tag für Tag schlimmer. Das Laufen war ihm eine Qual.

Den Kompaß vor der Brust, ging ich vor mich hindenkend. Meistens war es so, daß ich am »Morgen«, beim Aufwachen, einen Traumzipfel als Denkanstoß mitnahm aufs Eis. Die entsprechenden Phantasien verfolgten mich den ganzen »Tag« über. Die Gedankenketten waren verästelt wie ein großer Baum. Je weiter ich ging, je länger ich ging, um so klarer wurden die Details. Meine inneren Bilder waren genau. Häufig war ich auf meiner Burg, auf Juval. Während des Gehens richtete ich in Gedanken Zimmer neu ein. Stilbrüche wurden mir bewußt. Architektur als Gedankenspiel. Ich sah die Raumverhältnisse klar vor mir. Mein Erinnerungsvermögen deckte sich völlig mit der Realität. Ich war durch nichts abgelenkt. Keine Musik. Kein Telefon. Keine Straße. Nichts. An einem anderen Tag wuchs während des Gehens die Idee zu einem Museum in mir zum plastischen Gebäude aus. Ein phantastischer Platz in Südtirol diente mir als Realitätsbezug. Der Ort heißt Lichtenberg und ist eine Ruine, die es wirklich gibt. Der Hügel, auf dem leere Mauern stehen, hat ein besonderes Licht. Alle Dächer, die nicht mehr existieren, baute ich neu. Aus Glas und Stahl. Dächer wie Kristalle: Amethyst, Rauchquarz, Bergkristall. Von außen sah mein Traummuseum aus wie ein erleuchteter Berg. Ein gläsernes Schloß. Die Besucher sollten hindurchgehen und verstehen können, was der Berg für die Menschen bedeutet. Über Symbole, die jeder begreift, dachte ich nach und über jenen lichten Berg, auf den wir alle steigen möchten, um erleuchtet wieder herunterzukommen. Lichtenberg als ein Schlüssel der Orientierung nach Innen.

Dieses Laufen machte mich froh. Ich genoß es. Mir ist bewußt, daß viele diese meine Lust am Laufen als Krankheit abtun. Die Fachleute nennen sie Dromomanie. Ich glaubte zwar nicht an einen erotisch bedingten Wandertrieb, aber zwanghaft ist mein Unterwegssein schon. Ein Leben am Bürotisch würde ich nicht aushalten. Lieber lief ich »auf der Stufe eines pubertierenden Jugendlichen« durch die Eiswüste, wie der Psychoanalytiker Magnus Hirschfeld diese Laufmanie erklärte.

Alle Forschungsreisenden, zu denen ich mich aber selbst nicht zählte, sollen an Dromomanie gelitten haben: Marco Polo, Sven Hedin, Roald Amundsen. Der altgriechische Abenteurer Odysseus war angeblich der Vater aller Sprunghaften gewesen, die jenem »Wegwahn« verfallen waren, der den Psychologen Ludwig Märzbacher zu der entsprechenden Theorie angeregt hatte. Abenteuern war also krankhaft. Daß ich nicht lache! Auf die einfache Tatsache, daß der Mensch ein Fußgänger ist und einige eben ein Leben lang laufen wollen, reagieren viele Stubenhocker verständlicherweise mit Aggressionen. Um sich für ihre eigene Untätigkeit zu rechtfertigen, unterstellen sie uns Wanderern neben der inneren Unruhe auch noch die Unfähigkeit zur sexuellen Bindung. So einfach ist das!

Nachdem wir eine Woche über das Eis gelaufen waren, hatte ich mich mit den Sastrugis abgefunden. Die Reise war jetzt mehr Genuß als Leid. Für mich hatte ein neuer Lebensabschnitt begonnen. Es war, als wäre ich immer schon Eiswanderer gewesen. Es gab nur eine Belastung, einen Zweifel: unser langsames Vorankommen. Noch hoffte ich, Arved würde nach und nach schneller werden und seine Blasen würden abheilen. Noch ahnte ich nicht, daß die Verspätung zu einem Dauerleiden werden sollte. Drei Monate lang würden wir hinter unserem Zeitplan herlaufen.

6. Sastrugis, nichts als Sastrugis

Seit Tagen gingen wir durch Sastrugifelder. Wie diese Schneewehen genau entstehen, konnte ich bei stürmischem Wetter mitansehen. Dort, wo in der Schneefläche eine härtere Stelle war, blieb der Wind hängen. Er grub zuerst eine Kuhle um den »Kopf« eines wachsenden Sastrugi. Dahinter, oft über ein Dutzend und mehr Meter, entstand ein langgezogener Schneekörper, der aus der Fläche geschabt wurde. Wie ein schmaler, riesengroßer Fisch. Von oben mochte die Landschaft hier aussehen wie ein frischgepflügter Acker.

Der Boden stieg immer noch flach an. Wir zogen die Schlitten nicht, wir zerrten sie über den stumpfen Schnee. Wir rissen sie frei, wenn sie sich zwischen Sastrugis festgeklemmt hatten. So gingen wir Tag für Tag über das Eis.

In riesigen Wellen »floß« es nach Norden. Ähnlich wie Vivian Fuchs bei seiner Transantarktis-Expedition 1957/58 die Schneefläche beschrieben hatte, war die Landschaft auch hier. Dabei waren Senken und Rücken nur durch die verschiedenen Lichtstimmungen zu unterscheiden. Hell waren die Täler, dunkler die Wellenkämme, die etwa 8 km voneinander entfernt waren.

Es war Frühling nach dem Kalender. Aber der Frühling war nie bis hierher gekommen. Dieser Schnee taute nicht. Auf der anderen Seite des Globus war jetzt Herbst. Wenn wir zurückkommen sollten, wäre dort dann wieder Frühjahr. Wie sah der Frühling aus? Wie der Herbst? Ohne springende Quellen, ohne dampfenden Boden, ohne Pflanzen? Zwischen einem stürmischen Winter und einem Sommer mit minus 40° C sehen Frühjahr und Herbst gleich aus. Nichts als Schnee und Eis rundherum. Wir wußten jetzt, wie der Sommer sein würde. Obwohl er uns erst noch bevorstand.

Es gab hier nur Winter und Sommer. 24 Stunden lang Nacht oder 24 Stunden lang Tag. Jetzt war immerzu Abend oder Morgen. Die Schatten fielen lang und wanderten um uns herum. Wir gingen mehr als sechs Stunden und die Sonne beschrieb derweil ein Drittel eines Kreises. Ich ging voraus, um ein regelmäßiges Tempo zu halten. Beim Gehen jetzt ein Gefühl von Vitalität und Selbstvertrauen. Unter den Anstrengungen des Schlittenziehens litt ich nicht. Nur unter der Tatsache, daß wir mit unserem Laufsoll hinterherhinkten. Wenn wir in 15 Tagen bei den Thiel-Bergen sein wollten, mußten wir wenigstens 6 Stunden am Tag marschieren. Wir schafften jetzt etwa 2 Meilen in der Stunde. Arved hielt mit. Trotz seiner Schmerzen. Jeder Schritt eine Qual. Seine Füße waren an Hacke und Ballen wund oder blutunterlaufen.

Wichtig blieb, daß Arved die Begeisterung und sein Selbstvertrauen nicht verlor. Ich mußte ihn antreiben, ohne ihn zu verletzen und damit zu schwächen. Wir verstanden uns, obwohl wir wenig miteinander redeten. Die Beziehung zwischen uns blieb unproblematisch.

Am »Abend« im Zelt erholten wir uns rasch. Das Kochen war zur Routine geworden. Jeder schrieb dabei sein Tagebuch. Arved bediente das GPS-Gerät und bestimmte die genaue Position. Der Wind ließ langsam nach. Im Zelt roch es nach Küche und feuchten Klamotten. Es war gemütlicher, als ich es mir daheim ausgemalt hatte. Unsere Unterhaltung blieb auf praktische Fragen beschränkt. Wir fragten uns nie, ob dieser Marsch einen Sinn ergab. Wir gingen zum nächsten Depot. Am Morgen, beim Packen des Schlittens, kam mir manchmal vieles von unseren Überlebensutensilien so unnütz vor. Am liebsten hätte ich sie weggeworfen. Das Gewicht des Schlittens war unser Hemmschuh. Er bremste. Er verursachte Blasen und ließ die Sehnen anschwellen. Alle Leiden kamen schlußendlich von ihm. Es war, als würden wir ständig einen Karren aus dem Dreck ziehen. Trotzdem rechneten wir damit, am 5. 12. beim Thiel-Depot zu sein. Wenn an den »Thiels« bis dahin kein Depot eingerichtet war, war unsere Expedition erneut in Frage gestellt, unser Überleben nicht gesichert. Ich wollte nicht daran denken. Oft war es, als ginge ich über ein Bachbett aus weißem Marmor, das ein Wildbach in Jahrtausenden aus dem Boden modelliert hatte. So zerwühlt war die glitzernde Schneefläche. Und am »Abend« war es dementsprechend schwierig, einen ebenen Lagerplatz zu finden. Noch schwieriger war es, mit Ulrich Jaeger, der immer noch in Patriot Hills stationiert war, in Funkkontakt zu treten.

Um unsere Schlittenlast so erträglich wie möglich zu halten, hatten wir das kleinstmögliche Funkgerät mitgenommen.

Das kleine Spillsbury-Radio – Made in Canada –, das wir dabeihatten, wog nur dreieinhalb Kilo. Es leistete allerdings nur zehn Watt. Bei den ersten Kontakten hatte das Gerät ohne Mucken gearbeitet. Kam zum vereinbarten Zeitpunkt keine Verbindung zustande, versuchten wir es am darauffolgenden »Abend« wieder. So war es ausgemacht. »Polar Cross, Polar Cross ... do you copy?« rief Ulrich Jaeger in sein Gerät im Patriot-Hills-Camp. Im Kurzwellen-Äther der Südhalbkugel kam ein verständlicher Kontakt immer seltener zustande, je weiter wir uns vom Camp entfernten. Auf den drei Festfrequenzen (4441, 5583, 8980), auf denen unser Expeditionsradio empfing, hörten wir oft nur undefinierbare Geräusche. Und Jaeger auf der anderen Seite ein rauschendes Vakuum. Wir wollten nur zwei Funkkontakte pro Woche herstellen. Aber auch das gelang nicht. Ich hatte befürchtet, die Batterien wären sonst in der Kälte zu früh verbraucht. Dann hätten wir im Notfall nicht funken können. Um senden zu können, mußten wir jedesmal eine 16 Meter lange Antenne auslegen. Ulrich Jaeger hatte es leichter. Sein Funkgerät, Marke Yaegu, stand in einem 20 Quadratmeter großen und gut mannshohen Zelt. Daneben ein langer Tisch, ein Propangasherd und ein Benzinofen. Das Mannschaftszelt war der gesellschaftliche Mittelpunkt des Camps von Patriot Hills. Duft von verfilzten Haaren und blubbernder Spaghettisoße. Ein Durcheinander von Windgeheul und englischem Palaver.

Endlich waren wir soweit. Das Funkgerät war im Zelt und aufgewärmt. Die Antenne draußen. Eine hing links, eine rechts vom Zelt. Die Drähte waren zwischen einem Ski in der Mitte und zwei Sastrugiköpfen an den Enden verspannt.

»Romeo Bravo, Romeo Bravo ... do you copy?« rief Arved.

»Romeo Bravo an Polar Cross. Ja, ich höre euch. Versteht ihr mich? Over.« Das war Jaeger.

Es folgte jedesmal eine lange Unterhaltung. Jaeger wollte genau wissen, wie wir vorankamen. Vorerst waren immer noch die Sastrugis unser Haupthindernis, und ich witzelte darüber: »Wir vermuten, daß Sastrugi von Sastrugo kommt und soviel wie Desaster bedeutet.«

»Wie läuft der Tag bei euch ab?«

»Das Zelt abzubauen dauert an die 45 Minuten. Dann gehen wir los, laufen zwei Stunden. Dann eine Rast von 15 Minuten. Dabei trinken wir aus unseren Thermosflaschen. Wir gehen dann wieder eine Stunde, machen wieder eine Pause und so fort, bis die sechs Laufstunden um sind. Dann suche ich einen Platz für das Zelt. Das Zelt wird ausgelegt und an der Windseite mit dem Eispickel fixiert. Wir legen die Ausrüstung, dann uns ins Zelt. Einmal drinnen enteisen wir die Gesichter, ziehen uns aus bis

Sastrugikopf. Oft konnte ich in den Köpfen der Sastrugis Figuren erkennen: Einen Drachen, einen Fisch. Auch mir bekannte menschliche Gesichter waren darunter.

auf die Unterwäsche. Wir hängen alles, was feucht und eisig geworden ist, im Giebel auf. Nach 15 Minuten ist es im Zelt warm. Das abendliche Kochen dauert mindestens zwei Stunden. Das Essen schmeckt. Wir schlafen mehr als acht Stunden.«

»Erfrierungen?«

»Unsere Nasen sind ein bißchen geschwollen, die Wangen sind dicker geworden.«

»Wechselt ihr euch in der Führung ab?«

»Nein. Wir gehen in der Früh gemeinsam los. Ich gehe voraus und laufe nach Kompaß. Arved kontrolliert zwischendurch mit einer Peilung von hinten, ob ich den Kurs halte. Die Sastrugis geben übrigens den Kurs so gut an wie ein Kompaß. Wir kreuzen sie je nach Marschzahl in einem bestimmten Winkel. Wir kommen beim Gehen meist nach jeder Stunde wieder zusammen.«

»Ist es für Arved, der ja schwerer ist, nicht leichter, den Schlitten zu ziehen?«

»Arved hat es nicht leichter, den Schlitten zu ziehen.«

»Sind die Sastrugis der Grund für euer langsames Vorankommen?«

»Nicht nur. Der Schlitten sitzt oft fest. Er bewegt sich ruckartig und schlägt gegen die Hüfte! Wenn Arved keine Blasen hätte, könnten wir 30 Kilometer am Tag schaffen.«

»Bremst der Wind?«

»Es ist ein großer Unterschied, ob wir gegen den Wind gehen oder Windstille haben.«

»Glaubst du, daß ihr auf der Originalroute durchgekommen wärt?«

»Wären wir rechtzeitig aufgebrochen und am Filchner-Eisschelf losgegangen, wären wir heute jedenfalls weiter. Wir hätten viel öfter segeln können. Wir sind hier in ungünstiges Gelände geraten. Ich denke, wir haben die schlechtmöglichste Strecke erwischt.«

»Wie muß ich mir Sastrugis vorstellen? Hier in Patriot Hills gibt es keine.«

»Sastrugis sind hart, kantig und durchschnittlich einen Meter hoch. Besonders schlimm ist es, wenn die Sicht schlecht ist. Wir stolpern dann dahin wie Betrunkene.«

»Könnt ihr schneller werden?«

»Mit idealem Wind, den Segeln und ohne Sastrugis könnten wir auch 40–45 Meilen am Tag zurücklegen.«

»Wie geht es beim Segeln?«

»Segeln ist die ideale Fortbewegungsart. Es strengt nur Beine und Arme an. Die Finger werden kalt dabei, weil die Hände immer oben sind. Bisher allerdings hatten wir ungünstige Winde. Immer Gegen- oder Seitenwind. Die Segel wären eine riesige Hilfe, wenn wir sie richtig einsetzen könnten.

Die Segel sind es auch, die uns Hoffnung machen. Vom Pol bis nach McMurdo könnten wir viel schneller sein – vorausgesetzt, wir erreichen den Pol spätestens in den ersten Tagen des neuen Jahres. Die Strecke vom Pol abwärts soll nicht so voller Sastrugis sein.«

»Andere Verletzungen, außer Arveds Füßen?«

»Beide hatten wir die Unterlippe offen. Vom Wind, von der Sonne. Wir pflegen die Lippen jetzt sorgfältig. Sie sind besser geworden.«

»Reinhold, ist es leichter oder schwieriger, als du es dir vorgestellt hast?«

»Schwieriger. Als ich die Idee entwickelte, bin ich von anderen Bodenverhältnissen ausgegangen. Weicher Schnee, keine Sastrugis.«

»Einige Fragen an Arved. Arved, bitte kommen.«

Ich gab Arved die Sprechmuschel.

»Ja, ich höre.«

»Arved, wie geht es deinen Füßen?«

»An den Fußballen habe ich tiefe Blasen, und die Fersen sind durchgescheuert.«

»Ist es anders als am Nordpol?«

»Am Nordpol ist es zwar rauher, aber es gibt dort die Sastrugis nicht.«

»Und in Grönland?«

»In Grönland ist die Oberfläche weich. In diesem Jahr scheint es in der Antarktis besonders schlimm zu sein. Ich habe mir die Oberfläche weicher vorgestellt.«

»Seid ihr deshalb zu langsam?«

»Wenn wir direkt in Südrichtung laufen könnten, die Sastrugis nicht mehr queren müßten, wären wir schnell genug. Über Sastrugis laufen ist wie die Querung einer gigantischen Wellblechpiste. Wir wollen vorerst bei täglich sechs, sieben Stunden Marsch bleiben. Wir haben uns ausgerechnet, daß wir Anfang Januar am Pol sein können.«

»Beschreib auch du mir die Sastrugis.«

»Sastrugis sind die Folge von Erosion. Es ist wie am Strand oder in Sandsteingebirgen. Der Wind fräst bizarre Formen aus dem Hartschnee.«

»Kannst du dich in den Pausen erholen?«

»Am Nordpol waren die Pausen angenehmer. Man konnte sich hinter einen Eisblock zurückziehen und die Pausen genießen. Hier ist das nicht möglich. Hier bist du immer dem Wind ausgesetzt. Du kühlst nach kurzer Zeit aus.«

»Und die Landschaft. Wie ist die Landschaft?«

»Die Dimensionen, mit denen man es hier zu tun hat, sind andere als etwa in Grönland. Man läuft wie ein Schiff auf offener See. Tag um Tag. Nie das Gefühl, weiterzukommen.«

»Noch ein paar Fragen an Reinhold. Wie verkraftet ihr den Alltag?«

»Für mich ist die Expedition nicht unangenehm. Ich hatte mehr Zeltmüdigkeit erwartet. Sorgen macht mir nur unser Tempo. Das Schlafsackleben, Kochenmüssen ist nicht nach meinem Geschmack, aber angenehmer als in den Bergen. Ich bin als Bergsteiger meistens von Sherpas bekocht worden. Und zu Hause wurde ich von Frauen verwöhnt. Trotzdem gefällt es mir im Zelt. Arved macht es gemütlich.«

»Ist es kalt?«

»Im Schlafsack ist es so warm, daß wir in der Unterwäsche schlafen können.«

»Wie schläfst du?«

»Gut im Vergleich zum Schlafen auf den hohen Bergen. Dort ist es viel schwieriger, einen Lagerplatz zu finden. Dort sitzt dir bei Stürmen immer die Angst im Nacken, nachts vom Vorsprung gefegt zu werden, auf dem das Zelt steht. Diese Angst habe ich hier nicht. Trotzdem, anfangs war das Schlafen bei Stürmen schwierig. Inzwischen setzen wir Vertrauen in unser Zelt.«

»Und die Anstrengung? Ich meine, die Mühe des Vorankommens im Verhältnis zum Bergsteigen?«

»Das Gehen mit dem Schlitten ist anstrengender als ich gedacht habe. Wir ziehen eine stumpfe Last hinter uns her. Immer wieder bleibt der Schlitten hängen. Du wartest dauernd auf einen Ruck von hinten.«

»Siehst du eine reale Chance, durchzukommen?«

»Ich denke, daß wir die tägliche Marschleistung auf sieben bis acht Stunden steigern können und müssen. Mehr ist wohl nicht möglich, ohne große Verschleißerscheinungen zu riskieren.«

»Wann wollt ihr am Pol sein?«

»Ich bin immer noch zuversichtlich. Wir könnten in den ersten Tagen des neuen Jahres, wenn Gott will, sogar noch am letzten Tag dieses Jahres den Pol erreichen.«

»Bereust du den Entschluß, aufgebrochen zu sein?«

»Ich bin nach wie vor froh, daß ich diesen Marsch gewagt habe. Noch einmal in meinem Leben habe ich mir eine andere Dimension des Abenteuers erschlossen. Eine Welt, die mir bisher fremd war.«

»Euer Marsch wird in Europa auch kritisiert.«

»Ich muß lächeln darüber. Immer wieder in meinem Leben habe ich gegen Kritik ankämpfen müssen und immer gab es Besserwisser, die mir abrieten. Bei keiner meiner Expeditionen gab es soviele Anrufe, Briefe, Warnungen wie bei dieser. Jeder wollte mich unbedingt zurückgehalten haben.«

»Hatten sie nicht doch recht, deine Kritiker. Die Reise ist doch hart?«

»Es ist ein Stück Leben, wie ich es am Mount Everest oder K 2 erlebt habe. Nur, hier dauert alles viel länger. Viel, viel länger. Wir sind noch mehr auf uns allein gestellt.«

»Aber ohne jeden Anhaltspunkt, ohne Ziel.«

»Wir gehen dem Pol entgegen. Wir haben ein Ziel. Es ist nicht ganz anders wie an einem Berg.«

»Ihr denkt also nicht ans Aufgeben?«

»Nein. Im Moment sehe ich unsere Chancen positiv.«

Ulrich Jaeger wünschte uns alles Gute.

»Roger, roger.«

Wir hatten verstanden. Nach diesen Worten bestätigten wir den nächsten Funktermin: »Kommenden Sonntag, 21 Uhr. Roger, roger.« Jaeger war einverstanden: »Ciao, ciao.« Das war am zehnten Tag der Reise, Donnerstag, 23. November. Am folgenden Sonntag, dem 26. November, sollten wir vergeblich auf eine Funkverbindung warten.

Arved und ich hatten unsere Situation dem Journalisten Jaeger gegenüber verharmlost. Wir waren langsam. Schlimmer ging es nicht. Unsere Lage war ausweglos. Ich fragte mich nicht nach dem Sinn dieser Reise. Seit Tagen aber wußte ich, daß es lächerlich war, was wir taten. Ich wollte immer noch durchkommen. Wir hatten keine 200 Kilometer zurückgelegt. Wir waren ununterbrochen durch Sastrugifelder gelaufen. Wie konnten wir nur hoffen, daß diese Schneewehen einmal aufhörten? Wie sollten wir schneller werden? Das Navigieren war problemlos, das Leben im Zelt erholsam. Nur mit der Marschgeschwindigkeit stimmte es nicht.

Mit dem GPS-System hatten wir stets ein gutes Gefühl. Auf den Sextanten konnten wir verzichten. Obwohl Bergsteiger, hatte ich natürliche Orientierungspunkte nicht vermißt. Ich vertraute Arveds Positionsangaben. Und ich sah unsere Bewegungen auf der Fliegerkarte. Nein, ich mußte weder einen Berg noch einen Nunatak oder eine Spalte als Orientierungsmarke vor mir haben. Das Kurshalten mit dem Kompaß war anstrengend, mehr nicht.

Wir waren nicht nur langsam, weil Arved unter Fußproblemen und Konditionsmangel litt. Wir verloren immer wieder Zeit oder Boden. Bei jedem Sturm. Im »White out«. Einmal hatten wir so schlechte Sicht, daß wir kaum die Skispitzen vor uns sehen konnten. Wir tappten wie im Dunkeln. Das kostete Kraft und Zeit. Mir war bewußt, daß wir nicht die ersten waren, die sich auf diesem Kontinent der Stürme mit Anfangsschwierigkeiten plagen mußten. Alle antarktischen Expeditionen seit Scott und Shackleton sind mühselig in Gang gekommen. Das war ein Trost. Und Ansporn, nicht aufzugeben. Wir hofften auf besseres Terrain und besseres Wetter im Dezember und Januar. Wir mußten unsere Marschleistung aber bald schon auf 28 Kilometer pro Tag steigern. Nur

Die Briten unter der Führung von Scott hatten den Schlitten gemeinsam gezogen.
Sonst war unsere Fortbewegungsart vergleichbar mit der ihren.

dann hatten wir eine Chance, bis zum 15. Februar, ehe der Winter
wiederkam, in McMurdo zu sein.

Vorerst sah es so aus, als würden wir es nicht schaffen. Auch bei
klarer Sicht glaubte ich, auf der Stelle zu treten. Das Gehen aber gab
mir Energie und Hoffnung. Der Blick verlor sich in der uferlosen
Einöde und ich forcierte das Tempo. Dann wieder Schneewehen in
Meterhöhe.

Auf dieser Anfangsroute, wo noch nie ein Mensch gewesen war, blieb
uns oft keine Wahl, als die Skier abzuschnallen und die Schlitten Schritt
für Schritt über die Sastrugis hinwegzuzerren. Auch eine ebene Fläche ist
hier im Detail uneben. Windrillen und Dellen überall. In ihnen sammelt
sich körniger Treibschnee. Bei jedem Wind wird er neu verfrachtet,
umhergeblasen. Wenn unsere Wannenschlitten über solche Treibschnee-
felder rutschten, bremsten sie ab. Als wären sie in Streusand geraten. Ein
Ruck. Du stockst. Mit doppeltem Krafteinsatz mußt du dich ins Geschirr
legen, um wieder Schwung zu bekommen. Nur wenn der Schlitten in
Bewegung blieb, rutschte er gut. Wenn er stand, war es, als ob eine
Bremse angezogen wäre. Schon der junge Brite »Birdie« Bowers, der als
Mitglied von Captain Scotts Südpol-Expedition mit seinem Chef zusam-

men zugrunde ging, hatte dieses Schlittenziehen »die schlimmste Knochenbrecherei, die mir je begegnet ist«, genannt.

Trotz allem war das Laufen das schönste. Wenigstens für mich. Wie ich dieses Gehen genoß! Wie weit sich meine Gedanken dabei verloren! Arved erlebte es anders. Er litt. Und er ärgerte sich über mein Tempo. Er haßte mich streckenweise für mein Vorauseilen, für meine Herzlosigkeit. Ich bemerkte seinen Ärger, konnte ihm aber nicht helfen. Ich lief zwar mit derselben Last wie er, aber die Schinderei des Ziehens höhlte mich weniger aus als ihn. Ich lief ständig unter meiner Leistungsgrenze. An harte Arbeit von Kindheit an gewöhnt und beim Bergsteigen mit dem Spiel der Leiden seit drei Jahrzehnten vertraut, war diese Eiswanderung ein zeitloses Dahingehen für mich. Ich hätte so ein Leben lang gehen können. Gehen als Zeitvertreib. Gehen als Rhythmus des Denkens. Gehen als Meditation.

Im schlechten Wetter, bei Sturm aus Süd, war es anders. Der Wind im Gesicht bremste und störte die Gedanken. Ich rutschte dann auf den Sastrugis oft aus. Dann der Neuschnee. Harter und weicher Untergrund wechselten ab.

Außerdem führte der Weg ständig leicht bergauf. Irgendwann mußten wir doch oben sein. Wie konnten wir wochenlang aufwärts gehen, ohne je oben zu sein!

Wenn wir einmal segelten, vergaß ich alles. Die Schneefläche rann unter mir weg. Dunst und Treibschnee aber ließen Himmel und Erde schnell zu einer weißen Suppe verschwimmen. Du wirst blind: Segeln unmöglich. Also: laufen, laufen, laufen, und kein erkennbares Indiz, daß du vorwärtskommst. Bei Sturm konnten wir das Zelt am »Morgen« nur für die Notdurft verlassen. Bei 90 Stundenkilometer Wind und 20° Frost wollte keiner hinaus. Wenn der Pißpott voll war, tat am »Morgen« dann doch jeder den »befreienden Gang«. Ein Gefrierschock.

Diese Sturmtage waren nicht nur verlorene Tage. Arved konnte seine Füße kurieren. Wir rasteten. Die Hoffnung, daß Arved ohne Schmerzen schneller laufen könnte, war wie Rauschgift für mich.

Arved hat große Füße. Größe 13. Seine Fußprobleme führte er auf die Stiefel zurück. Wir trugen die gleichen Stiefel, aber bei ihm waren die Hebel länger. Unsere Stiefel waren aus Leder. Das ergab für uns beide Probleme. Der Latz in der Mitte verschob sich und drückte auf die Innenseite des Knöchels. Die Socken verschoben sich. Das gab nach sechs

Marschstunden einen Bluterguß. Jede Schwellung tat höllisch weh. Und der Schmerz behinderte. Unsere Füße waren ständig einem mehrfachen Druck ausgesetzt: Körpergewicht plus Bremslast des Schlittens plus Windwiderstand. Unterm Fußballen – und zwar unter der dicken Hornhaut – bildeten sich bei Arved Blutblasen. Die kann man aufstechen. Aber heilen wollten sie nicht. Wir saßen bei Schlechtwetter oft im Zelt und kurierten an Arveds Füßen herum. Mit einer Nähnadel, die er über dem Kocher erhitzt hatte, stach er in die Blase und zog Fäden ein. Die Fäden blieben zwischen Fleisch und Hornhaut. Sie sollten die Blasen austrocknen. Teilweise hatte Arved bis zu vier Fäden in einem Fuß. Das Blutwasser konnte heraussickern. Trotzdem: Es bildeten sich neue Blasen, neues Blut.

Rasttage – gewollte oder erzwungene – dauerten maximal 24 Stunden. Dann mußten wir weiterlaufen. Das war das Schmerzhafte. Wenn du »morgens« in die Stiefel steigst, fängt es an, weh zu tun, und das bleibt so, bis du den Stiefel »abends« wieder ausziehst. Die Verkrampfung durch den Schmerz und die Belastung führten zu Sehnenscheidenentzündungen. Mit dem Schlitten hinter uns kam ein doppelter Druck auf den Vorderfuß, auf den Ballen, auf die Ferse. Der Mensch ist nicht dafür gebaut, eine Schlittenlast zu ziehen. Nach einer Weile tut dir jeder Knochen weh. Auch ich hatte Schmerzen. Nur habe ich kleinere Füße, damit kleinere Hebel. Es drückte weniger. Meine Zehen sind seit dem Nanga Parbat 1970 amputiert. Die viel kürzeren Füße waren ein Vorteil. Wenigstens hier. Nicht nur die Füße, auch die Bindungen litten unter Arveds größerem Druck. Zwei Skibindungen, von denen mir versichert worden war, daß sie nicht brechen könnten, gingen bei ihm kaputt.

In den ersten drei Wochen waren Arveds Füße täglich schlimmer geworden. Er klagte an jedem »Abend«, daß sie ihm wehtaten. Ein Ende seiner Schmerzen war so wenig absehbar wie das Ende unseres Weges. Die Entfernung war nicht wirklich. Wir konnten nur ausrechnen, wie weit es war. Und wir waren zu langsam. Wenn ich am »Abend« unsere Tagesleistung mit den Tagen multiplizierte, die uns zur Verfügung standen, wußte ich, daß wir nicht durchkommen würden. Arved wußte es auch.

Auf welches Wunder warteten wir? Auf Wind, gesunde Füße und leichtere Schlitten. Jeder auf ein anderes. So blieben alle Rechnungen nur

Theorie. Irgendwie würden wir schon durchkommen. Arved war vorerst nicht fähig und nicht bereit, mehr als sechs Stunden pro Tag zu marschieren. Dazu kam, daß wir bei schlechtem Wetter im Zelt blieben oder nach wenigen Marschstunden aufgaben. Jede Woche verloren wir viele Stunden Gehzeit.

Oft, wenn ich am »Abend« im Schlafsack lag, die Augen geschlossen, lief die gelaufene Schneefläche unter mir weg. Es war wie im Kino. Ich sah die vielen Rauhigkeiten, die Sastrugis wieder, die ich tagsüber unter den Skiern auftauchen und verschwinden gesehen hatte. Obwohl ich nichts bewußt wahrgenommen hatte, es blieb gespeichert. Schneebilder wie eingefroren in meinem Gedächtnis.

Meine Nachtträume waren plastischer als die Träumereien untertags. Oft wachte ich auf. Beim Wachliegen im Zelt verknüpften sich ewige Erinnerungsketten zu einem Traumbild meines Lebens. Plötzlich fiel mir ein, daß wir im Thiel-Depot einiges brauchten. Ich notierte es für den nächsten Funkkontakt:

> Für Thiel: 1 Taschenmesser, Handschuhe ohne Finger. Post, SPIEGEL. Das Funkgerät taugt nichts.

Weil ich schon einmal dasaß und mit klammen Fingern in mein Tagebuch schrieb, hielt ich einen Ausrüstungsvorschlag fest, der mich am Vortag beschäftigt hatte:

> Thermosflasche/Markill: sehr gut, bleibt lang heiß. Fehler: Becher zu klein; muß flachen Boden haben. Schraubverschluß angreifbarer. Farbe der Flasche rot. Wie kann man nur eine weiße Thermosflasche mitnehmen! Man verliert (übersieht) sie im Schnee leicht.

Ich legte mich wieder hin. Rauhreif bröselte von der Zeltinnenwand. Außerhalb des Schlafsacks waren Schultern und Arme im Nu kalt.

Draußen war es immer hell. Immer kalt. Im Zelt sank die Temperatur auf 10–20° minus. Je nachdem, wie kalt es draußen war.

»Tag« und »Nacht« waren sich nicht nur in der Helligkeit gleich. Auch in meinen Empfindungen konnte ich die Träume nicht vom Denken unterscheiden. Die Wahrnehmungen waren auf ein Minimum beschränkt. Es gab keinen Baum, keinen Strauch, kein Gebirge. Nur die

Sastrugifeld. Wenn Arved zwei oder drei Kilometer zurück war, konnte ich ihn kaum ausmachen. Er war nicht von dem Schatten der Sastrugis zu unterscheiden.

Formen der Sastrugis waren immer anders. Ab und zu sahen sie wie Tiere aus, dann wie Plastiken. Öfters erkannte ich Personen in den »Köpfen« der Schneewehen. Sonst nur weiße Fläche. Im Oval um uns der graue Horizont.

Es gab keine Geräusche. Außer denen, die wir selbst produzierten. Und den Wind natürlich. Wenn wir mit den Skiern über die rauhe Oberfläche gingen, knirschte der Schnee. Dazu das spitze Kreischen beim Stockeinsatz. Der Schlitten hinter uns verursachte ein unregelmäßiges Gepolter. Der Sturm krachte. Vor allem, wenn wir im Zelt saßen. Wenn ein Blizzard über die Zeltplane fegte, war es so laut, daß wir uns im Zeltinnern nicht verstehen konnten, obwohl wir nur eineinhalb Meter voneinander entfernt waren.

Wir hatten jetzt unsere eigenen Gesetze des Zusammenlebens. Keiner hatte sie festgeschrieben, und doch lebten wir danach. Unsere Beziehung war von Notwendigkeiten und Toleranz getragen. Die Regeln, die sich die Zivilisationsgesellschaft zurechtgelegt hatte, waren nicht mehr die unseren. Wir standen außerhalb der Zivilisation. Und deshalb galten hier andere Gesetze. Wir gingen nicht rüde miteinander um. Im Gegenteil, wir bemühten uns, zueinander nett zu sein. Nur im gegenseitigen Respekt konnten wir stark bleiben. Unser Selbstvertrauen durfte nie aufs Spiel gesetzt werden. Trotzdem gab es manchmal harte Diskussionen. Jeder wußte, was notwendig war, um diese Expedition zu Ende zu führen. Und mehr wollten wir nicht. Jeder mußte fähig bleiben, das Seine dazu beizutragen. Allein wäre keiner von uns beiden durchgekommen. Die Antarktis war zu groß für Experimente.

Eigene Gesetze, eigene Geräusche und keine Gerüche. Den ganzen Tag über gab es keinerlei Gerüche. Unsere eigenen Gerüche verloren sich, wenn wir die Kleider angezogen, die Reißverschlüsse zugemacht hatten und ins Freie hinausgegangen waren. Nur am Abend, wenn wir ins Zelt kamen und auftauten, konnten wir uns riechen. Wenn der Zeltreißverschluß zugezogen war, begannen wir sofort, uns auszuziehen. Einer roch jetzt den anderen, und jeder sich selbst. Anfangs hatte ich diesen Dampf unter den Windkleidern als Gestank empfunden. Jetzt empfand ich wohlige Wärme dabei. Beim Kochen dann wurden alle Körpergerüche aufgehoben. Es war richtig gemütlich. Es roch nach Essen, nach Fett, nach feuchten Kleidern. Es roch nach Menschsein.

Wie wir bei so viel Aussichtslosigkeit Tag für Tag weitergehen konnten! Wir verstanden es, uns gegenseitig zu motivieren. Arved mich durch seine Ruhe, seine Selbstsicherheit. Ich ihn durch ein aufmunterndes Wort am »Morgen«. Ich durfte ihm seine Konditionsschwäche nicht vorhalten. Ich war sicher, er würde bald besser trainiert sein. Und wenn seine Füße ausheilten, waren wir gerettet.

Das Wichtigste war jetzt eine exakte Zeiteinteilung. Nachdem wir uns geeinigt hatten, sechs Stunden pro Tag zu laufen, mußten diese sechs Stunden ausgefüllt werden. Wenn das Wetter es zuließ, ging ich auf die Minute genau sechs Stunden weit, immer gleich schnell. Das führte dazu, daß unser Abstand, während der Gehstunden, größer und größer wurde. Jede Minute, die wir an Gehzeit verloren, würde uns am Ende fehlen.

Einige Tage schon bevor wir die Thiel-Berge erreichen sollten, erschienen sie irgendwo im Süden. Zuerst als Lichtspiegelungen, dann real. Als schmale, flimmernde Linie standen sie am Horizont. Oft verschwanden sie wieder. Tagelang hätte ich nicht sagen können, ob der dunkle Streifen vor uns die realen Berge waren oder nur eine optische Täuschung. Wir wußten nicht, ob unser Depot schon eingerichtet war. Seit zehn Tagen waren wir ohne Funkkontakt mit Patriot Hills. Knapp vor den Thiel-Bergen bekam Arved eine Verbindung mit der Steger-Gruppe.

Es war Montagabend, der 4. Dezember. Die sechs Teilnehmer der Hundeschlitten-Expedition kampierten, umgeben von ihren Huskies, auf halbem Weg zwischen den »Thiels« und dem Südpol. Sie waren gut vorangekommen. Arved sagte, wir können über Funk nicht nach Patriot Hills durchkommen und bat Jean-Louis Etienne, eine Nachricht an das Camp durchzugeben: »Fuchs und Messner sind in zwei Tagen bei den Thiels. Sie erwarten Depot.« Auch »Transantarctica« hatte seit einer Woche keinen Funkkontakt mehr mit der Außenwelt gehabt. Unser Depot sollte rechts des King Peak liegen. »Hoffen wir, daß es da ist!« Arved sagte das in einem Ton, daß ich zu zweifeln begann, was ihm lieber war: das Depot, also die Chance weiterzumachen, oder kein Depot und die Notwendigkeit, aufzugeben.

Erstmals in dieser Nacht wieder bürgerliche Träume. Es war sonderbar, im Zelt zu erwachen wegen Terminpflichten. Ich konnte lange nicht wieder einschlafen. Schließlich sah ich mich daheim auf Juval mit »Transantarctica«. Im übrigen hatte ich Verdauungsprobleme.

Am Dienstag, den 5. 12., war endlich Jaeger wieder zu verstehen. Abend für Abend hatte er in Patriot Hills vergebens auf ein Signal von uns

Der Pilot Brydon Knibbs (rechts) hat viel Arktis-Erfahrung als Flieger. Ein ruhiger, gewissenhafter Mann. Seit 1988 flog er für ANI in der Antarktis.

gewartet. »No joy.« Die miserablen atmosphärischen Bedingungen, vor denen viel stärkere Radios als das unsere kapituliert hatten, waren endlich vorbei. Wir waren in der Nähe der »Thiels«. 530 Kilometer Luftlinie vom Südpol entfernt.

»Wir sind morgen am Thiel-Depot.«

»Verstanden.«

»Wo genau ist unser Depot?«

»Es gibt noch kein Depot!«

Wir waren schockiert. Ein Proviantdepot von 90 Kilo sollte für uns bereitliegen. Brydon, Pilot der Twin-Otter, hatte zwar Anweisung, mit dem Proviant und den Briefen von daheim am 6. zu den Thiel-Bergen zu fliegen, aber wer wußte, ob Wind und Sicht den Flug zuließen?

»Wir haben Brennstoff für eine Woche. Nicht mehr viel Essen. Eine volle Tagesration und Reserven. Es geht uns sonst gut. Wir sind bei bester Gesundheit. Position: 85° 11′ Süd.«

Stichwortartig gab ich alles durch. Vielleicht brach der Kontakt gleich wieder ab.

»Also bis morgen, hoffentlich klappt es mit dem Depot.«

Jetzt wußten auch wir, daß alle wußten, daß wir an den Thiels unser

Depot erwarteten: unsere Betreuer, ANI, die Piloten. Vorher hatten wir nur hoffen können, daß die Funkbrücke über »Transantarctica« Ulrich Jaeger, Wilhelm Bittorf und Jürgen Bolz bestätigt hatte, daß wir noch am Leben waren.

Ja, wir waren am Leben. Ich fühlte mich stark. Meine alten Instinkte waren wieder wach geworden. Ich war immer auf der Lauer. Wie ein wildes Tier. Nicht nur beim Gehen untertags, auch beim Aufwachen oder »nachts«, wenn ich oberflächlich schlief, war ich bereit. Bereit zu reagieren, bereit, Widerstand zu leisten. Gegen den Wind. Gegen die Sinnlosigkeit. Gegen die Müdigkeit.

Das Gehen höhlte mich so nicht aus. Ich ging ohne Ort und ohne Zeit durch den Raum. Ich dachte nicht daran, wie weit es noch war. Ich hielt die Zeittabelle ein. Hätte ich dabei nicht Stunde um Stunde einer Erinnerung, einer Idee, einem Plan nachgehen können, ich wäre schneller müde geworden.

Arved klagte nicht nur über seine Füße. Es war ihm, als wäre die Antarktis-Tour die Fortsetzung seines Marsches zum Nordpol. Oft fiel ihm beim Gehen nichts mehr ein. Gehen ohne Tagträume ist tierisch. Ob er sich an den Thiels erholte? Arveds Füße waren immer noch wund. Die Zehen blutende, eiternde Stumpen. Nägel fehlten. Mit solchen Füßen war das Stehen eine Qual, das Schlittenziehen unerträglich. Bei jedem Schritt übertrug der Körper die Schlittenlast auf die Fußsohlen. Und diese waren eine einzige Blase. Wasser und Blut unter der dicken Hornhaut. Was tun? Wir litten beide darunter. Dem antarktischen Eis aber war es gleich.

7. Die Thiel-Berge

Wie schnell die Weite um uns schrumpfte, wenn Wolken und Nebel aufzogen. Im Nu wurde die weiße Unendlichkeit zum hellen Nichts. Wir sahen kaum noch die Skier unter den Füßen. Trotzdem, ich hätte an diesem 6. Dezember Stunde um Stunde weitergehen können. Es war ein nebliger Tag. Am »Morgen« versuchten wir zu segeln. Dann marschierten wir über Sastrugis in Richtung Thiel-Berge. Ich konnte nach einigen Gehstunden den Fuß der steil aufragenden Felsen erkennen.

Arved hatte zweimal aufgeben wollen. Wenn das Depot nicht da war, liefen wir sowieso umsonst. Plötzlich – es war bei der vierten Rast – erkannte ich unter den Bergen einen farbigen Fleck. Ich war nicht sicher, ob das wirklich ein Farbtupfer im Eis war. Ich empfand es so. Seit die Berge Orientierungsmarken für mich waren, lief ich leichter. Ich richtete mich mehr nach den Graten und Rinnen weit vor mir als nach dem Kompaß, den ich seit drei Wochen vor meiner Brust trug. Als Arved nachkam, bat ich ihn um das Fernglas. Er gab es mir. Ich richtete es auf die Berge und sah zu dem Farbfleck hinüber. Da war das Flugzeug! Unglaublich, daß es dort stand. »Daß wir es nicht gehört haben!« Unser Depot war also da.

Ich war überzeugt, in 10 oder 15 Minuten dort zu sein. Im Fernglas hatte das Flugzeug so nahe gewirkt. Ich lief sofort weiter: eine halbe Stunde, eine Stunde, zwei Stunden. Das Flugzeug war nicht mehr zu sehen. Arved weit hinter mir. Wir liefen über Rücken und mächtige Senken.

Plötzlich lichteten sich die Nebel. Die Welt wurde gleißend hell. Ich dachte an Amundsen, wie er auf seinem Marsch zum Pol vor 78 Jahren erstmals Berge entdeckt hatte:

»Am 11. November konnten wir die Bergkette ... unterscheiden. Mächtige Zinnen, die eine höher und wilder als die andere, erhoben sich bis zu Höhen von 5000 m. Was uns allen sofort auffiel, waren die großen kahlen Wände, die diese Berge zeigten. Wir hatten erwartet, sie mit viel mehr Schnee bedeckt zu finden. Der Fridtjof Nansen-Berg sah ganz blauschwarz aus, nur ganz oben war er von einem großen mächtigen Eismantel bedeckt...«

Diese Welt erschien mir jetzt irreal, menschenabweisend. Wenn nicht das Flugzeug gewesen wäre. Aber es war verschwunden. Nicht mehr zu sehen. Also begann ich zu bezweifeln, ob ich wirklich den Flieger gesehen hatte. Ich wollte mich vergewissern. Arved aber hatte das Fernglas. Er war weiter zurückgeblieben. Ich wollte nicht auf ihn warten. Der Boden war eisig, die Sastrugis zwischendurch einen Meter hoch und mehr. Es war windig und kalt. Das konnte doch nichts anderes als das Flugzeug gewesen sein! Über mächtige Bodenwellen zog ich den Schlitten dahin. Immer dem einen Punkt entgegen. Ab und zu verschwand er. Er erschien mir jetzt weiter weg als zu dem Zeitpunkt, als ich ihn zum ersten Mal als farbigen Tupfer entdeckt hatte. Auf dieser blaugrauen Eisfläche war sonst nichts Rotes. Nein, ich glaubte nicht, daß ich ein Überbild gesehen hatte. In den Bergen war das möglich. Auf großer Höhe ist der Sauerstoffmangel so stark, daß er Überbilder hervorruft. Halluzinationen. Je höher, um so größer die Anstrengung, um so größer auch das Gefühl der Einsamkeit. Die Folge sind Halluzinationen. In der Antarktis gab es keine Halluzinationen. Das spürte ich. Es gab Luftspiegelungen. Gebirge, die ich sah, obwohl ich sie geographisch nicht sehen konnte. Näherte ich mich diesen Bergen, so sah ich sie wirklich. Dabei erschienen sie oft weiter weg als zuvor die entsprechenden Luftspiegelungen. Ein bekanntes Phänomen, das schon öfter beschrieben worden war. Also keine Halluzination.

Nach mehr als zwei Stunden stand ich vor der Schwanzflosse des Fliegers. Plötzlich. Sie ragte über eine Bodenwelle. Das rot-weiße Flugzeug stand in einer Mulde. Wie ein Fremdkörper.

Als ich mich näherte, kamen zwei Männer heraus, Brydon Knibbs und Eric Stephens. Sie winkten mir zu. Sie hatten versucht, ihr Zelt aufzubauen, und taten es wieder. Ohne Erfolg. Der Wind riß es ihnen aus den Händen. Ich zog mein Zelt aus dem Schlitten, gemeinsam bauten wir es auf. Alle drei krochen wir hinein, warteten auf Arved.

»Es war ein schwieriger Flug«, erzählte Brydon, »schlechte Sicht. Um 15.15 Uhr sind wir bei den Thiel-Bergen tiefer gegangen. Wir flogen eine Schleife nach Nordost, um uns bei euch bemerkbar zu machen. Dann

Das Thiel-Depot. Die Twin-Otter, unser Zelt, Container mit Proviant auf einer Schneeinsel vor den Thiel-Bergen. Halbweg zum Südpol.

landeten wir auf dem blauen Eis über dem Depotplatz. Die Felsnase darüber ist so charakteristisch.«

Drei Stunden hatten Knibbs und Stephens in der rot–weißen Twin-Otter gewartet, während wir der geographischen Position 85° 17′ Süd und 88° West, den Koordinaten des Depots, entgegenstrebten. »The Thiels«, wie die Kanadier die Berge nennen, sehen aus der Luft aus wie eine dunkle Herde in der unendlichen Schneefläche. Ein Gebirge, so groß wie die Dolomiten. Die einzelnen Gipfel sind weniger markant. Der höchste reicht bis 2800 Meter über den Meeresspiegel, aber die Eisdecke, die ihn umgibt, ist fast genauso hoch.

Der blonde Brydon Knibbs machte ein ernsthaftes Gesicht. Der Flug von Patriot Hills zu den Thiels war hart am Rand des Möglichen gewesen. Er wiederholte. »Ganz flaue Sicht.«

Unser Depot war im letzten Augenblick eingerichtet worden. Immerhin rechtzeitig. Wir verdankten es nur Wilhelm Bittorf, der in Punta Arenas gedrängt hatte, und Brydon, der trotz Gegenlicht losgeflogen war. »Die Sicht war so schlecht, als wir nach Süden flogen, daß wir hätten umdrehen müssen«, erzählte Eric, sein Mechaniker. »Vor den Thiel-Bergen haben wir eine Schleife gezogen, in der Hoffnung, euch irgendwo zu entdecken, aber nichts.«

»Die Landung?«

»Wir landeten unter den Bergen, wie du siehst, und nicht in der Wand.«

Alle lachten wir. »Es war doch alles zu vor drei Stunden.«

»Die Nebel verzogen sich im richtigen Augenblick.«

»Zum Glück!«»

»Wann wollt ihr zurück?«

»Es geht weiter.«

Die beiden warteten nicht auf unser Ankommen. Sie warteten auf bessere Sicht. Sie wollten weiter zum Pol fliegen, wo für die »Transantarctica«-Expedition Hundefutter, Ausrüstung und Nahrungsmittel deponiert werden mußten.

Nach 23 Tagen Eisöde erschienen mir diese wortkargen Flieger als aufregende Abwechslung. Sie spürten meine Neugierde. »Ist es nicht langweilig?« fragte Brydon, »immer dasselbe Eis unter den Skiern?«

»Die Mikrolandschaften unter den Füßen sind hier so vielfältig wie nirgends auf der Erde.«

Eric lachte. »Und sonst?«

»Keine Frau weit und breit!«

Jetzt lachten sie beide. Inzwischen war auch Arved mit seinem Schlitten beim Flugzeug. Er kam zu uns ins Zelt und setzte den Kocher in Gang. Mit schmerzverkniffenem Gesicht zog er seine Schuhe aus. Die beiden Flieger sahen, daß Arveds Füße wundgelaufen waren. Vom Ballen bis zur Ferse. Ich ging mit Brydon zur Twin-Otter. Ich sollte über das Flugzeug-Radio mit Ulrich Jaeger in Patriot Hills sprechen – Arved blieb im Zelt zurück.

Der Kontakt war gut. Das Gespräch kam sofort auf unser Marschtempo. »Wollt ihr trotzdem weitermachen?«

»Ja.«

»Und wenn ihr nicht schneller werdet?«

»Tut mir leid für unsere Verspätung.«

Jaeger, Bittorf und Bolz brauchten Informationen. Seit dreizehn Tagen waren wir ohne ausführlichen Radiokontakt gewesen.

»Das Spillsbury taugt nichts, ich schicke es zurück.«

Im Flugzeug hinter den Scheiben war es warm. Der Funkkontakt mit Patriot Hills blieb hervorragend. Ich ahnte, ohne daß Jaeger es aussprach, wie unsere Helfer über unser Vorankommen dachten. Jaeger war nicht

Argos-Gerät (links) und GPS, die beiden Satelliten-Geräte, die unsere Position angaben. Das erste als Information nach draußen; das zweite als Navigationsgrundlage für uns.

enttäuscht, er litt mit uns. Bei diesem langsamen Vorankommen mußten wir scheitern! Ich versuchte, ihm einzureden, was ich mir selbst seit Tagen einredete: »Es kann nur besser werden.« Ich erfand keine Ausrede. Ich erzählte, daß Arveds Füße schlimm aussahen. »Diese Blasen! Mit seinen Schmerzen kann er nicht schneller gehen.«

»Ich verstehe, aber was könnt ihr dagegen tun?«

»Wir machen hier zwei Tage Pause und gehen erst am 9. Dezember weiter.«

»Glaubst du, die Blasen heilen so rasch ab?«

»Ich habe Hoffnung, daß sich Arveds Füße bessern. Und konditionell müßte er jetzt stark genug sein, 30 Kilometer am Tag zu laufen. Ich bin nach der schwierigen Gewöhnung ganz fit. Wenn ich allein wäre, könnte ich täglich doppelt so weit gehen. Ich würde heute abend mit dem frisch beladenen Schlitten ein Stück weitergehen, statt hier zwei Tage zu pausieren.«

Brydon und Eric drängten zum Aufbruch.

»Wann willst du am Pol sein?«

»In den Neujahrstagen.«

»Und du willst das Funkgerät wirklich nicht mehr?«

»Nein, es hat keinen Sinn, die vier Kilo mitzuschleppen, wenn weder ihr noch wir etwas davon haben.«

»Nehmt das ›Argos‹ mit, so daß wir wenigstens eure Position haben, wenn das mit dem Funkgerät nicht klappt.«

Arved bediente unser GPS-Navigationsinstrument, ein High-Tech-Gerät, nicht größer als ein Walkie-Talkie. Es peilt Satelliten im Weltraum an und zeigt seinem Benutzer bis auf 150 Meter genau, wo er sich gerade befindet. Das hätte uns gereicht. Mit dem Argos-Gerät konnten wir darüber hinaus unsere Position nach draußen melden, ohne jede Rückkoppelungsmöglichkeit allerdings.

»Was aber, wenn ihr nicht durchkommt?«

»Wir werden die Marschgeschwindigkeit steigern«, sagte ich.

»Vielleicht will Arved nur bis zum Pol?«

»Ich weiß es nicht.«

»Wann wirst du es wissen?«

»In der ersten Woche des nächsten Jahres. Dann wissen wir alle mehr.«

»Wenn ihr am Pol aufgeben wollt, müßten wir es jetzt wissen.«

»Sicher gehe ich weiter.«

Wir waren in arger Bedrängnis. Die Nachricht von der Öffnung der Mauer in Berlin, von Ulrich Jaeger als Nachsatz in diesem so sachlichen Funkgespräch erwähnt, kam mir so unwichtig vor wie die Höhe der Mondberge. Hier waren Sastrugifelder, die Politik in Europa nur eine Erinnerung. Wie weit war das alles weg? Wie unwichtig war es für uns! Jaeger bat um Detailinformationen über die Tage, an denen wir nicht miteinander hatten funken können. Spontan bot ich ihm mein Tagebuch an. Wie sonst hätte Wilhelm Bittorf von Punta Arenas aus unseren Marsch schildern sollen? Ich versprach, auch Arved zu bitten, sein Tagebuch leihweise zur Verfügung zu stellen. Er weigerte sich, es herzugeben. Ich verstand seine Bedenken. Unser Vertrag mit dem SPIEGEL sah eine Tagebuchherausgabe nicht vor. Wenn Arved sein Tagebuch exklusiv in einem Buch auswerten wollte, war es im SPIEGEL verschenkt. Trotzdem wäre es besser gewesen, wenn Bittorf beide Tagebücher hätte einsehen können. Die Berichterstattung wäre weniger einseitig geworden. Arveds Tagebuchnotizen waren von den meinen so verschieden, daß jeder Leser hätte glauben müssen, es handle sich bei unserem Fußmarsch nicht um ein Zweimannunternehmen, sondern um zwei verschiedene Reisen. Deshalb wäre es so wichtig gewesen, daß Wilhelm Bittorf, der dreitausend Kilometer von uns entfernt in Punta Arenas über unser Vorankommen zu berichten hatte, beide Tagebücher gelesen hätte. Beide, Arved und ich, waren an einer exakten Berichterstattung interessiert. Wir hatten das bestmögliche Medium, den bestmöglichen Schreiber als Sprachrohr zur Außenwelt. So war die Garantie gegeben, daß neben unserem Vorankommen oder Scheitern auch Umweltfragen, historische und geographische Zusammenhänge an die Öffentlichkeit kamen. Jetzt, da wir kein Funkgerät mehr hatten, war Wilhelm Bittorf allein auf die tägliche Argos-Position, sein Wissen und unsere Aufzeichnungen angewiesen. Ich versuchte, das Arved verständlich zu machen. Trotzdem, er behielt sein Tagebuch für sich.

Ich war entschlossen, mit Arved bis zum Südpol zu gehen. Wenn er die Zähne zusammenbiß wie bisher, hatten wir eine Chance, die 530 Kilometer Luftlinie bis 90° Süd in drei Wochen zurückzulegen. Ich rechnete mit maximal 24 Reisetagen. Dann bliebe uns Zeit, knappste Zeit allerdings, um mit Rückenwind zur anderen Seite des Eiskontinents zu gelangen, ehe der Winter kam.

Ich hatte ursprünglich nur einen Tag lang im Thiel-Lager rasten wollen. Schlitten packen und weitergehen war mein Vorschlag. Arved bestand auf zwei Rasttagen. Ich gab nach. Der zweite Rasttag war ein herrlicher Tag, kaum Wind. Wir lasen, unterhielten uns, sortierten die Nahrungsmittel. Als Brydon vom Pol zurückkam, packten wir gerade die Schlitten. Er landete, nahm allen Müll auf, der inzwischen angefallen war, erzählte vom Südpol. Ein Benzindepot für weitere Polflüge wurde angelegt. Brydon und Eric bestiegen wenig später wieder ihre Maschine und flogen nach Norden, zurück nach Patriot Hills. Das Wetter war immer noch fantastisch. Klare Sicht. Ein idealer Marschtag. Die Twin-Otter verschwand am Horizont.

Am nächsten Morgen Nebel. Trotzdem gingen wir los.

Unter der festgezurrten Plane meines Schlittens lag jetzt der schwarze, runde Argos-Apparat. Er sah aus wie ein Rohr mit Antenne. Dieses Argos-Gerät sendet auf einer gleichbleibenden Frequenz ein Signal in den Weltraum. In mehr als 800 Kilometer Höhe wird dieses Signal von Satelliten aufgefangen und weitergegeben. Mit einem Kniff namens »Dopplerverschiebung« konnte der Satellit den Sender, den wir an jedem Abend im Zelt in Betrieb nehmen wollten, orten. Die entsprechenden Daten wurden sofort an das Rechenzentrum der französischen Raumfahrtbehörde CNES in Toulouse übermittelt. An Hand dieser Koordinaten konnte Bittorf unser Weiterkommen von den Thiel-Bergen in Richtung Pol verfolgen. Zusammen mit der amerikanischen NASA hatten die Franzosen dieses ingeniöse System »Argos« entwickelt. Mit ihm konnten nicht nur einsame Eiswanderer wie wir via Weltraum verfolgt werden, sondern jedes Objekt, an dem man einen Argos-Sender anbringen konnte. Das CNES in Toulouse meldete alle zwei Tage über Fernschreiber unsere Position nach Punta Arenas.

Arved hatte mir vor dem Aufbruch versichert, er werde ohne Rücksicht auf seine Füße bis zum Pol gehen. Jeden Tag sechs Stunden reine Laufzeit. Das entsprach zwölf Seemeilen. Auch ich stand zu diesem Fahrplan. Nicht bloß als Konzession an Arveds Füße, sondern auch, um unsere Kraftreserven zu schonen. Wir durften uns nicht zu früh verausgaben. Auch ich fürchtete den Verschleiß bei zu schnellem Gehen.

Nach den zwei Rasttagen kamen wir am 9. Dezember trotz des windigen Wetters gut voran. Bald aber herrschte wieder Schneetreiben, dann »White out«. Null Sicht und dazu die deutlich schwereren Schlitten. In der Nacht war Neuschnee gefallen. Es war relativ warm. So warm, daß ich ohne Handschuhe gehen konnte. Wir liefen erstmals mit Grödeln an den Füßen. Beide Paar Skier waren auf die Schlitten geschnallt. Wir querten am Fuße der Felsen entlang, überwanden einen glatten Gletscher. Dann überkletterten wir eine Moräne. Es war nicht einfach, die Schlitten zwischen den Steinen hindurchzuzwängen. Über mehrere Stufen, teils über Eis, teils über Schnee, stiegen wir zu einem Paß rechts des King Peak auf. Ich konnte nur den Fuß der Berge erkennen. Darüber lag dichter Nebel. Die Einsattelung in den »Thiels«, über die wir auf das Hochplateau gelangen wollten, ahnte ich nur. Es wurde ein anstrengender Tag. Wir navigierten jetzt nach einer Detailkarte. Bei ausreichender Sicht hätten wir keine Probleme gehabt. Im Nebel aber, mit maximal hundert Metern Sicht, war ich oft nicht sicher, ob wir auf der besten Route waren. Der erste Versuch, den Sattel direkt über einen Steilhang zu erreichen, scheiterte. Ich querte den Hang. Mit der Hand gab ich Arved, der hinter mir war, ein Zeichen. Er sollte in der Talmulde bleiben und den Hang erst dort angehen, wo er flacher war. Nach mühsamer Querung erreichte auch ich die flache Passage. Es gab Spalten. Die Hänge waren steil, dementsprechend anstrengend war es, aus »Löchern« wieder herauszukommen.

Als wir die Paßhöhe erreicht hatten, ging es weiter aufwärts. Wenigstens war das mein Eindruck. Wir gingen über ein Hochplateau, das wir

Moränenrücken am Fuß der Thiel-Berge. Vorsichtig zog ich den Schlitten zwischen den Steinen und Schotterinseln durch. Arved folgte meiner Spur.

nicht sahen. Die vollgepackten Schlitten bremsten mehr als in der Woche vorher. Über viele Bodenwellen und weichen Schnee gingen wir geradewegs nach Süden.

Die höchsten Spitzen der Thiel-Berge sahen wir nicht. Bei schönem Wetter hätten wir Nunataks und Bergketten erkennen, uns auf Sicht besser orientieren können. Bei diesem Wetter sahen wir gar nichts. Es schneite und der Schnee war ziemlich stumpf. Wir kamen langsam voran. Einmal querten wir die Spur von »Transantarctica«, die drei Wochen vor uns hier durchgekommen war.

Arved hatte trotz der beiden Rasttage Schwierigkeiten. Er zog zwar den leichteren Schlitten als ich, brauchte pro »Laufstunde« aber durchschnittlich eine Viertelstunde länger. So wurden meine Pausen zu lang. Wenn ich beim Steigen schwitzte, fror ich beim Warten um so mehr. Das war unser einziges Problem.

Die Stimmung war sonst gut. Wir hatten das Camp mit vielen Hoffnungen verlassen. Es war jetzt natürlich trist, über die Pässe und zwischen diesen Bergen zu gehen, ohne sie sehen zu können.

»Wären wir einen Tag früher losgegangen, wir hätten schönes Wetter gehabt.« Diese Feststellung war nicht als Vorwurf gedacht. »Wir hätten die Berge gesehen, eine andere Stimmung erlebt.«»Ich hätte nie gedacht, daß es gleich wieder schlecht wird«, antwortete Arved.»Null Bock, bei null Sicht.«

Diese Schwierigkeiten waren auch die Folgen unseres Optimismus. Das Wetter würde schon halten, hatten wir gedacht, und jetzt dieses Sauwetter! Wir ertrugen es und jammerten nicht. Wir gingen weiter. Die ersten sechs Stunden im Nebel waren voller Spannung. Hinter den »Thiels« ging es eben weiter und nicht, wie erwartet, abwärts. Mit dem vollen Schlitten hatte ich ohnehin immerzu das Gefühl, es ginge aufwärts. Auch wenn das Gelände potteben war.

Wieder wäre ich lieber mehr und schneller gelaufen.»Jeden Tag, den wir früher zum Pol kommen,« sagte ich, »ist ein Reservetag auf der anderen Seite.« Der Südpol war nie mein Ziel gewesen. Dieser gedachte Punkt auf 90° Süd war zwar eine Art Gipfel im Rahmen dieser Überquerung. Mehr aber nicht. Arved argumentierte wieder mit Verschleißerscheinungen.

»Bei zu langen Tagesetappen riskieren wir, schon vor dem Pol aufgeben zu müssen!«

»Beim jetzigen Marschtempo haben wir keine Chance, die Antarktis zu überqueren.«

»Lieber wenigstens den Südpol erreichen, als mit deinem Wunschtempo vorher zu scheitern.«

Wir steigerten uns mehr und mehr in eine Treiber- und Bremser-Haltung hinein. Die Geschwindigkeit, die dabei herauskam, war für uns beide ein Kompromiß. Daß sie am Ende zum Erfolg führen sollte, konnte noch keiner ahnen. Fast täglich diskutierten wir im Zelt über die Taktik. Am 10. Dezember diktierte ich während des Laufens meinen Ärger erstmals auf Band. Ich mußte ihn loswerden:

Ich dränge immer wieder. Ich versuchte, Arved für größere Strecken zu begeistern. Er läßt nicht mit sich reden. Er schiebt alles vor sich her und meint, wir werden schon Wind kriegen. Das Gelände wird besser werden. Mit dieser Taktik ist die Antarktis nicht zu durchqueren! Ich bin der Meinung, daß Arved physisch zu schwach ist, um eine so harte Tour zu machen. Mehr als sechs Stunden tägliche Marschzeit bei diesem Schlittengewicht kann er nicht hergeben. Er tut mir leid. Ich kann ihm nur einen Teil seines Gewichts abnehmen, wie ich es in der ersten Strecke schon getan habe. Ich werde es ihm morgen anbieten. Mit einem leichteren und einem schwereren Schlitten ist die Marschgeschwindigkeit etwas ausgeglichen. Trotzdem, auch das nützt nicht viel. Auch die Laufgeschwindigkeit müßte höher sein. Kein Problem für mich. Diese Viertelstunde, die ich pro Stunde schneller laufe als Arved, könnte am Ende 500 Kilometer ausmachen.

Abgesehen von diesen Diskussionen um die Marschtechnik ergänzten Arved und ich uns gut. Wir waren zu zweit, und ich hatte nie das Gefühl, daß wir wirklich in Gefahr geraten könnten. Falls wir einen Fehler machten, wäre es unser beider Fehler. Sicher, wir hätten beide sterben können. Es gab manchmal eine momentane Angst, aber nie dieses Gefühl, verloren zu sein. Einerseits war es gut, daß Arved bremste. Wir kamen voran und verausgabten uns nicht. In der Antarktis ist Langsamkeit so wichtig wie am Berg die Schnelligkeit. Hier wurde über den Erfolg in Monaten entschieden, nicht, wie am Berg, in wenigen Tagen. Vielleicht war Scott auch deshalb umgekommen, weil er seine Leute zu schnell zum Pol geführt und beim Rückmarsch immerzu angetrieben hatte. Wir mußten frisch am Pol ankommen, wenn wir weiterkommen wollten.

Beim Gehen ging es mir gut. Im Zelt vergaß ich die Umgebung. Die 2 × 2 Meter wurden mir zur »Heimat«. Ob draußen die Antarktis war oder etwas anderes, kümmerte mich drinnen nicht. Ich fühlte mich drinnen wie in einer gemütlichen Bauernstube im Winter. Es war warm und angenehm.

Anders das Gehen. Es bedeutete, die Gedanken denken lassen.

Nichts konnte aufregender sein als das fortwährende Gehen über das Eis. Ich entdeckte keine neuen Länder, und doch erregte jeder Sastrugi, jede Wolke meine Phantasie. Mit dem Sichtbaren kombinierte mein Erinnern eine phantastische Welt in mir.

Jetzt gab es große Senken, Löcher, wie wir sie bisher nicht angetroffen hatten. Wie Kraterlöcher sahen sie aus. Wir konnten sie häufig nicht umgehen. Auch die Gletscherspalten wurden mehr. Trotzdem gingen wir ohne Seil. Wir hielten auf einen letzten Nunatak zu, der wie eine Pyramide aus dem Eis ragte. Diese Felsspitzen sahen aus wie Orientierungspunkte einer verlorenen Zeit. Die Eskimos hatten ihnen vor Jahrtausenden ihren Namen gegeben.

Die Thiel-Berge. So wie sie aufgetaucht waren – als winzige schwarze Dreiecke über der Horizontlinie – verschwanden sie wieder, während wir nach Süden liefen.

Auch am zweiten Tag in den »Thiels« waren wir nicht schneller. Wir liefen wie an den anderen Tagen. Im Gegenteil, wegen der vielen Umwege und der steilen Anstiege war unsere Stundenleistung deutlich geringer. Wir kamen langsamer nach Süden, als es unser Soll vorsah. Dann ging es besser. Hinter dem letzten Nunatak wurde die Welt wieder eine Ebene. Es war immer noch anstrengend, zwischen großen Bodenwellen und Sastrugis einen möglichst geraden Weg zu finden, aber wir kamen etwas schneller voran.

Im Zelt machte ich Arved den Vorschlag: »Wir könnten«, so meine Idee, »uns in der Marschgeschwindigkeit angleichen, wenn ich dir Gewicht abnehme.« Arved zögerte. »Nachdem du etwa eine Viertelstunde länger brauchst, um die Strecke zwischen den Rastpausen zurückzulegen, wären wir dann gleich schnell, und wir könnten die Viertelstunde anhängen, die du jetzt länger gehst.« Arved sagte nichts. Er war also damit einverstanden. »Wenn wir beide gleich schnell sind und damit auf eine Marschzeit von sieben Stunden kommen, sind wir vor Silvester am Pol.« Arved stimmte zu. Am anderen Morgen nahm ich Arved etwa 10 Kilogramm Gewicht aus seinem Schlitten ab, Benzin vor allem.

Wir waren jetzt entschieden schneller. Wir liefen am Morgen wie bisher zwei Stunden ohne Rast. Da ich weiterhin vorausging, bestimmte meine Marschgeschwindigkeit die Strecke, die wir dabei hinter uns brachten. Nach einer kurzen Pause, in der ich auf Arved wartete, liefen wir nochmals viermal eineinviertel Stunden. Mit kurzen Pausen dazwischen. So kamen wir auf sieben Marschstunden. Da ich trotz des Mehrgewichts gleich schnell lief wie am Vortag, schafften wir knapp 30 Kilometer pro Tag. Arved war überrascht über mein Tempo. Aber er lief mit. Plötzlich kam wieder Zuversicht auf. Ich war überzeugt, daß die Kontinentalüberquerung zu schaffen war. Immer noch.

Arved war zäher, als ich gedacht hatte. Wenn er nur bis zum Pol hätte gehen wollen, jetzt sah auch er eine Chance, über den Pol hinauszukommen. Und diese Hoffnung gab ihm Kraft.

Wirklich schnell wurden wir immer noch nicht. Wir gingen zwar auch bei »White out«, bei Sturm und Nebel, aber nie mehr als 30 Kilometer am Tag. Wir durften keine Zeit verlieren.

Als die Sonne durchkam, waren die Thiel-Berge nur noch als schwarze Silhouetten im Norden zu erkennen. Dazwischen Nebel und Haufenwolken. Vor uns wieder die Weite, die uns von der Mitte der ersten Etappe her vertraut war. Rechts wölbte sich ein langgezogener, märchenhaft schimmernder Bergrücken. Er war von Spalten zerfurcht, sah aus wie ein gigantisches Fischskelett. Hinter mir der Lewis-Nunatak, die letzte Felspyramide, die wir auf der Reise zum Pol sehen sollten.

Wieder war ich weit voraus. In den ersten zwei Stunden, einem ständigen Auf und Ab, hatte ich versucht, genau in Südrichtung zu gehen. Aber es ging nicht. Ich kam an glatten Eisplatten vorbei und mußte Umwege machen. Immer noch Sastrugis. Aber nicht der spitz ausgebildete Typus, sondern eher flache, breite. Die Landschaft sah aus wie ein von schnellen Wellen aufgewühltes Meer. Wir konnten wieder nicht mit den Sastrugis gehen. Wir querten sie in einem Winkel von 60°. Die häufigste Windrichtung war Südwest, und wir mußten nach Süden. Immer noch hoffte ich, daß nach den letzten Nunataks die Verhältnisse besser würden. Nach den weißen Bergketten mußte der Boden »ruhiger« sein. Das war keine Hoffnung – es war wie eine Verheißung.

Wir waren viereinhalb Stunden gegangen. Arved war als kleiner schwarzer Punkt am Horizont zu erkennen. Er kam über Sastrugis, die ihn immer wieder verschluckten, näher. Ich hatte mich wieder leicht gekleidet. An den Vortagen war ich zu warm angezogen gewesen, und das hatte sich nicht bewährt. Wer zu dick angezogen ist, schwitzt. Am Abend ist alles naß. Und die Kleider waren schwer zu trocknen. Ich fror.

Beim Gehen verfolgte ich weiter einen einzigen Gedanken. So lange es ging. Er wurde zu einer endlosen Kette. Jetzt wuchsen mir neue Eiswander-Ideen zu. Die Antarktis-Expedition als der Anfang einer Serie von Abenteuern in Schnee und Eis. Ich war übermütig. Diese dritte Umstellung in meinem Leben – Felsklettern, Höhenbergsteigen, Eiswandern – bedeutete einen Ideen- und Energiezufluß. Und wieder war sie verbunden mit freudiger Beklemmung. Wie mit 15 unter der ersten extremen Klettertour in den Dolomiten. Mit 25 unter dem Nanga Parbat. Mit 35 vor dem Everest-Solo-Gang. Jetzt war ich 45 und immer noch wie ein Bub, wenn es darum ging, etwas »Verrücktes« zu wagen.

Der Schnee, besonders an den großen Sastrugis, sah aus, als hätte er Jahresringe. Viele hundert Jahresringe. Dann wieder sah der Boden aus, als wären Tausende von Traktoren oder Raupenfahrzeuge herumgekurvt. Alles Erosionserscheinungen. Dort, wo der Wind vom Berg herunterfällt, greift er sich alles. Was beweglich ist, wird mitgerissen.

Nur die harten, eisigen Brocken bleiben stehen. Dahinter bilden sich diese Schneedriften.

Im Westen zogen feine Nebel. Fransen dazwischen. Wie ausgekämmt. Wenn Arved näherkam, sah es gespenstisch aus: die glitzernden Eisflächen im Vordergrund, im Hintergrund diese Nebel, darüber der blaue Himmel. Es war unwirklich, daß hier Menschen unterwegs waren. Ich war verwirrt. Was war unwirklich? Die Antarktis oder wir? Hier gehörte der Mensch nicht her! Trotzdem, weiter. Ich mußte gehen. Ich wäre gerne vierzehn Meilen weitergekommen. Die Sastrugis, die Etienne bei jenem Funkgespräch, das wir kurz vor den Thiel-Bergen mit ihm geführt hatten, angekündigt hatte, waren immer noch da. Seit wir täglich sieben Stunden marschierten, überschritten wir in jeweils vier Tagen einen Breitengrad. Alle Probleme mit Arved waren damit gelöst. Ich war ruhiger. Seine Gewohnheiten störten mich nicht. Er hatte viel Kameradschaftlichkeit bewiesen und lange gezögert, mir Gewicht von seinem Schlitten abzugeben. Es war anstrengender, mit dem schwereren Schlitten zu laufen, aber ich hatte keine wunden Füße. Ich hatte auch nicht wie Arved den Nordpol auf dem Buckel, der ihn ausgehöhlt hatte. Für mich war dieses Eiswandern neu, voller Spannung. Es war etwas, was ich noch nie getan hatte, etwas, was mich ausfüllte.

Endlich waren die Thiel-Berge hinter uns. Dieses Hin und Her, das Auf und Ab zwischen den Bergen war schlimmer als das sture Geradeaus auf dem Inlandeis gewesen.

Sicherlich stanken wir beide, aber ich roch es nicht mehr.

In diesen Tagen erlebte ich die friedlichsten Wochen der Expedition. Zuversichtlich, voller Begeisterung marschierte ich nach Süden. Bei gutem Wetter, voller Freude am Gehen. Immer derselbe Rhythmus: Ich lief voraus und bestimmte mit dem Kompaß den Kurs. Sieben Marschstunden pro Tag. Am Abend trafen wir uns vor dem Zelt wieder. Alles war Gewohnheit: das Entladen des Schlittens, das Aufbauen des Zeltes. Zuerst kamen die Schaumgummimatten ins Zelt, dann die Schlafsäcke. Unsere persönlichen Habseligkeiten legten wir an den Rand. Arved linke Seite, ich rechts. Arved füllte die Kochtöpfe mit Schnee. Kocher, Benzinflasche und Holzbrett, um den Kocher stabil aufstellen zu können, legten wir ans Fußende. Das Schneeschmelzen dauerte lange. Wir freuten uns auf das Essen.

Alles verrichteten wir in einer genauen Reihenfolge. Das »Argos«, das wir an den Thiel-Bergen übernommen hatten, schaltete ich vor dem

Schlafengehen ab. Wilhelm Bittorf mußte jetzt wissen, wo wir waren. Trotz der sterilen und unbegreiflichen Technik war diese Art der Kommunikation wie ein Gespräch mit ihm.

Das Funkgerät vermißten wir nicht. Was hätte uns ein Funkgerät auch genutzt, wenn wir es nur einmal im Monat hätten einsetzen können? Im Gegenteil, es wäre für diejenigen, die mit uns Kontakt hielten, eine Unsicherheit mehr gewesen. Sie hätten das Schlimmste annehmen müssen, wenn wir uns einmal nicht gemeldet hätten.

Mit Jaeger hatte ich über Funk einen Schlüssel ausgemacht für den Fall, daß wir in Lebensgefahr waren und Hilfe brauchten. Aber wir kamen nie in Lebensgefahr. An die Stürme hatte ich mich inzwischen gewöhnt. Aufgeben gab es nicht. Der Genuß überwog die Schinderei.

Arved war ein angenehmer Partner. Er klagte nicht, er konnte gut für sich sein. Vor allem hatte er Sinn für praktische Dinge. Nichts konnte ihn aus der Ruhe bringen.

Sicher war es nicht leicht, der Antreiber zu sein. Immer wecken, »Wir müssen los!«, »Wir müssen weiter!« sagen. Ab und zu hätte mir ein Aufschrei von Arved gut getan: »Laß uns gehen!«

Der Schlitten bremste, der Wind brannte im Gesicht. Wenn Arved vier Kilometer zurück war, konnte ich ihn kaum noch ausmachen. Zwischen den Schatten der Sastrugis sprang ein dunkler Strich hin und her. Ich spielte Blinde Kuh: »Er ist es. – Er ist es nicht.« Alle Punkte bewegten sich, wenn ich länger hinsah. Also weiter. »Er wird schon nachkommen.« Der Horizont vor mir war eine graue, gebogene Linie. Er narrt dich nicht, weil du längst weißt, daß er sich verschiebt, ohne daß du es merkst. Du fügst dich dieser weißen Unendlichkeit. Der Sturm hält dich zurück, und du stemmst dich dagegen, obwohl du kaum von der Stelle kommst.

8. Wo ist der Pol?

Ich ging mit besonderer Leichtigkeit. Je länger ich über die Schneewüste wanderte, um so mehr verloren sich alle Horizonte. Die Spielräume meiner Phantastereien wurden größer. Vielleicht war die Antarktis als wilde Naturlandschaft auch nur deshalb wichtig für die Menschheit, weil sie zum Träumen anregte. Nicht alle unsere Träume müssen realisiert werden. Bei diesem Gedanken staunte ich selbst. Wie ich mich von der Begeisterung, den Eiskontinent zu durchqueren, hatte mitreißen lassen! Wie die in meinen Träumen aufgestaute Energie jetzt frei wurde!

Wenn ich später einmal keine Ideen mehr entwickelte, würde ich tot sein. Ist es nicht so, daß dieser Kontinent auch die beflügeln könnte, die nicht hierher kommen? Durch seine Weite, seine Ruhe, sein Nicht-ausgefüllt-Sein?

Meine Generation, wir Nachkriegskinder in Mitteleuropa, sind von unseren Eltern zu praktischen Menschen erzogen worden. Für Träume war da wenig Platz. Jetzt aber wuchsen allerorts junge Menschen heran, die über den materiellen Wohlstand hinaus nach anderen Lebensqualitäten suchten. War es nicht gerade deshalb wichtig, das Innere der Antarktis als »terra incognita« zu hüten? Ein Land, das zum Träumen anregte, lohnte es sich zu verteidigen – auch wenn man selbst nie dorthin kommen sollte. Das freiwillige Fernbleiben muß für die technizistische Menschheit Teil ihrer Kultur werden. Nur die Selbstbeschränkung des Menschen kann zu seinem Fortbestand beitragen. Der Verzicht muß deshalb Teil unseres Selbstverständnisses werden. Der Verzicht auf Ausbeutung der Naturressourcen, der Verzicht auf Besitznahme bestimmter Gebiete, der Verzicht auf das Immer-mehr-haben-Wollen. Wenn wir Werte wie Wildnis, Unendlichkeit, Ruhe nicht verlieren wollen, müssen wir wissen, was das ist. Im Eis der Antarktis waren jene Werte konserviert, die die Wachstumsgesellschaft aus ihrem »Paradies« vertrieben hat: Stille, Friede, unverbaute Weite. Versiegelt und eingefroren wie das Land waren hier auch diese Stimmungen.

Der 12. Dezember war der erste gute Tag nach dem Depot. Das Wetter war fantastisch, die Luft relativ mild. Der Wind wehte von Südwest. In unserer dunklen Kleidung war es angenehm warm. Als schwarze Punkte zogen wir die Sonnenstrahlen an. Wir waren am Morgen eine halbe Stunde eher aufgebrochen als sonst. Ich versuchte, einen Sieben-Stunden-Marschtag herauszuholen. Es bestand Hoffnung, daß wir auf 15 Meilen kamen.

Um die Mittagszeit stießen wir auf die Spuren der Steger-Expedition, die gut zu erkennen waren: Laufspuren von Schlitten und Hunden. Ich sah deutlich, wie sich die Hunde in den Schnee verkrallt hatten, wenn es galt, den Schlitten über Sastrugis zu ziehen. Zwischen den Schneewehen waren sie gleichmäßig dahingetrabt. Ob wir auf dieser Spur bleiben sollten? Sie verlief in einer Schlangenlinie, nicht so gerade wie die unsere. Ich konnte mit dem Kompaß genauer auf der Ideallinie bleiben. Wir blieben trotzdem eine Zeitlang auf der Hundespur. Ich brauchte so nicht zu navigieren. Später würden wir wieder unsere eigene Spur nehmen und genau in Südrichtung zum Pol gehen. Die Schneefläche war immer noch unregelmäßig. Einmal harter, dann weicher Schnee, weniger Sastrugis. Über weite Strecken lag eine Firnkruste auf dem mit kleinen Sastrugis gezackten Gelände. Unser Rhythmus stimmte. Etwa acht Stunden waren wir täglich auf den Beinen. Dazu eine halbe Stunde Zeltabbau am Morgen, eine halbe Stunde Zeltaufbau am Abend. Zweieinhalb Stunden kochten wir am Morgen und ebenso lang am Abend. Zehn Stunden blieben für Rast und Schlaf. Es war gut so. Wir hatten uns daran gewöhnt. Was immer noch nicht einfach war, war das morgendliche Aufstehen, das Hinausgehen in die grausig kalte Luft. Erst nach einer halben Marschstunde war ich warmgelaufen. Wie die Fläche glänzte!

Im Nordwesten ein Bergrücken. Wir hatten die 2000-Meter-Grenze überschritten und spürten es. Die dünne Luft kam zur Anstrengung des Schlittenziehens hinzu. Die Akklimatisation stellte sich erst langsam ein. Im Nordosten einige kleine Wölkchen. Wie an den Himmel gepinselt. Sonst war es strahlend klar.

Arved hatte sich erholt. Er lief jetzt schneller. Vielleicht auch, weil sein Schlitten leichter war.

Untertags war der Horizont die Orientierungslinie, der ich mit der Marschzahl am Kompaß entgegenlief. Darüber hinaus war ich frei für alle Gedanken, die mir durch den Kopf gingen. Meistens war es eine einzige zusammenhängende Gedankenkette, die mich beschäftigte. Vom »Morgen« bis zum »Abend«. Beim Start nistete sich irgendeine Erinnerung aus den Träumen in meinen Gedanken ein und verfolgte mich den ganzen Tag lang.

Ich selbst empfand diese Welt so als relativ klein. Ich meine nicht den Teil, den wir vor uns sahen und den wir hinter uns wußten. Es war dieses Gefühl von Bei-mir-Sein.

Und doch kann sich kein Außenstehender unsere Situation vorstellen: Zwei Menschen, die aufeinander angewiesen und doch jeder für sich über die unendliche Eiswüste laufen. Im Zelt drinnen vergaß ich die Umgebung, in der es stand.

Was waren Raum und Zeit, in denen sich Handlungen und Eindrücke tagtäglich tausendfach wiederholten? Wie oft saß ich da und wartete auf Arved. Die ersten zwei Marschstunden waren bewältigt. Zehn Minuten lang war das Sitzen auf dem Schlitten angenehm. Rast. Dann aber wurde es ungemütlich. Die Kälte kam, fuhr in die Hände und Beine. Ich wollte aufbrechen, aber ich wartete nochmals zehn Minuten. Bis Arved gegessen und getrunken hatte. Dann konnten wir weiter. Arved kaum ausgeruht, ich unterkühlt. Der Schnee war stumpf. Angewehter, körniger Schnee. Er bremste den Schlitten, die Skier.

Der Boden war ebener. Selten jetzt Sastrugis. Kein Vergleich zu dem, was wir auf der ersten Etappe erlebt hatten.

Wir hatten die Steger-Spur wieder verlassen. Sie verlief weiter im Westen. Wir wußten nicht, ob wir sie jemals wieder kreuzen würden.

Jedesmal gingen wir am Beginn der Tagesetappe gemeinsam los. Aber schon bald wuchs der Abstand zwischen uns auf Kilometerdistanzen an. Wir waren außerstande, ein gemeinsames Tempo zu gehen. Wenn Arved vier Kilometer zurück war, konnte ich ihn kaum noch zwischen den Schatten der Sastrugis ausmachen. Wir konnten uns nicht verlieren, aber das Rasten dauerte um so länger für mich, je schneller ich ging. Nicht immer war die Sonne warm. Ich konnte und wollte mich nicht langsamer bewegen. Wäre ich langsamer gelaufen, hätte ich Energie verloren, und wir hätten in sieben Marschstunden keine 15 Meilen zurückgelegt. Mir blieb nichts anderes übrig, als vorauszulaufen und in den Rastpausen zu frieren. Im Wind war das Warten tödlich. Wenn die Sicht gut war, wartete ich jetzt in der zweiten Hälfte der Tagesetappe nicht mehr, bis Arved aufschloß. Er hatte mich öfters aufgefordert, ohne Rücksicht vorauszulaufen, und ich tat es. Mit dem Kompaß auf der Brust lief ich bis zum Ende der Laufzeit, die wir vereinbart hatten. Um endlich Schutz zu finden, baute ich das Zelt auf. Ein Kunststück, das ich rasch gelernt hatte. Not macht erfinderisch. Das Zelt durfte nicht davonfliegen. Wir wären sonst zum Tode verurteilt gewesen. Bei Wind verankerte ich es mit dem Eispickel. Dann legte ich es aus. Zuerst spannte ich einen Bogen. Mit dem zweiten hob ich die Hülle.

Stand das Zelt, verkroch ich mich darin und zündete den Kocher an. Wenn Arved ankam, war es im Zelt schon warm. Trotz meines Ärgers beim Warten war ich froh, wenn er da war. Bei unerwartetem Nebel konnte Arved die in den Schnee eingekerbte Spur meiner Skier und Schlittenkufen sehen. Wenn es neblig war, blieb ich auf Sichtdistanz. Lange Wartezeiten. Ich bewunderte die Härte, mit der Arved seine Schmerzen ertrug. Er biß sich mit großer Willenskraft durch. Nachdem er mich aufgefordert hatte, am »Nachmittag« vorauszulaufen, ohne in den Rastpausen auf ihn zu warten, fühlten wir uns beide wohler.

Seit zwei Wochen lief es gut. Wir kamen zügig voran. So, wie ich es mir erträumt hatte. Wir schafften knapp 30 Kilometer an einem Tag. Wir legten nur Rasttage ein, wenn der Wind uns zwang, abzuwarten.

Ab Mitte Dezember war das Wetter wieder schlechter. Wolken aus dem Osten zogen über uns hinweg. Im Westen häuften sie sich. Wir hatten den 87. Breitengrad hinter uns gelassen. Arved ging wieder eine Bindung zu Bruch. Er tauschte die Tourenskier mit den Telemarks. In zwölf Gehtagen, rechnete ich aus, müßten wir am Pol sein.

Wenn ich über die eintönige Eiswüste marschierte, kam ich mir manchmal vor wie ein Riese auf Riesenskiern, der über eine immerzu wechselnde Landschaft marschierte. Jeder Quadratmeter Boden war eine Mikrolandschaft für sich. Die Zeichnungen im Schnee immer anders. Zwischen den Bergen war ich ein Zwerg, der langsam dahinschlich. Die Thiel-Berge allein sind mehr als 2000 Quadratkilometer groß. In drei Tagen hatten wir sie durchquert.

Wir waren jetzt auf 2200 Meter Höhe. Es war kälter geworden. Zum Glück war es nicht windig. Arved hatte sich wieder einmal die Nase erfroren.

Ich saß da und rastete. Dabei bemerkte ich, daß wir eine Mulde durchquerten. Wie eine riesige Eierschale. Der Boden schien nach allen Seiten anzusteigen. Oben ein Strich, ein eirunder Strich – das war der Horizont. Überm Horizont eine hellblaue Linie, die in ein stählernes Blau überging. Der Himmel war gefleckt, mit tiefen Wolken überzogen. Die

Sonne war immer noch frei. Sie schien jetzt auf meinen Rücken. Und sie hatte Kraft. Ich spürte sie durch meine dunklen Kleider.

Heiliger Abend. Als ich das Zelt öffnete, schien die Sonne herein. Kein Wind wehte. Beim Hinausgehen, nach dem ersten Schaudern, das Gefühl von Frühlingsluft. Diese Frühlingsluft war −25° kalt. Es war eine friedliche, weiße Weihnacht. Es war wie daheim. Diese Gemütlichkeit im Zelt. Sie war nur möglich, weil wir für Stunden vergaßen, wo es stand. Unser »Heim« − 2,20 × 2,20 × 1,20 m − war geräumig, warm und trocken. Es roch nach uns. Am Innenzelt klebte zwar der Rauhreif, aber er verflüchtigte sich beim Kochen. Den Weihnachtstag wollten wir rastend verbringen. Wir saßen im Zelt, lasen. Jeder erledigte seine Arbeiten: Schnee holen, kochen, Tagebuch schreiben.

Wir schliefen viel. Der Kuchen, den ich aus Müsli und Schokolade gebacken hatte, war pappig. Mit einem Schluck Whisky schmeckte er köstlich.

Nicht nur am 24. Dezember, immer wenn wir einen Breitengrad überschritten hatte, gönnten wir uns am »Abend« einen Schluck Whisky. Das war zur Gewohnheit geworden. Meistens tranken wir ihn »on the rocks«, mit Eisstücken, und schon Tage vorher freuten wir uns auf diesen Moment.

Endlich Nordwind! Wir hatten den 88. Grad südlicher Breite überschritten. Leider war der Boden so stumpf, daß wir trotz Segelhilfe nur im Langlaufschritt von der Stelle kamen. Trotzdem ging es schneller als sonst. Ich erfand allerlei Spiele mit dem Segel. Wenn ich den Schirm vor mir schwang − auf und ab, hin und her − kam ich besser voran.

Plötzlich, nach drei Stunden Gehzeit, wurde der Wind stärker. Zum ersten Mal segelten wir in der richtigen Richtung: nach Süden. Es ging dahin! Ohne daß wir zusätzlich liefen. Das war ein Gefühl wie Fliegen. Das größte Erfolgserlebnis während der ganzen Expedition! Obwohl ich nicht abschätzen konnte, wie schnell wir waren, wußte ich plötzlich, daß wir durchkommen würden.

Wir waren jetzt schneller als Schlittenhunde. Wetter und Sicht waren nicht gut. Nebensonnen standen am grauen Himmel. Dieses Lichtwunder am antarktischen Himmel! Hinter einer Dunstglocke hingen fünf Sonnen. Ein Wirbel von Luftspiegelungen. Der Himmel gaukelte mir ein

Unsere Art zu segeln war verschieden von Nansens Technik. Die Segel – am Körper fixiert – waren lenkbar. Eine ideale Fortbewegungsart.

anderes Firmament vor. Oder fuhr ich mit meinem Schlitten über einen anderen Stern?

Es war kälter geworden. Der Wind, der immer stärker wurde, lockte mich weiter. Ich wollte im Zelt auf Arved warten. Wie weit war das Voraussegeln noch zu verantworten? Während ich mit steifen Beinen dahinfuhr, rechnete ich mir aus, wie weit wir mit dieser Technik täglich kommen mochten.

Arved konnte ich nicht mehr sehen. Ich wußte, daß mein Voraussegeln gefährlich war. Die Spur von meinem Schlitten war zwar deutlich im Schnee zu erkennen, was aber, wenn er sie verlor? Es war bald »Mitternacht«. Nebel. Kälte. Ich wollte nicht aufhören, noch nicht. Mit jeder Stunde, die wir jetzt fuhren, sparten wir drei oder vier Laufstunden. In den nächsten drei Tagen würde es weniger anstrengend werden.

Plötzlich, bei kräftigem Seitenwind, verlor ich die Herrschaft über Segel und Skier. Ich fiel kopfüber hin. Zwischen zwei Sastrugis. Schlug mir den rechten Ellenbogen auf. Wie leicht du dir auf diese Art ein Bein, einen Knöchel, einen Arm brichst! Hoffend schaute ich zurück. Arved? Ob er sich verletzt haben könnte? Trotz dieser Ängste zögerte ich das Anhalten hinaus und hinaus. Weit nach »Mitternacht« erst baute ich das

Zelt auf. Im Schutz des Zeltes wartete ich ab. Öfters schaute ich hinaus, in Sorge, daß Arved müde geworden war. Vielleicht konnte er nicht mehr segeln. Endlich kam er nach. Erstmals war er ungehalten. Über mein Vorausfahren. Über seine eisigen Hände und Füße. Trotzdem war er froh, eine so lange Strecke geschafft zu haben. Wir waren viele Stunden lang gesegelt. Sollten wir nicht nochmals hinausgehen und weitersegeln? Wir blieben. Warteten die »Nacht« ab. In der Hoffnung, am nächsten Tag weitersegeln zu können, schliefen wir tief.

Am nächsten Morgen drehte der Wind. Er war stark, kam jetzt aber aus Nordost. Beim Segeln wurden wir nach Westen abgetrieben. Es lohnte sich kaum.

»Ich habe recht gehabt«, sagte ich in einer Rastpause. »Wir hätten den Segelwind gestern nutzen sollen. Wir hätten weiterfahren sollen.« Arved nickte. Rechthaberei half jetzt nicht. Jetzt halfen nur noch die eigenen Beine.

Wieder kamen mir Zweifel. Wie sollten wir mit unseren unterschiedlichen Geschwindigkeiten je zur anderen Küste der Antarktis kommen? Auch beim Segeln konnte Arved mein Tempo nicht halten. Die Strecke vom Pol zur McMurdo-Bucht war länger als der Weg, den wir bisher bewältigt hatten. Das machte mir Sorgen! Segelnd kamen wir zwar doppelt so schnell voran wie sonst, aber das Warten war noch schlimmer, es war furchtbar. Um die frierenden Hände und Füße aufzuwärmen, mußt du gehen, dich bewegen. Der ausgekühlte Körper wird rasch ungeschickt und willenlos. Wir hatten an diesem ersten richtigen Segeltag 57 Kilometer hinter uns gebracht. Das war enorm, aber entgegen meiner Hoffnung half das Segeln nicht, Arveds Tempo meinem anzugleichen. Im Gegenteil. Ich hatte mehr gefroren als sonst. Hätte ich im Sturm das Zelt nicht allein aufbauen können, ich wäre glatt erfroren.

Seit drei Tagen hing jetzt diese Nebensonne unter der Sonne. Das Bild war unheimlich. Zwei Scheiben senkrecht über dem Horizont. Graue Nebelschleier ringsumher. Besonders im Süden, zum Pol hin, war der Himmel düster. Am »Abend« kam Nebel auf. Zum Glück hatte ich das Zelt schon aufgebaut, als die Sonne endgültig verschwand.

Die Orientierung war schwieriger geworden. Wir vertrauten auf unser Magellan-GPS-NAV-1000. Tagsüber marschierten wir stur mit dem Kompaß nach Süden. Am Abend las Arved das Navigationsgerät ab, das eigens dafür installierte Satelliten im Weltraum anpeilt. Wenn wenigstens drei Satelliten »da« waren, konnte der Rechner die Position, an der er sich befand, genauer ermitteln, als es mit dem Sextanten möglich gewesen wäre. Oft staunten wir über die Zahlen auf dem Gerät. Wir liefen gerader als wir dachten, und mit einer fast maschinengleichen Stetigkeit. Das hatte uns zu einem Gefühl für Distanzen und Richtungen verholfen. Trotzdem, ohne unsere Positionsbestimmung wären wir verloren gewesen. Wie im Weltraum. Ohne Gefühl für Raum und Zeit.

Wenn das Magellan-Gerät unsere Position errechnet hatte, multiplizierte ich die Marschgeschwindigkeit mit den Tagen hoch, die bis Mitte Februar noch blieben. Wenn wir viel segeln konnten, war die Überquerung möglich. Mindestens rechnerisch.

Öfters in dieser Nacht wachte ich auf. Sturmböen gingen über das Zelt hinweg. Es war düster. Also schien keine Sonne. Der Eingang war mit einer Schneeschicht beklebt. Treibschnee. Das Zelt innen war kaum vereist, die Pisse im Pott nicht gefroren. Es war relativ warm.

Um acht Uhr früh schnarchte Arved noch. Also ließ ich ihn schlafen. Um halb neun einigten wir uns, eine Weile zu warten. Im Schlafsack war es warm. Vielleicht flaute der Wind ab. Es ließ sich so angenehm dösen. Während der Wind draußen die Schneekörner durch die eisige Luft trieb, schlief ich wieder ein. Arved steckte das Magellan-Gerät in den Schlafsack, um es anzuwärmen. Knapp vor 10 Uhr schälte ich mich heraus. Ich zog Faserpelzhose und -jacke an, die mir als Kopfpolster gedient hatten. Die nackten Füße noch im Schlafsack, zog ich Socken und Daunenschuhe über. Dann rollte ich den Schlafsack zusammen und verstaute ihn in der Zeltecke hinter meinem Rücken. Während Arved sich anzog, schob ich mich sitzend vor zum Zelteingang und klopfte den Schnee von der Plane. Von der Außenwand rutschte eine mehrere Zentimeter dicke Schicht ab. Von der Innenseite bröselte der Rauhreif. Er fiel auf das Fußende unserer Schlafmatten. Sofort fühlte sich alles feucht, kalt und ungemütlich an. Vorsichtig öffnete ich einen der drei Reißverschlüsse, die in Form eines umgekehrten »T« das Auf- und Zumachen des Zeltes möglich machten. Schon drängte eine kleine Schneelawine herein! Der Wind warf Schneekörner nach. Ich versuchte, den Zelteingang wieder zu schließen. Aber der Reißverschluß war vereist. Er klemmte. Mehr Schnee rutschte ins Zeltinnere.

Ich füllte mit diesem hartgepreßten Treibschnee den Wassertopf. Bis zum Rand. Dann lugte ich durch den offenen Schlitz: Schneefahnen, Nebel, der Himmel verhangen! Bei dieser Sicht war der Südpol nicht zu finden! Wir konnten mit dem Magellan-Gerät zwar genau navigieren, wie aber sollten wir uns in Polnähe auf die Längengradangabe verlassen? Dort laufen alle Längengrade zu einem Punkt zusammen. Zudem funktionierte unsere Satallitennavigation nur ein paar Stunden am Tag. Während ich den Benzinkocher aufpumpte und in Gang setzte, versuchte Arved, unsere Position zu bestimmen. Am »Abend« vorher war es zu spät gewesen. Als wir das Lager aufgebaut hatten, fand das GPS nur noch zwei Satelliten. Wir wußten, daß um 10 Uhr wieder drei Satelliten zur Verfügung standen. Der Schnee im Kaffeetopf begann zu schmelzen. Der Sturm wurde stärker. Als Arved unsere Position diktierte – 89° 44,94′ Süd und 113° 09,39′ West –, wußten wir, daß wir am Vortag nur 13 Meilen weit nach Süden gekommen waren. Auch zu weit nach Westen. Ohne Sicht war der Pol nicht zu finden. Was tun?

Wir frühstückten. Von der Morgentoilette im Freien war jeder als Schneemann zurückgekommen, so daß jetzt Schnee im Zeltinnern lag. Socken und Handschuhe, die wir zum Trocknen im Zeltgiebel aufgehängt hatten, waren klamm. Wir warteten ab. Wir brauchten gute Sicht. Wir wollten nicht im Kreis um den Südpol herumlaufen. Geduld war in dieser Weite ebenso wichtig wie Kraft und Ausdauer. Dieser Unendlichkeit kannst du auf die Dauer und im Sturm nur die Langsamkeit entgegensetzen. Alles andere wäre der sichere Tod gewesen.

Fünf Essensrationen hatten wir noch. Dazu Speck und hartes Südtiroler Bauernbrot. Der Brennstoff reichte für zehn Tage. Scott war 1912 beim Heimweg vom legendären Wettlauf zum Südpol verhungert. Nur 18 Kilometer von seinem letzten großen Depot entfernt. Uns fehlten jetzt noch 15 Meilen bis zum Südpol.

Natürlich wollten wir so schnell wie möglich dorthin. Aber es ließ sich nichts erzwingen. Wir mußten uns waschen, ausruhen. Am Südpol sollte unser nächstes Depot liegen. In jedem Fall würden wir dort auf eine große US-Station stoßen, in der im Sommer mehr als 100 Menschen lebten. Wir freuten uns, andere Menschen zu sehen. Nach bald 50 Tagen im Eis wäre ich jetzt bereit gewesen, acht oder neun Stunden zu laufen, um ans Ziel zu kommen. Der Südpol war das erste wirkliche Ziel dieser Reise.

Am Mittag immer noch Schneesturm. Wolken. Nebel. Sollten wir nicht trotzdem ein Stück weitermarschieren? Der Kocher brannte noch, als wir Socken, Überhosen und Schuhe anzogen. Zuletzt den Anorak und die Handschuhe. Vor dem Zelt erst setzte ich die Sturmbrille auf. Fest eingepackt und noch aufgewärmt, konnte man den Sturm ertragen. Ich

*Obwohl Scott bei seiner Expedition 1911/1912 zum Südpol Depots für den Rück-
marsch angelegt hatte, ging er mit seiner Polmannschaft zugrunde.*

zerrte meinen Schlitten aus dem angewehten Schnee. Dann klopfte ich ihn
ab und begann ihn zu beladen. Zuerst den Kocher, die Benzinflasche, die
Essensreste. Dann legte ich den Sack mit meinen Reservekleidern in den
hinteren Abschnitt. Ganz vorne schichtete ich das »Argos«-Gerät, den
Foto- und Schreibbeutel. Den Schlafsack breitete ich darüber. Er lag lose
im Schlitten. Nochmals darüber die Matten. Dann bauten wir das Zelt ab.
Wir lösten zuerst alle Verankerungen. Bis auf den Eispickel. Dann hob ich
es hinten hoch und Arved säuberte den Eingang. Mit zwei Handgriffen
legten wir das Zelt zu einer Wurst zusammen und schoben es wie einen
toten Mann über meine Matte in den Schlitten. Wir zogen die Reißverschlüsse über der Schlittenlast zu, zurrten alles zusammen. Dann schirrten
wir uns an. Los ging's.

Wolkenwände im Süden. Stahlgrau. Dazwischen Sonnenstreifen, immer wieder ein extremer Lichtwechsel. Die Sicht war miserabel. Ich hatte
die Marschrichtung vom Vormittag um 15° korrigiert und hoffte, genau
auf den Pol zuzulaufen. Je mehr wir uns aber dem Pol näherten, um so
schlechter wurde das Wetter. Wir konnten keine 200 Meter weit sehen!
Schneesturm. »White out«. Das kostete Kraft. Über eine rauhe, stumpfe
Schneefläche marschierte ich in den Nebel hinein. Immer wieder gespen-

Die Engländer am Südpol. Als Scott mit seinen vier Begleitern zum Südpol kam, waren die Norweger unter Amundsens Führung schon da gewesen.

stische Stimmungen, wenn Sonnenstriche zwischen die Wolkenbänke fielen. Das Licht wechselte schnell.

Am »Abend« dieses 29. Dezember glaubten wir uns irgendwo in Polnähe. Ich bat Arved um das Fernglas. Wir hatten das Zelt aufgebaut und wollten gerade hineinschlüpfen. Ich schaute noch kurz in die Runde. Dann, nachdem es aufgerissen hatte, nochmals. Da war doch etwas! Rechts von der Richtung, wo ich den Pol vermutet hatte, erkannte ich Erhöhungen, schwarze Flecken, eine riesige Antenne. Der Pol!

»Da ist der Pol!« schrie ich aufgeregt. Arved bestätigte. Wir waren völlig außer uns vor Freude. »Der Pol!« Wir hatten ihn trotz des Nebels gefunden. »Der Pol.« Das Zelt stand schon. So verlockend es war, gleich hinzulaufen, wir blieben, wo wir waren. Wir waren uns einig: »Morgen gehen wir zum Pol, ob's stürmt oder schneit!«

»Peil ihn an«, riet mir Arved. »Vielleicht ist morgen wieder alles zu.« Bevor ich ins Zelt ging, nahm ich eine genaue Peilung. »90° Süd«, sagte ich zu mir selbst und wußte, daß wir vorerst gerettet waren.

Amundsen und Scott hatten den Pol nicht wie wir aus der Ferne sehen können. Amundsen hatte ihn erst suchen, bestimmen müssen. Scott sollte die norwegische Fahne dort finden.

Wie gut ich mir das vorstellen konnte! Die Stimmung damals! Amundsen, der sich dem Pol nähert. Ich glaube, daß für Scott die Tragödie begann, als er einen Monat später zu dem Zelt kam, das Amundsen zurückgelassen hatte. Im Augenblick, als die Engländer feststellten, daß all ihre Mühen vergebens gewesen waren, daß sie den Pol nicht als erste erreicht hatten, brachen ihre Widerstandskräfte zusammen. Den Rückmarsch hätten sie damals nur als »Sieger« überleben können. Ganz anders bei Arved und mir. Die Tatsache, daß »Transantarctica« den Pol vor uns erreicht hatte, störte uns nicht. Keinerlei Depressionen deswegen. Wir waren nie in Konkurrenz mit Steger und seiner Expedition gewesen. Im Gegenteil. Wir freuten uns für sie. Wenn sie nur durchkamen. Wir hatten nicht als erste zum Pol kommen wollen. Durchkommen war alles.

Im Zelt versuchte ich Arved umzustimmen. Ich wäre wahnsinnig gerne am gleichen Tag noch bis zum Pol gelaufen. Ich schätzte die Distanz auf zwei bis drei Marschstunden. Arved aber bestand darauf, am nächsten Tag erst weiterzugehen. Ich gab ihm recht.

Anderntags marschierten wir früh los. Für uns war es »Morgen«, wir ahnten nur vage, daß es am Pol »Nacht« sein würde. Wieder keine Sicht. Wieder »White out«. Öfters das Gefühl, daß wir uns mit der Sichtung der Polarstation getäuscht hätten. Kein Gebäude, keine Antenne – nichts. Erst in der dritten Gehstunde konnte ich in den Nebeln erste Erhebungen ausmachen. Einen dunklen Fleck zuerst, dann Antennen. Eine unwirkliche Welt und doch heiß ersehnt. Endlich konnten wir jene Station sehen, die seit den fünfziger Jahren immer weiter ausgebaut worden ist. Als wir uns dem Pol näherten, stellten wir fest, daß nirgends Menschen zu sehen waren. Keine Bewegung, kein Rauch – nichts. Es war heller geworden. Für die Polbesatzung war trotzdem »Nacht«. In einer Entfernung von einem Kilometer entdeckten wir zwei Zelte. Wir nahmen an, daß es das Lager von Adventure Network war. Dort wollten wir auf den »Morgen« warten. In der Hoffnung, Bolz oder Jaeger dort zu treffen, zogen wir weiter, geradewegs auf die Zelte zu. Als wir uns dem Lager näherten, erkannten wir die Aluminiumkisten unseres Kameramanns. Wir wußten, daß unsere Helfer und Berichterstatter da waren. Vor den Zelten blieben wir stehen, weckten die Männer mit Rufen. Die beiden waren nicht wenig erstaunt, uns mitten in der »Nacht« begrüßen zu können. Jürgen Bolz filmte, Ulrich Jaeger fotografierte, erzählte. Er war so aufgeregt, als wäre er die Strecke mitgelaufen.

Arved Fuchs und ich nähern uns dem geographischen Südpol. Im Nebel sind die Fahnen zu erkennen, die die US-Landepiste markieren.

Wir unterhielten uns lange in einem Zelt, das aussah wie eine Wohnküche im Eis. Inzwischen war es in der Polarstation lebendig geworden, Jaeger und Bolz gingen voraus. Arved und ich spannten uns vor die Schlitten und gingen die letzten Kilometer bis zum südlichsten Punkt der Erde. Zwei Dutzend Menschen begrüßten uns dort. Frauen und Männer. Der Südpol war durch eine Metallstange markiert, die Jahr für Jahr um ein paar Meter versetzt ins Eis getrieben wurde. Die Eiskappe wanderte auch hier. Zwischen so vielen Menschen und so viel Technik hatte ich schon vergessen, wo wir waren. Der Südpol als Gegensatz zur Eiswüste. Nicht als deren Höhepunkt.

Bei meinen Bergtouren war der Gipfel nie der Endpunkt aller Anstrengungen gewesen, und doch war jeder Gipfel ein besonderes Ziel. Auf ihn richten sich alle Wünsche. So wie ein Schütze sein Ziel im Visier hat, als sei er eins mit ihm, identifiziert sich der Bergsteiger mit dem Gipfel, den er besteigen will. Alle meine Instinkte, Energien und Sehnsüchte verdichteten sich beim Bergsteigen auf den einen Punkt hin, in dem sichtbar alle Flanken, Grate und Kanten zusammenlaufen.

Der Pol hingegen war in dieser endlosen Weite nur ein imaginärer

Technologie am Südpol. Winterquartier. Der Dom rechts ist eine gigantische Kuppel, in der Wohn- und Arbeitscontainer untergebracht sind.

mathematischer Punkt, erfunden vom Menschen bei dem Entschluß, ein Netz von Koordinaten über die Erde zu stülpen. 90° Süd hätte auf dieser gleichmäßig flachen Schneelandschaft überall sein können. Wenn keine Antennen und Kuppeln hier gestanden hätten, wäre der Pol nicht greifbar oder sichtbar gewesen. 90° Süd ist ein absolut imaginärer Punkt. Dieses Bewußtsein muß den heroischen Reisen von Shackleton, Amundsen und Scott eine irrationale Dimension gegeben haben.

Nein, sicher war es für Amundsen und seine Männer keine schmerzliche Enttäuschung gewesen, den Pol als weißes Nichts zu erleben. Im Gegenteil. Sie haben ihn »erobert«, gesucht und gefunden. Praktisch aber blieb nach dem Erfolg alles wie vorher. Das einzige, was sich für die Männer nach dem Pol änderte, war die Marschrichtung. Und ihre Motivation. Es gab ein Vorher und ein Nachher. Heute aber gehst du 1000 Kilometer und mehr durch die Stille, durch eine unabschätzbare Weite, und plötzlich stehen da Kuppeln, Kuben und Masten. Was ich am Pol sah, war futuristisch. Es erschien mir als Umkehrung aller Formen und Empfindungen, die zu dieser Landschaft gehörten.

Ein schwarzes Zelt – spitz, zerschlissen – müßte am Südpol stehen,

182

Das »Sommercamp« am Südpol. Rechts die Twin-Otter von ANI, die unser Depot eingeflogen hatte. Wenige Wochen später sollten einige Zelte im Camp abbrennen.

sonst nichts. Amundsen ja, der Rest war ein Symbol für den menschlichen Größenwahn. Was sonst?

Um eine Erfahrung reicher stand ich am geographischen Südpol. Arved und ich umarmten uns. Ich mochte diesen Mann. Er hatte mir viel gegeben. Er war trotz allem der ideale Partner. Wir würden auch die zweite Hälfte schaffen.

Die Aufnahme am Pol war herzlich. Viele Techniker, Handwerker, Funker standen da, um uns die Hand zu drücken. Sogar einige Wissenschaftler waren gekommen, um uns zu gratulieren. Obwohl Abenteurer wie wir in der US-Station offiziell nicht willkommen waren. Wir spürten Anerkennung, Hilfsbereitschaft, Herzlichkeit. Da war kein Gefühl der Anbiederung zwischen den Menschen am Pol und uns. Wir alle fühlten uns als das, was wir waren: ein paar Dutzend Menschen am Rande der Welt.

Man bot uns Unterkunft in der Baracke J-5 an. Eine Mahlzeit nach der anderen. Neben dem langgezogenen Militärzelt, in dem wir im Sommercamp wohnten, zeigte uns John die Dusche. Wir könnten sie jederzeit benützen. Da war sogar ein Tisch. Wir konnten dasitzen, schreiben, uns erholen. Welch ein Gegensatz! Nach den vielen Tagen in der weißen Schneelandschaft und im engen Zelt war vorerst alles ungewohnt: Bett, Tisch, die vielen Menschen. Die Baracke, in der wir wohnten, war überheizt. Die futuristisch anmutenden Stahl-, Glas- und Blechgebäude draußen verstellten den Himmel. Trotzdem war es angenehm in J-5. Arved und ich wechselten die Kleider. Wir entleerten die Schlitten. Stundenlang saßen wir in der einfachen Küche im Sommercamp, aßen, tranken Wein, redeten. Es war eine gute Stimmung dort. »Noch ein Bier?« »Ja, danke.« Zwischendurch sah ich auf den Fernseher, der ununterbrochen mit Videos gespeist wurde. Wir unterhielten uns mit den Männern, die am Südpol die handwerkliche Arbeit machten: Tischler, Elektriker, Elektroniker, Schmiede, Radiotechniker. Vorerst dachte ich nicht an den Weiterweg.

Beim Tagebuchschreiben hatte ich gemerkt, daß wir einen Tag verloren hatten. Wir waren nach unserem Kalender am 30. Dezember am Pol angekommen. Jetzt, immer noch am gleichen Tag, war der 31. Dezember. Wir waren an der Datumsgrenze. Zwölf Stunden Zeitverschiebung. Der in vielen Wochen aufgebaute Rhythmus – Tag – Nacht, Gehen – Schlafen – war mir abhanden gekommen.

Vor uns lagen noch 1500 Kilometer Laufstrecke. Jene Route, auf der Captain Scott und seine Gefährten 1912 ihr Leben verloren hatten. Bis zum Pol hatten wir 48 Tage gebraucht. Vom Pol weg würden die Schlitten schwerer sein, die Strecke länger. Kein Depot. Wir würden keine Chance haben, in 45 Tagen McMurdo zu erreichen, wenn wir bei unserer bisherigen Reisegeschwindigkeit blieben. Wir mußten uns auf 35 Kilometer pro Tag steigern. Das war nur segelnd möglich. Nicht einmal Amundsen mit seinen Hunden hatte ein solches Tempo erreicht. Wir bauten auf den Wind, der uns nun hilfreich in den Rücken blasen sollte. Nicht mehr gegen den »bohrenden Wind«, wie Scott ihn genannt hatte, ankämpfen zu müssen, der auf dem Polplateau weht, war wie die Hoffnung im Fegefeuer auf den Himmel.

Spät erst stellten wir uns unter die Dusche.

Nach zwei Monaten erstmals wieder unter einer Dusche zu stehen und die Haare zu waschen, war am Pol für mich der größte Genuß. Es dauerte eine Stunde, bis ich mir all den Dreck vom Leib gewaschen hatte, den ich seit Wochen selbst nicht mehr roch. Arved und ich hatten unterwegs

Heute ist der Südpol genau markiert. Hier ist die Zeit- und Datumsgrenze. Bei gutem Wetter sind die Pol-Gebäude aus 10 Meilen Entfernung auszumachen.

Tabletten genommen, damit sich die Haut selbst säuberte. Wir hatten deshalb keine Furunkel. Frisch gewaschen, ausgeruht und informiert über das Geschehen draußen in der Welt, fühlte ich mich wieder stark. Ich wäre am liebsten gleich weitergelaufen. Meine Begeisterung fürs Eiswandern war größer denn je. Ich zweifelte nicht, daß wir es schaffen würden, bis auf die andere Seite des Kontinents zu kommen.

Es war eine zeitlose Stunde zwischen dem 30. und 31. Dezember, als wir gewaschen, frisch angezogen und satt auf unseren Matratzen lagen.

9. Silvester am Südpol

Wir lebten jetzt in einer anderen Welt, in einer anderen Zeit. Ich fühlte mich um eine Nacht betrogen und war doch hellwach. Der Raum, in dem wir saßen, war schmuddelig. Gleichzeitig Küche und Wohnraum des Sommercamps. Aus Fertigteilen zusammengestellt. Aber es war alles da: Ölofen, Spüle, Herd. Die Leute waren hilfsbereit und freundlich zu uns. Wir bekamen Shrimps, Wein, Bier. Von allen wurden wir verwöhnt. Die Zeit auf dem Eis war vergessen. Der Fernseher in der Wohnküche gaukelte uns ein fiktives Leben außerhalb dieser Eiswüste vor: eine Märchenwelt. Ständig liefen immer neue Videos. Leute kamen und gingen. Jeder fragte uns aus, beglückwünschte uns. Es dauerte lange, bis Arved und ich wieder in das Barackenzelt J-5 zurückkamen. Sollten wir nochmals eine Dusche nehmen? Auf die Dusche hatten wir uns mehr als auf alles andere gefreut. Seit Wochen. Jetzt war sie nicht mehr so wichtig. Ich nahm mir vor, noch in die Sauna zu gehen vor dem Aufbruch. Im Zelt, zwischen Klapptischchen und Schlafsäcken, las ich die erste Folge der SPIEGEL-Reportage. Bittorf erzählte unsere Reise genau. Als wäre er dabei gewesen. Und doch, so grimmig war die Kälte nicht gewesen. Da war von Anstrengungen und Leiden die Rede, die mir jetzt übertrieben erschienen.

Durch das luxuriöse Leben in der Station am Südpol wurde alles sofort verharmlost: die Weite draußen, die Antarktis, ihre Geschichte, unsere täglichen Sorgen. Die Antarktisfahrer der Jahrhundertwende hatten dieses Land »the ladyless South«, den »damenlosen Süden«, genannt. »Die Antarktis ist der friedlichste Ort der Welt, weil es dort keine Frauen gibt«, hatte der amerikanische Polarflieger Richard Byrd getönt. Man muß sich das vorstellen können. Südpolfahrer waren damals gezwungen, zwei, drei lange Jahre ohne das andere Geschlecht auszukommen. Kein Amundsen und kein Scott hätten ahnen können, was wir am Südpol erleben sollten.

»Wir haben den Pol in Sichtweite, und ich kann die Erdachse quietschen hören«, hatte 1911 Olav Bjaaland notiert, einer der vier Norweger, die

Olav Bjaaland am Südpol.
Für Amundsen und seine Männer war
der Pol eine Lauf- und Rechenaufgabe
gewesen. Drei Tage brauchten sie, um
seine Position zu bestimmen.

mit Roald Amundsen und ihren Hundeschlitten am 14. Dezember als erste hinkamen. Sonst kein Laut. Sie hatten den Pol in Sichtweite. Aber wo war er? Es gab damals nichts zu sehen außer einer unabsehbaren Ebene. Alles flach. Die Hunde waren so hungrig, daß sie ihren eigenen Kot fraßen.

Als wir 90° Süd erreicht hatten, hatten wir auch den Eiskontinent verlassen. Da war nicht nur eine armdicke Bronzestange ins Eis gerammt, die einen Meter über die Schneekruste ragte. Darüber ein Schild: GEOGRAPHIC SOUTH POLE (Höhe 2835 Meter. Eisdicke mehr als 2743 Meter). Da wimmelte es von Menschen, Maschinen, Eindrücken. Direkt neben dem Polnagel stand ein Zelt. Ein paar junge Amerikaner, Mitglieder der US-Polstation, hatten beschlossen, auf dem Eis zu kampieren, um unsere Ankunft nicht zu verpassen. Das Zelt stand auch jetzt noch da, es erinnerte mich an Amundsen und seine Expedition.

Am 20. Oktober 1911 waren Männer und Schlitten in der »Bay of Whales« bereit zur Abfahrt gewesen.

»Wir schirrten unsere Zugtiere an – vor jeden der vier Schlitten kamen 13 Hunde – und brachen auf. Pestrud nahm uns alle mit

Amundsen mit Hunden und Mannschaft auf dem Weg zum Südpol: Nur mit der Taktik des sukzessiven Hundeschlachtens (»Hund frißt Hund«) konnte er so schnell sein.

dem Kinematographenapparat auf, während wir zur Eisplatte abstiegen. Ein paar Robben mit einigen Neugeborenen lagen herum. Er ›schoß‹ uns wieder, während wir an der anderen Seite der Bucht auf die Barrier kletterten. Als wir ein kleines Stück auf der Barrier zurückgelegt hatten, wurde das Wetter schlechter. HH [Helmer Hanssen] fuhr vorn und lenkte nach dem Kompaß. Aus irgendeinem Grund kamen wir zu weit nach Osten auf unbekanntes Terrain voller Eisspalten. Ich hielt mich bei Wisting. Sein Schlitten war der letzte. Plötzlich verschwand ein großes Stück der Eisoberfläche, und neben dem Schlitten öffnete sich ein gähnender Schlund, groß genug, uns alle zu verschlingen. Zum Glück befanden wir uns ein Stück seitwärts, so daß wir davonkamen.«

So sachlich beschreibt Amundsen den Starttag. Er und seine Norweger kamen mit den Hundeschlitten zügig und in einer Regelmäßigkeit voran, die ihre »Konkurrenten«, die Engländer, nicht für möglich gehalten hätten. Amundsens Hunde – »treu sind sie wirklich, treu bis in den Tod« – sollten für ihren Einsatz geschlachtet werden. Das Schlachten der

schwächeren Hunde gehörte zu Amundsens Taktik: Auf dem Axel-Heiberg-Gletscher, es war sicher ein schreckliches Erlebnis, wurden die Hunde erschossen. Die Männer nannten den Platz »die Metzgerei«. Die verbliebenen Hunde bekamen das Fleisch ihrer toten Kameraden zu fressen, was ihnen neue Energie gab und der Expedition das Leben rettete.

57 Tage nach dem Aufbruch in Framheim, am 14. Dezember 1911, erreichten Oskar Wisting, Olav Bjaaland, Sverre Hassel, Helmer Hanssen und Roald Amundsen den Südpol.

> »Es war 15 Uhr, als es geschah. . . . Wir kamen mit drei Schlitten und 17 Hunden hier an. Helmer erschoß unmittelbar nach dem Eintreffen einen. Helgi war ganz und gar entkräftet. Morgen werden wir in drei Richtungen losziehen, um den Pol einzukreisen. Wir haben unser Festmahl verzehrt – jeder ein kleines Stück Seehundfleisch.«

Anders als Amundsen erlebte Helmer Hanssen, der mit seinem Hundegespann immer voraus gewesen war, diesen »erhabenen Moment«.

»Amundsen dachte wie immer an seine Gefährten, und als wir die norwegische Flagge am Südpol hißten, ließ er uns alle die Bambusstange mit der Fahne anfassen, nachdem sie im Schnee festgemacht war. ... Ich meinerseits hatte in jenem Augenblick kein Gefühl des Triumphes – wie man vielleicht hätte erwarten können. Ich war erleichtert, zu wissen, daß ich von nun an nicht mehr auf den Kompaß starren mußte in dem peitschenden Wind, der uns fortwährend ins Gesicht blies, als wir südwärts marschierten. Von nun an würden wir den Wind im Rücken haben.«

Amundsen und seine Männer gingen um »Mitternacht« hinaus, um die Sonne zu »schießen«. Die Berechnungen ergaben, daß sie auf etwa 89° 56' S waren. Also etwas über sechs Kilometer vom Pol entfernt. Bjaaland, Wisting und Hassel marschierten auf Skiern los, um den Pol einzukreisen. Bjaaland ging Kurs Nordost-Nord, Hassel Nordwest-West und Wisting Südost-Ost.

»Sie sollten eine Strecke von rund zehn Seemeilen [etwa 19 Kilometer] zurücklegen. Jeder von ihnen hatte einen Pfosten [Ersatzschlittenkufen] mit einem schwarzen Wimpel dabei. An jedem Pfosten war ein kleiner Beutel mit Informationen über die genaue Lage von ›Polheimen‹ befestigt. Das Wetter war herrlich. Windstill, aber ein wenig dunstig. ... Um 10 Uhr waren sie alle wieder zurück.«

Wie Amundsen es in seinem Tagebuch schildert, war es eine anstrengende Arbeit, den Pol genau zu bestimmen. Aber sie hatten das Ziel als erste erreicht und nahmen diese Mühe gerne auf sich. Das Großartigste war, daß keine englische Fahne am Pol flatterte, obwohl sie ihn als zweite schneller gefunden hätten. Amundsen mußte mit seinem Sextanten und dem »künstlichen Horizont« immer wieder das Abbild der Sonne in eine Linie mit ihrem Spiegelbild auf der Quecksilberoberfläche bringen. Am geographischen Südpol konnte er sehen, daß die Sonne Tag und Nacht in derselben Höhe am Himmel stand. Ihr Lager stand nicht an diesem Punkt. Zwei Tage nach der Berechnung verlegte es Amundsen neun Kilometer weiter zu der Stelle, die er als Polpunkt ermittelt hatte. Dort nahm er nochmals einen Tag und eine Nacht lang stündlich Messungen vor. Die Hunde lagen satt und ausgestreckt in der »warmen Sonne«.

Die Engländer am Südpol. In der Mitte (stehend) Scott. Die Tatsache, daß die Norweger schon da gewesen waren, wirkte wie ein Schock.

Am 17. Dezember verließen die Norweger den Pol. Das Zelt, das sie für Notfälle mitgenommen hatten, ließen sie zurück, um den Pol zu markieren.

> »Die norwegische Fahne und der Wimpel der Fram flatterte an der Spitze der Zeltstange. Ich habe verschiedene Dinge im Zelt zurückgelassen... In einem Beutel hinterließ ich einen Brief für den König und eine kurze Mitteilung an Scott, der, wie ich annahm, der erste sein würde, der nach uns den Pol besuchte.«

notierte Amundsen. Einen Monat und einen Tag später war es so weit. Die Engländer erreichten den Pol und fanden das Zelt. Scott, enttäuscht und kleinmütig, schrieb in sein Tagebuch:

> »18. Januar. Wir stellten fest, daß wir noch ungefähr 6 Kilometer vom Pol entfernt waren. Ziemlich genau in dieser Richtung erblickte Bowers ein Zelt. Dieses Zelt haben wir eben erreicht. Es ist 2 ¾ Kilometer vom Pol entfernt und enthielt einen kurzen Bericht über die Anwesenheit der Norweger, die schon am

Nansens »Fram« in der Walfischbucht. Obwohl Nansen selbst von einer Südpolfahrt geträumt hatte, lieh er dem jungen Amundsen das eistaugliche Schiff.

16. Dezember 5 Mann hoch hier waren. Das Zelt ist hübsch – ein kleines, kräftiges Ding, das nur von einer einzigen Bambusstange gestützt wird. Ein Zettel Amundsens bittet mich, einen Brief an König Haakon von Norwegen zu befördern! Ich steckte ihn zu mir und hinterließ einen Zettel mit der Mitteilung, daß ich mit meinen Gefährten hier gewesen sei. Mittags waren wir nur 1 oder 1 ½ Kilometer vom Pol entfernt: Daher nannten wir dieses Lager das Pollager, errichteten ein Wegzeichen, steckten unsere Flagge, den armen, zu spät gekommenen »Union Jack« auf und photographierten uns – alles eine mächtig kalte Arbeit. Dann sahen wir nicht ganz 1 Kilometer südwärts eine abgenutzte Schlittenkufe aufrecht im Schnee stecken; sie wurde als Stange für ein Wachstuchsegel benutzt; sie sollte jedenfalls die genaue Stelle des Pols bezeichnen, so gut wie die Norweger ihn bestimmen konnten. Ich glaube sagen zu können: Der Südpol liegt ungefähr 2900 Meter hoch; merkwürdig genug, wenn man bedenkt, daß wir uns auf dem 88. Breitengrad etwa 3200 Meter hoch befunden haben. –

Wir aber haben jetzt dem treulosen Ziel unseres Ehrgeizes den

Rücken gekehrt. Vor uns liegt eine Strecke von 1500 Kilometern mühsamer Wanderung – 1500 Kilometer Entbehrung, Hunger und Kälte! Traum meiner Tage – leb' wohl!«

Die Engländer waren nicht nur zu spät gekommen, sie waren gebrochen. Der Rückmarsch mußte zur Tragödie werden.

Einige Tage später schon, am 26. Januar, war die norwegische Polmannschaft an ihrem Startpunkt, der Walfischbucht, zurück! Amundsen:

»Ehe wir es recht merkten, waren wir an unseren Ausgangsort zurückgekehrt. ›Framheim‹ war in das Licht der Morgensonne getaucht und sah noch genau so aus wie damals, als wir es verlassen hatten. Wir brauchten nicht lange, um die Bucht zu überqueren, und um vier Uhr morgens waren wir wieder in unserem behaglichen kleinen Haus.«

99 Tage hatte die Schlittenreise der Norweger gedauert, eine ewig lange Skitour mit Schlittenhunden zum Lastentransport. Es wäre völlig falsch, die beiden Reisen miteinander vergleichen zu wollen. Als Captain Scott und seine vier Begleiter mit ihrem selbstgezogenen Proviantschlitten das südliche Ende der Welt erreichten, hatten sie nicht nur den »Wettlauf« zum Südpol verloren, sie hatten sich aufgeopfert, verausgabt, gequält. Welcher Einsatz für die englische Fahne!

»Großer Gott! Dies ist ein schauriger Ort. Schrecklich genug, daß wir uns bis hierher gequält haben ohne den Lohn, die ersten zu sein ... Das wird ein zermürbender Rückmarsch werden.«

Es scheint mir, daß Scott die kommende Tragödie vorausahnte. Er konnte nicht wie der kühne Planer Amundsen auf die Geschwindigkeit und Kraft der Huskies setzen, um zu seinem Schiff zurückzukehren. Zudem hatten die Norweger mit dem Erfolg auch die Lebensfreude auf ihrer Seite. Die Engländer mußten wie beim letzten Stück des Marsches zum Pol auf dem Rückmarsch ihre Proviantschlitten selbst schleppen. Es war müßig, am Pol darüber zu klagen, daß ihnen weder Ponys noch Hunde oder Schneefahrzeuge beim Rückmarsch helfen können. Nur die Tatsache, die ersten gewesen zu sein, hätte sie retten können. Die Engländer waren die zweiten, die Verlierer. »Todgeweiht« auch, weil die

Nachricht, die sie zurückzubringen hatten, nicht die gewünschte war. Vielleicht wäre Amundsen mit seinem Team als zweiter beim Rückmarsch ebenfalls gescheitert – verschwunden in einem der Eisbrüche, die er beim Aufstieg die »Tanzböden des Teufels« genannt hatte. Nur mit viel Glück war er dort durchgekommen. Sicher, es gab hundert Gründe, warum die Engländer langsamer gewesen waren. Das Schlimmste war, daß Scott für den Rückmarsch zu spät dran war. Zudem waren er und seine Männer falsch ernährt. Trotzdem wage ich zu behaupten, daß der Erfolg sie gerettet hätte.

Was ist Erfolg? Was bedeutete er hier? Erfolg ist ein Maß für Einsatz, und er kann doch so ungerecht wie ein Gerichtsurteil sein. Erfolg gibt recht, auch dem, der im Unrecht ist. Erfolg garantiert einen Energierückfluß, der unverzichtbar ist, wenn es bei einem Grenzabenteuer ums Überleben geht.

Gemessen an meinen Himalaja-Touren war dieser Antarktis-Trip mein bei weitem teuerstes Unternehmen. Um unsere Kosten zu beurteilen, muß man sie zum Beispiel mit der parallelen Hundeschlitten-Expedition »Transantarctica« vergleichen. Unserer knappen Million DM standen insgesamt 11 Millionen Dollar gegenüber. »Transantarctica« hatte inzwischen eine Strecke von 4000 Kilometern zurückgelegt. Der enorme Geldaufwand hätte trotzdem nicht zum Erfolg gereicht, wenn nicht US- und UdSSR-Sachleistungen dazugekommen wären. Eine russische Transportmaschine hatte Hunde und Ausrüstung beim Start an den Rand der Antarktis gebracht. Am Pol stellte die NSF (National Science Foundation) 30 Tonnen Treibstoff zur Verfügung. Alles nur, weil ein Russe, Viktor Boyarsky, dabei war. Die UdSSR waren offiziell bereit, Treibstoff zum Pol zu fliegen, damit »Transantarctica« weitermachen konnte. Wie wir beim Start waren die sechs Teilnehmer der Hundeschlitten-Expedition nach dem Pol von der Hilfe von ANI abhängig. Und ANI hatte das versprochene Treibstofflager nicht einrichten können. Sofort intervenierten die USA und unterstützten ebenfalls die »russische Antarktis-Expedition«, wie »Transantarctica« in der Polarstation genannt werden mußte. Stegers Route war lang, aber die Expedition hatte zehnmal so viele Depots zur Verfügung wie wir, und sie war professionell vermarktet worden. Ich will damit unseren »Komerzialismus« nicht bagatellisieren. Aber gemessen am Aufwand, schon allein für die Hunde von »Transantarctica«, reisten wir bescheiden. Ermattete Huskies konnten zur Erho-

In diesem alten, dunklen Zelt verbrachte ich am Südpol zwei Nächte. Es war von unseren Fans in der Polstation errichtet worden. Hier hatten sie uns erwartet.

lung nach Südchile ausgeflogen werden. Wir waren nicht sicher, ob uns jemand bei Lebensgefahr hätte holen können.

Arved und ich hatten uns nie mit »Transantarctica« messen wollen. Die beiden Reisemethoden waren so verschieden wie die von Scott und Amundsen. Und wir leben zum Glück nicht mehr in der Zeit der »Eroberung«. Scott und Amundsen hätten 1911 Flugzeuge eingesetzt, hätte es brauchbare gegeben, um zuerst zum Pol zu kommen. Jedes Mittel, das den Erfolg garantierte, war ihnen recht gewesen. Wir hatten freiwillig auf all jene Hilfen verzichtet, die Scott noch nicht hatte. Wir liefen nach seiner Methode. Dem Erlebnis und der Antarktis zuliebe.

Die Welt, in der wir gestern noch waren, hatte ich vergessen. Jetzt saßen wir am Pol und erholten uns für die längste Etappe der Reise. Ich war nicht besonders neugierig auf die High-Tech-Gebäude draußen, die neben dem Sommercamp standen. Auch die landenden und startenden Flugzeuge – Herkules-Maschinen – interessierten mich nicht. Nach wenigen Stunden hatte ich auch das Gefühl für die geheimnisvolle Welt draußen verloren. Mir war klar gewesen, daß der Südpol von Amerikanern bewohnt und mit Zivilisationskomfort versehen ist. Und doch war ich jetzt verstört. Zuerst vom Anblick der Station. Dann von den vielen Menschen. Ich hatte nicht wirklich Amundsens schwarzes Zelt am Südpol erwartet, und doch wäre es mir lieb, wenn in der »letzten Wildnis« Antarktika nur noch Fußgänger verkehren dürften. Die mit Technik gepanzerten Stationen sollten verschrottet werden. Vielleicht genoß ich die Gastfreundschaft deshalb weniger, als ich es noch draußen auf dem Eis erwartet hatte. Ich konnte in der überheizten Baracke J-5 nicht schlafen. Was wäre dieser Ort ohne die Kuppel, die alle den »Dom« nennen? Ohne die Landepiste? Ohne die Container auf Stelzen, die auch auf dem Mond stehen könnten? Der Pol war wie der Rest der Antarktis flach. Daß alle Längengrade hier zusammentreffen, ist nicht zu sehen. Erst seit 30 Jahren ist der Pol ständig bewohnt. »Amundsen-Scott-Base« nennen die Amerikaner ihre Station. Die flatternden Fahnen und das Schild mit der Aufschrift »Geographischer Südpol« daneben machten diesen Punkt allerdings nicht interessanter. Im Gegenteil, die ständige Anwesenheit der Menschen hier hatte ihm jenes Geheimnis genommen, das Amundsen beflügelt hatte, bis hierher zu reisen.

Ich fühlte mich sonderbar unwohl. Es war ungewohnt warm und viel zu laut. Nach so vielen stillen Tagen tat mir die Hektik weh. Als die Norweger und die Briten diesen Punkt vor bald 80 Jahren erreicht hatten, waren sie weiter weg von jeder Zivilisation als je zuvor in ihrem Leben. Wir waren am gleichen Ort in einer High-Tech-Zentrale der Zivilisation.

Arved und ich aßen den ganzen Tag über. Ein Teil unserer Ausrüstungsgegenstände mußte geflickt werden: Skier, Bindungen und mein kaputter Löffel. Dann saßen wir auf unseren Schlafstellen, auf dem Bett, zwischen den mit Decken abgehängten Kabinen in J-5 und lasen. Ich schrieb mein Tagebuch. Sicher, die Station hier war wichtig für die Wissenschaft. Das Ozonloch konnte nirgendwo besser untersucht werden. Auch zur Beobachtung der Sterne und für viele andere wissenschaftliche Arbeiten war dieser Standort geeignet. Wie aber war das Abwasserproblem gelöst? Wie wurde der Brennstoff aufbewahrt? Wieviele Giftstoffe sickerten täglich ins Eis? Die Antarktis sei sauber, versicherte man uns. Doch wie lange noch? Der Untergang des argentinischen Versorgungsschiffs »Bahia Paraiso« nahe der Nordspitze der antarktischen Halbinsel im Januar 1989 – wenige Wochen nach dem Exxon-Tankerunglück in Alaska – machte schockartig bewußt, welche Gefahr dem siebten Kontinent droht. Über 800000 Liter Dieselöl sind aus dem gesunkenen Frachter ausgelaufen. Die Ölpest hat Zehntausenden von Pinguinen das Leben gekostet. Die Zahl der vernichteten Wale und Robben kennt keiner. Eine Begrenzung der Schäden war unmöglich. Biologen rechnen vor, daß es hundert Jahre dauern wird, bis sich die Kleinlebewesen – erstes Glied in einer diffizilen Nahrungskette – in der Bismarck-Straße erholt haben werden.

Diese Umweltkatastrophe in der Antarktis sollte ein Fanal sein, denn bei 60 Forschungsstationen nimmt der technische Aufwand ständig zu. Und damit auch die Belastung ihrer Umwelt. Viele dieser Stationen verfügen über einen eigenen Hafen. Über Flugzeug- und Helikopterlandeplätze. Entlang der Küste, wo die Stationen sind, liegen verlassene Fahrzeuge, Bauruinen, leere Öltanks wie bei uns Pappkartons auf dem Müllhaufen. In der trockenen, kalten Luft der Antarktis zerfällt nichts. Die Abfallhaufen wachsen ständig weiter. Motoröl und Abwässer aus dem Schiffsverkehr verschmutzen das Meer vor den Stationen.

Der Vorwurf, die Stationen würden die Umwelt absichtlich belasten, wäre falsch. Die Umweltsünden im harten polaren Klima sind auch die Folge der hohen Kosten der Müllbeseitigung. Große Hilfsmannschaften machen mehr Schäden als kleine, und die Zahl der Servicepersonen übersteigt in der Antarktis diejenige der Forscher. Um ein Mehrfaches. Infrastruktur und Logistik verzehren 90% der jeweiligen Budgets.

Nur etwa 4000 Menschen leben in den kurzen Sommermonaten in der Antarktis. Trotzdem ist die menschliche Präsenz spürbar. Auf dem schmalen Streifen der 500 Kilometer langen eisfreien Küste stören menschliche Aktivitäten das zerbrechliche Gleichgewicht wildlebender Tiere und Pflanzen empfindlich.

Sicher zeigt auch der Tourismus Folgen. Aber die meisten der neugierigen Besucher haben Umweltverstand. Nicht sie, sondern brennende Müllberge, Hubschrauber, Dynamit und Bulldozer haben den saubersten Platz der Welt besudelt. Die bald zwei Dutzend Staaten, die sich seit dem Ende der fünfziger Jahre in der Antarktis festgesetzt haben, sind die Invasoren, die Amundsens Angst, Profitgier könnte die Antarktis zerstören, zur Realität werden ließen.

Ein groteskes Monopoly-Spiel hat begonnen. Es geht um Rohstoff-Spekulationen und nationale Besitzansprüche. Vor allem auf der antarktischen Halbinsel. Argentinische Frauen gebären dort Kinder. Die Chilenen unterstreichen mit ihrer Luftwaffe die chilenische Souveränität in der Antarktis.

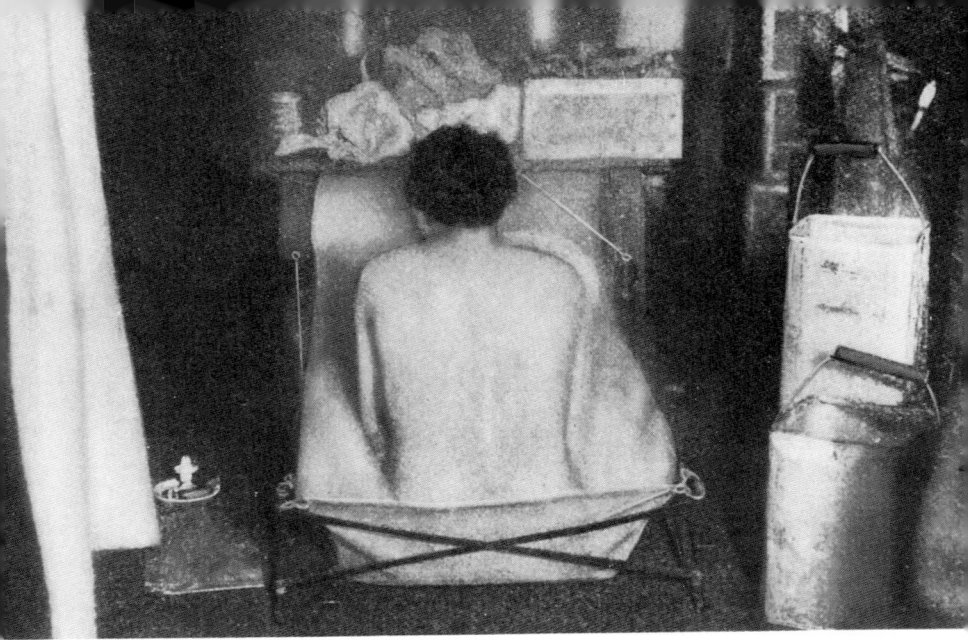

Ein Bad im Ausgangscamp war bei früheren Antarktisexpeditionen ein umständlicher Vorgang. Wir duschten am Südpol. Einmal in 100 Tagen.

Die ernstzunehmende Wissenschaft in allen Ehren, aber jener Teil der polaren Forschung, der die Schäden untersucht, die vom anderen Teil der Wissenschaft verursacht worden sind, plädiert für einen geschützten Weltpark, den Menschen nur unter strengen Auflagen besuchen dürfen sollten. Die Wildnis muß Wildnis bleiben.

Seit einem Tag lebten wir nicht mehr in der Wildnis, und alles war anders: Zeit, Datum, Lebensrhythmus. Alles war ungewohnt. Auch mein Wasserhaushalt war durcheinandergekommen. Ich mußte jede halbe Stunde auf die Toilette, um Wasser zu lassen. Weil ich mich nicht mehr anstrengte. Schlafbedürfnis, Hunger, Hoffnung empfand ich ganz anders als in den Wochen vorher.

So hilfsbereit die Amerikaner am Pol waren, so zuvorkommend sie uns behandelten, ich fühlte mich trotzdem unwohl. Alles schien mir ungemütlich, unnütz, beengt. Weniger schön als das Leben vorher im Zelt.

Am Abend sollte im »Dom«, der großen Kuppel im Zentrum der Polstation, unter der die Container der Wissenschaftler und Funker standen, eine Silvesterparty steigen. Ich hatte dieses Gebäude bisher nur von außen gesehen. Würden wir eingeladen werden? Ich war neugierig.

»Welcome to the South-pole« steht an einer riesigen Toreinfahrt. Was verbarg sich dahinter? Wir waren am Silvestermorgen an der US-Polstation angekommen. Ohne uns weiter umzusehen, hatten wir den Tag in der J-5 und der Küche verbracht. Als drei junge vermummte Frauen uns am Abend mitnehmen wollten, waren Arved und ich mehr als erstaunt. Waren wir wirklich willkommen? Niemand hatte uns offiziell zum Diner eingeladen! Unsere Begleiterinnen führten uns unter die große Aluminiumkuppel, das Zentrum der Polstation. Unter das Brummen der Dieselgeneratoren mischte sich grelle Musik. Im Cafeteria-Container, jetzt Festlokal, dichtes Menschengewühl: 16 Frauen und 70 Männer. Dieser Szenenwechsel nach tausend Kilometern Einsamkeit war ein Schock für mich. Entzugserscheinungen hatte ich bisher nicht verspürt, trotzdem gefiel es mir bei den »wilden« Silvesternachtfrauen.

Die Leute, die Mädchen vor allem, waren angezogen wie von einem anderen Stern: Post-Punk-Zeit. Ketten um den Hals und Eisen um die Knöchel. Einige sahen aus, als würden sie »vom Mars« kommen oder von einer Erde, deren Lebensbedingungen menschenunwürdig waren. Viele waren ausgelassen, tanzten. Einige Frauen luden auch uns zum Tanzen ein. Keinerlei Anmache dabei. Arved und ich genossen die paar Stunden. Wir spielten Vergessen. Auch als mir ein hünenhafter Typ Marihuana anbot und mich immer wieder aufforderte, mit ihm einen »joint« zu rauchen, fühlte ich mich nicht bedrängt. Ich mag kein Rauschgift. Vor allem nicht jetzt nach diesem langen Marsch. Der »Abstieg« nach McMurdo drängte sich für wenige Minuten wieder ins Bewußtsein.

Die einfachen Leute, die uns eingeladen hatten, handelten dem lokalen Reglement zuwider. Kein privater Abenteurer durfte Unterstützung in der Station erfahren. Unsere Gastgeber kümmerten sich nicht darum. Es waren dieselben Handwerker, Tischler, Hydrauliker, die uns ihre Schlafplätze abgegeben hatten, damit wir endlich wieder einmal anständig schlafen konnten.

Am späten »Abend« dieses 31. Dezember 1989 saßen wir immer noch bei der Silvesterparty im Dom. Nach einem üppigen Abendmahl wagte ich einen Tanz. Ich war etwas steif nach den vielen Tagen im Eis, vielleicht auch unbeholfen. Auch hatte ich immerzu das Gefühl, man müßte mich schon von weitem riechen.

Nochmals bot mir einer Marihuana an. Als ich den »joint« wieder ablehnte, weil ich generell gegen Drogen bin, lachte er anerkennend.

Hartes (getrocknetes) Roggenbrot und Speck (geräuchert und lange getrocknet) sind seit Jahrhunderten die Hauptnahrungsmittel der südtiroler Bergbauern, wenn sie »im Berg« sind.

Vorfreude

1980 dachte ich erstmals konkret an eine Antarktis-Überquerung. Zehn Jahre später erst sollte die Idee die Tat umgesetzt werden. Dabei war meine Bergerfahrung von Vorteil. Schon als Schulbub war ich guter Skilangläufer gewesen, und ich verbrachte viele Winter mit den Bergbauern. Wer konnte sich z Beispiel vorstellen, daß für eine Expedition auf dem Eiskontinent Speck und hartes Brot als Grundn rungsmittel ausreichen würden?

Meine Vorfreude war groß, und sie wuchs noch, als Wilhelm Bittorf mir seine Beteiligung zusagte. Bit ist ein profunder Kenner der Arktis- und Antarktis-Literatur, dazu ein engagierter Umweltschützer. ich mit meiner Reise auch für einen »Weltpark Antarktis« werben wollte, wie es indirekt auch Dr. Wi mit seinen Zeichnungen (Bild rechts) getan hatte, war Bittorf der ideale Betreuer und Berichterstatter uns. Aus seiner Ankündigung der Expedition (Sommer 1989):

»Reinhold Messner und Arved Fuchs wollen Messners Bergsteiger-Prinzip ›mit fairen Mitteln‹ auch der Antarktis anwenden und mit einem Minimum an technischen Hilfsmitteln auskommen. Sie wer die gefrorene Stille des Eiskontinents nicht mit den lärmenden Vehikeln des Motorzeitalters zerreißen die kristalline Luft nicht mit Abgasen verpesten. Ihre Reise wird auch nicht vom Getümmel und Hu einer Meute von Schlittenhunden beherrscht sein; denn um die Hunde zu versorgen, müßte sich Expedition unter großem Aufwand per Flugzeug mit Nachschub beliefern lassen. Statt dessen wer Fuchs und Messner ihren Proviant, ihr Zelt und den Brennstoff für ihren Kocher auf je einem Schli selber ziehen. Sich weder auf Motoren noch Hunde zu verlassen, sondern der eigenen Kraft zu vertra darauf kommt es den beiden Männern an. Dadurch erst wird ihre Reise wieder zu einem Abenteuer einer Herausforderung an die eigenen Fähigkeiten, zu einem neuen Vorstoß an die Grenzen menschli Erfahrung.«

II. Die Reise
in Farbbildern

Oswald Oelz auf dem Gipfel des Mount Vinson (Antarktis). Mein Bergsteigerleben war mit der Besteigung des höchsten Berges der Antarktis nicht abgeschlossen. Ich wußte, ich würde weiterhin auf die Berge müssen. Aber ich träumte jetzt vor allem von arktischen Reisen und einer Überquerung der Antarktis auf Skiern.

Vom Mount Vinson fuhren wir auf Skiern zum Basislager ab, das hin dem spitzen Nunatak rechts der Aufstiegsspur lag. Dort testete ich Gehversuchen mit einer schweren Schlittenlast erstmals meine Lauf schwindigkeit unter antarktischen Bedingungen.

Nächste Doppelseite:
Vierzig Jahre lang war ich auf Berge gestiegen. Trotzdem, in der Antarktis tat sich eine neue Erlebniswelt für mich auf: das Eiswandern. Als mir der »Ramuner-Franz« von Villnöß das Langlaufen beigebracht hatte, war ich keine zehn Jahre alt. 1989/90 konnte ich meine bergsteigerischen Fähigkeiten und meine in Jahrzehnten geschulte Ausdauer einsetzen, um die längste »Skitour« meines Lebens zu überstehen.

*Mit Arved Fuchs im Polardress. Da ich die Expedition quer über den ant-
arktischen Kontinent allein finanziert hatte, war ich gezwungen, die Lo-
gos der Sponsorfirmen zu tragen. Arved warb mit Aufnähern für seine
Sponsoren, die teilweise auch die »Icewalk«-Expedition zum Nordpol
(Leitung: Robert Swan) finanziert hatten, bei der Arved mitgelaufen war.*

Nächste Doppelseite:
*Start der Transantarctica-Expedition in Patriot Hills. In 213 Tagen sollten
Will Steger (45, USA), Jean-Louis Etienne (44, F), Victor Boyarsky (39,
UDSSR), der meist vor den Hunden herlief, Geoff Somers (40, GB),
Keizo Funatsu (34, Japan) und Quin Dahe (43, China) die Antarktis über
die längstmögliche Route (ca. 6400 km) durchqueren. Mit drei Hunde-
schlittenteams, die aus der Luft versorgt wurden. Aufwand: ca. 20 Mill.
DM.*

*Das Camp der kanadischen Organisation ANI in Patriot Hills. Hier gab es
nach einer zweiwöchigen Verspätung beim Start in Punta Arenas (Südchile) einen Zwischenstop. Bevor wir mit einer Twin-Otter an den
Startpunkt unserer »Würth-Antarktis-Transversale« geflogen wurden, an
dem Rand des Festlandes, mußten wir unseren Plan ändern.*

Orientierung mit dem Kompaß. Während ich nach einer genauen Marsch.
zahl am Kugelkompaß (unter Berücksichtigung der magnetischen Abwei.
chung), der an einer Aluaufhängung vor meiner Brust baumelte, vorausliе
ermittelte unser Satelliten-Navigationsgerät, das Arved Fuchs bediente
fast täglich unsere Position. Mit dieser Navigationsmethode konnten wi
uns in der unendlichen Weite nicht verlieren.

Nächste Doppelseite:
*Spalten und Sastrugis waren die Haupthindernisse bei unserer Reise. Es ist
ungeheuer anstrengend, einen mehr als 100 kg schweren Schlitten über
Sastrugifelder zu ziehen. Gefährlicher ist es, über Gletscherspalten zu
laufen. Wir mußten mehr als 1000 km Sastrugigelände überwinden und
mehr als 6000 Spalten überqueren, um von der einen auf die andere Seite des
Eiskontinents zu kommen.*

*Arved Fuchs beim Navigieren. Das batteriebetriebene Gerät (GPS) zeigte
an bestimmten Stunden des Tages (drei verfügbare Satelliten) unsere
Position an. (Auf 150 m genau.) Wenn vier Satelliten »oben« waren,
konnten wir auf der Digitalanzeige auch die genaue Meereshöhe unseres
Standortes ablesen. Wir waren die ersten, die das GPS-System für eine
Eiswanderung in der Antarktis einsetzten.*

eltleben: Wenn das Zelt aufgebaut und eingerichtet war, setzten wir uns
nein, schlossen den Zelteingang und setzten den Kocher (MSR) in
etrieb. Dann zogen wir uns aus (bis auf die Unterwäsche), hängten
lütze, Handschuhe und Jacke im Giebel zum Trocknen auf und begannen
u kochen. Die drei Töpfe (Kaffee, Essen, Wasser) hatte Arved vorher
hon mit Schnee gefüllt. Wir stellten sie abwechselnd auf die Flamme.

Nächste Doppelseite:
Arved auf einem Sastrugifeld rastend. Diese harten Schneewehen entstehen
im Sturm mit der Windrichtung. Sie werden meterhoch. Wenn der Schlitten
in eine Rille rutschte, mußten wir die Skier häufig abschnallen, den
Zuggurt lösen, um die Last wieder freizubekommen. Große Sastrugifelder
zwangen uns einen längeren Kurs auf.

eltplatz. Unser Zelt, eine Spezialkonstruktion, lag mit eingenähtem
estänge in meinem Schlitten. Es konnte mit wenigen Handgriffen aufge-
annt werden (Kuppelform). Die Skier und der Eispickel dienten als
nker beim Verspannen. Den Eingang vom Wind abgewandt, mit einer
hneemauer oder den Schlitten als Windschutz, so bauten wir das Zelt
ag für Tag auf.

Arved Fuchs vor unserem Lager in den »Thiels«. Hinten die Twin-Otter von ANI, die unser Depot eingeflogen hatte und den angefallenen Müll wieder mitnahm. Darüber ein Teil der Thiel-Berge (King Peak), die knapp 3000 m hoch sind. Von hier liefen wir, neu verproviantiert, ohne weiteres Depot bis zum Pol.

Nächste Doppelseite:
Arved Fuchs segelnd. Vor dem Südpol konnten wir unsere Segel nur einen halben Tag lang mit eindeutigem Bodengewinn einsetzen. Der Wind blies meist aus Süd. Nach dem Pol setzten wir unsere Hoffnungen auf diese natürliche Zughilfe. Wenn die Spur sichtbar blieb (fast immer), konnten wir uns nicht verlieren.

st auf dem Schlitten und Blick zurück zu den Thiel-Bergen, die hinter ⁓ Horizont fast verschwunden sind. Ich wartete meist 5 bis 15 Minuten, ⁓ Arved nachkam. In den späten »Nachmittagsstunden« allerdings oft ⁓, bis er als winziger Punkt an der Horizontlinie auftauchte. Dann lief ⁓ schon ziemlich ausgekühlt, weiter, um am Ende der Tagesetappe das ⁓lt aufzubauen.

Am Südpol. 31. 12. 1989. Arved Fuchs (rechts) hat damit als erster Mensch Nord- und Südpol innerhalb eines Jahres auf Skiern erreicht. Am Pol mußten wir Zeit und Datum umstellen und unsere Schlitten neu beladen. Kein weiteres Depot sollte den Marsch nach McMurdo erleichtern. Nach drei Rasttagen brachen wir am 3. 1. 90 wieder auf.

Zeltplatz auf dem Hochplateau. (Eine Nebensonne unter der Sonne.) Arved fixiert das Zelt. Der Schlitten hinter dem Zelt dient als Windschutz. Wir sind mehr als 3000 m hoch und spüren die dünne Luft. Sie ist trocken und kalt (bis zu minus 40°C). Nach drei Segeltagen verloren wir hier durch Zögern und Gegenwind viel Zeit.

Nächste Doppelseite:
Vermessungsstange auf dem Mill-Gletscher. Charles Swithinbank, ein englischer Glaziologe, der diese Stelle ein Jahr vorher vermessen hatte, bat mich, die Stangen nachzumessen. Er hatte uns empfohlen, vom Hochplateau über diesen Eisstrom in den unteren Beardmore-Gletscher zu gehen. So mußten wir 150 km weit über rauhes Blankeis laufen.

Arved Fuchs beim Überqueren einer Gletscherspalte. Die Spalten war[en]
zwischen 20 cm und 20 m breit und oft abgrundtief. Die Brücken abe[r]
harter Preßschnee, waren stabil. Wir konnten immer eine sichere Rou[te]
finden, wenn sie oft auch Umwege erforderte. So liefen wir fast alles oh[ne]
Seil, das bei einer Länge von 20 m ohnehin meist für eine einwandfre[ie]
Sicherung nicht gereicht hätte.

Nächste Doppelseite:
Ankunft auf der Ross-Insel. Scott Base. (Darunter das Ross-Meer.) Im
Hintergrund White (links) und Black Island (ganz rechts). Über den Sattel
dazwischen (der Bergrücken Minna Bluff ist andeutungsweise zu erken-
nen) waren wir in die Zivilisation zurückgekommen. Es war jetzt
»Herbst«, der Winter nahe. »Abend« und »Morgen« waren wieder erkenn-
bar.

Rast auf dem Beardmore-Gletscher. Im Hintergrund der »Cloudmaker«,
ein Berg, der das Wetter vorausahnen ließ. Das Eis ist rauh und zerrissen.
Unsere vierzackigen Steigeisen waren kaputt. Mein Schlitten Schrott. Nur
ein Schlauchband hielt ihn notdürftig zusammen. Noch fehlten 700 km bis
zum Endpunkt der Fußreise.

*Arved Fuchs auf dem Schiff »Barken«, das uns von Baia Terra No[va]
(Italienische Antarktis-Station) nach Christchurch in Neuseeland brin[gen]
sollte. Obwohl Arved und ich uns auf der gesamten Landreise nie ernstl[ich]
gestritten hatten, kam jetzt Mißstimmung auf. Am 20. Februar 1990, u[ns]
waren auf hoher See, titelte die Bildzeitung: »Nach der Antarktis flieg[en]
die Fetzen«. Ich konnte lesen (aufs Schiff gefaxt), wie Arved die Expe[di]
tion in »50 Fernseh- und Interview-Terminen« anschließend darstell[en]
würde. Am Südpol noch hatte Arved vor laufender Videokamera, v[or]
Journalisten und der Pol-Besatzung von seiner Bremserrolle gesproche[n].
Jetzt bastelte offensichtlich der Pressesprecher der Hamburger Umwe[lt]
organisation »Icewalk« an einer Darstellung, die den Tatsachen ni[cht]
entsprach und als Rufmord an mir enden sollte. Noch hoffte ich, daß s[ich]
Arved, einmal daheim, von diesen Verleumdungen distanzieren würd[e].
Aber nein. Auf dem Schiff weigerte er sich, mit Wilhelm Bittorf, der u[ns]
anfunkte, zu sprechen. Das Versteckspiel hatte begonnen.*

*Die letzten Mitglieder der offiziellen italienischen Antarktis-Expedition
werden zum Schiff »Barken« gebracht. Wir waren wenige Tage vorher von
Scott Base im Hubschrauber nach Baia Terra Nova geflogen worden. Auf
dem Schiff wurden wir verwöhnt.*

„Südpol-Expedition nur ein Werbe-Gag

Hamburger Umweltschützer: Messner mißbraucht das Abenteuer

Während sich Star-Bergsteiger Reinhold Messner und der Polarexperte Arved Fuchs aus Bad Bramstedt noch durch die endlose Eisküste der Antarktis quälen, gibt es hinter den Kulissen Krach. Holger Hansen von der Hamburger Umweltschutz-Organisation „Icewalk": „Die ganze Aktion gerät zum reinen PR-Spektakel für Reinhold Messner. Von Umweltschutz spricht niemand mehr."

vor Ort, berichtete Messner beim Zwischenstopp am Südpol, daß er immer öfter auf Fuchs warten müsse: „Für mich sind diese Rastpausen das Schlimmste, weil ich dabei schier erfriere."

Hansen: „Völliger Blödsinn. Wenn Messner wirklich kilometerweit vorauslaufen würde, wäre das lebensgefährlicher Leichtsinn. So etwas würde Arved nicht mitma~ das ganz~

dition zum Nordpol, ist damit der erste Mensch, der innerhalb eines Jahres beide Pole erreicht hat – und das zu Fuß!

„Das Herausstellen von Messners Leistung ist unseriös", sagt Hansen, „im übrigen finde ich es mehr als merkwürdig, daß Messner gegen die Umweltzerstörung am S~ gerechnet mit~

Mit diesem Zeitungsartikel (Hamburger Morgenpost vom 11. 1. 1990) wurde ohne unser Zutun ein Streit vom Zaun gebrochen, der Arveds und meine Beziehung für immer belasten wird.

Nachwehen

Bei unserer Rückkehr nach Europa stellten wir uns in einer gemeinsamen Pressekonferenz den Journalisten. Anschließend machte sich Arved mehr und mehr die »Icewalk-Version« zu eigen. Als ob man an Fakten etwas ändern könnte. Nachdem ihn der von anderen gewollte und provozierte Streit als stillen Helden erscheinen ließ, unterschlug Arved die Tatsachen mehr und mehr. Er gefiel sich ansichtlich in der Rolle des »Unterdrückten«. Noch in Neuseeland hatte er sich selbst als »Bremser« der Expedition bezeichnet, und in der Tat, vom Pol bis McMurdo war er von 1450 km vielleicht 5 km weit vorausgelaufen. Ich hatte Tempo und Spur gemacht, um die Expedition zu retten. Jetzt plötzlich war das alles Arveds gezielte Taktik gewesen.

Was – sollte ich ein doppelter »Esel« gewesen sein? Ausgenutzt zuerst und dann verleumdet? War Fuchs so schlau? Der Streit mit Arved Fuchs machte mich krank und schlaflos. Ich war verletzt, wie nach einer zerbrochenen Liebe. Der Vertrauensbruch tat mir anfangs so weh, daß ich lange brauchte, um mich zu holen. Dabei war diese Auseinandersetzung nicht die erste Enttäuschung mit Tourenpartnern. Immer wieder war ich von »Kameraden« öffentlich verleumdet worden, immer nach der entsprechenden Expedition, immer nur nach einem großen Erfolg.

So schaffte es der eine oder andere, aus »meinem Schatten« auf die Titelseite der Magazine und Tageszeitungen zu kommen.

Der STERN nutzte die »Mediengeilheit« einiger meiner »stillen, unterdrückten« Kletterpartner schamlos aus, um aus Lügen, Halbwahrheiten und Verdrehungen eine Geschichte zu basteln, die ich in einem ZDF-live-Gespräch (»Sportstudio«) als gezielten Rufmord entlarven konnte. Trotzdem, etwas blieb bei den Lesern hängen, vor allem auch, weil Arved Fuchs es weiterhin verstand, die Tatsachen zu verschleiern. In einem halben Dutzend TV-Auftritten und vielen Vorträgen wich Arved allen kritischen

Verloren in der weißen Unendlichkeit: Arved kommt nach. Dieses Bild blieb mir tausendfach in Erinnerung.

Fragen so geschickt aus, daß ich auch noch als Lügner dastand. Ich distanzierte mich von ihm. Eine der selbstsüchtige Darstellung hatte ich ihm nicht zugetraut.

Daß ausgerechnet die Umweltorganisation »Icewalk«, die diesen Streit gesät hatte, nun beklagte, d. durch eben diesen Streit die Umweltaussage zu kurz käme, war der Höhepunkt dieser Rufmor. Kampagne. Was ich dagegen tat? Ich ging meinen Weg. Ich sprach mit dem italienischen Ministerprä denten über den zu erneuernden Antarktis-Vertrag, bestärkte den Außenminister in seiner Absicht, c Weltpark-Idee durchzusetzen. Vor dem Europa-Parlament und bei Vorträgen brachte ich mei Überzeugung vor, daß die Eiswildnis der Antarktis ein »Weltpark« für die Menschheit werden muß. I wollte mein Engagement für die Umwelt und meine Überzeugung nicht einem Streit unterordnen, der n der Sensationsmache diente.

Ich weiß seit zwei Jahrzehnten, daß ein Erfolg abrupt in Schadenfreude und Demontage enden kan Arved und ich waren nicht unschuldig daran. Wir hatten den Medien die Voraussetzungen dazu geliefe ein Drama im Eis ohne unmittelbare Zeugen. Der Konflikt war rasch dazu erfunden. Fest steht: Arv hat durch diese Tour seinen Bekanntheitsgrad enorm steigern können, ohne Investition von Geld. Beia störte mich nicht. Mich störte nur sein Falschspiel: daß er verschwieg, fast immer hinterhergelaufen : sein. In einem Kommentar hat der Wiesbadener Wirtschaftsjournalist Stefan Baron seine Meinung »üb Messner, Fuchs und den Medien-Streit« zusammengefaßt:

»Es ist ein Trauerspiel: Da kämpfen sich zwei Männer über Monate und Tausende von Kilometern dur eine menschenleere Eiswüste, überleben mörderische Kälte und vernichtende Stürme, kurz: vollbring eine Leistung, wie sie vor ihnen noch niemand vollbracht hat – und was bleibt davon in Erinnerung u meisten Fernsehzuschauer, Zeitungs- und Zeitschriftenleser haften? Daß die beiden sich gestritten habe

urch Fotos wie dieses und unzählige Videoaufnahmen sind die Fakten
widerlegbar bewiesen.

atürlich haben sich Reinhold Messner und Arved Fuchs gestritten. Wenn Sie 92 Nächte hintereinander
einem engen Zelt neben einem Menschen schlafen müßten, den Sie bis dahin kaum kannten, Sie
ürden ihn auch nicht mehr riechen können. Und nicht nur, weil er sich – genauso wie Sie – wochenlang
cht mehr richtig gewaschen hat.
aran gemessen sind Messner und Fuchs erstaunlich gut miteinander klargekommen. Selbst Freunde
ben mit Reinhold ihre Probleme. Der Südtiroler ist Egomane. Am liebsten macht er alles selbst, weil
ır er seinen Perfektionsansprüchen genügt. Man muß wohl so sein, um es so weit zu bringen. Messners
ırgfalt, Disziplin und Leistungswille suchen ihresgleichen. Der Mann ist einmalig – und er weiß es.
as läßt ihn leicht unduldsam werden gegenüber anderen, Langsameren, Schwächeren.
aß Messner sich an seinem Partner Fuchs gerieben hat, kann somit nicht im geringsten verwundern.
mehreren Folgen schilderte der SPIEGEL anschaulich und einfühlsam, welch außergewöhnliche
eistung Messner und Fuchs zusammen vollbrachten. Die unvermeidlichen Reibereien zwischen den
iden spielten nur am Rande eine Rolle.
s Zentrum der öffentlichen Diskussion rückten sie erst durch den STERN. Der, auf seinem eigenen
errain einmal mehr vom SPIEGEL abgehängt, sah in ihnen die Chance, doch noch in das Thema
izusteigen. Gespickt von Fuchs' PR-Manager, einem ehemaligen Mitarbeiter, ergriff der STERN die
ırtei des Schwächeren. Fortan wurde weniger von der Leistung der beiden Antarktis-Durchquerer als
er ihre persönlichen Auseinandersetzungen geredet und geschrieben.
sind nun mal die Gesetze unserer Medienwelt.«

werde auch damit leben können.

Arved und ich kamen spät ins Bett. Ich schlief trotz Müdigkeit und reichlichem Alkoholgenuß nicht ein. Ich erinnerte mich an ein Zelt, das ich vor den Baracken gesehen hatte. Ein grünes Militärzelt, das ähnlich aussah wie jenes, das Amundsen auf seiner Polreise benutzt hatte. Mit meinem Schlafsack unterm Arm ging ich hinaus und kroch in das Zelt. Sofort fiel ich in tiefen Schlaf. Ich erwachte wunderbar erfrischt.

Am 3. Januar wollten wir weiter. Es wurde Zeit, die Probleme zu überdenken, die uns auf dem Weg von den Thiel-Bergen zum Pol gebremst hatten. Zunächst bat ich einen Tischler, meine Skier mit neuen Fellen zu bekleben. Der Aluminiumlöffel, der mir auf dem ersten Teil der Reise gebrochen war, wurde geflickt. Die Hilfsbereitschaft war groß.

Als ich bestätigt fand, daß Steger für seine »Transantarctica« am Pol 30 Tonnen Brennstoff bekommen hatte, um über ANI seine Depots bis zur russischen Station Vostok einrichten zu können, bat ich meinerseits um eine kleine Hilfe. Ich wollte die italienische Station »Terra Nova« anfunken, um mitzuteilen, daß wir Mitte Februar in Scott-Base sein wollten. Meine Bitte wurde abgelehnt. Jetzt erfuhr ich die Hintergründe. Steger war nur unterstützt worden, weil sich die NSF (National Science Foundation) gezwungen sah einzugreifen. Nachdem Adventure Network wieder einmal nicht fähig gewesen war, Versprechen einzulösen – in diesem Fall genügend Brennstoff zum Südpol zu bringen –, hatte sich die UdSSR bereiterklärt, den Treibstoff für die Steger-Expedition zum Südpol zu fliegen. Aber bevor sie eine russische Maschine am Südpol duldeten, gaben die Amerikaner nach und halfen selbst. Ich erwartete deshalb, daß ich wenigstens kurz »Terra Nova« anfunken konnte – es wäre uns eine große Hilfe und Erleichterung gewesen. Nichts. Die Herren von NSF blieben bei ihrer Politik des Abschottens. Offiziell waren wir für die Amerikaner nicht da. Der verantwortliche Chef der Südpol-Station ließ sich weder bei der Begrüßung sehen noch in unserem Quartier. So freundlich die einfachen Leute waren, ein Funkkontakt mit »Terra Nova« war ohne Erlaubnis zu gefährlich. Es hätte den Funker seinen Job kosten können.

Arved und ich wollten Mitte Februar mit dem Schiff der offiziellen italienischen Expedition nach Neuseeland reisen. Noch in Europa hatte ich versprochen, mich vom Südpol zu melden. Aber ich bekam keine Chance.

Unser Depot am Südpol. Mit Proviant und Benzin für 45 Tage wollten wir wieder aufbrechen. Auch Ausrüstungsgegenstände tauschten wir aus.

Am ersten Tag des Jahres war ich trotz der erfrischenden Nacht müde und unausgeschlafen.

Die Twin-Otter der kanadischen Antarktis-Flieger hatte für uns frischen Proviant gebracht. Wir konnten also weiter. Wir hatten zwar nicht gezögert, die Polstation zu nutzen, aber praktische Hilfe erfuhren wir nicht. Obwohl wir uns um die offizielle Politik der Washingtoner »National Science Foundation« nicht scherten, konnten wir sie nicht umgehen. Nach ihrem Reglement hätten wir nicht einmal die Dusche benutzen dürfen. Für die NSF in Washington dürfen auf dem Eiskontinent nur amtlich geförderte Unternehmen der Unterzeichnerstaaten des Antarktis-Vertrages existieren. Jedes »Abenteurertum« sollte »entmutigt« werden. Daß die Stationsleitung mir als italienischem Staatsbürger hartnäckig verweigerte, über das US-Funkgerät mit dem italienischen Antarktis-Stützpunkt »Terra Nova« zu sprechen, war also nicht verwunderlich. In der Antarktis war es ganz einfach, seine Claims zu verteidigen. Man brauchte dem nicht Erwünschten nur jede Hilfe zu verweigern. Deshalb das Funkverbot für uns. Vivian Fuchs war es 1958 besser ergangen. Er führte eine offizielle Antarktis-Expedition und verbrauchte großteils öffentliche Gelder:

»Wir beschlossen, einen Gewaltvorstoß auf den Pol zu unternehmen. In den nächsten zwanzig Stunden fuhren wir ohne Unterbrechung voran und schafften dabei wenig mehr als fünf Kilometer in der Stunde. Alle sechs Stunden schoß ich mit dem Sextanten nach der Sonne und zeichnete meine Position auf. Um 20 Uhr am 3. Januar hatten wir 96 Kilometer zurückgelegt und suchten die Gegend nach den Anzeichen menschlicher Behausung ab. Gerade als wir tanken wollten, entdeckte ich plötzlich vor mir einen schwarzen Punkt. Ich eilte darauf zu und fand eine Markierungsflagge. Erleichtert winkte ich den anderen, sie sollten anhalten. Dann stellte ich meinen Motor ab. Wir waren sehr müde und mußten schlafen, bevor wir weiterfuhren.

Am 4. Januar, gleich nach 12 Uhr, fuhren wir die letzten paar Kilometer durch weichen Schnee in die amerikanische Südpolarstation ein. Es war schön für uns, von freundlichen Gesichtern und herzlichen Stimmen begrüßt zu werden und endlich wieder ausruhen zu können. Die Traktoren hatten trotz ihrer Schwächen Erstaunliches geleistet, aber wir kletterten gern zum letzten Male von den kalten Sitzen, weil wir wußten, daß unsere Fahrt von 2000 Kilometern zu Ende war.«

Das lag jetzt mehr als dreißig Jahre zurück – von der Stimmung allerdings, die Scott am Südpol erlebt hatte, waren wir alle eine Ewigkeit entfernt.

»Dienstag, 16. Januar 1912. Das Furchtbare ist eingetreten – das Schlimmste, was uns widerfahren konnte! Wir machten am Vormittag 14 Kilometer. Am Nachmittag brachen wir in gehobener Stimmung auf, denn wir hatten das sichere Hochgefühl, morgen unser Ziel zu erreichen. Nach der zweiten Marschstunde entdeckten Bowers' scharfe Augen etwas, das er für ein Wegzeichen hielt. In wortloser Spannung hasteten wir weiter – uns alle hatte der gleiche furchtbare Verdacht durchzuckt, und mir klopfte das Herz zum Zerspringen. Eine weitere halbe Stunde verging – da erblickte Bowers vor uns einen schwarzen Fleck! Ein Schneegebilde war das nicht – konnte es nicht sein! Geradewegs marschierten wir darauf los, und was fanden wir? Eine schwarze, an einem Schlittenständer befestigte Flagge! In der Nähe ein verlassener

Die Schinderei und Spaltensturzgefahr von Scott und seinen Männern ist kaum vorstellbar. Zu fünft vor den Schlitten gespannt, hatten sie den Südpol erreicht.

Lagerplatz – Schlittengeleise und Schneeschuhspuren, kommend und gehend – und die deutlich erkennbaren Eindrücke von Hundepfoten – das sagte alles. Die Norweger sind uns zuvorgekommen – Amundsen ist der erste am Pol!

Eine furchtbare Enttäuschung! Aber nichts tut mir dabei so weh, als der Anblick meiner armen, treuen Gefährten! All die Mühsal, all die Entbehrungen, all die Qual – wofür? Für nichts als Träume – Träume über Tage, die jetzt zu Ende sind.

An Ruhe war in dieser Nacht nicht zu denken! Schon die Aufregung ließ uns nicht schlafen, die Aufregung über die Entdeckung des schon entdeckten Pols! Alle Gedanken, die in uns aufstiegen, alle Worte, die fielen, alles endete mit dem einen Furchtbaren: *Zu spät!* Und als es dann still wurde im Zelt – da brüteten wir gewiß alle über der einen finsteren Vorstellung: Mir graut vor dem Rückweg!

17. Januar. Der Südpol. Unter anderen Umständen hatten wir diesen Augenblick seit Monaten herbeigesehnt! Ein grauenhafter Tag liegt hinter uns – einmal die Enttäuschung, dann ein Wind,

der bei 30° Kälte uns gerade entgegenwehte. Wir brachen um 7 Uhr 30 auf, denn keiner hatte in dieser schauderhaften Nacht geschlafen, und folgten den Schlittengeleisen der Norweger. Auf einer Strecke von 5 Kilometern kamen wir an 2 kleinen Wegmalen vorüber. Dann trübte sich plötzlich das Wetter, und da die Spuren zu weit westwärts führten, beschloß ich, meinen Berechnungen gemäß direkt nach dem Pol zu ziehen. Aber gegen Mittag hatte Evans so kalte Hände, daß wir das Lager aufschlagen mußten, um zu frühstücken. Dann zogen wir weiter und legten 12 Kilometer in südlicher Richtung zurück. Es ging abwärts, wie mir scheint; aber vor uns geht es offenbar von neuem bergan. Sonst ist hier nichts zu sehen – nichts, was sich von der schauerlichen Eintönigkeit der letzten Tage unterschiede. Großer Gott! Und an diesen entsetzlichen Ort haben wir uns mühsam hergeschleppt und erhalten als Lohn nicht einmal das Bewußtsein, die ersten gewesen zu sein!«

Auch für uns war es bis zur Endstation McMurdo-Bucht/Ross-Insel noch unendlich weit. Der Weg, auf dem Robert Falcon Scott und seine vier Gefährten 1912 auf dem zermürbenden Rückweg vom Südpol zugrunde gegangen sind, lag noch vor uns. In zwei Tagen würden wir mit schwerbeladenen Schlitten in der Weite der Polebene verschwinden. Ohne Verbindung mit der Außenwelt, fast ohne Möglichkeit einer Rettung. Trotzdem weigerte ich mich, das Spillsbury-Funkgerät mitzunehmen, das uns Brydon zum Pol mitgebracht hatte. Auf dem ersten Teil der Reise, bis zu den Thiel-Bergen, hatte es nur selten funktioniert. Ein stärkeres Gerät kam aus Gewichtsgründen nicht in Frage.

Mit dem High-Tech-Orientierungssystem »Argos« wollten wir weiterhin unsere jeweilige Position senden. Die Signale des automatischen Senders wurden von zwei Satelliten in der Erdumlaufbahn aufgefangen und über das entsprechende Rechenzentrum in Frankreich an Wilhelm Bittorf in Punta Arenas weitergegeben. Wir wußten inzwischen, daß es funktionierte. Bittorf vertraute den Daten. Er war weiterhin unser Kontaktmann zur übrigen Welt, mit dem wir aber nicht kommunizieren konnten.

Am 2. Januar beluden Arved und ich unsere Schlitten. Wir hatten ein neues Zelt übernommen und Arved ein neues Paar Skier. Wir füllten die

Schlitten mit 45 Doppelrationen. Jeder nahm 22 davon auf. Dazu ein Stück Speck und hartes Brot. Unsere Schlitten hatten etwa das gleiche Gewicht. Bei mir kam das Zelt hinzu. Am Abend plötzlich kam ein Funkspruch von Punta Arenas. Über die Brücke Patriot Hills und das Funkgerät der Twin-Otter am Pol versuchte Wilhelm Bittorf, direkt mit mir zu sprechen. Leider wurde es ein einseitiges Gespräch. Ich konnte Wilhelm verstehen, er konnte mich nicht hören. Punkt für Punkt schrieb ich die Befehle auf. Ulrich Jaeger sollte mit den Tagebüchern, möglichst von uns beiden, den Filmen und seinen Notizen sofort zurückfliegen. Ich sollte nochmals versuchen, die Italiener in »Terra Nova« anzurufen. Ich sollte ein kurzes verschlüsseltes Argos-Informationsschema aufschreiben, damit er im Notfall wußte, wie er sich zu verhalten hätte.

Noch einmal bat ich in der Polstation um eine Erlaubnis, mit der italienischen Station zu sprechen. Vergeblich. Mit dem Funkgerät im Flugzeug kamen wir nicht bis dorthin durch. Also hatte ich mich an eine zweite Anweisung Wilhelms zu halten: Wir mußten spätestens am 15. Februar in McMurdo sein. »Sonst können euch die Italiener mit ihren Hubschraubern in Scott-Base nicht rechtzeitig abholen«, hatte er erklärt. Waren wir nicht am 16. Februar auf ihrer Station, würde das Schiff der italienischen Antarktis-Expedition 1989/90 ohne uns auslaufen. Der letztmögliche Termin für die Abfahrt der »Barken« von Baia Terra Nova war der 19. Februar. Der Heli-Flug von McMurdo dorthin war nur bei gutem Wetter möglich, vielleicht einmal wöchentlich. Auf der Strecke von McMurdo-Sund nach Baia Terra Nova gab es meist Nebel. Wollten wir also sicher mit der »Barken« nach Neuseeland auslaufen, mußten wir mit einer Woche Zeitspielraum ankommen. Für den Notfall hatte ich eine zweite Heimreisemöglichkeit ins Auge gefaßt. Mit Giles Kershaw hatte ich eine Absprache getroffen, daß er uns am Ende der Expedition mit einer kleinen Cessna in McMurdo holen würde. Dieser Flug über die ganze Antarktis aber – McMurdo, Patriot Hills, Punta Arenas – war teuer und riskant. Ich hatte unendlich großes Vertrauen in Giles Kershaw, den erfahrensten Polpiloten überhaupt, aber lieber wollte ich mit dem Schiff zurückfahren. Noch vor unserer Abreise war ich in München mit dem lebenslustigen Giles zusammengekommen. Wir diskutierten, erwogen alle möglichen Optionen, verhandelten. Wir waren zu einer brauchbaren Vereinbarung gekommen. Trotzdem hoffte ich jetzt, dieses Flugabenteuer durch eine schnelle Überquerung überflüssig machen zu können. Wir mußten einfach rechtzeitig in Baia Terra Nova ankommen.

Die Fuchs-Expedition hatte 1957/58 mit ihren Raupenfahrzeugen für die zweite Hälfte der Überquerung weniger als 40 Tage gebraucht. Hillary aber hatte diese Route vorher erkundet und mit Depots versehen. Er, der früher als Fuchs am Pol angekommen war, fürchtete, daß Fuchs wegen seiner Verspätung keine Chance haben würde, die gesamte Überquerung zu bewältigen. Es kam zu einem Disput zwischen den beiden, der sofort durch die Weltpresse ging und öffentlich diskutiert wurde. Auch wir wußten, daß unser Tempo bis zum Pol zu gering gewesen war. Auch unsere Expedition wurde öffentlich diskutiert. Auf der Etappe von den Thiel-Bergen bis zum Pol waren wir aber entschieden schneller vorangekommen als im ersten Viertel der Reise. War das Tempo noch steigerbar? Ich war zuversichtlich. Wir hofften zudem auf Rückenwind. Mit ständigem Rückenwind hätten wir McMurdo in 30 Tagen erreichen können. Ohne Rückenwind in 60 Tagen. Bei einer Schlittenlast von 120 Kilogramm würde diese längste Etappe aber mörderisch anstrengend sein. Vielleicht sogar unmöglich.

Am Pol lagen eine Menge Briefe von Briefmarkensammlern. Alle wollten sie ein Kuvert mit Briefmarken und Stempel vom Südpol haben. Wir erfüllten die Wünsche. Mit einigem Murren zwar, aber wir erfüllten sie. Auch ein Brief von Steger lag dort. Er lud mich ein, die Nordwestpassage mit ihm und seinen Schlittenhunden zu laufen. Mit Jürgen Bolz, der allein am Südpol zurückbleiben sollte, wiederholte ich dann den Argos-Code für eine etwaige Rettung. Anschließend ging ich in die Sauna. Dann legte ich mich wieder in das alte Militärzelt, das immer noch vor J-5 stand.

Je länger wir in der Antarktis unterwegs waren, um so größer wurde mein Respekt vor den anderen Expeditionen. Nicht nur Shackleton, Amundsen und Scott, auch Steger und Etienne hatten meine ungeteilte Hochachtung. Und die Arktisfahrer. Vor allem Fridtjof Nansen, Julius Payer, Wally Herbert.

Ja, am 3. Januar wollten wir aufbrechen. Wir mußten. Im Halbschlaf ging immer wieder ein Datum durch meine Träume: der 15. Februar. Am 15. Februar spätestens mußten wir in McMurdo ankommen. Diese »dead line« sollte auf dem vor uns liegenden Weg mein Verhältnis zu Arved schwer belasten.

Am nächsten »Morgen« wurden Arved und ich doch noch vom Boß der Polbasis, John Fay, zum Frühstück eingeladen. Diesmal offiziell. Wir

Start am Südpol. Mehr als die Hälfte der Polbesatzung ist gekommen, um sich von uns zu verabschieden. Schwache Brise aus Süd. Wir laufen »Pinguin«.

wurden dem Chef vorgestellt. Man bewirtete uns und wünschte uns Glück. Ein Wissenschaftler gab uns die statistischen Daten über Windrichtung und Windgeschwindigkeit zwischen Südpol und McMurdo. Wir kannten sie schon. Aber es beruhigte, sie nochmals schwarz auf weiß abgedruckt zu sehen. Alles deutete darauf hin, daß wir in den kommenden sechs Wochen idealen Wind zum Segeln und gutes Wetter haben würden.

Um die Mittagszeit des 3. Januar verließen wir J-5. Jeweils zwei Amerikaner schleppten unsere schweren Schlitten zur Landepiste, auf der normalerweise die bauchigen Herkules-Maschinen einschwebten. Von McMurdo kommend landeten sie auf ihren Skikufen sicher im Schnee. Eine längere Flugpause war angesagt worden.

Arved und ich machten unsere Segel klar, ließen sie steigen. Jürgen Bolz rannte von einem zum anderen, um zu filmen. Er war wie aufgedreht. Die Energie, mit der dieser Mann arbeitete, konnte ich nur bewundern. 16 mm Arriflex auf Stativ, Tonbandgerät, Videokamera, alles bediente er selbst, oft parallel filmend. Einen Handschuh in der Tasche lief er mit weißen Fingern hinter uns her, eine Dunstwolke um den Kopf.

Wir liefen nach Süden. Es war kein Abschied. Wie wir gekommen waren, verschwanden wir wieder. Der Wind war nicht stark genug, um uns und die Schlitten über die Ebene zu treiben. Wir liefen mit dem Segel vor uns, den Schlitten im Kreuz. So ging es hinein in diese unendliche Polarebene, die wir für drei Tage verlassen hatten. Nach einer Viertelstunde schon sah ich nichts mehr von der Polstation. Vor mir die graue Schneefläche. Dunkler der Horizont. Über mir ein milchig blauer Himmel. Schlieren überzogen ihn mehr und mehr.

10. Die Segel sind gesetzt

Die Gastfreundschaft am Pol war angenehm, und doch wäre es mir lieber gewesen, wir hätten dort nur ein Depot mit unserem Proviant vorgefunden.

Am 3. Januar brachen wir erleichtert auf. Die »White Mama«, wie die Pol-Amerikaner die glitzernde Unermeßlichkeit ringsumher nennen, war wieder die uns tragende Welt. Wir hatten den Wind im Rücken. Von jetzt an würden wir uns und unsere Schlitten von den Gleitschirm-Segeln ziehen lassen.

Zuerst war die Brise mäßig. Wir liefen mehr, als daß wir gezogen wurden. Als rechteckige Spinnaker blähten sich die Segel vor uns. In der weißen Weite des Polarplateaus sahen sie aus wie farbige Drachen. Knapp 3000 Meter über der Küste, der wir entgegenreisten, mehr als 1400 Kilometer von ihr entfernt, fuhren wir nach Norden. Vor uns lagen jetzt 500 Kilometer Hochfläche; dann 200 Kilometer Gletscher durch das Transantarktische Gebirge; zuletzt 700 Kilometer Ross-Schelfeis.

Wir hatten drei Gangarten entwickelt, wie ich am Rand meines Tagebuchs notierte:

1. Wir machen den »Esel«, d.h. wir ziehen den Schlitten in herkömmlicher Weise (Geschw.: 2 Meilen/Std. max.)
2. Wir machen die »Schwalbe«, d.h. wir segeln, stehen auf den Skiern und werden samt Schlitten vom Segel/Wind gezogen (Geschw.: 5–8 (?) Meilen/Std.)
3. Wir machen den »Pinguin«, d.h. wir laufen mit dem aufgespannten Segel. Es sieht aus, als wollten wir segeln (fliegen) und könnten es nicht. (Geschw.: 3–4 Meilen/Std.)

In den Pausen nahmen wir das Segel herunter. Anschließend brachten wir es wieder in Position. Wenn der Wind es zu füllen begann, schlängelte es raschelnd über den gefrorenen Schnee. Dann erhob es sich auf sechs, acht Meter Höhe, und dahin ging's. Das Segel hing an einem Sitzgurt,

Aufnehmen des Segels. In den Pausen blieben die Segel auf dem Schnee liegen. Nach Gebrauch wurden sie in einem eigenen Sack verstaut und auf dem Schlitten transportiert.

getrennt vom Zuggeschirr, an dem der Schlitten hing. Bei gutem Wind zog das Segel Mann und Schlitten knirschend über die Schneekruste. Das war ein Gefühl! Oft stieß ich beim Start oder wenn ich über die Ebene fuhr einen Schrei aus, einen triumphierenden Jodler. Sonst war Jodeln meine Sache nicht. Wenn ich aber die Kraft des Windes im Segel spürte, konnte ich nicht anders.

Auch Scott hatte 1912 beim Rückmarsch Segel gesetzt. Sie waren nicht am Mann, sie waren auf dem Schlitten montiert gewesen.

>Freitag, 19. Januar 1912. Die letzten Stunden am Nachmittag waren recht mühsam, trotz unserer leichten Last und des windgefüllten Segels. Das Wetter ist ganz sonderbar! Dichte Schneewolken, die uns das Tageslicht rauben, ziehen von Süden her über uns weg, und ohne Unterlaß rieseln feine Kristalle hernieder, die den Weg völlig verderben; zwischendurch macht die Sonne kurze Besuche, und der Wind dreht sich nach Südwest. Die Schneewehen scheinen wie Sanddünen von Ort zu Ort zu wandern. Unsere alte Spur ist fast ganz verweht, und schon haben sich gezahnte Schneefahnen über den alten Geleisen gebildet! Dabei sind sie nur

drei Tage alt, während die Spur der Norweger noch jetzt, nach einem Monat sichtbar ist! Unerklärlich! Mit dem Wind marschieren ist wärmer und angenehmer; und doch kommt es mir so vor, als ob wir jetzt bei jedem Stillstehen und im Lager die Kälte weit mehr fühlen als auf dem Hinweg! Unsere Wegmale finden wir leicht wieder; aber solange wir nicht das »Drei-Grade-Depot« erreicht haben (noch über 280 Kilometer), werde ich die quälende Unruhe nicht los sein.«

Wie ähnlich war die Situation bei uns. Derselbe Schnee, dieselbe Windrichtung, dasselbe Wetter. Nur konnten wir keinen Spuren folgen, und es gab für uns kein Depot auf der ganzen Strecke bis McMurdo. Es ging langsam voran. Trotz des Segels war das Marschieren anstrengend. Mit dem geblähten Drachen über mir und dem tiefen Schnee unter den Skiern war ich zu unrhythmischem Gehen gezwungen. Immer wieder riß mich die Kraft einer Windbö zur Seite. Oft, wenn der Wind drehte, verlor ich das Gleichgewicht. Nur langsam gewöhnte ich mich an diese Art des »Pinguin-Segelns«. Wir liefen wirklich wie Pinguine: so, als ob wir immerzu fliegen wollten, ohne je fliegen zu können.

Nach jeder Segelstunde, in den Rastpausen, liefen Arved und ich steifbeinig herum. Diese Art der Fortbewegung war besonders anstrengend für die Oberschenkel. Am ersten Tag kamen wir etwa 30 Meilen weit. Das war mehr, als wir gedacht hatten. Am zweiten Tag starteten wir spät. Es war ein stürmischer Morgen mit »White out«. Erst am Nachmittag, gegen 15 Uhr, konnten wir starten. Der Wind war gut. Trotz der schlechten Sicht schafften wir mehr als am Vortag. Es war wie eine Abfahrt im Nebel. Wir fuhren über eine Buckelpiste, ohne zu sehen, wohin es ging. Nur der Kompaß gab mir die Richtung an. Die Schwierigkeit bestand jetzt darin, den Partner nicht zu verlieren.

Diese düstere, bedrohliche Stimmung! Dunkle Wolken, Schneefahnen knapp über dem Boden, und die Sonne als ein heller Kreis hinter allem. Ich glaubte, im Weltall zu schweben. Oft kreuzten wir stumpfe Schneewehen, die wie Schmirgelpapier bremsten. Ich sah mich ständig um. Ich durfte Arved nicht aus meinem Gesichtskreis verlieren. Hätten wir uns im dichten Nebel verloren, und hätte der eine die Spur des anderen nicht mehr gefunden, wir wären verloren gewesen. Beide. Als wir nach dem zweiten Segeltag im Zelt saßen, war unsere Zuversicht gewachsen. Trotz der schlechten Sicht, des schlechten Schnees und der wenigen Segelstunden waren wir gut vorwärts gekommen. »Hätte Scott unsere Segel gehabt, er wäre sicherlich durchgekommen«, dachte ich und besprach es mit Arved.

An diesem Abend hatten wir erstmals Probleme mit dem GPS. Es zeigte »error« an. Wir kriegten keine Position. »Vielleicht bastelt jemand an den Satelliten herum«, meinte Arved. Dabei wäre es für uns wichtig gewesen, zu wissen, wo wir waren, und gleichzeitig zu wissen, wie schnell wir waren. Wir mußten ein neues Geschwindigkeitsgefühl entwickeln. So wie wir es beim Marschieren gehabt hatten. Unser Argos funktionierte. Aber es nutzte uns beiden nichts. Es zeigte über das Computerzentrum der französischen Raumfahrtbehörde CNES in Toulouse unseren Standort an. Angeblich bis auf 200 Meter genau. Per Telex wurde er von Toulouse täglich an die SPIEGEL-Berichterstatter in Punta Arenas, Südchile, weitergegeben. Es waren trockene Koordinatenangaben, die nur den jeweiligen Punkt auf der Erdoberfläche markierten. Trotzdem sagten diese Zahlen aus, daß wir an den ersten beiden Tagen nach dem Pol eine Distanz von 100 Kilometern zurückgelegt hatten.

Das war eine sensationelle Geschwindigkeit, die ohne Motorkraft in der Antarktis noch nie erreicht worden war. Selbst die Schlittenhunde der Steger/Etienne-Expedition konnten da nicht mithalten.

Am Abend im Zelt war alles so friedlich, still, gemütlich. Gestern ist Magdalenas zweiter Geburtstag gewesen, fiel mir ein, und ich versuchte, mir das Kind vorzustellen. Wann würde ich sie wiedersehen? Aber eigentlich wollte ich nur Tag für Tag vorausdenken. Die ganze Strecke gegenwärtig zu haben, 1500 Kilometer, das wäre zuviel gewesen. Wir hatten für 45 Tage Essen und Brennstoff dabei. Dazu Notproviant. Wir mußten auskommen.

Mit jedem Tag wurde unsere Reise jetzt jener von Scott ähnlicher. Hätte ich nicht gewußt, wie tragisch diese ausgegangen war, ich hätte mich mehr der Euphorie der anfänglichen Fortschritte hingegeben. Trotz des stumpfen Treibschnees, der Kälte, die wir jetzt mehr spürten als zu Beginn, trotz der versteckten Spalten.

»20. Januar. Der Wind legt sich heute nachmittag gut ins Segel; aber später wurde die Oberfläche außergewöhnlich schlecht: Der Treibschnee lag in großen Haufen und klebte fest an den Schneeschuhen. Das Ziehen wurde dadurch schauderhaft, aber wir

Sabine mit Magdalena.
Dieses Foto hatte mir Sabine vor der
Abreise in mein erstes Tagebuchheft
gesteckt.

hielten nicht an und schlugen unser Lager erst jenseits unseres
Wegmals vom 14. auf. Ich fürchte, morgen wird's noch schlimmer! Glücklicherweise hält sich der Wind! Wenn nur Bowers
seine Schneeschuhe wieder hätte! Diese langen Märsche bei seinen
kurzen Beinen! Das bringt nur so ein zäher Sportsmann wie er
fertig. Oates scheint unter Kälte und Anstrengungen mehr zu
leiden als wir anderen. Gesamtresultat heute: 34 Kilometer. Es
hängt jetzt alles davon ab, ob wir dies gute Marschtempo beibehalten können; ich glaube, ja – und dann werden wir unser Schiff
schon noch erreichen.

Sonntag, 21. Januar. Wir erwachten bei starkem Orkan: Die
Luft war schneedick und die Sonne trübe. Um nicht die Spur zu
verlieren, blieben wir liegen, gefaßt auf wenigstens einen Tag
Aufenthalt. Aber über Mittag klärte es sich plötzlich auf und der
Wind flaute zu leichter Brise ab. Dennoch konnten wir erst um 3
Uhr 45 aufbrechen; denn unsere Sachen waren steifgefroren und
trotz der Hilfe des Windes schleppten wir uns in 4 Stunden nur 10
Kilometer vorwärts. Spalten sehen wir ziemlich deutlich, aber
unsere Wegmale erst, wenn wir etwa 1 Kilometer davor sind. 83

Kilometer bis zum Anderthalb-Grade-Depot mit Proviant auf 6 Tage – dort finden wir Lebensmittel auf 7 Tage für die 167 Kilometer zum Drei-Grade-Depot. Sind wir einmal dort, dann ist alle Angst vorüber.«

Am Pol hatte man uns so viele Süßigkeiten zugesteckt, daß wir Mühe hatten, sie aufzuessen. Wir wollten sie aber nicht länger mitziehen. Also schlangen wir sie hinunter. Die Schlitten waren so schon schwer genug. 120 Kilogramm sind eine Pferdelast, keine Menschenlast. Am dritten Tag war es am Morgen wieder bedeckt. Wieder idealer Segelwind. Der Schnee wurde immer sandiger. Er flog über die Ebene. Es war, als würde ein Seidentuch knapp über dem Boden flattern. Wir segelten fünfeinhalb Stunden. Trotz Schmerzen in den Knien und der Kälte in den Pausen. Die Arme taten weh. Ans Segeln mußten wir uns erst noch gewöhnen. Die Hüften schmerzten vom reißenden Hin und Her unserer Segel. Zwei riesige Halos hingen um die Sonne. Als ob sie heute besonders wärmen wollte. Meine Hüften waren vom Schlittengurt wundgescheuert. Wenn der Wind abflaute, kamen wir kaum noch von der Stelle. Ein schlechtes Omen.

An diesem Tag bekamen wir am Abend wieder keine Position. Wieder »error«. Wir vermuteten alles mögliche, nur nicht das Richtige. Wir dachten, daß einer der Satelliten defekt sei. Vielleicht wurde einer ausgetauscht. Vielleicht kam einer dazu. Einige Tage später stellte Arved nach längeren Untersuchungen fest, daß er versäumt hatte, das Gerät am Pol von West auf Ost umzustellen. Der Computer konnte dies offensichtlich nicht selbst. Nachdem es umgestellt war, funktionierte das GPS-System wieder.

Am Morgen des 6. Januar flog ein Flieger über unser Zelt. Eine Bestätigung, daß wir auf der richtigen Route waren. Es war schönes, sonniges Wetter. Aber kein Segelwind mehr. Es war »warm«, zumindest hatten wir das Gefühl, daß es warm war. Wir blieben trotzdem im Zelt. Nach den ersten drei Segeltagen waren wir uns des Erfolges so sicher, daß wir vorerst abwarten wollten. Es wäre taktisch falsch gewesen, uns ziehend zu verausgaben und bei gutem Segelwind müde im Zelt herumzuhängen. Wir wollten unsere Kräfte für die Segelstunden aufsparen.

Aber der Wind blieb aus. Ich wollte wenigstens ein Stück weit laufen. Arved konnte keinen Sinn darin erkennen, die Schinderei des Schlittenziehens zu ertragen, wenn der Wind die Arbeit erleichtern könnte.

Zwischen uns kam wieder Spannung auf. Es war ein ungewohntes Gefühl, bei schönem, sonnigem Wetter im Zelt zu bleiben. Ich war verunsichert. Vielleicht hatte Arved recht, vielleicht wäre es die einzig richtige Entscheidung, abzuwarten, nur mit dem Wind zu gehen. Aber was, wenn der Wind ganz ausblieb? Wir versuchten, ein Stück weit zu laufen. Mit dem schweren Schlitten auf dem stumpfen Eis kamen wir nicht weit. Wir glaubten jetzt zu wissen, daß der Wind auf unserer Seite war. Arved weigerte sich, bei schönem Wetter und ohne Segelwind zu gehen. Nach dem guten Beginn – 156 Kilometer in drei Tagen – gerieten wir erneut in Schwierigkeiten. Ohne Wind kamen wir nur noch im Kriechtempo voran. Hoffnungslosigkeit. Warum sich im Schneckentempo »schinden«, wenn uns der Wind mindestens doppelt so schnell vorwärtshieven würde! Vielleicht morgen. Geduld gehörte jetzt zur Taktik – wie vorher die sture Ausdauer.

Die Schlitten waren schwer, Sastrugifelder bremsten. Die Durchschnittsgeschwindigkeit sank. Nach dem ersten windlosen Tag sah es besorgniserregend aus. Bei diesem Tempo würden wir 60 Tage brauchen, um die Küste zu erreichen. Mit Proviant für 45 Tage und dem antarktischen Winter vor der Tür kamen wir so in dramatische Zeitnot.

Bis hierher war auch Shackleton 1909 bei seinem Versuch, den Südpol zu erreichen, gekommen. Kaum vorstellbar, wie müde, verzweifelt und traurig die vier Männer gewesen sein müssen, als sie feststellen mußten, daß weder ihre Zeit noch ihr Proviant ausreichten, um zum Ziel zu kommen.

Shackleton hatte, wie Scott auch, den Rückweg mit Depots versehen. Sie hatten ihre Pferde geschlachtet und das Fleisch für den Rückmarsch deponiert. Für Arved und mich gab es kein Depot. Der stumpfe Schnee, die dünne Luft und die Anstrengung aber waren gleich wie damals.

Als wir, vermummt wie wir waren, nach einer Laufstunde das Zelt aufschlugen, waren wir fast 3200 Meter über dem Meeresspiegel. Nirgends eine Spur von einem Berg. Uferlos das Eismeer. Überall am Horizont feiner Dunst. Sobald das Zelt mit dem Eispickel verankert war, griffen wir die Zeltstäbe und schoben sie diagonal gegeneinander. Der Minidom stand. Nicht nur am Navigationsinstrument, auch in der Lunge konnten wir seit einigen Tagen spüren, daß wir dem höchsten Punkt der Überquerung immer näher rückten. Die Sonne kreiste jetzt auf flacher Bahn, aber unregelmäßig, um das gewaltige Polarplateau.

Oates mit »seinen« Ponys. Diese zähen sibirischen Pferde leisteten Unbeschreibliches.
Zuletzt wurden sie geschlachtet, das Fleisch in Depots eingelagert für den Rückmarsch.

Die Zeit schien stillzustehen. Wie eine steckengebliebene Erinnerung.

Wir lagerten ganz oben auf diesem Hochplateau und spürten den Sauerstoffmangel. Der Tagesrhythmus und die Handgriffe im Zelt waren inzwischen zu einem Ritual geworden. Jede Bewegung eine Selbstverständlichkeit. Vom Aufstehen am Morgen bis zum Kochen am Abend. Jeder hatte seine speziellen Aufgaben. Jeder tat, was er immer schon getan hatte und was er auch morgen tun würde. Beim Gehen ließ ich die Phantasie schweifen. Ich dachte nicht, ich ließ denken. Ich ließ mich vom Fluß der Gedanken herumtreiben. So war ich oft weit weg von der Antarktis.

Nachts verfolgten mich Träume. Mich plagten alte Geschichten, die ich nicht verdaut hatte. Ich wachte öfters auf. Der leise Wind auf der Zeltplane klang wie Musik von Vangelis. Die Welt hier war still und doch voller Töne.

Arved und ich waren ohne jeden wissenschaftlichen Anspruch unterwegs, und doch bemühten wir uns, diese weiße Unendlichkeit zu begreifen, »auszumessen«, ein Verhältnis zu ihr zu finden.

Vorerst hielt sie uns fest, allerdings war uns noch nicht in vollem Umfang bewußt, was das bedeutete.

216

Dieses wochenlange Leben in unverfälschter Natur gab mir jenes Selbstverständnis wieder, das früher, bevor sich die Menschheit dank ihrer Technik die Erde »untertan« gemacht hatte, jedes Lebewesen ausfüllte, das bewußt lebte. Es kam mir vor, als wäre ich in jene Zeit und jenen Zustand zurückversetzt, als allein die Natur »Gott« war. Unsere ökologischen Probleme sind auf den Bruch zurückzuführen, der zwischen Menschen und Natur stattgefunden hat. Wo begegnen sich die beiden heute noch, wie und wie oft? Der Mensch hatte notgedrungen verlernen müssen, die Natur zu schonen, als er sie rational und nicht mehr emotional und instinktiv zu erkennen versuchte. Nichts gegen die Wissenschaft – aber müssen ihr alle Mythen geopfert werden?

Schon nach zwei mehr oder weniger im Zelt verbrachten Tagen begann ich zu vergessen, wo wir waren. Trotz des Stillstands glaubte ich wieder an das Durchkommen. Wie schnell sich diese Antarktis in meinem Bewußtsein auflöste. Nach einem Monat mußte auch hier der grüne Frühling kommen, glaubte ich.

Untertags lasen wir oder kochten. Im Zelt war es ohne Sturm immer gemütlich.

So schwer mir das Warten fiel, es war im Moment vernünftig. Ich hätte es ertragen können, aus Schwäche zu scheitern, nicht aber aus Dummheit. Mit diesen Gedanken tröstete ich mich über den»verlorenen Tag«. Am Abend überzog graues Gewölk den Himmel. Im Süden, zum Pol hin, stand ein schwarzer Vorhang aus Nebeln. Immer noch kein Wind!

Am Morgen gingen wir. Nach der neu errechneten Peilzahl. Durch Dunstbänke, Sonnenstreifen. Wieder hing eine Nebensonne unter der Sonne, die schräg durch die Nebel schien. Diese zweiten kleineren Sonnen, Nebensonnen oder Panhelien genannt, entstehen durch Brechung des Lichts an den in der Luft schwebenden Eiskristallen. Dieses Schauspiel wirkt erhebend und beängstigend zugleich. Wie viele Phänomene in der Natur. Als hätten größenwahnsinnige Menschen eine Anti-Sonne konstruiert. Das Licht- und Wolkenspiel beflügelte die Geister der Antarktis. Auch meine Gedanken. Mir war wieder klar, wo wir waren. Verloren im Nichts. Ich wurde unruhig.

Auf diesem Hochplateau bei gutem Wetter im Zelt herumzuhocken, hielt ich nicht lange aus. Das Wissen, daß uns jede Stunde, die wir jetzt abwarteten, am Ende fehlen würde, machte mich wahnsinnig. Als Organisator der Expedition hatte ich vor allem Sorge, das italienische Schiff könnte auslaufen, ehe wir nach Baia Terra Nova kommen würden. Ich bestand jetzt darauf, daß wir auch ohne Segelwind täglich mindestens eine Teilstrecke weitergingen. Nachdem wir über Tage kaum von der Stelle gekommen waren, diskutierten wir sogar die Möglichkeit, die Expedition in Gateway abzubrechen. Auch ich wußte, daß unsere Chancen, bis nach McMurdo zu kommen, gleich null wären, wenn kein Wind wehte. Ich wollte aber diese Möglichkeit nicht von vorneherein verspielen.

»Entladen wir unsere Schlitten und nehmen wir nur das Allernötigste für den Weg bis nach Gateway mit«, meinte Arved.

»Nein!«, sagte ich. Ich wollte das nicht. Obwohl es vernünftig klang. In Gateway wäre die reine Kontinentalüberquerung beendet gewesen. Ich aber wollte die kleinste Chance wahrnehmen, über Gateway hinauszukommen. Deshalb mußten wir unsere ganze Ausrüstung weiter mitschleppen. Allen Proviant, allen Brennstoff.

Arved bemühte sich weiter, auch wenn er an die Grenze seiner Ausdauer angelangt zu sein schien. Er war ein verläßlicher Partner. Er erledigte seinen Teil der täglichen Arbeit mit Bedacht und der ihm eigenen Genauigkeit. Er klagte nie. Wenn ich eine Eigenschaft an ihm vermißte, war es Heiterkeit. Ein Ausdruck von Lebensfreude am »Morgen« vielleicht, wenn die Sonne schien oder Wind aufkam. Sonst aber waren Arved und ich als Eiswanderer inzwischen ein perfektes Team. Die drei Gangarten – »Esel«, »Schwalbe« und »Pinguin« – wandten wir beide immer gleichzeitig an. Nicht nur, weil der Wind sie uns aufzwang, auch weil es eine Symbiose zwischen uns gab.

Es gab nur diese eine Schwierigkeit: das Tempo. Wir liefen verschieden schnell. Unsere Taktik reduzierte sich auf ein stures Rollenverhalten. Einer hatte die Bremserfunktion, der andere die Aufgabe des Antreibers übernommen. Als wäre dies eine stillschweigende Übereinkunft.

Für mich war es inzwischen zur Selbstverständlichkeit geworden, daß ich vorauslief. Natürlich war es anstrengend, ununterbrochen auf den Kompaß zu starren und eine Spur zu legen, wenn der Schnee weich war. Aber das Vorauslaufen kostete mich weniger Überwindung als das dauernde Tempomachen. Antreiben liegt mir nicht. Ich halte nichts von Leistungsdruck. Meine Devise heißt Leistungswille.

Unsere offenkundigen Tempoprobleme verdrängten die Freude am Gehen aus meinem Tagebuch. Ich wartete oft stundenlang. Tage vergingen ohne Hoffnung, das Ziel zu erreichen. Meine Verzweiflung wuchs. Trotzdem, wir würden durchkommen. Ich wußte es, weil ich es wollte.

Unser schneckengleiches Vorankommen bedrückte mich. Nicht nur, weil wir schwere Schlitten hatten und keinen Wind, kamen wir langsam voran. Vor allem auch, weil wir uneinig und unentschlossen waren. Wegen unserer demokratischen Abstimmung Tag für Tag – wie viele Stunden Laufzeit? – wurden Kompromisse notwendig. Und diese Kompromisse führten dazu, daß wir zu langsam waren – chancenlos, wenn es ohne Wind weitergehen mußte.

Das ständige Antreiben war deshalb meine Aufgabe geworden, weil Arved immerzu abwarten wollte. Antreiben als meine Pflicht, so wie es Arveds Aufgabe war, am Abend die Töpfe vor dem Zelt mit Hartschneebrocken zu füllen, damit wir kochen konnten.

Das Tagebuch hatte jetzt die Funktion eines Beichtvaters für mich. Obwohl ich oft nur Stichworte statt Empfindungen niederschreiben konnte, hinter diesen wenigen Sätzen lag ein ganzes Reservoir von Emotionen, Gedanken. Ich fragte mich nicht, ob ich diesen Speicher, mit dem entsprechenden Stichwort als Code, einmal daheim, wieder abrufen konnte. Ich wollte nicht nur dokumentieren. Mit dem Aufschreiben wurde ich alles los: meinen Ärger, meine Müdigkeit, meine Verzagtheit. Was ich Arved nicht ins Gesicht schreien wollte, um ihn nicht zu verletzen und damit zu schwächen, schrieb ich auf, um es mir von der Seele zu wälzen.

Es war nicht Arveds Schuld, daß wir viel zu langsam waren, es war einfach eine Tatsache, die Zorn in mir hochkochen ließ. Am Abend, nach dem Tagebuchschreiben, war ich den Ärger los. Dann lebte neuer Mut in mir auf. Und ich war wieder gewiß, daß wir den Weg bis ans andere Ende des Eiskontinents schaffen würden.

11. Die weiße Unendlichkeit

Tagelang hatten wir keinen Wind: Und wenn eine Brise aufkam, war es Nordwind. Er blies uns ins Gesicht. In dieser einwöchigen Quälerei über das Hochplateau bremste auch das kantige Eis der Sastrugifelder. Tagesleistungen: 5,5 Kilometer; 11 Kilometer; 13 Kilometer. Ich war besorgt, schlief schlecht. Stundenlang beobachtete ich die Zeltplane. Ich registrierte jede leise Bewegung des gespannten Tuchs. Gleichzeitig horchte ich nach draußen. Aufkommenden Wind konnte ich hören. In seinen feinsten Nuancen ahnte ich Stärke und Richtung. Wie ich die Nebel hörte, die übers Zelt hinweggingen. Gerade hier, wo wir vom Wind und den Schneeverhältnissen abhängig waren, konnte ich mich nicht in die Gegebenheiten fügen. Auch Arved war besorgt. Dabei war es nicht mehr so wichtig, ob wir den ganzen Weg bis McMurdo schaffen würden. Jetzt hätte auch ich mich mit dem Rand des Kontinents begnügt. Der Erfolg war in den Hintergrund getreten. Warum also diese Hoffnungen, Zweifel, Ängste? Es ging ums Überleben. Ein Durchkommen war jetzt nur noch möglich, wenn Wind- und Schneeverhältnisse besser wurden.

Am Pol hatten wir Winddiagramme studiert. Auch zu Hause. Die beiden Vorläufer-Expeditionen – Scott und Swan – hatten täglich die Windrichtungen und -stärken aufgeschrieben. Ich wußte, daß sich auch Scott in seinem Tagebuch über häufigen Gegenwind beim Rückmarsch beklagt hatte. Trotzdem, eine derartige Flaute hätte ich nicht für möglich gehalten. Wären die atmosphärischen Bedingungen so gewesen, wie sie uns am Pol beschrieben worden waren, wir wären rasch am Mill-Gletscher gewesen.

Klagen nützte nichts. Also hofften wir. Ich war bereit, die Gehstrecken zu verdoppeln. Wenn uns der Wind wenigstens in der Hälfte der Tage half, würden wir den Rückstand wieder aufholen.

Als wir in der Flaute standen, wußte auch Arved, daß wir laufen, laufen, laufen mußten. Es war für ihn so viel schwerer, sich dazu aufzuraffen. Für ihn aber waren nicht nur die wunden Füße eine Belastung beim Laufen. Auch die vorangegangene Nordpol-Reise spielte dabei eine Rolle. Bei dieser Reise hatte er immer Englisch gesprochen, weil das die allgemein gültige Sprache in der Gruppe gewesen war. Auch jetzt, in der Antarktis, wenn er seinen Gurt anlegte, fing er an, Englisch zu denken. Das bedeutete, die Distanz, die Zeitspanne, die zwischen Nord- und Südpol lag, war wie weggewischt. Es war ihm, als würde er dort weitermachen, wo er am Nordpol aufgehört hatte. Das war einerseits ein Vorteil, andererseits eine Belastung. Immerzu weiterzulaufen. Ohne greifbaren Anfang. Ohne Hoffnung auf ein Ende. Das war zuviel für ihn. Arved verlor seine Dimensionen.

Die Tage im Zelt vergingen weiterhin in häuslicher Regelmäßigkeit: Frühstück, Spaziergang ums Zelt, Lesen, Plaudern, Mittagessen, Musik, Lesen. Zwischendurch ein paar Minuten im Freien. Wir lagerten mitten in der menschenfeindlichsten Wüste der Erde. Ohne Rückendeckung. Ohne Depots vor uns. Zwischendurch las ich in Friedells »Kulturge-schichte der Neuzeit« und vergaß alles, lebte in der Vergangenheit.

Die Strategie, auf Wind zu warten, war nicht aufgegangen. Zu spät, erst als uns die Zeit davonlief, bemühten wir uns, auch bei Flaute regelmäßig zu laufen.

Was inzwischen daheim passierte – der Fall der Mauer, die vielen Trabbis im Westen, die Revolutionen im Osten – beschäftigte uns nur am Rande. Natürlich sprachen wir darüber. Am Pol hatten wir Zeitungen gelesen und die politischen Veränderungen als Tatsache akzeptiert. Wie Nachrichten von einem anderen Stern. Die Relevanz unserer Expedition in einer politisch so bewegten Zeit war für uns die gleiche wie beim Start geblieben. Nein, wichtig war unser Marsch nur für uns. Und wenn ich mit Abstand darüber nachdachte, erschien es mir jetzt manchmal lächer-lich, wie wir uns abmühten. Was aus der DDR und der Bundesrepublik werden sollte, war für uns eine rein theoretische Frage. Das mag zynisch klingen, aber es war so. Für uns war der Wind von Bedeutung, unsere Gesundheit, die Harmonie zwischen uns. Wir würden uns in die neue politische Situation hineinfinden müssen, wenn die Expedition einmal vorbei sein würde.

Eine solche Reise nimmt dich gefangen. Jede Faser, jeder Gedanke gefangen im Eis. Es ist alles so wirklich, fordert dich physisch und psychisch so sehr, daß die Welt draußen irrelevant wird. Es ging um unsere Haut. Alle anderen Dinge verloren ihre Bedeutung. Das, was wir machten, war ein Leben für sich, uns ganz ausfüllend, aber ausgeklammert aus der Welt. Was in der DDR passierte, klang wie ein Märchen. Trotzdem, es war nicht unser Leben. Nachher einmal würde die veränderte Wirklichkeit über uns hereinbrechen wie eine Lawine.

Dieser Trip hatte als extremste Form von Reisefreiheit begonnen. Ich hatte ihn auch als einen Auftrag empfunden, dort hinzugehen, wohin ich mußte. Um mir das Menschsein zu erarbeiten. Jetzt ging es nur noch ums Durchkommen. Deshalb mein Drängen. Mein Vorauslaufen. Es war zwingend notwendig. Für Arved grenzte es an Sturheit. Ich wollte nicht nachdenken über den entgegengesetzten Fall: Was Arved getan hätte, wenn er der Tempomacher, der Antreiber gewesen wäre. Auf solche Spekulationen mußte ich verzichten. Die Realität war lächerlich genug.

Wir hatten uns die Option vorbehalten, die Expedition nach der guten Hälfte des Weges vom Pol nach McMurdo vorzeitig abzubrechen. Bei Gateway etwa, am Fuß des Beardmore-Gletschers und am Beginn des Ross-Eisschelfs. Bei der Position 83° 30′ Süd sollte die Entscheidung fallen:

1. Wenn wir am 30. Januar an 83° 30′ Süd vorbei sind, gehen wir weiter nach McMurdo.
2. Wenn wir 83° 30′ Süd erst *nach* dem 30. Januar erreichen und (über Argos erkennbar) drei Tage an dieser Position verbleiben, heißt das: Holt uns bitte dort ab mit dem Network-Flieger. Landepiste vorbereitet.

Diese Information hatte ich vom Pol aus an Wilhelm Bittorf in Punta Arenas geschickt. Unser Argos war eine sichere, aber umständliche Verständigungsmethode. Und im Notfall? Wenn einer nicht mehr konnte? Wenn sich einer ein Bein brach? Ein Sturz in eine Gletscherspalte? Es hätte lange gedauert, bis Hilfe gekommen wäre. Vielleicht zu lange. Erst wenn wir uns vier Tage lang nicht von der Stelle bewegten, sollte eine Rettungsaktion eingeleitet werden. Mit dem Flugzeug von Patriot Hills aus. Fast 2000 Kilometer Entfernung. Zu uns zu kommen, war nicht nur schwierig, es wäre auch gefährlich gewesen. Bei schlechtem Wetter unmöglich. Das wußte ich. Auch deshalb meine Eile.

Ich konnte mir nichts Schöneres vorstellen als dieses Gehen. Diese Ruhe, diese Weite, dieser Friede! Das war doch der Himmel.

Die Lust, weiterzumarschieren, war eine meiner Motivationen. Die Neugierde eine zweite: Wie sah es hinter dem Horizont aus? Unsere Lage eine dritte: Wir waren 250 Kilometer vom Pol weg. Mehr als 1000 Kilometer Wegstrecke lagen noch vor uns.

Arved war ein schwarzer Strich hinter mir. Die Welt um uns herum löste sich in grauen Nebeln auf, ohne daß eine Horizontlinie zu erkennen gewesen wäre.

An dieses Schwarz-Weiß-Land hatte ich mich inzwischen gewöhnt. Die verschiedenen Grau-Schattierungen auf der Schneefläche zeigten Mulden oder Rücken an. Die weißen Punkte waren Sastrugis – die schwarzen deren Schatten. Nur die Sonne, oft von zwei, drei Halos umgeben, ließ einen Himmelsausschnitt in den Regenbogenfarben leuchten. Es war, als ob uns das Farbenspektrum vorgegaukelt werden sollte, um an Wasser, Feuer, Erde erinnert zu werden.

Die Fernsicht in dieser Schneelandschaft war nicht aufregend. Jeder Hintergrund fehlte. Und wenn er dagewesen wäre, er wäre verschluckt worden von diesem wabernden Grau, das nicht Nebel war und nicht Wolken, sondern Begrenzung andeutete in dieser grenzenlosen Stille. Der Horizont zerfloß.

Alle Geräusche gingen jetzt nur von uns aus.

Langeweile quälte mich nie. Im Gegenteil. Oft sprangen so viele Ideen durch meinen Kopf, daß ich Mühe hatte, sie zu ordnen. Nur eine nach der anderen konnte ich weiterdenken. Oft blieb ich stehen, um nach einem neuen Ansatz klar in eine Richtung denken zu können. Zum Beispiel Himmel und Hölle: Dante hat in seiner »Göttlichen Komödie« die Verdammten bis zum Hals ins »ewige Eis« gepackt. Das war die schlimmste aller denkbaren Strafen. Schlimmer als das Schmoren im »ewigen Feuer«. Aber auch so, wie er das Paradies beschrieben hat, war es hier – hier bei uns, inmitten der Eiswüste:

In dieser tiefen, klaren Wesenheit
des hohen Lichts erschienen mir drei Kreise
von dreien Farben und von einem Umfang.

Gleich Regenbogen schien der eine von dem andern
gespiegelt, und der dritte schien wie Feuer,
von beiden Seiten gleichermaßen sprühend.

Sollten wir mehr laufen? Manchmal war ich mit Arved einer Meinung: Wir sollten auf Windtage warten. Öfters aber wuchs sich jetzt der Wind rasch zum Sturm aus. Dann war das Segeln gefährlich. Der Wind hob uns, er warf uns nach links, nach rechts. Mit großer Geschwindigkeit über Sastrugis zu fahren, hätte böse Stürze, Knochenbrüche, Verletzungen zur Folge haben können.

Heute vor 78 Jahren war Scott am Pol angekommen. Wir hatten jetzt nicht mehr allzuviel Vorsprung ihm gegenüber. Und diese viel zu schweren Schlitten!

Die Sonne war am Morgen stechend heiß. Obwohl die Luft 30° kalt war. Wir gingen dann nur mit dem »Flauschi« bekleidet und schwitzten. Die der Sonne abgekehrten Körperteile waren völlig mit Rauhreif bedeckt. In den Pausen fror ich dementsprechend. Ein leichter Südwind war aufgekommen, und die Feuchtigkeit auf der Haut zog mir durch Mark und Bein.

Als die Scott-Expedition auf ihrem Rückmarsch unsere jetzige Position erreicht hatte, waren die Männer geschwächt, krank oder verletzt. Die Tragödie hatte endgültig begonnen.

»4. Februar. Wir zogen zu Fuß auf guter, fester Oberfläche und legten 18 Kilometer zurück. Gerade vor dem zweiten Frühstück fielen Evans und ich ganz unerwartet gleichzeitig in eine Spalte – Evans schon das zweitemal; darum ließ ich das Lager aufschlagen. Nachher ging es über eine harte, glänzende Oberfläche etwa 100 Meter abwärts, und wir machten im ganzen 33 Kilometer. Wären wir nur von diesem verwünschten Plateau herunter! Die Temperatur ist um 11° niedriger als auf der Hinreise; unsere Gesundheit bessert sich auch nicht, besonders kann Evans sich gar nicht erholen; nach dem heutigen Sturz wurde er plötzlich völlig stumpf und leistungsunfähig. Was soll daraus werden!«

Auch wir merkten, daß es abwärts ging. Das Plateau, damit die höchste Höhe, lag hinter uns. Ich spürte zwar nicht, daß das Gelände abfiel, der Höhenmesser aber zeigte es stündlich an. Trotzdem blieben die Schlitten unser erstes Problem. Sie waren so schwer, daß sie uns mehr als alles andere behinderten. Nur mit Depots, wie Scott und Amundsen sie gehabt

Arved Fuchs segelnd. X-beinig, den Blick auf die unregelmäßige Schneefläche gerichtet, kommt er zu meinem Rastplatz.

Die Engländer zogen gemeinsam an ihrem Schlitten. So waren Spaltenstürze zwar nicht vermeidbar, sie konnten aber abgebremst werden.

hatten, wäre die Strecke auch ohne Wind gut zu schaffen gewesen. Das war kein Trost.

Düstere Stimmung den ganzen »Tag« über. Grau das Gewölk, das überall um uns herum stand; grau die Schneefläche, die zu schaukeln schien; grau die ganze Welt. Die Sonne war als heller Fleck nur zu ahnen. Sehen konnten wir sie den »Tag« über nicht. Es folgte eine schlechte »Nacht«. Um »Mitternacht« begann Arved wieder zu lesen und ich hörte Musik. Wir wollten uns ablenken. Dieses ununterbrochene Hoffen: »Kommt Wind auf?«, dieses Auf-die-Zeltplane-Starren, dieses Hinaushorchen macht dich irre. Gegen 4 Uhr war alles bewölkt. Also doch Wind. Wind kam auf, wenn Wolken und Nebel da waren. Am »Morgen« schien wieder die Sonne.

Wieder kein Wind. Es war absolut still. Eine Stille, die unheimlich war. Auf dem Weg zum Pol wären wir an einem solchen Tag marschiert, weiter als üblich. Jetzt rasteten wir.

Ich mußte mich immer noch an die Umstellung gewöhnen. Was auf dem Weg zum Pol gute Bedingungen gewesen waren, waren jetzt schlechte: Sonne, Windstille, harter Schnee. Zum Segeln brauchten wir Wind und griffigen Schnee.

Wir warteten auf Wind, der uns helfen sollte, die schweren Schlitten zu ziehen. Später gingen wir trotzdem weiter. Der Schnee war weich, und häufig lagen Inseln von hellerem Treibschnee auf der glatten Fläche, stumpf wie Schmirgelpapier.

Die Schneefläche war jetzt glatter als auf der ersten Hälfte der Reise, dem Weg zum Pol. Gleich war nur die Schinderei. Die harten Neuschneefelder bremsten die Skier und Schlitten so ab, daß es jedesmal einen Kraftakt kostete, wieder in Fahrt zu kommen.

Die Schinderei hatte Robert Scott im kitschigen Licht krankhafter Selbstaufopferung dargestellt. Opfersüchtige Abenteurer waren mir suspekt. Ich lehnte sie ab. Die Riten und Ideale der heroischen Eroberer belächelte ich, und schon deshalb war mir Amundsen sympathischer als Scott. Daß Schinderei dem Menschen wohl tue oder ihn sogar adle, ist ein dummes Vorurteil. Ich jedenfalls bin kein Masochist, im Gegenteil. Ich tue, was mir Spaß macht. Ich brüste mich bei meinen Abenteuern nicht mit der getanen »Arbeit«, sondern lieber mit der richtigen Taktik.

Mit Arved redete ich im Zelt auch darüber. Selten über die Motivationen. Was taten wir hier und wozu? Nein, auch über Gott dachte ich nicht nach. Mit mir selbst aber redete ich oft stundenlang über Frauen. Oft kam es vor, daß mich tagelang nichts anderes interessierte. Über Gott kann man in der Unendlichkeit nicht reden, noch weniger über ihn nachdenken. Im Zelt, mit Arved, wären mir diese Gespräche peinlich gewesen, aber untertags war jeder für sich allein, und mit sich kann man über alles reden. In dieser stillen Weite mit Gott über Gott zu reden, war doch lächerlich. Also ging ich vor mich hin und redete mit mir über Frauen. »Ladyless South« hatten die Engländer die Antarktis genannt. Diese Phantasielosigkeit – oder Lüge? Oder hatten die frühen Polarfahrer wirklich keine Erinnerungen, keine Sehnsüchte, keine Wünsche?

Ich begegnete immer wieder Frauengestalten; lebendigen, widerspenstigen, übermütigen Frauen. Ich »sah« sie in meinen Tagträumen als Bild, nackt und manchmal als Partner. Einige gute Beziehungen erlebt zu haben, half in diesen harten Wochen auf dem Polplateau. Aber nicht über den Tod hinweg. Gegen den half nur eins, den Schlitten weiterzuschleppen und nicht zu verzweifeln. Trotz unserer Verzögerung und der Schwäche von Arved mußten wir durchkommen.

Es war mein Fehler gewesen, Arved vor dieser Tour nicht auf seine Kondition getestet zu haben. Ich hatte ihn zu meiner Expedition eingeladen. Jetzt mußte ich mit ihm durch.

Viel schneller als am Pol segelten wir auf das Transantarktische Gebirge zu. Mehr als 100 km an einem Tag. Das bleibt unser einmaliger »Rekord«.

Daß wir auf dem Plateau häufiger Nord- als Südwind bekamen, wäre vorhersehbar gewesen. Hätte ich nur Scotts Tagebuch mehr Glauben geschenkt. So aber verließen wir uns auf die Angaben der Wissenschaftler am Pol. Deshalb diese Enttäuschung. Wir waren nicht auf Gegenwind vorbereitet. Und diese Tatsache fraß an unserer Energie. Wenn ich stundenlang »Esel« dahinlief und dabei wußte, daß es vielleicht umsonst war, begann ich an allem zu zweifeln. Die Lächerlichkeit dieser Tour wurde mir nicht nur bewußt, ich fand sie peinlich. Mit der Sicherheit, die andere Seite rechtzeitig zu erreichen, wäre es viel leichter gewesen, über diese Unendlichkeit zu laufen. So aber wurden die Zweifel am Erfolg die Auslöser für das Infragestellen des ganzen Unternehmens.

Immerzu schlechtes Wetter, Wind aus Norden! Wir litten beide darunter. Wir schliefen schlecht, wachten mitten in der »Nacht« auf und lasen, um uns abzulenken.

Erst als uns ein starker Südwind an einem einzigen Tag mehr als 100 Kilometer nach Norden trieb, faßte ich wieder Hoffnung. Es war eine Freude, zu sehen, wie der Wind die Schneefahnen über den Boden fegte. Vor Begeisterung schrie ich. Wie im Gegenlicht die Schneefläche glitzerte! Alle meine Zweifel waren weggewischt. All meine Konzentration

war auf den Boden gerichtet. Die Schneefahnen schwebten knapp überm Grund. Du siehst sie nur im Gegenlicht. Auf der Fläche zur Sonne hin. Ein heller Flaum, der über der grauen Schneefläche schwimmt.

So gut es ging, lenkten wir die Schlitten zwischen den Höckern durch. Trotzdem fuhr ich plötzlich über einen Sastrugihaufen. Es schüttelte mich durch. Der Schlitten hinter mir ratterte wie ein Viehwaggon. Ich achtete genau auf meine Skier und natürlich auf den Schlitten, der möglichst weich über die Sastrugis huschen sollte.

Da ich die schwerere Last zog, war mein Schlitten ziemlich angegriffen. Die Bodenplatte begann sich vom Rumpf zu lösen. Was würde passieren, wenn er in Stücke ging?

Über riesige Bodenwellen fuhren wir bergab. Zum Teil ging es dahin wie bei einem Abfahrtsrennen – die Skier schlugen und flatterten. Die gerippte Fläche war eine einzige lebendige Schneedrift. Alles war in Bewegung: Wir, das Segel, der Treibschnee, die Unterlage.

Am liebsten wäre ich an diesem Tag viel weiter gefahren. Am liebsten hätte ich den Wind ausgenützt bis zur letzten Sekunde. Wir hätten die ganze Verspätung einholen können, die wir uns auf dem Hochplateau eingehandelt hatten. Aber Arved war nach einem halben Dutzend Segelstunden so müde, daß er nicht mehr weiterfahren konnte. Seine Beine waren steif. In seinem Zustand war das Segeln gefährlich. Wir hofften, daß der Wind bis zum nächsten Tag anhalten würde. Die Position am »Abend« ließ keinen Zweifel: Wir hatten an diesem einen Tag 56 Seemeilen zurückgelegt. Damit hatten wir in zwei Wochen 400 Kilometer bewältigt. Unser Soll war fast erreicht. Wir standen am oberen Ende des Beardmore-Gletschersystems. Vor uns mußte das Transantarktische Gebirge liegen. Bis McMurdo waren es noch knapp 1000 Kilometer. Davon allerdings 200 Kilometer über Gletscher und Spalten, wo die Segel kaum einsetzbar waren.

Am nächsten Tag war es so stürmisch, daß wir das Segeln nach wenigen Stunden aufgeben mußten. Eine Zeitlang hockten wir zitternd vor Kälte vor dem Schlitten und versuchten, unsere Position zu bestimmen. Es gelang nicht. Im Windschatten der beiden übereinandergestellten Schlitten bauten wir dann das Lager auf. Wir waren genau auf dem richtigen Kurs. Der Mount Ward, den wir links liegen lassen sollten, lag unmittelbar vor uns.

Nachts beim Einschlafen lief immer wieder der Weg vor mir ab: Winddriften und Sastrugis als Filmbilder vor meinem geschlossenen geistigen Auge.

Am Morgen sahen wir die Bergketten des Transantarktischen Gebirges klar vor uns. Aber der Sturm steigerte sich von Stunde zu Stunde. Er wurde zum Orkan. Wir waren gezwungen, im Zelt zu bleiben. 48 Stunden lang. Wir warteten. Am Abend nahm der Wind zwar ab, aber in den Böen war er immer noch so stark, daß an Segeln nicht zu denken war. Wir blieben im Zelt. In den klammen Schlafsäcken stauten sich Körperwärme und Mief.

Beide waren wir bereit, jederzeit aufzustehen. Wenn die Wind- und Sichtbedingungen besser waren. Wir schliefen nur kurz und oberflächlich. Warteten auf den Aufbruch. Wir wollten den Zeitpunkt zwischen den Sturmtagen und der nächsten Flaute oder dem nächsten »White out« nicht verpassen.

Nie Unlust weiterzulaufen. Aber auch keine Ahnung, daß mit dem Überqueren der Berge etwas Zerbrechliches, etwas Unwiederbringliches verloren gehen mußte: das Ausgesetztsein auf dem Hochplateau.

Wenn ich aus dem Zelt schaute, sah ich Erhebungen. Waren das Berge oder Nebelfetzen? Am Horizont verschmolzen sie zu einer grauen Anhöhe. – Das Transantarktische Gebirge! Seine Erhabenheit rührte mich an. Sie erfüllte mich gleichzeitig mit Schaudern. Freude und Angst. Das war kein Widerspruch in mir. Obwohl ich den Eindruck dieser Berge über der Horizontlinie nur mit widersprüchlichen Aussagen hätte beschreiben können. Aber ich wollte sie nicht zeichnen, nicht beschreiben, nicht einmal fotografieren. Ich wollte nur weiter! Die Lust, dorthin zu kommen, die Gipfel aus der Nähe zu sehen, war ebenso stark wie die Angst vor diesen Bergen. Den Gletschern, den Spalten dahinter.

Wir hatten viel Boden gutgemacht. Wieder bestand eine kleine Hoffnung, die Expedition zu Ende zu führen. Am 18. Januar konnten wir weitersegeln. Zwei Stunden lang kreuzten wir scharf gegen den Wind. Wir steuerten jene Scharte an, die uns Charles Swithinbank als den idealen Zustieg in den Mill-Gletscher empfohlen hatte. Nachdem wir den Kurs nicht halten konnten und nach Westen abgetrieben wurden, mußten wir das letzte Stück hinauf zur Scharte steigen. Steil bergan, den Schlitten im Schlepptau. Als wir oben waren, staunten wir. Welch ein Rundblick! Eine Bergkette lag hinter der anderen. Dazwischen gewaltige Gletscher. Rechts von uns mußte der Mill-Gletscher beginnen, der hinunterführt auf den Beardmore-Gletscher.

Diese Landschaft! Und so viel Kraft in den Beinen. Jetzt hätten wir unsere Freude in die Welt hinausschreien müssen. Ich ahnte, daß uns die Menschen in der Zivilisation, soweit sie von unserer Reise wußten, bedauerten. Sie stellten sich eine Eiswanderung trostlos, langweilig, kalt und aufreibend vor. Lauter Vorurteile, die dreihundert Jahre Pol-Literatur im Leser wachgerufen haben. Wir waren zu beneiden! Wenigstens jetzt. Vor uns lagen Gebirge aus Eis und schwarzem Gestein. Über uns dieser magermilchblaue Himmel. Rechts unten ahnte ich einen Gletscherbruch. Mattschimmernd und ungeheuerlich die vielen tausend Eisspalten, die als unregelmäßiges Raster über der stillen weißen Fläche lagen.

12. Entscheidung bei Gateway

Seit drei Tagen sahen wir Bergspitzen. In unserer Marschrichtung war zwischen niederen Haufenwolken eine Gebirgskette zu erkennen. Sie war unbestimmbar weit weg, erschien mir aber erhaben und ungewöhnlich schön. Nach so vielen Tagen auf dem flachen Eis war ich empfänglich geworden für Formen, für Höhe. Diese Berge erschienen mir imposanter als jede Himalaja-Landschaft.

Wie gerne hätte ich diese gewaltige Landschaft, das blaue Eis, in dem sich die Sonne spiegelte, die schwarzen Felsen links, meinen Kindern gezeigt: Làyla, die in Kanada lebte, neun Jahre alt, und Magdalena daheim, die jetzt zwei Jahre alt war. Ich dachte darüber nach, was wir tun konnten, damit sich die Kinder von heute diese unberührte Weite wenigstens vorzustellen vermochten. Auch wenn sie niemals die Möglichkeit haben sollten, in diese »letzte Welt« zu kommen, sie mußten sie denken können.

Allerdings war es nur ein kleiner Schritt von dem überwältigenden Eindruck zur Lächerlichkeit unseres Dahinkriechens. Mein Ärger, wenn Arved nicht nachkam, machte mir deutlich, wie menschlich ich geblieben war. Daß auch ich nicht zwölf oder fünfzehn Stunden hätte laufen können, wußte ich. Was aber war eine Stunde mehr in dieser zeitlosen Welt? Die Lächerlichkeit unseres Wahns, durch den letzten Winkel der Erde zu laufen, stand jetzt im Gegensatz zu jenem Übermut bei der Planung: Und wir packen es doch! Ich ging. Ich wollte nichts beweisen. Meine »Botschaft« war zu einem verzagten Bitten geworden: »Arved, komm nach«. Wir gingen weiter. Sonst nichts. Auch wenn es die anderen für unmöglich hielten. Aber nicht mehr deshalb.

Hier war die Eiszeit lebendig. Die Alpen mochten einst so ausgesehen haben. Wie oft innerhalb der letzten Million Jahre sanken die Temperaturen derart, daß der Schnee in den Bergen auch über die Sommermonate liegenblieb?

Wann war die Antarktis zuletzt ohne Eis gewesen? Waren es astronomische Faktoren, zyklische Änderungen in der Exzentrität der Erdbahn oder die veränderte Neigung der Erdachse, die die Intensität der Jahreszeiten beeinflußten? Sicher werden die Vereisungen durch tiefgreifende Klimaänderungen verursacht. Jeder Wechsel, aber auch die Luftverschmutzung ändern die Meeresströmungen, den Wärmeaustausch, die Eigenschaften der Atmosphäre und schließlich das Klima, das bestimmt, ob die Vereisung zu- oder abnimmt.

Nirgendwo auf der Erde gibt es eine Landschaft, die so grandios ist wie der Weg aus dem Inneren der Antarktis zur Küste des Ross-Meeres. Zuerst das Polarplateau, eine gigantisch gewölbte Eiskappe. Dann die Transantarktische Gebirgskette, die sich 3500 Kilometer lang über den Eiskontinent erstreckt, nicht so hoch, aber größer als der Himalaja. Zuletzt das Ross-Eisschelf, ein schwimmendes, gefrorenes Meer von der Größe Frankreichs. Wie Gendarmen stehen die Felsmassive der Kordilleren in der Flut des Eises, das vom Polplateau herabfließt. Das kilometerhohe Eis im Zentrum der Antarktis bewegt sich mit einer Geschwindigkeit von zehn Metern im Jahr. Vielerorts schneller. Dieses Inlandeis schiebt sich gegen die Berge und an ihnen hoch. Es zwängt sich zwischen ihnen durch. So sind die größten Gletscher auf der Erde entstanden. Einer davon ist der Beardmore. 200 Kilometer lang und bis zu 50 Kilometer breit. Der Eisstrom windet sich durch die Berge, die links und rechts davon wie Festungen stehen. Shackleton, der diesen Gletscher 1908 als erster gesehen hatte, formulierte ehrfürchtig:

»Es ist, als wären wir wirklich an der Welt Ende und seien am Geburtsort der Wolken und am Horst der vier Winde angelangt. Und mir scheint, daß diese Kinder der Natur uns Sterbliche mit eifersüchtigen Augen betrachten.«

Shackleton und seine Polsucher, mit viel zu wenig Proviant viel zu tief in die Antarktis vorgedrungen, mußten auf dem Rückweg zur Küste hungern. Krank und auf frostverbeulten Füßen liefen sie um ihr Leben. »Shack« hatte rechtzeitig kehrtgemacht. Scott aber hatte sich und seine Männer bis zum Pol gezwungen. Ohne zu bedenken, daß der Rückweg viel schwieriger werden würde als der Hinweg. Am oberen Beardmore-Gletscher waren ihre Kräfte zu Ende – sie standen, wie wir jetzt, am Rand des Transantarktischen Gebirges.

Shackleton – Bild von seinem Versuch, den Südpol zu erreichen: Felsinseln im Eismeer. Im Landschaftsbild hat sich seit damals nichts geändert.

»6. Februar. Ein schrecklicher Tag! Schon am Morgen war der Himmel bedeckt – eine furchtbare Gefahr, wenn man rings von Spalten umschlossen ist. Glücklicherweise klärte es sich noch auf, und wir zogen gerade auf den Darwinberg los, aber nach einer halben Stunde standen wir zwischen riesigen, offenen Schlünden. Wir gingen zwischen zweien nordwärts, aber zu unserem größten Verdruß liefen sie in ein Chaos unpassierbarer Eistrümmer zusammen. Es blieb uns nichts übrig: Wir mußten 2 Kilometer weit zurück! Dann wandten wir uns nach Westen und kamen auf ein wildes Meer von Schneefahnen, wo das Ziehen furchtbar anstrengte: Wir setzten das Segel auf; Evans' Nase litt sehr, Wilson fror, und alles war scheußlich. Zu Ende des Marsches hatten wir wenigstens die Gewißheit, daß wir gerade auf unser nächstes Depot lossteuerten. Die Lebensmittel sind knapp, das Wetter unsicher – die Stunden am Tag mehren sich, wo die quälende Sorge nicht weichen will! Evans' Wunden eitern, und manche Anzeichen verraten, daß seine Kraft zu Ende ist.«

Arved und ich hatten uns entschlossen, dem Rat des englischen Glaziologen Charles Swithinbank zu folgen und über den Mill-Gletscher zum mittleren Beardmore abzusteigen. Ob das wirklich leichter sein würde als die Shackleton-Scott-Route? Ab jetzt gab es kaum noch eine Möglichkeit der Rettung. Trotz unseres Argos-Systems, mit dem wir täglich unsere Position »senden« wollten. Der kleine Sender aber, den ich auf dem Schlitten hatte, hätte uns nichts genutzt. Die Botschaft erzählte unseren Betreuern via Satellit, daß wir zwischen Mill und Beardmore waren. Auf diesen spaltenüberzogenen Gletschern hätte ein Flugzeug kaum landen können. In der folgenden Teilstrecke erwartete ich die größten Schwierigkeiten. Ab jetzt mußten katabatische Winde einsetzen und wie eine Lawine aus Luft von den Bergen herab über die Gletscher blasen. Dazu Blankeis.

Wir hatten Glück. Endlich fanden wir den Untergrund, der zusammen mit günstigem Wind für ideale Segelverhältnisse sorgte. Der Abstieg auf den Mill-Gletscher klappte reibungslos. Nach den Problemen auf dem Plateau war ich skeptisch gewesen. Ich hatte mich getäuscht. Wir fuhren seichte Hänge hinab, rutschten über steile Flanken. Mit und ohne Segel. Am späten Nachmittag überquerten wir einen Seitenarm des Mill-Gletschers im »fliegenden Galopp«. Am Abend kamen wir auf unseren ersten Felslagerplatz. Am Rande des Mill-Gletschers, zwischen einigen Felsbrocken, im Windschatten eines massiven Blocks, bauten wir das Zelt auf. Rundherum blaues Eis. Seit zweieinhalb Monaten lagerten wir erstmals wieder auf Stein. Es war wie im Gebirge, und ich fühlte mich geborgen. Der Sturm schüttelte das Zelt. Der Wind heulte. Am Morgen schien der Sturm das Zelt aus den Verankerungen reißen zu wollen. Er warf den Treibschnee mit solcher Wucht auf die Plane, daß es krachte.

Wir liefen auf Grödeln weiter. Es ging jetzt abwärts, und das Laufen war weniger anstrengend als in den Wochen vorher auf dem Hochplateau. Während ich über den Mill-Gletscher dahinstolperte, war ich sicher, daß wir die bessere Route als Scott liefen. Die Füße drehten sich zwar häufig auf dem holprigen Eis, und mir rutschte manchmal das linke Kniegelenk heraus, aber der Schlitten glitt gut. Da ich seit Jahrzehnten ein Schlottergelenk habe, mußte ich aufpassen. Ich durfte in keine Spalte treten. Deshalb suchte ich die glitzernde Eisfläche schon weit vor mir nach Eisbrüchen ab. Nach hellen und dunklen Streifen.

Auf dieser Höhe des Abstiegs war Scotts Schicksal schon besiegelt. Nur eine Hilfskolonne hätte ihn noch retten können.

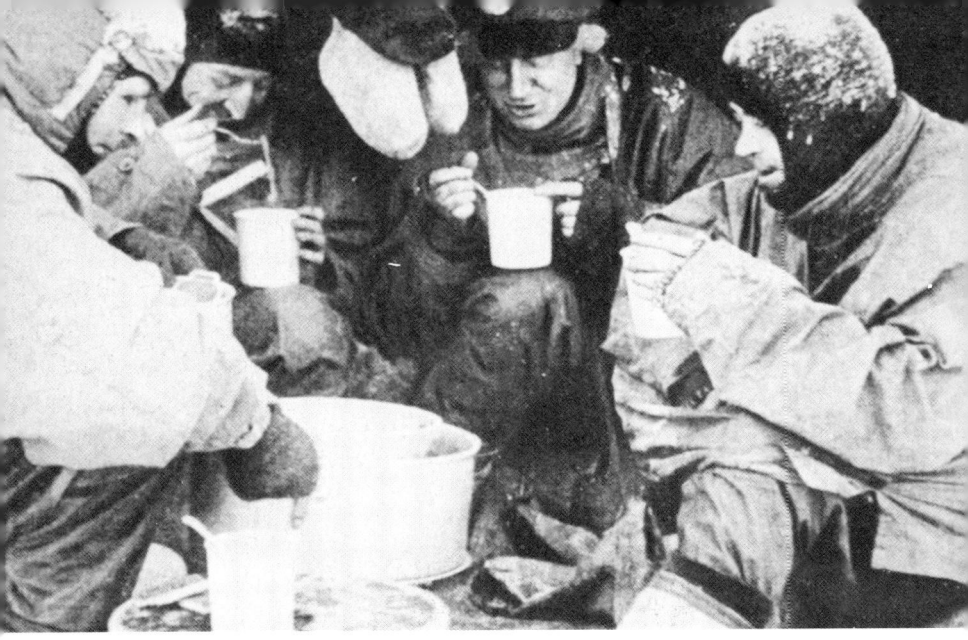

Die Scott-Mannschaft im Zelt. Das Pyramiden-Zelt der Engländer war so eng, daß sie sich ständig behinderten: beim Essen, beim Schlafen, beim Anziehen.

»Sonntag, 10. Februar. Der furchtbarste Tag, den wir auf der ganzen Reise erlebten. Und hauptsächlich durch eigene Schuld! Wir zogen auf scheußlicher Oberfläche mit leichtem Südwestwind, aufgesetztem Segel und Schneeschuhen ab – bei trostloser Beleuchtung, die alles verzerrt erscheinen ließ. Plötzlich sahen wir uns zwischen Eistrümmern und faßten den verhängnisvollen Entschluß, ostwärts zu gehen. 6 Stunden marschierten wir in der Hoffnung, eine stattliche Entfernung zurückzulegen, was wir auch jedenfalls getan haben, aber die letzten Stunden führten uns in eine regelrechte Falle. Da wir schließlich doch noch auf gute Oberfläche kamen, dachten wir, es werde so bleiben, und schränkten unser zweites Frühstück nicht ein. Eine halbe Stunde später staken wir in dem größten Eistrümmergebiet, das mir je vorgekommen ist. Drei Stunden lang suchten wir abends an der allerschlimmsten Stelle. Da sitzen wir nun nach kärglichem Abendbrot mit nur noch einer Mahlzeit im Proviantsack! Die Lage des Depots ist uns völlig unklar. Einstweilen betäuben wir uns durch krampfhafte Lustigkeit.«

»Safety Spur«, eine steile Felskante am Mill-Gletscher. Es war ein gutes Gefühl, einen sichtbaren Anhaltspunkt anzulaufen.

Auch Arved und ich hatten eine Art Galgenhumor entwickelt, der uns zu Komplizen machte. Wir stolperten über den Gletscher. Viele Löcher, Blankeis. Die Abwechslungen beim Laufen ergaben sich jetzt mehr aus der Landschaft. Weniger aus den Träumen. Obwohl ich mit dem Extrembergsteigen aufhören wollte, betrachtete ich alle Wände, Kanten und Pfeiler am Gletscherrand mit der Neugierde des Erstbegehers. Als ob sie in den Dolomiten stünden. Spalten gab es noch wenige, und so ließ ich meine Augen schweifen. Wir querten etwa ein Dutzend.

Häufig flogen jetzt Herkules-Maschinen, einen weißen Strich hinterlassend, über unsere Route. Sie gaben uns vage die Richtung an, in die wir zu gehen hatten. Ansonsten waren sie weit, weit weg. Für uns ein Zeichen aus einer anderen Welt.

Im Gegenlicht schimmerte das Eis wie ein See. Kleine und größere Wellen lagen hintereinander, als ob der Wind darüber fahren würde. An den Graten der Berge hingen Schneefahnen. Das Gewölk verschob sich schnell.

Wir gingen unter »Safety Spur« vorbei. Ein guter Name für die steile, brüchige Felskante und ein gutes Gefühl für uns, da wir erstmals nach

237

dem Pol einem Punkt auf der Karte eine reale Orientierungsmarke zuordnen konnten.

Eine Moräne am Rand des Gletschers wirkte flach. Da mußte ein brauchbarer Lagerplatz zu finden sein. Ich stieg über steiles Eis zu ihr ab. Feiner Sand und leichtes, poröses Gestein lagen auf dem Eis. Dazwischen einige Brocken Braunkohle! Ich wühlte mit den Füßen im Schutt. Große Freude, über trockenes Land laufen zu können. Nach bald drei Monaten, die wir auf dem Eis lebten, taten Felsen gut: dem Auge, den Füßen. Der Himmel war milchweiß. Seit Tagen. Die Sonne stand jetzt tiefer als an Neujahr, als wir am Pol gewesen waren. Aber sie ging nicht unter. Sie verschwand nicht einmal für einen Augenblick hinter den hohen Bergen. Arved und ich erholten uns gut. Obwohl viel Sand im Schmelzwasser war, wuschen wir Hände und Gesicht. Unsere Bärte waren ausgebleicht. Die Gesichter verquollen. Hände und Füße schmerzten.

Anderntags ging es weiter. Immer noch wenige Spalten, und wenn, waren sie schmal. Wir konnten sie ohne größere Probleme überqueren. Das war gut so. Denn mit Steigeisen und Schlitten war das Spaltenlaufen gefährlich. Man bricht ohne Ski besonders leicht ein. Wieder ein Flugzeug, das über uns hinwegschwebte. Zweimal am Tag dieselbe Szenerie. Die Maschinen tauchten am Nordrand unseres Gesichtsfeldes auf, zogen ihre weiße Spur in den Himmel und verschwanden eine halbe Stunde später am Südrand des Horizonts. Sie brauchten lange. Vier bis fünf Stunden später kamen sie zurück.

Weit unter uns konnte ich den glitzernden Eisstrom des Beardmore-Gletschers erkennen. Ich dachte an Scott. Dann vergaß ich ihn wieder.

Während ich über das Eis wanderte, konnte ich meine Phantasie nicht zügellos streifen lassen. Ich mußte mich auf den Boden konzentrieren. Das Gehen auf blankem Eis war auf Dauer weniger anstrengend als das Gehen auf Schnee mit den Skiern. Aber es bedeutete die größere Strapaze für die Gelenke. Wenn ich müde war, mußte ich vorsichtig laufen, wollte ich nicht hinfallen, wenn mein linkes Kniegelenk knackte.

Nach wie vor begutachtete ich die Felskanten links und rechts nach ihrer Ersteigbarkeit. Immer wieder fragte ich mich, ob dieser Gipfel erreichbar, jene Wand durchkletterbar war. War die Eisrinne dort machbar? Leider hatten wir nicht die Zeit, auf diese Berge zu steigen. Lust dazu hätte ich gehabt.

Wieviel Energie hatte ich wiedergewonnen auf diesen erfolgreichen Marschtagen! Seit wir den Mill-Gletscher erreicht hatten, ging es präch-

Ein leeres Benzinfaß und eine Bambusstange als Zeichen menschlicher Aktivität. Hier soll eine Eislandepiste entstehen.

tig vorwärts. Als ob wir nur an das Durchkommen glauben müßten, um auch durchzukommen. Plötzlich dachte ich über den Wahlspruch meines Schlosses nach: »vinciturus vincero«. Er steht im »Saal der 1000 Freuden« über der Haupttür. Eine lateinische Weisheit, die soviel besagte wie: Weil ich zum Sieg bestimmt bin, werde ich siegen.

Ja, ich wußte jetzt, daß dieser Satz richtig war. Richtig auch deshalb, weil der Erfolgreiche von jedem Erfolg einen Energieschub mitnimmt zum nächsten Erfolg.

Am unteren Rande des Mill-Gletschers, dort, wo er in den Beardmore-Gletscher hineinfließt, sollten wir auf eine »Eislandepiste« treffen, die Charles Swithinbank ein Jahr vorher ausgemessen hatte. Wir suchten und fanden sie: Vermessungsstäbe, leere Benzinfässer, Bambusstangen mit grünen Fähnchen. Einige Stäbe waren umgeknickt, andere standen schief. Ich maß nach, wie weit sie inzwischen noch aus dem Eis heraus-ragten. Einen der gebrochenen Stäbe nahm ich mit. Als Souvenir. Es war die einzige Spur von Lebewesen, die wir außerhalb unserer beiden Depots – Thiel-Berge und Südpol – auf dem Festland vorgefunden haben. Sonst nichts. Auch kein Tier, kein Gras, nicht einmal einen Gletscherfloh.

Als wir den Fuß des Mill-Gletschers erreicht hatten und in den

239

Beardmore-Gletscher einbogen, liefen wir lange Zeit an einer Moräne entlang, die die beiden aneinanderstoßenden Gletscher aufgeworfen hatten. Es gab dort ein kurzes Stück harten Schnees, auf dem wir zu segeln versuchten. Auf einem schmalen Hartschneestreifen zwischen Blankeis ging es bei starkem Wind schnell dahin. Es war gefährlich und anstrengend. Unsere aufregendste Segelstunde bisher. Das Blankeis links und rechts der »Segelpiste« war rauh wie Wüstenboden. Auf jeder Erhöhung Kreuzspalten. Ich verdrehte mir beim Bremsen zweimal die Knie. Der Wind war an der oberen Grenze der akzeptablen Stärke. Es war schwierig, das Segel zu halten. Ich gab mir alle Mühe, ohne Blessuren durchzukommen.

Ich war an diesem Tag weit voraus, wartete öfters. Arved war langsam. Er kam und kam nicht! Ich wartete eine halbe Stunde lang. Er kam auch nach einer Stunde nicht nach. Ich konnte nicht glauben, daß Arved so weit zurückgeblieben war. Als hätte ich eine böse Ahnung, sagte ich zu mir selbst: »Jetzt nur kein Spaltensturz oder ein gebrochener Fuß.« Ein kleiner Fehler, und wir wären verloren gewesen. Die Lächerlichkeit dieser Reise wurde mir wieder klar. Ich stand da, ging ein Stück weit zurück, blieb stehen und schaute angestrengt nach Süden. Ich befürchtete das Schlimmste. Da sah ich Arved als winzigen Punkt am Horizont auftauchen. Er kam ohne Segel, zu Fuß. Ich lief zurück zu meinem Wartepunkt. Er war vom Segel hochgehoben und in die Luft geschleudert worden. Beim Fallen hatte sich ein Ski in einer Spalte verklemmt. Beinahe hätte er sich das Bein gebrochen. Ich wußte das nicht und stapfte ihm entgegen. Ohne Schlitten, in Sorge, verzagt.

Er hätte sich wirklich beinahe das Bein gebrochen. Diese Böen waren gefährlich. Sie fassen den Schirm, der bei starkem Wind möglichst senkrecht überm Kopf stehen soll, und schleudern dich in die Luft. Sollten wir weiterhin auf dem Gletscher segeln? Besser nicht. Wir lagerten zwischen Schneeresten auf einem Eisbruch.

Am nächsten Morgen hatten wir höllische Mühe, einen steil abfallenden Eisbruch zu überqueren. Es war der erste der beiden Eisbrüche, die wir auf der von Charles Swithinbank beschriebenen Route überwinden mußten, um auf die andere Seite des Beardmore-Gletschers zu kommen. Nach dem Start glaubte ich, bald aus der Spaltenzone heraus zu sein, aber das Gelände wurde mit jeder Stunde schlimmer. Arved und ich fügten uns in die Situation. Verbissen suchten wir einen Weg! Ein

Nach meiner Schätzung haben Arved und ich mehr als 6000 Spalten überquert. Die Brücken waren nicht immer so stabil, der Abgrund oft bodenlos.

gefährliches Balancieren mit dem Schlitten auf dem schmalen Rücken zwischen den Gletscherspalten, die Hunderte von Metern lang und oft zwanzig Meter breit waren. Mein Schlitten war Schrott. Nicht mehr zu reparieren.

Der zentrale Beardmore-Gletscher links von uns war dunkel. Das Eis zerklüftet wie das Skelett eines viele Meilen langen Riesensauriers. Du blickst um dich und siehst nur Spalten. Auf einer Fläche von mehreren Quadratkilometern nichts wie aufgeworfenes Gletschereis. Und du bist mitten drin und siehst keinen Ausweg. Sicher, wir hatten mit Spalten und entsprechenden Problemen auf dem Beardmore-Gletscher gerechnet. Diese Wirklichkeit überraschte uns trotzdem. Der Mill-Gletscher war problemlos gewesen, wir hatten dort Selbstvertrauen geschöpft. Um so größer war jetzt die Enttäuschung. Wieder wurden wir zurückgeworfen. Wie hatten wir gehofft, am Beardmore segeln zu können. Undenkbar! Nicht nur, weil kein Wind oder nur wenig Wind war, vor allem wegen der Geländegegebenheiten. Chaotische Eisbrüche!

Mit den zunehmenden Problemen aber wurde unser persönliches Verhältnis wieder besser. Es hatte sich nach dem Polplateau überhaupt verbessert. Das ständige Warten untertags ging mir nicht mehr so auf die Nerven. Natürlich erwartete ich von Arved immer noch eine Reaktion beim Wecken. Ich kam mir einfach als Sklaventreiber vor, wenn immer nur ich das notwendige »Weiter!« sagen mußte. Arved sah inzwischen ein, daß wir laufen mußten. Laufen, laufen, laufen. Ich mußte untertags nicht mehr drängen. Das Antreiben beschränkte sich jetzt auf eine Aufmunterung am Morgen beim Start. Arved lief so gut er konnte. Wir gingen zwischen haushohen »Kamelhöckern« durch. Die Ausblicke waren gigantisch. Ebenfalls die Eindrücke. Einzelne Schneekristalle lagen so auf den Schneekuppen, daß sie die Sonne reflektierten. Sie erschienen dadurch viel größer. Wie tausend kleine Sonnen. Wieviele Berge hier noch unbestiegen waren? Fast alle. Aber auch wenn schon jemand oben gewesen war, es nahm ihnen nichts von ihrer Ruhe und Erhabenheit. Beim Laufen suchte ich die Wände weiter nach gangbaren Routen ab.

An diesem Abend tranken wir zwei Schluck »Whisky on the rocks«. Zur Feier des Tages. Das Schlimmste lag hinter uns. So glaubten wir.

Auf der gegenüberliegenden Seite des Beardmore-Gletschers stand der »Cloudmaker«, der »Wolkenmacher«, jener Berg, dem Shackleton den einzig richtigen Namen gegeben hatte. Immer blieben die ersten Nebel an ihm hängen. Die Wolken bildeten sich dort. Der »Cloudmaker« machte nicht nur die Wolken, er machte auch das schlechte Wetter. Und Nebel wären auf einem Spaltengletscher verhängnisvoll gewesen. Im Gletscherbruch und »White out«: Unvorstellbar!

Schlimm war auch das Gehen im Zwielicht. Es war anstrengend und nervenaufreibend. Oft lief ich ohne Brille, um Schnee von Eis unterscheiden zu können. Beim Vorauslaufen konnte ich nur so die versteckten Spalten umgehen und rechtzeitig ausweichen. Spalten, immer noch Spalten. Hörte dieser Tanz auf den Schneebrücken nie auf? Einige Tausend – zwischen 20 Zentimeter und 20 Meter breit – hatten wir schon gequert.

Wenn ich am »Abend« ins Zelt kam, machte ich sofort den Kocher an, den ich in meinen Schlitten übernommen hatte. Das Zelt hatte ich zuvor allein aufgebaut. Dann zog ich die Mütze aus, die Schuhe und Socken. Anschließend wurden die Füße mit Puder gepflegt und in die Daunenschuhe gesteckt. Ich pflegte sie wie unverzichtbares Werkzeug. Wenn Arved ankam, war ich schon »daheim«.

Hatte ich mich wochenlang geärgert über Arveds Langsamkeit, jetzt staunte ich über seine Geschicklichkeit. Auch über seine Laufgeschwindigkeit. In den Gletscherbrüchen lief er sogar ohne großen Abstand hinter mir her. Nur seine Reaktionen änderten sich nicht. Am »Morgen«, wenn ich ihn weckte, stand er auf. Aber es kam nie ein aufmunterndes Wort: »Heute machen wir mehr Strecke! Wir müssen eine Stunde länger gehen als sonst.« Wie angenehm wäre eine solche Aufmunterung für mich gewesen! Am liebsten wäre auch ich morgens liegengeblieben. Das Warten bei den Rastpausen dauerte jetzt nicht mehr so lang. Nach zehn bis fünfzehn Minuten, wenn ich auskühlte, gingen wir weiter. Das einzige, was mich noch störte, war eben, daß ich am Morgen drängen mußte. So ungern ich es tat, ich war gezwungen zu sagen: »Wir müssen mehr gehen. Wir müssen heute ein Stück anhängen.« Wenn Arved doch einmal diese Treiberrolle übernommen hätte. Nur einmal. Einmal in der Woche. Einmal im Monat. Einmal auf der ganzen Reise.

Das Leben war aufs Notwendigste reduziert. Ich hatte untertags oft Hunger und freute mich aufs Essen. Im Zelt legte ich mich hin, weil ich müde war und mir alle Knochen weh taten. Im Zelt war es immer noch warm und trocken. Aber Verschleißerscheinungen machten sich bemerkbar: Mein linkes Knie, das Schlottergelenk, sprang immer öfter aus, wenn ich mir mit den Grödeln den Fuß verdrehte. Die Sehnen an den Füßen waren geschwollen. Auch die Fingergelenke schmerzten. Wunschvorstellung: Nie mehr hinausgehen zu müssen in den Wind, die Kälte, das Eis. Leider nicht ausdenkbar.

Wir lebten in einer festen Routine und hofften doch alle Tage auf Überraschungen: Vielleicht kam Südwind auf. Vielleicht war das Spaltengebiet zu Ende. Vielleicht lagen alle Schwierigkeiten schon hinter uns. Wir hofften immerzu.

Der Abstieg über den Beardmore-Gletscher wurde immer schwieriger. Immer noch blankes Eis. Wir waren 150 Kilometer über blankes Eis gegangen. Unsere Grödeln gingen kaputt. Die Knie litten, denn dieses Eis war voller Unebenheiten. Wir waren jetzt in der Mitte des Gletschers. Manchmal gingen wir über eine gigantische Schneestraße, dann wieder über Spalten. Ungezählte Spalten. Und wieder verstiegen wir uns in einem steil abfallenden Eisbruch.

Ich war ein Stück voraus und sah mich plötzlich zwischen unzählbar vielen Spalten. Zum Verzweifeln. Breite, offene Spalten überall: vor mir, links, rechts. Ich hatte nicht mehr den Mut weiterzugehen, vor allem

Auf dem Beardmore-Gletscher. Blankes Eis, dazwischen Spalten, die mit Treibschnee gefüllt sind. Man erkennt die Spalten an der Farbschattierung und der Einsenkung.

nicht mit dem Schlitten. Also schirrte ich mich aus, lief ohne Last weiter. Nach zehn Minuten gab ich auf. Um mich herum waren zu viele Spalten. Einige so groß wie eine Kirche. Ich sah keine Chance weiterzugehen. Also lief ich zurück, packte meinen Schlitten und mühte mich über die kaum erkennbare Spur zurück zu Arved, der stehengeblieben war. Was tun? Wir deponierten beide Schlitten. Ärger über eine falsche Wegbeschreibung von Charles Swithinbank kam auf. Einer lief nach links, einer nach rechts. Nach 500 Metern glaubte ich eine einigermaßen sichere Route gefunden zu haben. Also mühten wir uns nach links. Immer weiter nach links. Wir mußten endlich die orographisch linke Seite des Beardmore-Gletschers erreichen, die einst Shackleton und Scott entlanggekommen waren. Wir fanden einen Ausweg. Dieser Tag hatte uns viel Anstrengung gekostet und trotzdem kaum weitergebracht. Am Fuße des gewaltigen Eisbruchs lagerten wir. Mitten im blauen Eis auf einem kleinen Schneeflecken stand das Zelt. Von unten kommend hätten wir diesen Eisbruch ohne große Schwierigkeiten umgehen können. Von oben aber hatten wir nicht genügend Einblick gehabt. Wie blind waren wir mitten in die Schlünde und Löcher hineingelaufen, in ein Labyrinth von Eistürmen und Spalten, die mehr als 200 Meter tief waren.

244

War Scott bei seinem Todesmarsch vom Pol nach McMurdo über ähnliche Eisbrüche gegangen? Mit einem Schlitten, der mit Steinen, mit geologischen Funden beladen war. Kaum vorstellbar. Was nützten Scott seine Depots? Depots, in denen zu wenig Brennstoff und Nahrungsmittel lagerten. Depots, die er immer erst suchen mußte. So schleppten sie sich dahin. Erholen konnten sie sich nicht mehr. Evans hatte sich beim Sturz in eine Gletscherspalte verletzt. Dazu immer diese fürchterliche Gewißheit: Es ist zu spät. Sie marschierten in den antarktischen Winter hinein, in den Tod. Edgar Evans, anfangs der Stärkste, brach als erster zusammen. Durch Skorbut, Hunger und Verletzungen war er so geschwächt, daß er den Schlitten nicht mehr mitziehen konnte.

»16. Februar. Wir sind in entsetzlicher Aufregung: Evans scheint geistesgestört! Der sonst so selbstbewußte Mann ist ganz verändert: Heute ließ er zweimal unter lächerlichen Vorwänden haltmachen! Wir leben von knappsten Rationen, und bis morgen abend müssen unsere Lebensmittel reichen! . . .
17. Februar. Ein grauenvoller Tag! . . . Die Oberfläche war scheußlich, der kürzlich gefallene weiche Schnee blieb in großen Klumpen an Schuhen und Schlittenkufen hängen, der Himmel war bedeckt und das Land verschwommen. Nach etwa einer Stunde machten wir halt, und Evans holte uns ein, aber sehr, sehr langsam. Nach einer halben Stunde blieb er wieder zurück und bat Bowers noch, ihm ein Ende Bindfaden zu leihen. Ich rief ihm, uns möglichst schnell nachzukommen, und er versprach es in einem, wie mir schien, heitern Ton. Als wir dem Monumentfelsen gegenüber waren, sahen wir Evans noch sehr weit zurück; ich ließ deshalb das Lager aufschlagen.
Anfangs waren wir gar nicht unruhig, kochten Tee und setzten uns zum Essen. Als sich dann aber Evans immer noch nicht einstellte, packte uns die Aufregung, und wir liefen alle vier auf Schneeschuhen zu ihm hin. Ich langte zuerst bei ihm an und war entsetzt über sein Aussehen: Mit aufgerissenem Anzug lag er auf den Knien, die Hände nackt und erfroren, und in seinen Augen war ein wilder Blick! Als ich ihn fragte, was ihm fehle, antwortete er in schleppendem Ton, er wisse nicht, was ihm sei, aber er habe wohl einen Ohnmachtsanfall gehabt. Wir richteten ihn auf, aber nach 2 oder 3 Schritten sank er wieder in den Schnee und zeigte

Edgar Evans.
Der Offizier Evans war auf dem Weg zum Pol der stärkste Mann in Scotts Südpol-Mannschaft. Er brach beim Rückmarsch als erster zusammen und starb.

alle Symptome vollständigen Zusammenbruchs. Wilson, Bowers und ich liefen zurück, um den Schlitten zu holen, während Oates bei ihm blieb. Als wir zurückkehrten, war er ohne Bewußtsein, und als wir ihn ins Zelt gebracht hatten, schien er vollkommen schlafsüchtig.

Er erwachte nicht wieder: Um ½1 Uhr in der Nacht ist er gestorben. Furchtbar, einen Kameraden so verlieren zu müssen! Aber bei ruhigem Nachdenken mußten wir uns sagen: Immer noch ein Glück, daß die entsetzlichen Aufregungen der letzten Woche so endeten. Mit einem Schwerkranken reisen zu müssen, hätte für uns alle den Tod bedeutet.«

Wir folgten weiter unserem selbstgewählten Weg. Uns saß der Hungertod nicht so offenkundig im Nacken, und der Winter lag noch einen Monat voraus. Trotzdem, gut ging es uns nicht. Noch war der Tod keine Alternative in unseren Gedanken. Er kam nicht einmal in meinen Tagträumen vor. Weder als Wunschbild noch als Schreckfigur. Ausgeschlossen aber war das Scheitern noch lange nicht.

Am »Vormittag« gab es oft einmalige Lichtstimmungen. Die Höcker

Lagerplatz vor Gateway. Die Segel mußten eingerollt, das Zelt aufgebaut werden. Hinter dem Sattel zwischen den Felsen beginnt das Ross-Schelfeis.

und Mulden im Gletscher waren dann gelblich, bläulich, grünlich – alles in Pastellfarben. Ein Land wie Tibet.

Unsere Ausrüstung litt fürchterlich bei dem Gezerre und Gereiße zwischen den Spalten. Einmal hoben wir unsere Schlitten einzeln über schmale Eisbrücken. Einer half dem anderen. Immer dabei in Gefahr, vom schweren Schlitten rücklings in eine Spalte gerissen zu werden. Ein anderes Mal zogen wir die Schlitten in stundenlanger Arbeit um Eisbrüche herum. Knapp vor Gateway kam noch einmal starker Wind auf. Trotz der eisigen Piste segelten wir. Zwischen steilen Felsflanken und dem Gletscher fuhren wir nach Norden. Ich steuerte jenen kleinen Sattel an, der zwischen dem Mount Hope und einer Reihe kleinerer Granitfelsen eingelagert ist: Gateway. Arved kam gut nach. Wir waren zwei strauchelnde, müde Männer, die vor Gateway ums Zelt gingen. Gemeinsam hatten wir es aufgebaut. Wir packten die Schlitten aus. Jeder den seinen. Wir lagerten in einer Mulde an einem windstillen Ort. An der Südseite von Gateway.

Als wir am nächsten Tag losmarschierten, war es wieder grau. Die Landschaft war grau, weil der Himmel grau war. Kein Nebel. Man konnte trotzdem nicht weit sehen. Arved lief ein Stück weit voraus. Endlich! Er brauchte dazu keinen Kompaß. Gateway, eine Paßhöhe, lag vor uns. Nachdem ich meinen Schlitten gepackt hatte, ging ich ihm nach. Ich versuchte nicht, ihn einzuholen. Ich genoß die Nachläuferrolle. Wie angenehm es doch war, hinter einem schwarzen Strich herzulaufen. Eine Spur vor sich zu sehen! Nicht ständig die Route suchen zu müssen. Arved folgte dem bestmöglichen Weg zwischen Spalten und Sastrugis. Und ich folgte ihm. Bei diesem Aufstieg nach Gateway, beim Nachgehen, hatte ich wieder mehr Zeit zum Nachdenken. Daher mein Wunsch, daß wir uns auf der Strecke bis nach McMurdo, auf den letzten 700 Kilometern, beim Spuren abwechseln sollten. Wir hatten immer noch Rückstand auf unser Soll. Trotzdem das Gefühl, daß wir es schaffen würden. Mit Wilhelm Bittorf hatte ich vereinbart, daß wir bis McMurdo laufen würden, wenn wir vor dem 30. Januar Gateway überquerten. Es war der 26. Januar, als wir den Paß überschritten. Die Würfel waren gefallen.

Während dieser Expedition hatte es ständig Zweifel gegeben. Zuerst: Schaffen wir es über den Pol hinaus? Dann: Kommen wir bis Gateway? Jetzt: Ist der Weg über das ganze Ross-Schelf noch möglich? Zugegeben, beim Start wäre ich zufrieden gewesen, wenn ich gewußt hätte, daß wir den Pol erreichen. Trotzdem war ich immer auch mit der Hoffnung marschiert, wir würden vielleicht doch die ganze Strecke schaffen. Jetzt war ich getrieben von dem Zwang, bis nach McMurdo zu laufen. Und ich war neugierig. Neugierig auf unsere Ausdauer, neugierig auf Scotts Grabstelle, neugierig auf dieses flache Schneeland, das alle unsere Vorläufer als »fürchterlich« beschrieben hatten. Ich wußte, daß es keine andere Wahl gab als durchzuhalten. Uns blieben nicht viel mehr als zwei Wochen Zeit, um das riesige Ross-Eisschelf zu durchqueren.

Ich schaute nach Süden. Weit sah ich nicht. Trotzdem ahnte ich die Tiefe des Landes. Es ist nicht wahr, daß sich alle Mythen auf der Erde verflüchtigt haben. Hier gab es sie noch. Keine Zivilisation, keinen Tourismus und keine Massenmedien. Das Unberührte, das Überwältigende, das Erhabene waren hier eins. Aber blieb es für mich, was es war, wenn ich mitten hindurch ging? Würden nur die Scherben des Mythos übrigbleiben, wenn ich auf der anderen Seite war? Ginge damit nicht alles verloren?

13. Fluchtpunkt McMurdo

Als auch ich die Paßhöhe Gateway erreicht hatte, schaute ich in einen grauen Norden. Arved war vor mir oben angekommen und ebenso enttäuscht über die Sicht wie ich. Rechts, weit unten, ahnte ich einen zerrissenen Eisbruch: der Beardmore-Gletscher, der in das Schelfeis hineindrängte. Links unten ein einziges Nebelmeer. Darunter mußte das Ross-Eisschelf liegen. Ich dachte jetzt nur noch an McMurdo. 700 Kilometer weiter im Norden lag jener Fluchtpunkt, wo Schinderei und Lust des Eiswanderns ein Ende haben sollten.

Wenig später hatten wir das Ross-Eisschelf erreicht, das sich bis zum Ziel unserer Reise erstreckte. Das Transantarktische Gebirge war überwunden. Der Antarktis-Winter nahe. Wir hatten maximal drei Wochen Zeit, die Strecke bis zum Meer zu bewältigen. Ehe das Packeis den Verkehr lahmlegte, mußten wir das Schiff erreichen, das uns nach Neuseeland bringen sollte. Zudem reichte unser Proviant nur bis zum 15. Februar.

Das Wetter war schlecht. Gleich auf den ersten Kilometern des Ross-Schelfeises versuchten wir zu segeln. Der Wind war so schwach, daß die Segel nicht hielten. Wir gingen ein Stückchen. Am Fuß von Gateway, dort, wo der Gletscher flach auslief, stellten wir das Zelt auf. Wir lagerten an der Kante zum Festland. Unter uns Schelfeis. Am nächsten »Morgen«, um zwei Uhr schon, machten wir uns bereit. Wir mußten weiter! Segelwind war aufgekommen. Um vier Uhr, als wir das Zelt verlassen wollten, war der Wind zum Sturm angewachsen. »White out«. An Segeln oder Gehen war nicht zu denken! Also abwarten. Diese letzte Etappe, die uns zu laufen blieb, mußte mit Segeln auf einer guten Schneepiste rasch zu bewältigen sein. Wir sollten uns täuschen.

Die Distanz entspricht der Durchquerung Grönlands auf der Nansen-Route. Noch waren wir zuversichtlich, obwohl der schwere Sturm, alle Naturkräfte gegen uns waren. Der Sturm steigerte sich zum Orkan. 24 Stunden lang. Zehntausende von Eiskörnern prasselten gleichzeitig auf die Zeltplane. Der Wind riß pausenlos am Zelt. Als wollte er es in Stücken forttragen. Zuerst hast du Angst. Du versuchst, von innen dagegenzuhalten, die Stöße in den Böen auszugleichen. Dann ergibst du dich in dein Schicksal. Du hoffst nur noch. Am schlimmsten waren die Böen, die die Zeltstangen hätten knicken können. Was, wenn die Verspannungen rissen? Wenn die Außenhaut aufplatzte? Wir wären nicht zu retten gewesen. Nach Stunden wird der Sturm zur Gewohnheit. Er ist da, als wäre immer Sturm gewesen. Ob er je wieder aufhören wird? Die Angst weicht der Hoffnung. Dieses Gefühl, es hätte dauernd gestürmt, beruhigt. Er war jetzt etwas stärker. Die Frage war, ob wir uns in diesem Sturm zurechtfinden könnten? Sie überlagerte die Angst, das Zelt könnte reißen. Der Schneesturm deckte unser Zelt mehr und mehr zu. Iglu-Gemütlichkeit. Treibschnee türmte sich um die Schlitten und an der Leeseite am Zelteingang. Der Schneepanzer draußen war wie ein Trost. Ein weiterer Trost war der Partner neben mir. Und meine eigene Kraft. Aber wir verloren wertvolle Stunden. Waren immer noch zu spät dran. Obwohl wir auf dem Mill- und Beardmore-Gletscher gut vorangekommen waren, hinkten wir hinter dem Zeitplan her. Wir mußten mehr als 35 Kilometer pro Tag laufen, wenn wir rechtzeitig in McMurdo sein wollten. Ein Durchschnitt, der ohne Segelwind nicht zu schaffen war. Und wenn das Wetter schlecht blieb? Wenn körniger Pulverschnee unser Weiterkommen bremste, wie es Scott und seinen Männern im Februar 1912 passiert war? Was, wenn Blizzards und »White outs« in Serie das »Herbstwetter« vor dem antarktischen Winter bestimmten? Hier wäre keine Rettung mehr denkbar.

Wir wußten nicht, daß der Neuseeländer Max Wenden uns mit der in Patriot Hills stationierten einmotorigen Cessna »besuchen« sollte. Wilhelm Bittorf hatte den Auftrag gegeben. Wenden und Mike Sharp versuchten, die 1700 Kilometer nach Gateway zu fliegen. Dort wollten sie uns abpassen. Sie sollten unsere Filme mitnehmen und die Ankunftszeit in McMurdo erfragen. Sie legten zunächst ein Treibstoffdepot an und flogen zurück nach Patriot Hills. Beim Versuch, uns zu erreichen, brauchten sie wegen Schlechtwetter zwei Zwischenstops, um wieder bis zum Depot zu kommen. Bei der Landung wurde eine der Gleitkufen der Cessna beschädigt. Die Reparatur dauerte neun Stunden. Es blieben noch knappe 500 Kilometer nach Gateway. Aber das Wetter wurde nochmals

Marschieren im »White-out«. Obwohl es dabei hell ist, stolpert man dahin wie im Dunkeln. Alle Konturen sind verwischt. Nur der Partner ist gerade noch sichtbar.

schlechter. Zudem hätte der Sprit wegen der erzwungenen Zwischenlandungen nicht bis Gateway und zurück gereicht. Und wenn sie einen Suchkurs hätten fliegen müssen? Max und Mike beschlossen umzukehren. Wir waren unerreichbar. Ein Flug nach Gateway wäre völlig unmöglich gewesen!

Das Zelt stand immer noch. Ein gelber Punkt in der Weite des Eisschelfs. Es bog sich im Sturm. Wir kamen nicht voran. Einen Tag lang blieben wir da. Zweimal war Arved draußen. Einmal, um das Zelt zu fixieren. Einmal, um Nahrungsmittel zu holen. Die beiden Schlitten an der Südseite des Zeltes standen fest übereinander.

Als der Sturm etwas nachließ, gingen wir sofort los. Immer noch Nebel. »White out«. Du gehst wie im Dunkeln. Wenn der Boden ein Loch hat, fällst du hinein. Wenn es aufwärts geht, spürst du es nur am Gewicht des Schlittens. Wenn du einen Hang querst, rutschen die Skier. Aber du siehst es nicht. Du siehst nichts. Du weißt nicht, wo du bist. Du weißt nicht, ob du geradeaus, im Kreis oder auf dem Kopf gehst. Gäbe es nicht die Schwerkraft und den Kompaß, du würdest glattweg verrückt werden. Es war kein Trost, auf dem Schelfeis zu sein. Die Landschaft war flach wie das Meer. Und genauso wellig.

Ich ging ohne jeden Anhaltspunkt. Nur wenn ich mich umdrehte, sah ich einen schwarzen Punkt hinter mir. Das war Arved.

In dieser Orientierungslosigkeit war ich nur noch auf zwei Punkte konzentriert: Auf Arved, den ich nicht verlieren durfte, und darauf, rechtzeitig nach McMurdo zu kommen! Segeln war unmöglich. Windstille. Wir blieben ganz auf unsere Kraft angewiesen. Jeder auf seine. Wieder sank unsere Hoffnung. Ich ging stur in den Nebel hinein. Öfters Spalten. Dann mächtige Schneeverwehungen. Ich wartete, schaute. Arved rief, ich solle stehenbleiben. Ich ging weiter. Dann, zwischen großen Schneemauern, kein Weiterweg mehr. Ich blieb stehen. Arved kam nach. Er versuchte zu navigieren. Das GPS gab uns eine Position an. Wir studierten die Detailkarte und stellten fest, daß wir zu weit rechts waren. Also bogen wir nach links ab. Wir umgingen die Schneeverwehungen. Erneut Spalten. Öfters ging ich bis an den Spaltenrand, ohne die Spalte zu bemerken. Einmal hatte ich einen Ski über den Abgrund geschoben, als ich sah, daß Licht und Schatten anders waren. Die Schattierungen im festen Schnee waren heller als jene über den dunklen Löchern. Ich zog den Ski zurück.

Es war jetzt wärmer und feuchter. Für uns trotzdem kälter. Weil es schwierig wurde, im Zelt unsere Sachen zu trocknen. Oft gingen wir am Morgen mit feuchten Kleidern in die Kälte hinaus – sie erstarrten sofort zu einer Eiskruste.

Plötzlich wurde es heller. Kein Nebel mehr. Hinter den grauen, dichtgedrängten Schäfchenwolken ahnte ich die Sonne. Die Schneefläche ein kaltes Weiß. Im Norden am Rand des Horizonts züngelten stahlblaue Lichtflammen. Aber immer noch kein Wind. Alles war jetzt begrenzt: die Sicht, unsere Rationen und die Kräfte. Besonders die Zeit. Die Proviantknappheit war schmerzhaft. Nur 45 Tage hatten wir für die 1450 Kilometer vom Pol zur McMurdo-Bucht Zeit. Lebensmittel und Brennstoff reichten höchstens noch für zwei Wochen. Kein Proviantdepot in Aussicht. Am 16. Februar würden unsere Rationen am Ende sein. Wenn wir nicht vorher zu hungern anfingen. Es sollte schwierig werden, der »White Mama« zu entrinnen.

In McMurdo herrschten wieder die Amerikaner, die genauso wie die »Polherren« privaten Abenteurern wie uns keinerlei Unterstützung gewährten. »Wir müssen diese Verrückten mit unseren Flugzeugen retten, wenn sie in Not geraten«, war die berechtigte Erklärung für ihre Abwehrhaltung. »Warum sollen wir sie mit Depots und anderen logistischen Hilfen anlocken?« Also mußten wir schneller sein. Die Möglichkeit, vom Greenpeace-Schiff »Gondwana« mitgenommen zu werden, war Null, denn bei unserer Ankunft in McMurdo wäre die »Gondwana« längst schon wieder auf See. Die Italiener waren großzügiger, aber auch ohne Verständnis, wenn wir zu spät kommen sollten. Von ihrer Station in der Terra-Nova-Bucht, nur 300 Kilometer von McMurdo entfernt, würden sie uns zurück in die Heimat bringen. »Wir nehmen Reinhold Messner und seinen deutschen Gefährten gerne mit«, sagte Roberto Cervellati, der Chef der Station, zu Wilhelm Bittorf. »Aber wir können nicht auf ihn warten. Wenn er sich verspätet, übernehmen wir keinerlei Verantwortung.«

Am 15. Februar mußten wir in McMurdo sein, damit vom Wetter her genug Spielraum blieb für den Hubschrauberflug von McMurdo nach Terra Nova auf das Charterschiff »Barken«. Die meisten Passagiere auf der »Barken« wollten möglichst bald nach Italien zu Frau und Kindern weiterfliegen, die sie monatelang nicht gesehen hatten.

Ich rationierte die Nahrungsmittel, zuerst, ohne daß Arved davon wußte. Dann mit seiner Zustimmung. Bald hatten wir unentwegt Hunger. Arved und ich erzählten uns am »Abend« im Zelt von unseren Lieblingsgerichten. Hunger! Beim Gehen jetzt – unsere Sorbini-Riegel und das Haselmark reichten nicht mehr aus, untertags den Hunger zu stillen – dachte ich an all die Einladungen, die ich in den Monaten vor der Abreise ausgeschlagen hatte: daheim bei meiner Mutter, bei Witzigmann in München, beim Südtiroler Winkler, und, und, und...

»Zum Frühstück Spiegeleier mit Speck!« Das war Arveds Tagesanfang im Schlaraffenland. So weit weg, und doch konnten wir ohne Wehmut darüber reden.

»Räucherlachs und ein Glas Champagner. Aber auch Käse – Gorgonzola und Stückchen von frischem Parmesan«, sagte ich.

»Und Butter«, fiel Arved ein. Was gäben wir jetzt nicht alles für ein Stück Butter!

Bald gingen unsere Träume weiter. Über das Essen hinaus. »Stell dir vor«, sagte Arved, »du sitzt in der Badewanne – stundenlang im heißen Wasser und hörst Musik, hast einen Drink neben dir und liest.«

Es war nicht die Erinnerung an vergangene Genüsse, die uns diese

Wünsche ins Zelt zauberte, es war der Hunger. Es war wie das Decken des Tisches. Essensgerüche in die Zukunft projiziert. Ich jammerte nicht. Hunger gehörte dazu, ich freute mich auf die künftigen Mahlzeiten. Häufig hörten wir jetzt die Bewegungen des Schelfeises. Das Knacken und Ächzen im Eis kam plötzlich. Oft war mir, als könnte ich dabei eine Erschütterung unter dem Zeltboden spüren. Ein Schreck ging über meine Haut. Wie ein Riß durch eine Tüte, in die ich meine Angst eingepackt hatte. Wenn ich ging oder dalag und alles ruhig war, gab es keine Ängste. Als ob sie nie dagewesen wären. Aber plötzlich in der Nacht – ein Riß im Eis, ein Knacken der Zeltstäbe im Sturm – brach die Angst aus.

Wie wenig es brauchte, um die verborgensten Ängste nach oben zu drängen. Sie waren immer da. Ich hatte sie nur vor mir selber versteckt. Mein Herz schlug schneller, ich konnte es bis zum Hals spüren. Diese Unrast trieb mich an. Hinaus aus dem Zelt. Weiter! Wie ein gejagtes Tier.

Dann trieb ich Arved an. Aus Sorge, nicht schnell genug zu sein, lief ich weit voraus. Manchmal voller Mitleid, dann wieder zornig, fanatisch. Wir mußten weiter! Ich begriff nicht, wieso Arved nicht mit derselben Energie laufen konnte wie ich. Aber der Wind bremste auch mich. Gegen die Stürme und den stumpfen Schnee vermochte auch meine Besessenheit nichts auszurichten. Und nichts die Wut.

Wie verzweifelt mochte Scott gewesen sein, damals, vor 78 Jahren, am 24. Februar 1912:

»Bin wieder ein wenig mutlos. Das war heute nachmittag eine wirklich greuliche Oberfläche, und wir legten nur 7½ Kilometer auf unserer Spur zurück. Wir können dies anstrengende Ziehen unmöglich fortsetzen! Das schnelle Zuendegehen dieses Sommers ist ein böses Omen! Es wird ein Wettrennen zwischen Jahreszeit und schlechtem Wetter einerseits und unserer Leistungsfähigkeit und guten Ernährung andererseits.«

Scotts Tagebuch beschäftigte mich mehr und mehr. Dazwischen die frühen Jahre meiner Kindheit.

»Ich weiß nicht mehr, was ich denken soll«, klagte Arved in einer Rastpause. »Ich bin in der Vergangenheit. Mir fehlt nach dem Nordpol neuer Stoff. Wenn einmal alles durchgedacht ist, kann man nicht einfach

Eine Skizze, die das Zeltleben der Scott-Expedition zeigt. Wilson hat sie gezeichnet. Arved und ich hatten ein Kuppelzelt und viel mehr Platz.

wieder von vorne anfangen. Es wäre so eintönig wie die Nebelwand vor uns.«

»Ja«, bestätigte ich: »Das ganze Leben rollt einem durch den Kopf. Rückwärts und vorwärts.«

Ich dachte mir mein Leben in vielen Varianten aus. Zuerst das Gewesene, das Nicht-mehr-Änderbare. Dann die Zukunft.

Als Kind schon hatte ich Lasten gezogen. Einen Leiterwagen mit Hühnersteigen beladen von St. Peter in Villnöß nach St. Magdalena; Holz aus dem Wald; Steine zum Pflastern von einer Schottergrube bis vor unsere Hühnerställe. Mein Vater hatte uns Kinder immerzu beschäftigt. Als Sechsjähriger »arbeitete« ich 8 Stunden am Tag. Ich beklagte dieses Leben nicht. Nicht das heutige. Nicht das morgige. Ob es ein »Schicksal« gab, ob ich meiner »Bestimmung« entgegen ging, interessierte mich nicht. Der Fantasie freien Lauf zu lassen, zu sehen, was dabei herauskam, nur dies ließ die Leiden des Ziehens vergessen.

Nein, ich erwartete keine Hilfe. Keine Hilfe von außen. Scott hatte sich mit seinen drei Überlebenden wohl auch deshalb weitergeschleppt, weil er immerzu auf eine Rettung hoffte:

»Wollte Gott, daß wir keine Rückschläge mehr hätten! Wir sprechen natürlich immer über die Möglichkeiten, die Hundeabteilung zu treffen.«

Die Hunde würden nie kommen! Scott hatte keine eindeutige Anweisung gegeben, daß eine Hilfstruppe ihm beim Rückmarsch entgegenkommen sollte.

Wie gut war es doch, ganz auf sich allein gestellt zu sein! Das Rechnen auf fremde Hilfe ist immer gefährlich. Auch wir hatten nicht Nahrungsmittel genug. Wir mußten rationieren. An die Reserven, die ich am Pol eingepackt hatte, wagte ich mich nicht. Jetzt hatten wir wieder häufiger Streit. Streit über die Länge der Gehzeiten. Streit über die Geschwindigkeit. Obwohl Arved besser lief, als ich erwartet hatte, waren wir immer noch zu langsam. Mit unbarmherziger Sturheit ging ich voraus. Ich wußte, daß ich Arved zwingen konnte, nachzukommen. Das Zelt lag in meinem Schlitten. Ich wußte auch, daß ich ihn bis an den Rand seiner Leistungsfähigkeit forderte. Aber ich mußte es tun. Auch wenn er mir leid tat. Meist ging ich nach den ersten viereinhalb Marschstunden so weit voraus, daß er mich nicht mehr einholen konnte. Auch nicht in den Rastpausen. So konnte ich nicht schwach werden, wenn er die Gehzeit um eine Stunde verkürzen wollte.

Ich wußte jetzt, warum Scott auf diesem Marsch gescheitert war. Ausgehöhlt durch den langen Weg, enttäuscht und krank brach die Mannschaft zusammen: Skorbut, Vitamin-, Mineralienmangel. Vom hereinbrechenden Winter zum Tod verurteilt. Disziplin allein hätte sie nicht mehr retten können.

»2. März. Ein Unglück kommt selten allein. Wir marschierten gestern nachmittag ziemlich bequem zum Depot, und nun haben uns drei furchtbare Schläge getroffen, die alle meine Hoffnungen über den Haufen werfen. Erstens fanden wir zu wenig Öl vor, selbst bei strengster Sparsamkeit reicht es kaum für die 131 Kilometer bis zum nächsten Depot! Dann zeigte uns Oates seine Füße: Seine Zehen sind augenscheinlich erfroren. Der dritte Schlag kam in der Nacht: Das Thermometer ging unter 40° hinunter, und heute morgen brauchten wir zum Wechseln unserer Fußbekleidung 1½ Stunden! ... das Schlimmste von allem: Die Oberfläche ist einfach grauenhaft! Trotz des starken Windes und des gefüllten Segels haben wir nur 10 Kilometer zurückgelegt. Wir können die unbedingt nötigen Märsche nicht mehr ausführen und leiden entsetzlich unter der Kälte.

Sonntag, 3. März. ... Oft war der Sturm so heftig, daß wir den Schlitten nicht von der Stelle bringen konnten. Gott steh' uns bei! Aber diesen Anstrengungen sind wir nicht gewachsen! Keiner von uns kann das noch glauben; keiner spricht zwar ein Wort davon, und zueinander sind wir immer unendlich heiter – aber was jeder in seinem Herzen fühlt, ist nicht schwer zu erraten.«

Arved und ich waren nicht gebrochen. Und wir hatten, wie Scott, einen letzten Trumpf: die Hilfe des Windes. Unsere Segel waren zum Glück besser als seine. Als der Weg mit reiner Menschenkraft nicht mehr zu schaffen gewesen wäre, kam der gute Wind mindestens einmal in der Woche. Als gäbe es doch einen Gott, der Erbarmen hatte. Das gab uns neues Selbstvertrauen und bestärkte uns in dem Glauben an ein Durchkommen. Ein Segeltag verdoppelte die Laufstrecke. Scott hatte seine Segel nicht so geschickt einsetzen können wie Shackleton oder wir. Das Segel war bei ihm auf dem Schlitten montiert, und es ist sehr schwierig, einen Schlitten mit flatternden Segeln zu manövrieren.

Immer noch geschah es, daß ich am Abend im Zelt lag und sah, wie die Schneefläche unter mir vorbeisauste. Wie in einem Film vor geschlossenen Augen. Diese unendlich vielen kleinen Rauhigkeiten! Die Farben des Schnees, wenn er nicht in der Sonne glitzerte, war grau bis leuchtend weiß. Ich las inzwischen an der Schneefarbe ab, ob er stumpf oder griffig, ob er schnell oder langsam war. Kleine Nuancen in der Grauabstimmung machten den Unterschied aus. Öfters flogen Lichtspiele über die Schneefläche: grünliche Streifen, gelbliche, ein ockerfarbener Fleck. Alles Pastellfarben. Der verhangene Himmel darüber. Als wären wir wieder irgendwo auf dem Hochland von Tibet.

Die Berge lagen jetzt weit links von uns. Wie ein stahlblauer Grenzwall eines verbotenen Reiches.

Die Temperaturen lagen wenig unter dem Gefrierpunkt. Alles wurde naß: der Schlafsack, die Kleider, das Zelt. Das Wasser lief die Zeltwände herunter. Nicht mehr zu trocknen. Wir konnten den Kocher brennen lassen, so lange wir wollten, alles blieb feucht. Wenn wir am Morgen die Schlitten packten, hatten wir den Eindruck, als ob es viel kälter wäre, 15 oder 20° unter Null. Die Feuchtigkeit steckte überall, sogar in den

Bowers, Wilson und Cherry-Garrard vor ihrem winterlichen Marsch nach Cape Crozier: Es sollte »der schlimmste Trip auf Erden« werden.

Knochen. Die Finger quollen auf. Die Handschuhe waren eisige Klumpen. Dazu die Schinderei des Schlittenziehens. Der Wind blieb meistens aus.

Cherry-Garrard beschreibt in seinem Buch »The Worst Journey in the World« ähnliche Leiden. Der winterliche Marsch zu den Brutstätten der Kaiserpinguine war für ihn und seine Begleiter zu einem Trip in die Hölle geworden. Das war 80 Jahre her. Die Welt hier, auch ihre Leiden, waren immer noch dieselben.

> »Am meisten hatten wir unter der Atmung und dem Schwitzen zu leiden. Wenn wir an den schlimmsten Tagen unser Zelt aufschlagen mußten, nachdem wir kaum vier Stunden marschiert waren, so war die Hauptursache das Schwitzen. Natürlich ging es uns auch darum, unsere erfrorenen Füße wieder zum Leben zu erwecken, aber schlimmer war noch das Eis auf unserem Leibe. Der Schweiß wurde nämlich bei dieser entsetzlichen Kälte nicht mehr von der porösen Wolle unserer Kleider aufgesaugt und langsam verdunstet, sondern verdampfte auf der Haut und gefror zu Schnee, der sich in den Kleidern anhäufte. Jedesmal, wenn wir

unsere Strümpfe wechselten oder eine andere Hose anzogen, mußten wir ganze Mengen Schnee und Eis aus den Kleidungsstücken herausschütteln. Die gleiche Manipulation hätten wir auch mit unsern Hemden und wollenen Westen vornehmen müssen, aber wir konnten uns natürlich nicht so weit ausziehen.«

Wir taten das einzige, was in dieser Situation zu tun war: Wir liefen. Täglich mehr als 30 Kilometer weit. Auch 40 Kilometer. 17 Tage lang, ohne einen einzigen Rasttag. Der Schnee klebte unter den Skiern. Er stollte. Der Schlitten sackte tief im Neuschnee ein. Es war eine tierische Arbeit, die Spur zu legen. Wir verloren an Gewicht. Jeden Morgen ein erster banger Blick ins Freie: Kommt Wind auf? Meist kam er aus Norden. Also Gegenwind, wie damals bei Captain Scott:

»Sonntag, 10. März. ... Im besten Falle können wir noch eine Weile ein Hundeleben führen, aber mehr auch nicht. Unsere Kleider sind so vereist, daß wir sie kaum noch an- und ausziehen können, und der arme Oates hält uns des Morgens so lange auf, daß der wärmende Einfluß des Frühstücks sich schon verloren hat, ehe wir uns auf den Weg machen. Der arme Mensch! Es ist zu traurig mit ihm; und doch muß man immer wieder versuchen, ihn aufzuheitern.«

Einmal, als Arved in einem Disput über unsere Laufgeschwindigkeit ankündigte, nicht mehr so viele Stunden wie bisher laufen zu wollen, drohte ich, ihn allein zurückzulassen.
»Du kannst das Zelt haben und das »Argos«. Sie werden dich schon holen. Ich gehe weiter. Ich gehe nach McMurdo.«
Arved sagte nichts und ging. Sein Stolz war größer als seine Erschöpfung. Wir gingen sieben Stunden am Tag, acht Stunden, neun Stunden. Arved ging bis zum Umfallen. Ich kam mir mies vor, wenn ich oft mehrere Kilometer voraus war und merkte, wie er mit jeder Stunde langsamer wurde. Aber ich wartete nicht auf ihn. Mitleid half weder ihm noch unserem Vorankommen. Jetzt konnte nur noch eine genaue Marschtabelle helfen und der Wille, sie einzuhalten. Wie Scott waren wir ganz auf uns selbst gestellt:

»11. März. ... ich befahl Wilson, uns die Mittel zur Beendigung unserer Qual auszuhändigen, damit jeder wisse, was er im Notfall zu tun habe. Wir haben jeder 30 Opiumtabletten, Wilson selbst eine Tube Morphium. Unser Spiel geht tragisch aus. Elf Kilometer sind jetzt die Grenze unserer Leistungsfähigkeit. Wir haben Proviant auf 7 Tage und müssen heute abend ungefähr 102 Kilometer vom Ein-Tonnen-Lager entfernt sein. $11 \times 7 = 77$ – also bleiben noch 25 Kilometer Abstand.

12. März. ... Die Oberfläche bleibt schauderhaft, die Kälte unbeschreiblich streng, und mit unserer Gesundheit geht es bergab, Gott helfe uns!«

Diese Tragödie lag nun 78 Jahre zurück, aber sie beschäftigte mich immer noch. Obwohl Captain Scott und seine Männer schon so lange tot waren, hatte ihr Heldenepos überlebt. Alle anderen Abenteuer dieses Jahrhunderts in der Arktis und Antarktis, Amundsens Hundeschlittenreise zum Südpol mit eingeschlossen, sind vergessen. Nur Scotts Bericht war nicht verjährt. Er blieb lebendig.

»Sonntag, 16., oder Sonntag, 17. März. ... Die Tragödie ist in vollem Gang. ... Draußen tobte ein Orkan. ›Ich will einmal hinausgehen‹, sagte Oates, ›und bleibe vielleicht eine Weile draußen.‹ Dann ging er in den Orkan hinaus – und wir haben ihn nicht wiedergesehen.«

Arved und ich standen jetzt vor den Kulissen dieser Tragödie. Dasselbe Eismeer, dieselben blauschimmernden Berge im Hintergrund, derselbe violette Himmel darüber. Eine gewaltige Bühne. Eine Wirklichkeit, die mich erschütterte. Daß Scott sich zum Helden hochstilisiert hat, kann ich ihm verzeihen. Daß er offensichtlich seine Begleiter gezwungen hat, ihre Rollen bis zum Ende zu spielen, um alle Zweifel an ihrem britischen Heldenmut auszulöschen, begriff ich nicht.

»Sonntag, 17. März. ... Wir sind nur 2 Ponymärsche vom Ein-Tonnen-Lager entfernt.«

Galt meine Kritik an Scott nicht auch mir selbst? Ich zwang Arved zu einem Tun, das er nicht mehr wollte. Trotzdem sprachen auch wir von

261

»Bill« Wilson.
Wilson war Arzt und ein enger Freund von Scott. Seine Zeichnungen sind Kunst-
werke und zeugen von seinem tiefen Naturverständnis.

»Titus« Oates.
Oates hatte sich im Winterquartier und
auf dem ersten Abschnitt des Marsches
zum Südpol um die Ponys gekümmert.
Er hatte die Mängel der Scott-Taktik
erkannt.

unserer Heimreise. Wie von einem Flug von Rom nach Paris. Nicht so,
als ob wir vorher noch durch das Eismeer mußten und dabei verhungern,
erfrieren, verdursten könnten.

Scott und seine Männer hatten

> »den Primuskocher noch einmal halb voll gegossen, das letztemal
> – dann müssen wir verdursten...«
> ». . . unsere Kraft ist fast ganz erschöpft. Wir brechen allmählich
> alle zusammen.«

Am 19. März 1912, zehn Tage vor seinem Tod, schrieb Scott nur noch
sachliche Informationen in sein Tagebuch. Nichts mehr über den Zustand seiner Kameraden, schon gar nichts mehr über seine Empfindungen.

> »22. und 23. März. Der Orkan wütet fort – Wilson und Bowers
> konnten sich nicht hinauswagen – morgen ist die letzte Möglich-
> keit – kein Brennstoff mehr und nur noch auf 1, höchstens 2 Tage
> Nahrung – das Ende ist da. Wir haben beschlossen, eines natürli-

*»Birdie« Bowers.
Vielleicht hätte Bowers noch die Kraft
gehabt, bis ins nächste Depot zu laufen.
Wer weiß es? Die Details dieser Tragödie bleiben im Dunkeln.*

chen Todes zu sterben – wir wollen mit unsern Sachen oder auch
ohne sie zum Depot marschieren und auf unserer Spur zusam-
menbrechen.«

Das Sterben war für Scott zu einer Inszenierung geworden. Die Bühne:
der einsamste Ort der Welt. Das Publikum: die Menschheit. Alle und für
immer sollten wir wissen, zu welcher Aufopferung Engländer fähig
waren. Dieser Tod jenseits der Sinn- und Schmerzgrenze, aber nachvoll-
ziehbar in den kargen Sätzen der letzten Tagebuchseiten, war als Sinnbild
gedacht: die Tragödie nicht als erbauliches Spiel, der Tod vielmehr als
lebendiger Beweis für die Opferbereitschaft einer Handvoll Menschen.

»Freitag, 29. März. ... draußen vor der Zelttür die ganze Land-
schaft ein wirbelndes Schneegestöber. ... wir werden bis zum
Ende aushalten; der Tod kann nicht mehr fern sein. Es ist ein
Jammer, aber ich glaube nicht, daß ich noch weiter schreiben
kann.   R. Scott.
Um Gottes willen – sorgt für unsere Hinterbliebenen! –«

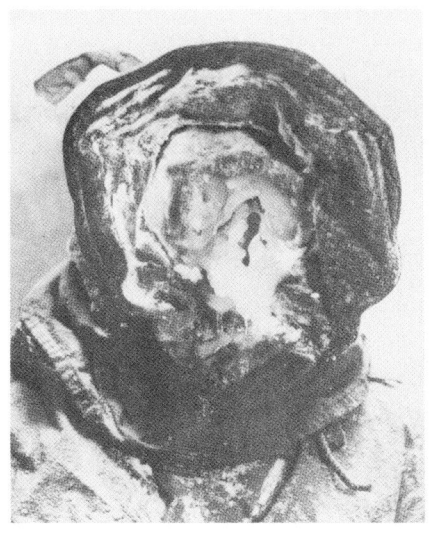

Vereistes Gesicht. Die Feuchtigkeit der Atemluft, Rotz und Treibschnee frieren in der Antarktis oft zu einer Eismaske zusammen.

Dies war Scotts letzte Tagebucheintragung. Die genauen Hintergründe dieses Untergangs sind nie bekannt geworden. Wenn ich jetzt an das Entsetzen dieser Männer dachte, das Entsetzen, das sie gepackt haben mußte, als sie begriffen, daß sie es nicht mehr bis zum Depot schaffen würden, lief ich schneller. Auch Arved steigerte in diesen Tagen seine Laufgeschwindigkeit, obwohl er immer noch versuchte, mir die Gewaltetappen auszureden, die ich für notwendig hielt.

Es gelang ihm bis zum Ende, seine mangelhafte Kondition irgendwie einleuchtend zu kaschieren. Das war gut so. Was sich Arved nicht eingestehen konnte, weil er es nicht wollte, war auch nicht wahr. Eingestandene Schwäche hätte ihn noch mehr geschwächt.

Wir waren bereit, zu jeder »Tages- und Nachtzeit« aufzustehen, um den Wind zu nutzen. Aber er blieb zumeist aus. Also liefen wir 16, 17, 18 Meilen pro Tag. Das waren harte, lange Tage. Immer lief ich voraus. Arved konnte nur mit Mühe folgen. Wir liefen nicht mehr über Spaltengebiete, und wir konnten uns auch nicht verlieren. Es war also nicht gefährlich, wenn jeder allein vor sich hinging. Es war nur eine Belastung. Für uns beide. Wir durften uns keine Gehstunde mehr schenken, keine Minute.

Arved und ich lebten jetzt seit drei Monaten zusammen. »Tagsüber« hintereinander herlaufend, »nachts« im engen Zelt. So schwierig war das gar nicht, wenn ich mich an die eigene Nase faßte. Du riechst jeweils nur die stinkenden Socken des anderen, nicht deine eigenen. Wenn du nicht lernst, deinen Partner zu akzeptieren, wie er ist, verlierst du schnell. Eine Ehe kann geschieden werden, ein Team wie wir nicht! Das war es, was vieles schwierig machte, und auch wieder leicht: In oft ausweglosen Situationen auf Gedeih und Verderb aufeinander angewiesen zu sein, macht tolerant. Egoismus richtet sich schnell gegen dich selbst. Dieses Wissen war so stark wie ein Naturgesetz. Wir respektierten es beide.

Die Kunst, eine so schwierige Reise mit Erfolg zu Ende zu führen, liegt vor allem darin, mit dem Partner zurechtzukommen. Streit, aufgestaute Aggressionen oder sogar Haß sind dabei Energiefresser, die, wie der Zucker die Vitamine im Körper, jene Reserven aufzehren, die wir beide brauchten, um voranzukommen. Wer in seinem Geist friedlich blieb, hatte auch mehr Kraft. Diese Erkenntnis, gesammelt in einem halben Hundert Reisen zu den Bergen der Welt, half mir, auch dann die Ruhe zu bewahren, wenn unser Vorankommen hoffnungslos langsam war.

Wir waren in dieser lebensfeindlichen Umgebung nicht mehr und nicht weniger Menschen als daheim. Jeder kannte die Zwänge, die sich aus der noch zu laufenden Strecke ergaben, dem nahenden Winter und den Reserven im Schlitten. Aber wenn ich darüber nachdachte, mit wem sonst ich diese Reise hätte machen können, blieb nur Arved.

Arved Fuchs war der ideale Partner für die Überquerung des antarktischen Kontinents. Wir hatten zwar einen verschiedenen Gehrhythmus und sind vom Temperament her sogar gegensätzliche Typen, aber wir wollten mit all unserer Energie und Begeisterungsfähigkeit dasselbe. Arved ist eher introvertiert. Er vertraute seinen Ärger über mich seinem Tagebuch an. Wie ich es auch tat. Wenn trotzdem einmal angestaute Aggressionen in einer Streßsituation aus uns herausbrachen, war das wie eine Erleichterung. Und wir vergaßen es schnell. Mein Respekt vor Arved ist an keinem Tag der langen Reise gesunken, und er sollte am Ende größer sein als vor dem Start. Dieses Selbstverständnis im Unterwegssein! Diese Ruhe in kritischen Situationen! Wenn es notwendig war, konnte er sich bis zur Erschöpfung fordern.

Ich bin in dieser Beziehung anders. Nicht nur der Taktik wegen laufe ich lieber heute zehn Kilometer mehr als morgen. Laufen ist für mich ein körperlicher Genuß, wenn Sehnen und Gelenke nicht überstrapaziert sind. Das hat nichts mit Selbstquälerei zu tun und Leidensfähigkeit – ich bin ein Fußgänger und werde ein Leben lang einer bleiben. Auch sorge ich gerne vor. An einem Tag mehr als unbedingt notwendig zu laufen, bedeutet für mich Sicherheit, Zufriedenheit, Ruhe. Wie ein Bergbauer vorsorgt für den Winter, so bringe ich gerne Zeitreserven ein, wenn Wetter und Energie es zulassen. Ich habe gerne ein Polster für Sturmtage, einen Unfall oder andere Unwägbarkeiten. Vielleicht war das der wesentliche Unterschied zwischen Arved, dem Seemann, und mir, dem Bergsteiger. Das Segelschiff ist vom Wind abhängig, das Kajak von der Strömung. Du vertraust dich den Naturkräften an und versuchst, sie mit all deiner Erfahrung und Intelligenz für dich arbeiten zu lassen. Der Bergbauer hingegen kann den Winter nur überleben, wenn er im Sommer vorsorgt, wenn er im Herbst einbringt, was er im Winter braucht.

Arved ist Seemann und ich bin Bergbauer. Diese zum Teil gegensätzlichen Lebenshaltungen haben uns geprägt, und wir werden deshalb in vielen Situationen unseres Lebens gegensätzlich bleiben.

Die sicherlich notwendigen Konflikte, die es während dieser Reise gab, hatten ihren tieferen Ursprung in dieser völlig verschiedenen Sicht der Dinge. Dieser Unterschied aber war es auch, der uns so weit brachte. Wenn diese Reise ein »Erfolg« wurde, dann auch deshalb, weil Arveds Seemannsmentalität und meine Bergbauerninstinkte sich gegenseitig potenzierten. Wir haben uns nicht gebremst, wir haben uns ergänzt. In vielerlei Hinsicht. Vorwürfe in diesem Zusammenhang könnte ich nur von Leuten akzeptieren, die fähig sind, unsere Reise nachzumachen.

Was mich während dieser Expedition beflügelte, war das tägliche Zusammenleben auf dem Eis. Was nachher kommen sollte – die provozierten Streitgespräche zwischen uns, die unterstellte Unfähigkeit, miteinander auszukommen, kolportierte Sensationen –, hatte mit der Antarktis-Transversale nichts mehr zu tun. Auch noch so oberflächliche Behauptungen – »Messner der Menschenschinder, der Streithansl, der Egoist« – können mich nicht aus der Reserve locken. In der Antarktis habe ich gelernt, die Ruhe zu bewahren, zu staunen, zu schweigen.

In all meinen Expeditionsberichten habe ich versucht, so nahe an der Realität zu bleiben wie es die Erinnerung zuläßt. Und gerade weil ich ganz offen über Ängste, Egoismen und Aggressionen schrieb, bin ich häufig zum »allesfressenden« (Kilometer, Gipfel, Erfolge, Menschen)

Minna Bluff. Unter dem tiefen Himmel ist es schwierig, Distanzen abzuschätzen. Wie weit waren wir von den Bergen weg?

Überneandertaler hochstilisiert worden. Mein Anspruch, mir und meinen Lesern gegenüber ehrlich zu sein, soll mir ruhig weiterhin als »Nabelschau« ausgelegt werden. Ich weiß, daß nur das Wort Kraft hat, das du dir aus der Seele gerissen hast. Ich schreibe lieber über meine Schwächen als über Rekorde, und Heldengeschichten sind mir suspekt, auch jene, die andere auf meinem Rücken basteln.

Während meiner schwierigen Expeditionen hat es zwischen mir und den »Gipfelmenschen« nie Streit gegeben. Vielleicht auch, weil uns das Leben und Überleben im Grenzbereich sonst unmöglich gewesen wäre. Auch jetzt, bei dieser Reise quer über den antarktischen Kontinent, gab es ein Verständnis über alle trennenden Worte hinweg.

Was nachher kommen sollte, wenn die einäugige Sicht der Außenstehenden eine Erfahrung wie die unsere als Morgenlektüre oder als »Betthupferl« in ihre Teile zerlegt, war sicher interessant, aber nicht wahr. Es tangierte unsere 92 Tage auf dem Eis so wenig wie das Mittelmeer die Antarktis.

Zwei Wochen lang marschierten wir an der Grenze der Leistungsfähigkeit. Die Nahrungsmittel waren rationiert. Wir teilten unser Essen sehr genau ein. Trotzdem keinerlei Mangelerscheinungen. Wir verloren nur Gewicht. Mir taten die Finger weh. Der Bewegungsapparat brauchte Ruhe. Wir hatten Hunger. Obwohl uns der Wind nur selten weiterhalf, holten wir jene Tage ein, die wir auf dem Plateau verschlafen hatten. Spalten gab es nicht mehr. Plötzlich wieder ein guter Segeltag. Die Berge standen vor uns: Minna Bluff, der rauchende Vulkan Erebus, rechts daneben, kleiner, Terror. Wir waren übermütig, waren jetzt sicher, McMurdo zu erreichen. Ab diesem Zeitpunkt gab es keine Zweifel mehr. Wir würden rechtzeitig ankommen. Nach einem zweiten günstigen Segeltag fühlten wir uns ganz sicher. Wir stürzten uns auf die Essensreserven, die wir für den Notfall aufgehoben hatten.

Die Piste wurde zunehmend schlechter. Zuerst war es eisig. Dann Gletschersumpf, Sastrugis. Die Sicht gering. Wir segelten hart am Wind. Die Kniegelenke schmerzten. Unsere Achillessehnen waren geschwollen. Arveds Füße waren nicht mehr so wund wie bei den »Thiels«. Druckstellen und Blasen hatte er immer noch. Bis zum letzten Tag. Aber er ging weiter, ohne zu bremsen.

Wieder aufregende Lichtstimmungen. In Streifen brachen Sonnenstrahlen aus den Wolken: blauviolett der Horizont, gelb ein Tal darunter. Oder war die Senke nur eine optische Täuschung? Stahlblau breitete sich der Schnee vor uns aus. Der Lichtwechsel ein Verlöschen und Aufleuchten, ein Spiel zwischen Grün und Orange. Gewitterstimmung. Solche Ausblicke kannte ich aus den Bergen. Pastellfarben das Land.

Stetig ging ich über diese Schneefläche − seit bald 100 Tagen. Jetzt plötzlich das Gefühl, daß jedes Schneekorn hier ein Lebewesen symbolisierte. Waren hier alle Menschen, alle Tiere und Pflanzen, die je auf der Erde gelebt haben, aufbewahrt? In winzigen, tiefgefrorenen Wasserteilchen kristallisiert? Diejenigen, die der Wind über die Antarktis trieb − es waren in jedem Augenblick Milliarden −, wären noch nicht zur Ruhe gekommen. Ich versuchte, dieses Gedankenspiel aus meinem Kopf zu vertreiben. Es verfolgte mich weiter. War die Antarktis vielleicht doch eine Art Himmel? Nicht nur ein Platz des Friedens und der Ruhe, sondern ein Paradies, wie Dante es beschreibt:

Doch waren hier zu schwach die eignen Flügel;
indessen wurde da mein Geist getroffen
von einem Blitz, in dem mein Sehnen kam.

Erste Begegnung mit Menschen nach dem Verlassen des Südpols. Wissenschaftler der neuseeländischen Scott-Station begrüßen uns.

Dem hohen Flug des Schauens schwand die Kraft;
doch schon bewegte meinen Wunsch und Willen,
gleich einem Rad, das still sich dreht, die Liebe,

Die führt die Sonne und die andern Sterne.

An Minna Bluff vorbei kamen wir zu einem Spaltenlabyrinth. Teils segelnd, teils laufend überquerten wir das viele Kilometer breite Hindernis. Ein ausgetrockneter Gletschersumpf mit vielen Löchern und Rinnen hielt uns wieder auf. Wir lagerten knapp unterhalb der Einsattelung zwischen Black und White Island. Es war höchstens noch ein Tagesmarsch bis McMurdo. Im Stillen entschuldigte ich mich bei Arved, daß ich ihn 90 Tage lang angetrieben hatte. Hätte ich es aber nicht getan, wir wären nicht bis hierher gekommen. Jetzt war es unwichtig, wer vorausgelaufen, wer hinterher gelaufen war; wer getrieben, wer gebremst hatte. Die Summe unserer Energien hatte den Erfolg gebracht.

Am 12. Februar überquerten wir den Paß zwischen Black und White Island. Auf der anderen Seite fuhren wir über eine Buckelpiste hinunter auf das Schelfeis. Es war unguter Schnee mit trockenem »Sumpf«

dazwischen. Wir hielten auf Willies Field zu. Das ist der amerikanische Flughafen der großen McMurdo-Station. Wir konnten ihn mit dem Fernglas erkennen. Plötzlich kam ein Fahrzeug auf uns zu. Einige Männer und Frauen stiegen aus und winkten. Wir gingen zu ihnen hin und wurden von Neuseeländern begrüßt. Sie waren auf dem Weg nach Black Island, um geologische Untersuchungen zu machen. Nachdem sie mit ihrer Station Scott Base gefunkt hatten, erzählten sie uns, daß Post für uns da war. Daß wir offizielle Gäste der Neuseeländer wären. Die Italiener würden uns bald mit ihren Helikoptern abholen. Wir würden auf dem holländischen Schiff »Barken« mit der italienischen Expedition zurück nach Neuseeland fahren. In wenigen Wochen würden wir wieder zurück sein in der Zivilisation.

Die Neuseeländer fuhren mit ihrem Schneefahrzeug weiter in südlicher Richtung. Wir gingen nach Norden. Über eine richtige »Fahrstraße«, die mit Raupenfahrzeugen angelegt worden war. Während ich über diese Piste ging, Stunde um Stunde, war ich erleichtert und traurig zugleich. Der vorgegebene Weg, die Markierungsstangen, das Wissen um ein Bad, ein Bett, ein Bier nahmen mir die Kraft aus den Beinen.

Ich wußte jetzt, daß die Zeit zwischen Vertrautheit und Fremdheit vorbei war. Wenn du dein ganzes Zuhause drei Monate lang hinter dir herschleppst, lebst du ein anderes Leben. Ein Leben nur nach den Vorgaben der Natur. Die Antarktis ist eine ernsthafte Landschaft. Deshalb ging jetzt eine ernsthafte Reise zu Ende. Sie hätte uns keinen Fehler verziehen. Kein Abenteuer hatte mir so viel Spaß bereitet wie dieses dreimonatige Gehen. Trotz der Schinderei, trotz der Anstrengung, trotz der Ängste.

Es war warm. Ich zog alles aus. Bis auf den Flauschi. Wie leicht es sich ging auf dieser Piste! Im Schlitten verstreut lagen zwei Paar Handschuhe, eine Gesichtsmaske, ein Schal, Sonnenbrillen. Wie die Requisiten einer verlorenen Existenz. Ich war nicht mehr derselbe wie noch vor wenigen Stunden. Wir waren nicht mehr in der Wildnis.

Die nächsten Menschen, die wir trafen, waren wieder Neuseeländer. Sie schenkten uns Orangen, Bananen. Gaben uns eine Unterkunft. Wir erholten uns schnell.

Der erste Amerikaner, den ich traf, fragte, ob diese Transversale auch

Arved Fuchs am Rande von Willies Field, dem US-Flugplatz am Ufer des Ross-Meeres bei McMurdo. Von hier fliegen die Herkules-Maschinen zum Pol.

ein Rekord sei. »Die Antarktis ist keine Rennstrecke«, antwortete ich einschränkend.

Der erste Kanadier fragte, ob wir auch allen unseren Müll wieder mitgebracht hätten. Ich konnte es bejahen.

Der erste Japaner fotografierte meine Ausrüstung und wollte alles über die Logistik erfahren.

Der erste Italiener umarmte mich und nannte mich einen Helden.

Der erste Russe kam mit einer Flasche Wodka in der Hand, und wir feierten den Erfolg.

Der erste Franzose, den ich traf, wollte nur wissen, ob nicht Franzosen diese Reise schon vor uns gemacht hätten. »Vielleicht«, sagte ich.

Der erste Brite fragte, ob wir die Schlitten immer selbst gezogen hätten. »Ja«, sagte ich, »alles man-hauling.« »Es lebe Captain Scott!« – »Er lebe«, sagte ich, »aber er ist leider dabei umgekommen!«

Der erste Deutsche, den ich traf, fragte »Warum?« – und ich wußte keine Antwort.

III. Die Reise im Eis

Zeitübersicht

Pinguinküken. Bei meiner ersten Antarktisreise konnte ich Pinguine beobachten. Später studierte ich die Antarktis-Literatur und die Zeichnungen von Dr. Wilson.

275

*Mit Arved Fuchs am Südpol:
Die Tatsache, daß wir ein gemeinsames Ziel verfolgten, machte uns zu einem Team, über alle Verschiedenheiten hinweg.*

17. Okt.	Flug Santiago–Punta Arenas (vorläufiges Standquartier)
18. Okt.–6.Nov.	Aufenthalt in Punta Arenas mit zwei vergeblichen Starts in Richtung Antarktis, jeweils wegen Problemen über der Drake-Passage. 1. Änderung der Route.
7. Nov.	Dritter Start gelingt, Flug nach Patriot Hills. Zusammentreffen mit der Hundeschlittenexpedition »Transantarctica«. Neue Planänderung wegen Treibstoffmangels(?).
7.–13. Nov.	Streit mit ANI. Erneute Planänderung. Packen. Warten.
13. Nov. 1989– 12. Feb. 1990	Reise im Eis.
12./13. Febr.	Ankunft Scott Base in McMurdo.
13. Febr.	Helikopterflug zur italienischen Station Baia Terra Nova.
18.–27. Febr.	Rückreise auf dem Schiff »Barken« von Baia Terra Nova nach Christchurch, Neuseeland, zusammen mit der italienischen Expedition.
27. Febr.–4. März	Neuseeland. Aufenthalt mit Brigitte, Sabine und Arved.
5. März 1990	Ankunft in Frankfurt. Pressekonferenz.
6.–10. März	»Nachwehen«. Pressekonferenzen und andere öffentliche Auftritte (gemeinsam mit Arved und allein) in Deutschland und Italien. Ende der Expedition.

Das Tagebuch

Es folgt das unveränderte »Tag-für-Tag«-Tagebuch, das ich während des Marsches über die Antarktis führte.

13. 11. 89
Landung: 13.13
Uhr
Sonne; kaum
Wind.
Pos.: 82° 04,99′ S
71° 58,46′ W
Temp.: −16° C
Pos.: 82° 08,22′ S
72° 08,76′ W
Luftdruck 942 mb;
Höhe: 110 m.

Überstürzter Aufbruch. »Transantarctica« braucht frische Hunde. (80° 40′ S). Unser Absetzen wird damit kombiniert. Brydon (Borek-Pilot mit Otter) soll von Patriot Hills an den Rand des Weddell-Meeres fliegen, uns absetzen und dann weiter zur »Transantarctica« stoßen. Wir sind in der Einsamkeit (Unendlichkeit) bald allein. Bolz und Jaeger filmen und fotografieren den Aufbruch. Alles ist Eile. Die Operation mit der »Transantarctica« interessiert uns nur am Rande. Dreiecksflug. Im Zelt – nach 3 Std. Marsch – ist es gemütlich.

14. 11. 89
−12° C

Der Himmel ist bedeckt; Wind; Schnee; vollständiges »White out« (Weiße Finsternis). Ich bin zuerst nicht eingeschlafen; konnte im Zeltinnern beobachten, wie die Sonne verschwand. Ab »Mitternacht« etwa nimmt der Wind ständig zu.
Wir wollen abwarten, bis wir 3 Satelliten haben, um die genaue Position bestimmen zu können.
Aufbruch ca. 14 Uhr.

Pos.: 82° 04,79′ S
74° 26,64′ W
950 mb
250 m

Segelwind von SO. Ca. 20 Meilen »gefahren«. Leider treibt es uns zu sehr nach West ab. So haben wir nur 7 Meilen gewonnen. Wind von Südost.

15. 11. 89
−9° C

White out. Wind aus Südost. Wir bleiben im Zelt. Um die Mittagszeit gelingt eine Positionsbestimmung. Wir sind viel zu weit nach Westen gekommen.
Lesen, dösen, kochen. Es ist schwierig, hocken

277

Pos.: wie gehabt.
937 mb
370 m

zu bleiben, wenn ich an die enorme Wegstrecke denke, die vor uns liegt. Ununterbrochen fegt der Sturm über die Zeltplane. Später – 18 Uhr – kommt der Wind aus Süd. In der »Nacht« nimmt der Wind stetig ab. Ab ca. 5 Uhr früh scheint die Sonne.

16. 11. 89
− 15° C

Um 6–7 Uhr Frühstück. Schönes Wetter. Schlieren. Kaum Wind. (Aus SO) 5.45 Std. Marsch. Dazu 5 × 15 Min. Rast. 20 km zurückgelegt. Die erste Hälfte läuft gut (angenehmes Gelände). In der zweiten Hälfte viele Sastrugis. Wir werden langsam und müde. Wie groß ist doch der Unterschied in der Struktur(erkennung) des Geländes, je nachdem, ob die Sonne scheint oder nicht.

Pos.: 82° 13,99′ S
74° 42,45′ W
934 mb
300–350–450
−370 m

Wir beziehen das Zelt um ca. 16 Uhr. Kochen – Essen – Trinken. Heute ist Funktag. Schlechter Kontakt.

17. 11. 89
− 8° C
949 mb
270 m

10 cm Neuschnee. Spätes Frühstück. Um 8 Uhr noch White out. Start ca. 11 Uhr. Zuerst 2½ Std. marschiert. Schlechtes Gelände. Sastrugis. Der Boden steigt in riesigen Wellen ganz leicht an. Die Wellenkämme haben mehr als 4 km Abstand voneinander. Nach 14 Uhr segeln wir etwa 2 Std. lang. Wind aus SSO. Wir kommen von der richtigen Linie ab. Trotzdem haben wir etwas gewonnen. Am Abend ist der Wind etwas günstiger. Es schneit. Der Wind dreht nach kurzer Zeit von SSO nach SO.

Pos.: 82° 18,76′ S
75° 27,17′ W
938 mb
370 m

Es ist gut, wie wir leben. Doch noch kommen wir zu langsam weiter.

18.11.89
−10°C
350 m
942 mb

Bedeckt. Wind aus SO.
Wir versuchen zu segeln, geben aber nach 1 km
auf. Der Wind ist zu stark und eindeutig aus S.
Wir marschieren 5 Std. bei Sastrugis, Neuschnee
und Gegenwind. Viel schlimmer kann es nicht
mehr kommen.
Wir haben etwa 15 km zurückgelegt.
Morgen wollen wir die Essensrationen kürzen,
da wir meist nur die Hälfte essen.

Pos.: 82° 25,38′ S
**   75° 49,36′ W**
929 mb
460 m

Die Schlitten sind zu schwer. Es ist, als ob man
einen Erschöpften hinter sich herzöge. Dabei ist
der Schnee noch stumpf und unregelmäßig. Eine
einzige Schinderei.

19.11.89
−14°C
922 mb

Es stürmt nach einer stürmischen Nacht. Der
Wind hat um 20° gedreht, nach SSO. Es ist zu
wenig, um zu segeln. Zwischendurch ist er zu
böig und zu stark. Die Lage ist ziemlich beschis-
sen.
Wir starten um ca. 11 Uhr und marschieren 3
Std. lang, immer gegen den Wind, der sich zum
Sturm auswächst.
Als wir das Zelt aufbauen, haben wir Mühe, es

Pos.: 82° 30,36′ S
**   75° 49,64′ W**
911 mb
600 m

ganz zu erhalten. Eine meiner beiden Matten
(Schlafunterlagen) wird mir vom Sturm aus den
Händen gerissen. Sie verschwindet sofort im
Norden. Uneinholbar. Ich ersetze sie durch die
Reservematte im Schlitten.

20.11.89
−15°C

Südwind. Es ist abwechselnd sonnig und bedeckt. Am Abend leichter Schneefall. Das Wetter ist unstabil.
5 Std. Marsch; anfangs viele Sastrugis und eisig
harter Schnee. Im Osten kommt eine Wolken-

279

Pos.: 82° 39,07′ S
75° 53, 92′ W
900 mb
720 m

bank und dann plötzlich, bei der dritten Rast, ist die Sonne bedeckt; wenig später ist alles grau. Am Horizont schimmert da und dort ein schmaler Streifen Hellblau durch. Wie eine Fata Morgana.
Wir haben ein riesiges, flaches Trogtal durchwandert. Wie Dämme laufen links und rechts von uns Erhöhungen nach vorne zusammen.

21. 11. 89
−15° C
900 mb

Pos.: keine Messung
899 mb
690 m
−8° C

Langer Tag. Trübes Wetter, das uns anfangs (»White out«) aufhält und später bedrückt.
Ein dunkler Rand am kreisrunden Horizont. Nach einem Versuch zu segeln (Wind aus SO), gehen wir mit den breiten Skiern. Der Wind ist sehr schwach, kommt später sogar aus N. Ein erneuter Versuch zu segeln scheitert an Windschwäche. 6 Std. marschiert – oft ohne Sicht und zudem mit beschlagenen Brillen.
Es ist zum Verzweifeln. Aber kein Mensch ist ohne Hoffnung. Wir erst recht nicht.

22. 11. 89
−15° C

Pos.: 82° 56,52′ S
77° 03,17′ W
893 mb
800 m

Das war ein richtiger Katastrophentag: Arveds Schirm ist zerlegt; ich habe das Meßrad verloren; Arveds Omega-Uhr scheint kaputt. Zum Glück läuft sie gleich wieder. Wir sind in 2 Etappen 3½ Std. nach Süden marschiert und zweimal gesegelt. SSO- und S-Wind. Quer über die Sastrugis segeln ist wie die Abfahrt über eine Buckelpiste.
Wüßte ich nicht, daß unser Depot an den Thiel-Bergen erst am 3. 12. (frühestens) eingerichtet werden kann, ginge mir der lange Marsch zu langsam. Jetzt fühle ich mich gut und könnte 8–10 Std. gehen.

23.11.89	Sturm den ganzen Tag über.
−18° C	Wir bleiben, wo wir sind. In der »Nacht« ab und
	zu Sorge, daß das Zelt reißt. Wir hatten uns nicht
	auf diesen Sturm eingestellt. In den Böen (Wind-
	stärke 7 und mehr) fegt der Blizzard Schneestaub
	über das Zelt.
	Wir verbrauchen mit gestern nur eine Essensra-
	tion. (Als Sparmaßnahme.) Funktermin am
Pos.: identisch mit	Abend. Wind läßt langsam nach. Im Zelt Geruch
22.11.89	von Küche und feuchten Klamotten. Es ist ge-
897 mb	mütlicher, als ich es mir (noch daheim) ausge-
770 m	malt habe.

24.11.89	Starker Wind am Morgen. Deshalb später Start.
−15° C	6 Std. Marsch. Der Wind nimmt am Nachmittag
	ab. Die Sastrugis nehmen zu. Oft kleine Eisflä-
	chen dazwischen. Wir kommen trotzdem gut
	voran.
	Arveds Füße (Hacke + Ballen) sind wund oder
	(und) blutunterlaufen. Es schmerzt ihn jeder
	Schritt. Wir müssen sie am Abend verarzten.
	Fühle mich gut und könnte 3 bis 4 Std. mehr
Pos.: 83° 08,51′ S	laufen. Vielleicht wäre dies auf Dauer doch zu-
77° 19,06′ W	viel. Auch Arved, der bremst, hat recht. Bei der
889 mb	jetzigen Marschgeschwindigkeit schaffen wir 12
840 m	Meilen pro Tag. Entschieden zu wenig.

25.11.89	Wieder Sturm! Gegen 3 Uhr früh beginnt es zu
−18° C	blasen, und es stürmt mehr und mehr.
	Nur 3½ Std. gegen den Sturm gelaufen: stur,
	vornübergebeugt, der eisige Wind im Gesicht.
	Wir sind zu langsam. Wenn man diesen Wind
	nur in brauchbare Energie umwandeln könnte!
	Wir lagern nun im Windschatten eines Sastrugi.

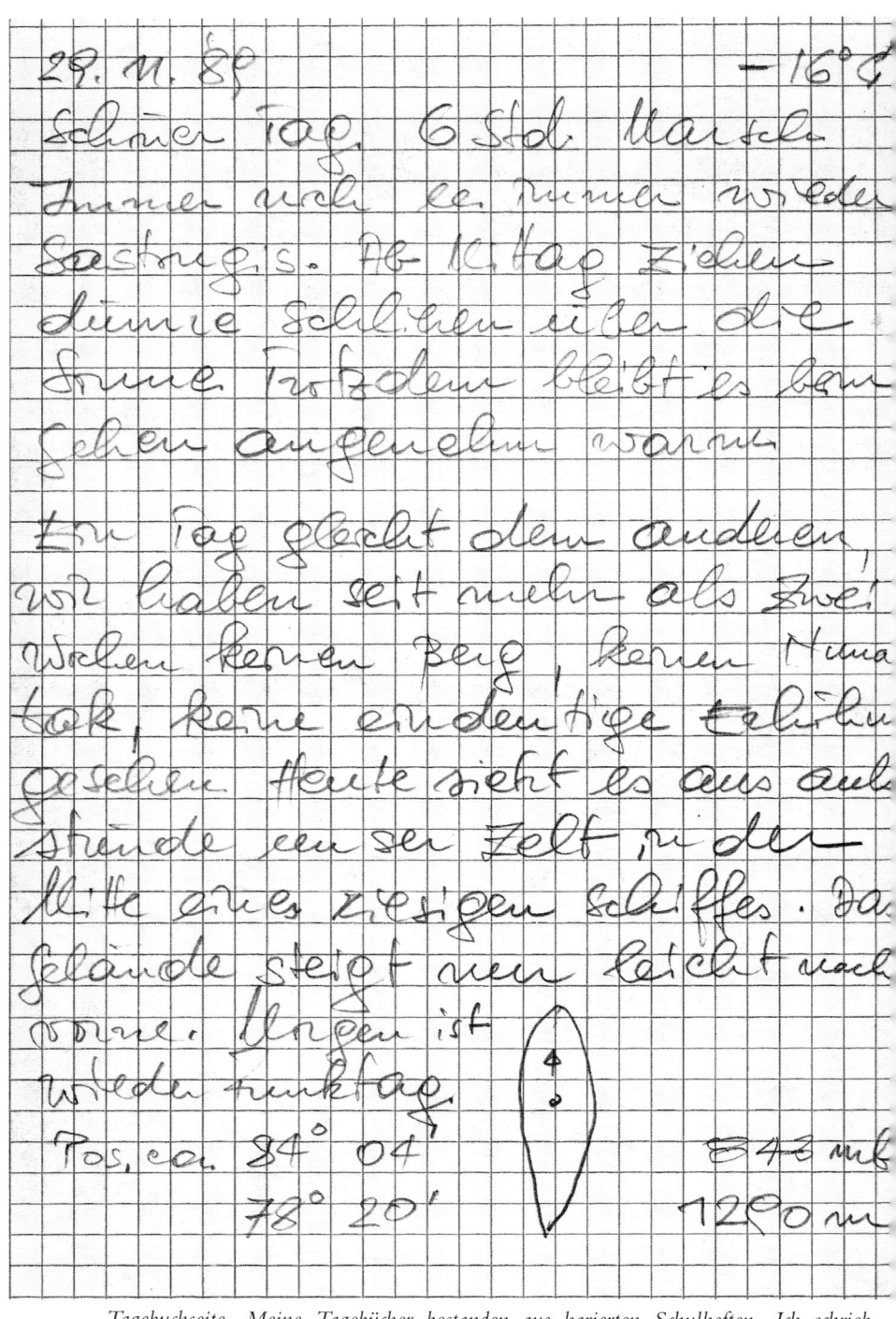

29. 11. 88   −16°C

Schöner Tag, 6 Std. Marsch.
Immer noch ee immer wieder
Sastrugis. Ab Mittag ziehen
dünne Schleier über die
Sonne. Trotzdem bleibt es beim
Gehen angenehm warm.

Ein Tag gleicht dem anderen,
wir haben seit mehr als zwei
Wochen keinen Berg, keinen Nunatak, keine eindeutige Erhöhung
gesehen. Heute sieht es aus auf
Stunde eines Zelt, in der
Mitte eines rissigen Schiffes. Das
Gelände steigt nun leicht nach
vorne. Morgen ist
wieder Funktag.

Pos. ca. 84° 04'   848 mb
        78° 20'   1290 m

Tagebuchseite. Meine Tagebücher bestanden aus karierten Schulheften. Ich schrieb jeweils am »Abend« mit Bleistift Fakten und Eindrücke auf.

Vorsichtshalber haben wir die Schlitten im Süden wie einen Schneepflug quergestellt, so daß das Zelt nicht von der vollen Kraft des Sturms erfaßt werden kann. Am liebsten wäre ich im Sturm weitergelaufen. In der Hoffnung, daß er endlich nachläßt. Arved ist das leider zu riskant.

26. 11. 89
−18° C

Aufbruch erst nach Mittag. Eine Blizzardnacht und ein stürmischer Vormittag liegen hinter uns. 6 Std. marschiert; in weiten Wellen zieht sich das Gelände bergan. In der ersten Hälfte viele Sastrugis (bis zu einem Meter hoch), dann weniger. Der Wind nimmt stetig ab. Das Vorauslaufen mit dem Kompaß ist inzwischen eine Gewohnheit für mich. Das Gehen macht mir Spaß. Und immer die Neugierde, wie es weitergeht, obwohl weder Nunataks noch Berge in Sicht sind.

Pos.: ca. 83° 27′ S
77° 40′ W
876 mb
970

Was mir beim Gehen so alles in den Sinn kommt: Klare Profile von mir nahen Menschen. Übersicht über Gewesenes. Ich vermisse weder Grün noch Wärme.

27. 11. 89
−16° C

Wieder ein windiger, sonst guter Marschtag. Nach spätem Aufbruch 6 Std. marschiert. Am Morgen ist es zu stürmisch. Wir gehen wieder in riesigen Wellen aufwärts. Die Kämme dürften jetzt 10 km voneinander entfernt sein. An den Nordhängen gibt es viele und große Sastrugis; an den Südflächen glasiger Eisschnee. Der Wind bläst uns dauernd und scharf ins Gesicht.

Pos.: ca. 83° 40′ S
78° 00′ W
864 mb
1090 m

Mit Mühe kann ich auf dem harten Gelände zwischen den Sastrugis einen Zeltplatz finden. Heute ist Funktag. Alle Arbeit mit Funkgerät und Antenne vergebens.

28. 11. 89
−18° C

Endlich ein schöner Tag. Nach etwas Wind (sehr kalt) am Vormittag wird es am Nachmittag richtig angenehm. Wenn nur die vielen Sastrugis nicht wären!
6 Std. gelaufen.
Das Gelände steigt weiter in Wellen bergan. Diese Wellen sind jetzt flacher und weiter auseinander als bisher.
Ich versuche über lange Strecken zu filmen. Wir sind frühzeitig im Lager und kochen, essen,

Pos.: 83° 51, 82′ S
78° 11,39′ W
856 mb
1170 m

rasten. Komme gut mit Arved zurecht. Wir sind jetzt eingespielt und zuversichtlich, obwohl noch zu langsam. Leider – da gestern kein Funkkontakt – keine News von außen.

---

29. 11. 89
−16° C

Schöner Tag.
6 Std. Marsch. Immer noch und immer wieder Sastrugis.
Ab Mittag ziehen dünne Schlieren über die Sonne. Trotzdem bleibt es beim Gehen angenehm warm.
Ein Tag gleicht dem anderen. Wir haben seit mehr als zwei Wochen keinen Berg, keinen Nunatak, keine eindeutige Erhöhung gesehen.

Pos.: ca. 84° 04′ S
78° 20′ W
843 mb
1290 m

Heute sieht es aus, als stünde unser Zelt in der Mitte eines riesigen Schiffes. Das Gelände steigt nur leicht nach vorne an.
Morgen ist wieder Funktag.

---

30. 11. 89
−18° C

Endlich, weit vorne rechts, die ersten Berge – ein Gebirge, wie flimmernde Randspitzen am Horizont. Die Gipfel sind kaum zu sehen mit freiem Auge, so klein sind sie. Es müssen die Thiels sein.
Im rechten Winkel zu unserer Marschrichtung

Pos.: 84° 17,86′ S
79° 19,54′ W
838 mb
1330 m

steht ein Nunatak. Er sieht aus wie ein flacher Hackstock über der Silhouette. 6 Std. gegangen. Neue Marschrichtung (mehr West). Immer noch Sastrugis.
Das Wetter ist sehr gut. Die Sonne hat am Nachmittag sogar Kraft.
Funktag!!

1. 12. 89
−17° C

Pos.: 84° 30,63′ S
80° 24,00′ W
845 mb
1270 m

Wieder ein herrlicher Tag. Es hängen zwar mehr Schlieren am Himmel als gestern, aber gegen Abend sind sie alle weg. Leichte Brise aus Süd. Ab und zu verliert sich die Sonne hinter den Wolken. Es ist dann feuchtkalt.
Wir sehen rechts von uns immer wieder Andeutungen von Bergketten – wie Fata Morganas. Luftspiegelungen von Gebirgen müssen so aussehen.
Wir laufen 6 Stunden einen Kurs von SSW (160°). Trotzdem kommen wir in keine Bergnähe.

2. 12. 89
−18° C

Pos.: ca. 84° 43′ S
82° 00′ W
834 mb
1380 m

Ein Tag wie die letzten.
Wir schaffen auch unseren 6-Std.-Marsch und kommen ca. 13 Meilen voran. Die Sastrugis nehmen wieder zu.
Leider wird der Film nichts, den ich mit Arved (im Bild) im Gehen belichte. Die neu eingelegte Kassette streikt.
Ein großer Nunatak steht klar rechts von uns. Im 60°-Winkel zu unserer Marschrichtung. Im Südwesten hängt eine halbmondförmige Nebelbank. Vielleicht sind dahinter die Thiel-Berge. Die Wolken bleiben unverändert. Offensichtlich gibt es Schlechtwetter.

3. 12. 89
− 17° C

Es ist bewölkt und feuchtkalt. Ein unguter Tag. Wind in Böen aus Süd. Wir gehen nur 4 Stunden, weil Arveds eine Bindung defekt ist. Schon nach 10 Minuten bricht ihm ein Führungssteg, und da er mich nicht mehr rufen kann, kommt er bis zum Rastplatz mit einem Ski nach. Er wechselt die Tourenskier gegen die Telemark-Skier aus und läuft jetzt in den Kamiks (Eskimostiefel). Es ist anstrengend, bei Sastrugi-Gelände mit schmalen Trail-Skiern zu gehen. Zudem haben wir schlechte Sicht. Die Thiel-Berge immer vor mir, gehe ich relativ leicht

Pos.: 84° 50,43′ S
82° 22,70′ W
836 mb
1360 m

voraus. Dabei muß ich nicht ununterbrochen auf den Kugelkompaß vor meiner Brust starren. Wir hoffen, heute außerterminlich funken zu können.

4. 12. 89
− 16° C

Bewölkt. Am Morgen ist es relativ warm. Ich laufe mit der kaputten (notdürftig geflickten) Bindung. Wir versuchen zu segeln, kommen aber mit dem schwachen Wind und wegen der Sastrugis nicht weit. Nachdem ich in einen Sastrugi einfahre und kopfüber stürze (Prellungen, schlechte Sicht), geben wir das Segeln auf und marschieren nach SSW. Die Thiel-Berge sind (fast) immer zu sehen. Sie rücken aber kaum näher.

Pos.: ca. 85° 00′ S
84° 00′ W
832 mb
1390 m

Wir schaffen trotz der miserablen Verhältnisse (schlechte Sicht, Sastrugis, Schnee dazwischen) 6 Std. Marsch. Wie weit wir gekommen sind, ahnen wir nur. Die Satelliten zeigen (über unser GPS) die Position.

5. 12. 89
−14° C

Grauer Himmel. Relativ warm.
Wir gehen nach SW, immer über Sastrugis, 6
Std. lang. Es ist bei der schlechten Sicht eine
Plage für die Skier, für den Schlitten, für die
Füße, die Knöchel, die Hüften und vor allem für
die Augen, weiterzulaufen. Wir kommen nur
langsam voran.
Die Berge kommen kaum näher.
Jetzt, mit halbleerem Schlitten, ginge es sich
ohne Sastrugis gut. Auch möchte ich den Kom-
paß wenigstens für ein paar Kilometer abgeben.
Wieder bauen wir am Abend die Antenne auf, in
der Hoffnung, mit Patriot Hills oder »Transantarctica« funken zu können. Arved spricht mit

Pos.: 85° 11,00′ S
85° 26,65′ W
826 mb
1450 m

Etienne und bittet, unsere Position und Situation
an Jaeger in Patriot Hills weiterzugeben.
Wir müßten morgen unser Depot erreichen,
wenn es da ist.

6. 12. 89
−16° C

Ankunft im Depot.
Aus einer Entfernung von ca. 4 Meilen kann ich
zwischen Eis und Schnee etwas Dunkles sehen.
Mit dem Fernglas ist deutlich die Twin-Otter zu
erkennen, die unser Depot gebracht haben muß.
Wir laufen noch fast zwei Stunden hin. Brydon
ist auf dem Weg zum Pol, um für Steger und
seine Leute (»Transantarctica«) Material zu fliegen. Er hat uns ein neues Zelt und Essen gebracht.
Ich spreche mit Ulrich (Jaeger) in Patriot Hills
über Brydons Funk. Man versteht nicht, warum
wir so langsam sind. Wir wollen ab jetzt ein
Argos- und kein Funkgerät mehr benutzen. Wegen der wenigen Funkmöglichkeiten bisher
schicke ich den »Spiegel«-Reportern mein Tagebuch. Arved weigert sich, das seine mitzuschik-
ken.

Pos.: 85° 19,00′ S 87° 40,00′ W **819 mb** **1600 m**	Marsch zum Depot: 5 Std. Zuerst segeln, dann laufen wir. Schlimme Sastrugis. Die Zeit drängt. Der Flieger muß weg, weiter zum Pol. Rast.

7. 12. 89 **−18° C** **Pos.: wie gestern** **828 mb** **Höhe: wie gestern**	Rasttag. Sturm. Wir trocknen unsere Kleider. Vor allem müssen die Schuhe innen und außen gepflegt werden. Zwischendurch trinken wir Pisko-Sauer. Die gebrauchte Ausrüstung sowie aller Müll bleiben in Containern hier und sollen später abgeholt werden. Sturm den ganzen Tag über. Fast ununterbrochen brennt unser Kocher. Sprit haben wir genug. Wir lesen Post, Zeitschriften, SPIEGEL und rechnen die Rationen für die zweite Wegstrecke neu durch (5000 kal/Tag). Seltsam − nachdem die Post von daheim abgelegt ist, bleibt das Zelt mein Zuhause. Kein Heimweh also.

8. 12. 89 **−19° C** **Pos.: wie gestern** **825 mb** **1600 m**	Gutes Wetter. Wenig Wind. Rasttag. Arved will nicht weiter. Schade. Wir packen die Schlitten neu. Am frühen Nachmittag kommt die Twin-Otter. Wir verteilen die Container: 1 × leer; 1 × Müll; 2 × Privat mit Destination Punta und weiter nach Europa; 1 × Nahrungsmittel für Patriot Hills; 1 × Depot Pol. Brydon hat es eilig. Er erzählt vom Pol, trinkt Kaffee und ist offensichtlich guter Laune, weil »Transantarctica« (am Pol von den Amis) so viel Unterstützung erhält (UdSSR, USA). In einem Tag etwa will er wieder zum Pol und zurück fliegen, um weitere Steger-Ausrüstung und Journalisten einzufliegen.

9. 12. 89
−10° C

Die Deviation ist jetzt 54° Ost.
Nebel, leichter Schneefall am Morgen. Wir können uns an den Bergen nicht orientieren. »White out«. Wären wir nur gestern gelaufen. Wir steigen 200 Höhenmeter an. Es ist eine unbarmherzige Schinderei, mit vollem Schlitten (zum Teil im Zick-Zack) die Höhe der Thiels zu erreichen. Wir gehen oben SW, in der Hoffnung, nicht zu viele Auf und Abs zu erwischen.

Pos.: ca. 85° 27′ S
89° 20′ W
806 mb
1800 m

Am Abend reißt es am Rand auf und wir können die Thiel-Berge vage hinter uns sehen.
Langer Tag, da Arved oft weit zurückbleibt. Es gibt Spalten und wieder Sastrugis.

10. 12. 89
−22° C

Grausig kalter und anstrengender Tag. Sturm aus SW. Sastrugis. Es ist ein Jammer, diese Strecke bei schlechter Sicht laufen zu müssen: Einmal umgehen wir ein Loch, einmal bremsen wir die Schlitten ohne Skier in ein Tal hinab und ziehen sie drüben wieder hoch. Einmal überqueren wir eine riesige Eisplatte mit Spalten.
Wir sind heute eine Stunde früher aufgebrochen, um am »Abend« sicher eine Position zu kriegen.

Pos.: 85° 39,66′ S
88° 36,31′ W
800 mb
1850 m

Die Satelliten sind jetzt nach vorne (Tageszeit) verschoben. Immer noch Sturm, das Wetter ist gut, 6 Std. gelaufen.
Ab morgen muß es besser werden!

11. 12. 89
ca. −22° C

Am Morgen Nebel. Trotzdem wird es ein relativ klarer Tag. Schlieren über der Thiel-Hauptkette. Wir sind eine Stunde früher aufgestanden, verlieren die Zeit aber durch Arveds Rückstände in den Pausen. Ich habe ihm seinen Benzin-Kanister abgenommen, obwohl mein Schlitten so schon schwer war. Wir müssen in denselben

Pos.: 85° 51,05′ S
88° 28,01′ W
786 mb
1990 m

Gehrhythmus kommen und täglich mehr laufen! Viele Auf und Abs und viele Sastrugis (sie ziehen von SW nach NO), die wir in einem Winkel von etwa 30° schneiden müssen. Nun liegt weites, weißes Land vor uns! Ich bestehe auf 7 Marschstunden ab morgen.

12. 12. 89
−15° C

Endlich wieder einmal ein schöner Tag. Gutes Wetter, wenig Wind.
Am Mittag stoßen wir auf die Spuren der »Transantarctica«, die wir streckenweise verfolgen. Es ist mehr Neugierde als Hilfe, die sie uns bieten.
Wir laufen 7 Std.: 2 + 1¼ + 1¼ + 1¼ + 1¼.
Dazwischen jeweils 15 min. Pause. Dieses Tempo und die Marschstunden wären eine gute Basis für die nächsten Wochen. Die Zeit ist so

Pos.: 86° 05,57′ S
88° 27,45′ W
793 mb
1930 m

gut ausgefüllt: 8 Std. (mit Pause) Marsch; 6 Std. (2½ am Morgen; 3 ½ am Abend) Kochen und Trocknen im Zelt; 1 Std. (½ +½) Zelt-Auf- und Abbau; 9 Std. Schlaf.

13. 12. 89
−23° C

Wind!!
Wir segeln. Nach einer Std. bestimmt Arved die Pos.: 86° 05,80′ S, 87° 38,27′ W, d. h., wir fahren nach Osten und gewinnen nichts auf dem Weg zum Pol. Also laufen wir wieder. Viel Gegenwind, relativ tiefer Schnee, kaum Sastrugis.
Heute gehen wir nur 6¼ Std. Wie weit wir kommen, wissen wir nicht, da es im Zelt zu spät

Pos.: ca. 86° 18′ S
88° 00′ W
784 mb
2040 m

ist für die GPS-Position. Ab 18.30 h gibt es nur noch 2 Satelliten.
Wir gehen leicht nach SW, in der Hoffnung, in 2–3 Tagen wieder auf die Steger-Spuren zu treffen.

14. 12. 89
ca. −23° C

Sehr schöner Tag. Wenig Wind.
Wir gehen zuerst nach SW. In der Hoffnung, den Steger-Weg zu finden, laufen wir vom richtigen Kurs weg. Dann geben wir es auf und gehen genau mit Marschrichtung Süd.
Der Schnee ist nicht so stumpf. Ab und zu kristalliner Neuschnee in Mulden, als wäre dort nie Wind hingekommen. Endlich Gleichklang mit Arved: Laufen beide fast denselben Rhythmus. 7 Std. Marsch, mit 1¼ Std. Rast dazwischen.
Kein Berg, nichts zu sehen. Im Westen, am Horizont, steht manchmal wie ein Silberstreifen

Pos.: 86° 33,95′ S
       87° 59,88′ W
774 mb
2110 m

eine Erhöhung. Oder ist es eine Lichtspiegelung?
Am Abend kommen im Süden, Westen und Norden Wolkenstreifen – ob das Wetter umschlägt?

15. 12. 89
−24° C

Schöner Tag.
Leichter Südostwind. Wir marschieren mit den Telemark-Skiern. (Die letzte Marschstunde sattle ich um auf die Touren-Skier, weil mir die rechte Ferse weh tut. Der Druck am Fuß durch das Ziehen verursacht einen spitzen Schmerz; vor allem dann, wenn dieser Druck nicht gleichmäßig verteilt ist.)

Pos.: 86° 48,28′ S
       87° 58,48′ W
765 mb
2200 m

7 Std. Laufzeit. Viele Sastrugis, die kreuz und quer laufen.
Am Abend sind wieder Schlieren im Süden und Westen. Wetter scheint trotzdem zu halten.

16. 12. 89
ca. −24° C

Kalter, windiger Tag. Ich laufe immer noch mit der kaputten (notdürftig geflickten) Bindung.

Habe schlimme Schmerzen an der Ferse (Knochenhaut verletzt?).
Nach 10 Gehminuten bricht Arved die 2. Bindung der Touren-Skier. Er steigt um auf die Telemark-Skier, die er mit den schweren Stiefeln fährt.
Viele Sastrugis, Steilhänge. Ungutes Gelände.
Nach 2 Stunden gehe ich voraus, ohne in den Rastpausen länger als 15 Minuten auf Arved zu warten. Am Lagerplatz baue ich das Zelt auf.
Arveds Vorschlag, ich solle vorausgehen, bei guter Sicht natürlich und wegen der Spur, um in den Rastpausen nicht ganz auszukühlen, ist ein Segen für mich.
7 Gehstunden.

**Pos.: 87° 02,73′ S
88° 01,45′ W
749 mb
2370 m**

Kein Ärger und keine Leiden dabei. Arved kommt 1½ Std. später nach. Er beißt sich mit eisernem Willen durch. Er hat gerade deshalb (trotz Konditionsschwäche) meine Bewunderung.

**17. 12. 89
ca. −25° C**

Rasttag.
Sturm. Der Wind hat seit den gestrigen Nachmittagsstunden ständig zugenommen. Wir rasten, um Füße und Gelenke zu schonen. Es ist gut, einmal das Zelt nicht auf- und abbauen zu müssen. Wir schlafen, lesen, essen und trinken viel.
Seit einigen Tagen werde ich beim Schlittenziehen hungriger und auch etwas schneller müde.
Wir spüren wohl die Höhe.
Es ist nicht allein die Pferdearbeit, die dich auf

**Pos.: wie gehabt.
748 mb
2370 m**

Dauer aufreibt, es ist (beim Rasten wird es klar) dieses »Alle-Tage-alles-neu-Machen«, das ermüdet: Zelt, Kochen, Lager.

18. 12. 89
−25° C

Sehr kalter Tag.
Am Morgen segeln wir 1½ Std. lang und kreuzen die Steger-Route, die kaum zu erkennen ist. Dann laufen wir 5¾ Std. Die Steger-Spur verläuft zu weit West.
Beim Segeln frieren mir fast die Finger ab. Auch beim Gehen ist es kalt. Wind aus Südost. Weniger Sastrugis. Dauernde Steigung.
Leider verpassen wir am Abend die 3 Satelliten.

Pos.: ca. 87° 17′ S
89° 30′ W
734 mb
2470 m

Also müssen wir morgen früher aufbrechen, um genau zu wissen, wo wir sind.
Unebener Zeltplatz. Leider ist das ein Nachtlager mit Ecken und Kanten.

19. 12. 89
−25° C

Schöner Tag. Relativ windstill.
Sehr viele Sastrugis. Vereinzelt sind sie riesengroß. Es gibt Höcker, die sind 10 m lang und bis zu 2–3 m hoch.
7 volle Stunden gelaufen. 9 Stunden auf den Beinen. Wir folgen der Steger-Spur, die nicht immer zu erkennen ist. Wir wollen auf ihr bleiben, bis wir wieder 3 Satelliten erwischen. Wir

Pos.: ca. 87° 30′ S
89° 50′ W
723 mb
2640 m

gehen (87° 28′ S, 89° 50′ W) durch ein riesiges Amphitheater. Da ist ein Loch in der weißen Unendlichkeit, wie ein Krater, und auf allen Seiten steigt der Hang steil an. Gewaltig!!

20. 12. 89
−26° C

Schöner Tag, aber sehr kalt.
Sastrugis fast auf der ganzen Strecke.
Nach 2 Std. bricht mir die notdürftig geflickte Bindung, die ich beim 1. Bindungsbruch von Arved übernommen habe. Ich flicke sie im Freien und ohne Handschuhe. Zweimal frieren die Finger weiß. Trotzdem kann ich weiterlaufen, bevor Arved nachkommt. Wir verlieren also keine Zeit.

7 volle Std. marschiert. Für mich sind die Rastpausen das Schlimmste, weil ich dabei ganz auskühle. Warte jeweils 10–15 Min., bis Arved da ist, und dann nochmals 10 Min. Wir müssen eine bessere Lösung finden. Es geht nicht um schnell oder langsam, es geht darum, in den 7 Std. 15 bis 16 Meilen nach Süden zu kommen, und das geht nur in meinem Laufrhythmus. Wir könnten auch mehr Stunden langsamer laufen. Arved lehnt mehr als 7 Stunden Laufzeit ab.

Pos.: 87° 46,21′ S
91° 19,59′ W
710 mb
2770 m

21. 12. 89
−28° C

Sturm.
Wir gehen trotzdem los. Es ist spät, zehn Uhr, als wir aufbrechen. Der Sturm nimmt zu. Nach 2 Stunden warte ich 20 Min. auf Arved und erfriere schier. Er hat eine weiße Nase, als er ankommt, Erfrierungen? Sofort gehe ich weiter. So gehen wir 6½ Std. lang.
Es ist problematisch, bei starkem Wind das Zelt allein aufzubauen. Ich fixiere es gleich mit Ski und Eispickel. Ich brauche eine Ewigkeit dazu. Dann nehme ich den Reservekocher und verkrieche mich im Zelt. Arved kommt nach 1½ Std. nach. Er ist tapfer, klagt nicht. Seine erfrorene Nase wird blaurot im Zelt. Im Grunde ist es höllisch, bei solchen Verhältnissen zu gehen. Aber wenn wir nach McMurdo wollen, dürfen wir uns nicht mehr schonen, und ich will dorthin.

Pos.: 88° 00′ S
91° 00′ W
705 mb
2840 m

22. 12. 89
−29° C

Schöner Tag.
Wegen Wind (SO) starten wir spät.
Wir kommen gut voran, obwohl über weite Strecken Sastrugis vorherrschen.
Arved läuft gut! Nun hätten wir ein ideales Tempo. Es macht Spaß, mit diesem Mann unter-

**Pos.: 88° 15′ S
91° 00′ W
704 mb
3840 m**

wegs zu sein, vor allem, wenn wir in etwa gleich schnell sind. Von Norden her hebt sich am Nachmittag ein heller Wolkengürtel in den Himmel, der uns am Abend schon überrollt. Es wird grau, schneit leicht. Der Wind kommt aus NO. Das wäre (morgen) ein guter Segelwind! 7 volle Std. marschiert.

**23. 12. 89
−15° C**

Leider kein Wind mehr. Wolkig, aber warm. Erstmals bei dieser Reise gehe ich ohne Anorak und Windhose. Später, als Wind (Ost) aufkommt, wird es empfindlich kalt. Wir laufen 7 Stunden mit genau einer Raststunde (4 × 15 min.) Bei diesem Tempo macht es mir nichts aus, vorauszulaufen. Im Gegenteil, ich tue es gern.
Stumpfer Schnee.
2mal überzieht sich der Himmel mit Wolken und beide Male wird es zwischendurch wieder klar.

**Pos.: 88° 26,33′ S
92° 24,44′ W
708 mb
2800 m**

Das Gelände ist flacher. Aber immer noch gibt es viele Sastrugis. Dabei hätten wir uns vom »Christkind« nur eine glatte Lauffläche gewünscht. Vergeblich.

**24. 12. 89
−25° C**

Heiliger Abend. Rasttag.
Es hat in der Nacht aufgeklart. Wetter gut, Wind aus Süd.
Wir lesen, schreiben Briefe, trocknen Schuhe und Windkleider. Wir fotografieren das Zeltinnenleben. Arved versteht es, Gemütlichkeit herzustellen. Dafür bin ich ihm unendlich dankbar. Im Zelt ist es empfindlich kalt, im Schlafsack aber immer noch kuschelig warm.
Da die Weihnachtsgans fehlt, müssen wir sehen, was es neben einem Schluck Whisky Gutes zu

Pos.: idem
700 mb
2880 m

essen gibt. Ich versuche mich an einem Müsli-Kuchen.
Noch 6 Tage bis zum Pol.

---

25. 12. 89
−23° C

Pos.: 88°
40/41,91′ S
92° 32,09′ W
691 mb
2990 m?!

Sturm die ganze Nacht über. Er jagt den feinkörnigen Schnee über die gewellte Fläche. Bis gegen Mittag keine Hoffnung weiterzukommen. Wir zweifeln, ob wir losgehen sollen. Nach Mittag starten wir. Zuerst noch starker Wind, der zum Glück abnimmt. Weniger Sastrugis, relativ ebene Fläche. Der Schnee ist so stumpf wie Mehl. Der Schlitten scheint mehrere Zentner zu wiegen und die Skier – die Felle sind inzwischen fast durch – scheinen am Boden kleben zu bleiben. 7 Std. reine Marschzeit.
Wann kriegen wir endlich normale Verhältnisse?

---

26. 12. 89
−10° C V
am »Morgen«
−25° C N
am »Abend«

Pos.: 89° 12,40′ S
(89° 12,50′)
92° 02,11′ W
(92° 12,65′)
688 mb
3040 m

Warm am Morgen.
Wir starten spät.
Stumpfer Schnee.
Nach 3¼ Std. kommt Nordwind auf. Zuerst wenig, dann mehr. Wir segeln zuerst durchgehend und kommen immer rascher voran.
Leider bleibt A. weit zurück. Ich warte nach 2¼ Std. lange auf ihn. Werde dabei ganz kalt, da ich fürs Marschieren angezogen bin. Obwohl ich mich nicht wohl dabei fühle, wir müssen diesen ersten guten Wind nutzen. Deshalb segle ich nochmals 3 Std. und warte – nachdem ich im Sturm allein das Zelt aufgebaut habe – 1 Std. auf Arved, der über mein Voraussegeln schimpft. Er hat recht. Hoffentlich haben wir Boden gewonnen. Arveds Ärger ist schnell verraucht. JA!!!, wir sind mehr als 30 Meilen vorangekommen.

27. 12. 89
−25° C

Stürmische Nacht. Der Wind dreht um 100° etwa. Trotzdem versuchen wir angesichts des gestrigen Segelerfolges zu segeln.

Wir laufen knapp 3 Std. auf der Steger-Route und dann in einem Winkel von ca. 30° West zu ihr. Alles in allem laufen wir 5½ Std.

Wind aus ONO. Keine Sonne. Schlechte Sicht. Ab und zu kleine Sastrugis. Einmal stumpfer Schnee, dann wieder weicher Schnee. Wir bemühen uns zusammenzubleiben wegen der miserablen Sicht.

Pos.: 89° 31,96′ S
104° 33,15′ W
696 mb
2940 m

Mir kommt es so vor, als würden wir im Kreis fahren. Werden morgen sehen, wie weit wir gekommen sind, wenn wir die Pos. nehmen. Kalte Hände haben wir beide beim Segeln, am Abend auch kalte Füße.

28. 12. 89
−28° C

Windiger Tag. Sturm, ab und zu in Böen, von SO. Er bläst uns ins Gesicht. Also marschieren wir 7 volle Stunden.

Der Schnee ist so stumpf, daß ich ununterbrochen das Gefühl habe, einen Berg hochzusteigen. Der Schlitten ist wie doppelt beladen. Vielleicht spüren wir auch die Höhe. Wegen des geringen Partialdruckes ist der Effekt der Höhe auf den Körper am Südpol viel spürbarer als in 3000 m Meereshöhe in den Alpen oder im Himalaja.

Pos.: 89°
44,94′/97′ S
113° 09,39′/
28,30′ W
681 mb
3120 m

Arved »jammert« wegen der Höhe und seinem kaputten rechten Knie. Trotzdem beißt er sich durch. Er läuft die 7-Stunden-Strecke ohne zu murren.

Sind wir morgen am Pol?

29. 12. 89
− 20° C

Sturm. Wir bleiben bis zum Nachmittag im Zelt. Bei Nebel wie heute wäre der Pol nicht zu finden.

Um 15 Uhr gehen wir trotz allem los. Obwohl der Wind etwas nachgelassen hat, haben wir Mühe, das Zelt abzubauen und die Schlitten zu packen. Wir laufen 4½ Std. durch Nebelbänke und stumpfen Schnee. Immer wieder unterbrechen Sonnenstreifen das White out. Die Stimmung ist aufregend unheimlich.

Als das Zelt steht, nimmt der Wind ab, es wird heller. Ich hole das Fernglas und schaue nach

Pos.: ca. 89° 54′ S
113° 53′ W
687 mb
3040 m

Süd. »Der Pol!!« 20 Uhr 20 Minuten local time. Wir tanzen ums Zelt und rufen: »Der Pol«. Arved ist ausgelassen. Ich bin ihm dankbar, weil ich so viel von ihm gelernt habe.

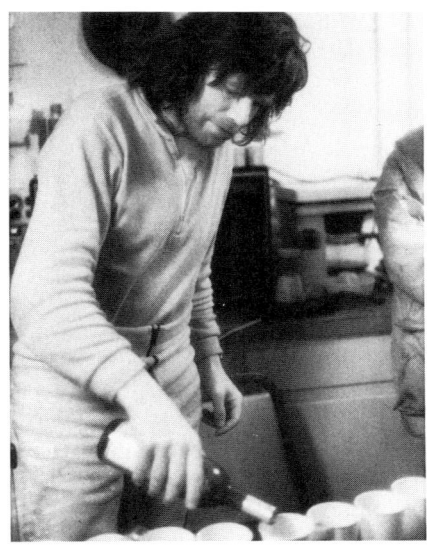

Reinhold Messner.
Am Südpol feierten wir Arveds Primat, als erster beide Pole innerhalb eines Jahres zu Fuß erreicht zu haben. Wein zum Anstoßen offerierten die Pol-Amerikaner.

30. 12. bzw.
31. 12. 89
Datumsgrenze
DER POL!
−25° C

Pos.: 90° S–O
693 mb
2990 m

Wir laufen 3 Std. bei schlechter Sicht. Das langsame sich Voranstochern zum Pol – Wind, Nebel, Wolken – ist spannend. Ab und zu kommt doch Sorge auf, wir seien falsch gelaufen. Plötzlich wieder der Pol direkt vor uns: 90° Süd. Wir sehen den Pol (die Station) erst in der letzten Stunde. Im ANI-Camp schlafen Bolz und Jaeger. Alles schläft – hier ist es nicht 14 Uhr Chile-Zeit. Hier ist es ca. 5 Uhr morgens – Silvester! Das alles wegen der Datumsgrenze und dem Umsteigen auf Neuseeland-Zeit.

1. 1. 1990
ca. −20° C

Pos.: idem
693 mb

Wir wohnen in J-5, eine Baracke mit »Wolldeckkabinen«. Nach einem langen Antworte-Tag, von einer irren Silvester-Feier im Dom – eine riesige Alu-Kuppel mit einigen Containern drinnen – und viel Wein bin ich wie aufgedreht.
Es sind ein paar Wissenschaftler und viele Helfer bei der Silvester-Party. (Tischler, Fahrer, Hydrauliker, Elektriker, Funker.) Alle sind sehr nett zu uns. Die Kostüme sind nach »Ende der Welt-Stimmung« gemacht: Ketten um die Schultern, Fesseln, Nacktheit und Panzerkleider. Nach-Punk-Zeit.
Nach Bier, Wein, Champagner gehen wir erst um 1 Uhr ins Bett. 2 Tage sind ohne Schlaf vergangen. Und ich kann trotzdem nicht schlafen, weil mir zu heiß ist in der Zeltbaracke und ununterbrochen jemand kommt oder geht. Ich möchte rasten.

2. 1. 90
−20° C

Ulrich (Jaeger) fliegt zurück.
Arved hat sein Tagebuch wieder nicht hergegeben. Schade. Vor den Baracken im Zelt geschlafen, um schlafen zu können. Wenn mir das Zelt-

leben auch in München und Juval zur Notwendigkeit wird, läuft mir auch Sabine davon. Nach einer Sauna (mit kurzer Ohnmacht, wegen niederem Blutdruck) endlich eine gute Nacht. Ich schlafe im Zelt vor J-5. Trotzdem wache ich häufig auf, weil es am Südpol zugeht wie auf einem Rangierbahnhof. Zweimal höre ich eine C 130 (Herkules) kommen. Öfters Sorge, ein Bulldozer könnte über mein Zelt und mich hinwegrollen. Wir säubern die Schlitten, packen alles neu. Die Schlitten wiegen jetzt gut 120 kg. Damit müßten wir die 1400 km bis McMurdo schaffen. (Max. 50 Tage Überlebensrationen.) Wilhelm (Bittorf) sagt mir in einem einseitigen Gespräch (ich kann nicht antworten), daß wir *spätestens* am 15. Februar in McMurdo sein müssen, sonst nehmen die Italiener uns nicht mit. Option mit ANI auszufliegen bleibt offen. Leider erhalte ich keine Erlaubnis mit »Terra Nova« zu funken. Ich dränge auf Aufbruch.

Pos.: Pol = 90° S
686 mb
3060 m
Gewicht: 68 kg

3. 1. 90
−22° C

Pos.: 89° 35,14′ S
**   175° 33,72′ O**
689 mb
neue Höhe: 2830 m

Frühstück im Dom. Wir werden mit allen möglichen Leckerbissen versorgt. Jetzt plötzlich sind wir offiziell willkommen. Unsere geheimen Betreuer − die einfachen Handwerker, Mädchen, Fahrer von J-5 − freuen sich. Arved und ich sind diesen Leuten mehr als dankbar. Start 11 Uhr 30 auf der Landepiste. Die Schlitten sind so schwer, daß jeweils 2 Mann sie vom Sommercamp hinziehen.
Wenig Wind.
Alle unsere Freunde sind da, sich zu verabschieden. Jeder will uns noch etwas zustecken: Schokolade, Kuchen, 2 Schluck Grand Marnier. Wir gehen mit dem Segel vor uns 6 Std. mühsam gegen Norden.

Arved Fuchs und ich am Haupteingang zum Dom, dem Zentrum der Polstation, wo wir kurz vor der Abreise offiziell willkommen geheißen wurden.

4. 1. 90
− 25° C

Nach einer stürmischen Nacht »White out« am Morgen.

Wir bleiben nach dem Frühstück im Zelt und legen uns noch einmal im Schlafsack hin. Gegen 15 Uhr starten wir im dichten Nebel: miserable Sicht. Der Wind aber ist gut. Also wagen wir's. Wir segeln – äußerste Vorsicht, daß wir uns nicht verlieren – weich und schnell. Immer, wenn Arved nicht nachkommt, bleibe ich stehen. Nach einer ½ Stunde wird die Sicht etwas besser, dann kommt die Sonne durch und der Wind nimmt ab. Laufend, das Segel vor uns schwingend, gehen wir weiter, 5 volle Stunden. Wir nennen diese Technik »Pinguin«-Segeln. Aus einem »verlorenen Tag« wird ein erfolgreicher. Leider keine genaue Position.

Pos.: ca. 89° S
160° O?
672 mb
3010 m

5. 1. 90
−18° C

Pos.: ?88° 33,93′ S
  165° 46,14′ O
665 mb
3090 m

Am Morgen ist es windig und bedeckt. Ideal zum Segeln. Wir segeln schnell, d. h. »Schwalbe«. Später, mit offenem Himmel und Sonne, nimmt der Wind ab.
Segeln und Laufen mit Segel 5½ Std. Die Knie schmerzen. In den Pausen laufen wir herum wie alte Männer. Meine Hüften sind vom Schlittengurt wundgerieben – auch der Sitzgurt vom Segel reibt.
Wenn der Wind schwach ist, braucht es Mühe und Kunstfertigkeit, doch von der Stelle zu kommen. Wir schwingen dann das Segel vor uns auf und ab oder hin und her.
Wir sitzen im Zelt und hören eine Herkules, die etwas rechts von uns zum Pol fliegt.

6. 1. 90
−28° C

Pos.: wie gestern
666 mb
3100 m

Am Morgen schon fliegt eine Herkules über unser Zelt. Das ist ein gutes Gefühl, nachdem wir seit 3 Tagen keine GPS-Position mehr kriegen. Wir laufen offensichtlich richtig, aber wie weit sind wir? Ich möchte weiter, Arved nicht.
Schönes Wetter, aber kein Wind. Wir bleiben im Zelt. Ich lese in Friedell's »Kulturgeschichte der Neuzeit«, bis mir der Arm einschläft, den ich dabei aus dem Schlafsack halte.
Arved findet das Problem beim GPS (Magellan). Wir sind jetzt auf Ost, nicht mehr auf West. Wir kriegen eine Position und sind zufrieden. Am Nachmittag kommen Wolken, der Wind leider nur in Stößen.

7. 1. 90
−28° C

Gestern haben wir am »Abend« doch noch zu gehen versucht: zu wenig Wind. Nach 2 Meilen gaben wir auf. Heute morgen dasselbe Spiel.

Arved meint richtig, wir sollen Kraft sparen. Wir wollen – taktisch gedacht – auf Wind warten und dann laufen und nicht kaputt vom Schlittenziehen im Zelt liegen, wenn starker Wind aufkommt.

Den ganzen Tag über Windstille. Jetzt, da wir am liebsten Sturm hätten, erleben wir die heiteren, warmen Tage, die wir beim Marsch zum Pol vermißt haben.

Pos.: ca. wie gestern
667 mb
3080 m

Wir lesen und filmen »Zeltinnenleben«. Über das Lesen vergesse ich ganz, wo wir sind.

8. 1. 90
– 35° C

Wieder kein Wind! Wir laufen mit und ohne Segel, aber nicht weit. 3 Std. reine Gehzeit. Im Moment, als die Sonne alle Wolken und Nebel aufgefressen hat, bleibt die letzte Brise aus. Ab heute wollen wir »nachts« laufen. In den letzten drei Tagen war es »nachts« bewölkt und windiger (so ab 2 Uhr) als »untertags«. Wir erhoffen nicht Segelwind, aber eine Hilfe beim Ziehen des schweren Schlittens durch den weichen, stumpfen Schnee. Wir kommen in Zeitverzug. Schon wieder. Jede Stunde, die wir jetzt versäumen, bedeutet am Ende 4 km zu wenig. Dieses zaghafte Versuchen zu segeln und Hängenbleiben im windleeren Raum ist wie Ohnmacht. Lieber 7–8 Std. marschieren, als hoffen, warten, gehen, stoppen.

Pos.: 88° 24,42′ S
165° 33,92′ O
659 mb
3180 m

9. 1. 90
– 40° C

Wir starten am späten Abend (8. 1. 90) und gehen bis 5 Uhr früh gute 6 Stunden »Pinguin«.

Es ist so kalt, daß ich mir beim Zeltaufstellen weiße Flecken an den Fingern hole. Es bleibt windig. Arved ist trotz seiner Müdigkeit motivierbar. Erneuter Start um 13 Uhr 30.

303

Pos.: 88° 10,02′/
87° 52,66′ S
162° 17,67′/
159° 02,75′ O
660 mb/663 mb
3190m/3140 m

4 Stunden Marsch: »Pinguin« + »Esel« (Ziehen ohne Segelhilfe). Es bleibt bewölkt und der Wind kommt in Böen, bleibt aus, kommt wieder.
Die ersten Sastrugis. Der Grund ist jetzt härter, aber immer wieder dieser weiche, stumpfe Schnee.
Da der Wind aus Westen kommt, treibt es uns nach links von der Route ab.

10. 1. 90
− 20° C

Pos.: wie gestern
666 mb
3110 m

Herrlicher Tag, leichter Nordwind. Es ist so warm – auch im Freien –, daß man sich nackt in eine Schneemulde legen könnte. Man würde nicht frieren. Der friedlichste, wärmste Tag der bisherigen Reise. Wir sollten weiter. Arved will Wind abwarten. Also bleiben wir, wo wir sind und essen, lesen, genießen. Als ob es die 1200 km Eis vor uns nicht gäbe. Ich gebe Arved recht und die Selbstquälerei hat Grenzen. Einen Dünkel, uns schinden zu müssen, haben wir nicht. Wir warten auf Wind aus umgekehrter Richtung.
Nach wenigen Stunden Hoffnung am Morgen (Wind muß kommen), vergesse ich, wo wir sind.

11. 1. 90
− 31° C

Wieder ein windstiller, herrlicher Tag. Obwohl es »warm« ist – so die Empfindung – messen wir im Schatten des Zeltes 31° C minus.
Wir lassen uns – in ständiger Hoffnung auf einbrechenden Wind aus Süden – zum Abwarten verleiten. Noch haben wir nicht viel Verspätung. Diesen einen Tag können wir noch Geduld haben, gebe ich Arveds Drängen nach. Es ist nicht Trägheit, die uns im Zelt hält, vielmehr das Wissen, daß wir Kraft und Zeit vergeuden, wenn

Pos.: wie gestern
66 mb
3100 m

nach 8 Std. Schleppzeit Wind aufkommen sollte. Wenn es nicht so kommt, verspielen wir jetzt den Expeditionserfolg. Kein Wind bis zum Abend. Wenigstens kommen Wolken, die die Sonne verdecken.

12. 1. 90
−30° C

Nordostwind!
Es ist unglaublich, wie die Verhältnisse uns bremsen. Immerzu Gegenwind! Wir gehen 4 Std. (»Esel«) bei schlechtem, stumpfen Schnee. Ich sollte Arved wieder etwas von seiner Schlittenlast abnehmen. Obwohl im Norden starke Nebel aufkommen, bleibt die Windrichtung dieselbe. Es soll hier fast immer Südwind geben. Wir haben bisher Südostwind oder Nord- bzw. Nordostwind gehabt. Dann zwei Tage fast völlige Windstille.

Pos.: 87° 45,83′ S
159° 08,62′ O
665 mb
3120 m

Mit diesen schweren Schlitten, auf 3100 m Meereshöhe, dem körnigen Schnee unter den Skiern und dem Wind im Gesicht treten wir auf der Stelle.

13. 1. 90
−21° C

Wieder Nordostwind. Erstmals zweifle ich, ob wir die ganze Strecke bis McMurdo schaffen. So nicht! Arved meint, wir sollten den ursprünglichen Plan fallen lassen und nur bis Gateway laufen. Eine Antarktisdurchquerung wäre auch dies. Ich verstehe ja, daß er sich weigert, mehr als 5 Std. pro Tag zu gehen. Wenn uns der Wind weiterhin ins Gesicht bläst, haben wir so und so keine Chance, und wenn er dreht und stärker wird, sind wir ausgeruht, um Maxietappen zu segeln. Dann hätten wir noch eine Chance. Eine relative wenigstens. Ich will nur den Marsch bis

305

Pos.: 87° 38,32′ S
159° 23,86′ O
672 mb
3040 m

McMurdo! Wir müssen weiter. Es ist eine fürchterliche Beinarbeit, den Schlitten durch den weichen Schnee zu ziehen. Obwohl ich nur 4 Std. gelaufen bin (»Esel«) und immer voraus, tun mir Oberschenkel und Hüften weh! Die Wolken kommen und gehen.

14. 1. 90
−35° C

Pos.: 87° 22,03′ S
161° 09,11′ O
673 mb
3020 m

Nach einem unangenehmen Disput am Morgen (A.:»Ich gehe nicht mehr als 4 Std.«) gehen wir 7 Std. Zuerst »Pinguin« mit wenig Südwind. Nach 3 Std. bauen wir das Zelt auf, um 2 Std. auf besseren Wind zu warten. Es ist klar, und der Untergrund wechselt dauernd (zw. weichem Schnee, Sastrugifeldern, halbhartem, abgeblasenem Boden und Eisflächen). Es gibt immer noch viel zu wenig Wind. Es ist äußerst kalt geworden. Die Sonne brennt, wenn kein Wind da ist. Wenn man feucht ist und bei Metallberührung herrscht ununterbrochen Erfrierungsgefahr.

15. 1. 90
−32° C

Endlich ein Traumtag. Es ist am Morgen zwar kalt, das Zelt total vereist (wir schliefen erstmals mit verschlossener Innentür), aber der Wind ist die ganze Zeit über stark genug, um uns bei Mithilfe (Schwingen des Segels) zu ziehen. Erst am »Abend« in der letzten der 7 Gehstunden nimmt er ab. Nach den ersten vier Stunden ist Arved zu müde, um sicher zu segeln. Ich warte gerne. Der Untergrund ist verschieden: von glatt bis Sastrugis, die quer zur Fahrtrichtung verlaufen. Wir queren riesige Wellentäler. In den Mulden herrscht leider im-

Pos.: 86° 26,16′ S
164° 32,57′ O
695 mb
2780 m

mer Flaute. Beide fallen wir hin, wobei vor allem das Aufstehen schwierig ist. Meist erst nach Entledigung von Schlitten und Skiern ist es möglich, auf die Beine zu kommen.

16. 1. 90
−35° C

Stürmischer Tag. Die ganze Nacht über peitscht der Wind mit seinen Schneefahnen die Zeltplane. Ich schlafe kaum.
Später Start. Wir segeln »Schwalbe«. 215° Abweichung. Der Wind ist so stark, daß wir sehr vorsichtig sein müssen. Wir segeln (kreuzen) 60° gegen den Wind und werden leicht mitgerissen oder umgeworfen. Einmal stürze ich böse über einen Sastrugi. Nach 2 Std. sehen wir die ersten Berge. Sie liegen, blau schimmernd, genau vor uns. Wir segeln auf sie zu. Über Wellen, einmal die Berge im Blickfeld, dann wieder nicht, kommen wir schnell vorwärts. Nach einer weiteren

Pos.: 85° 54,52′ S
166° 10,51′ O
710 mb
2610 m

Stunde tauchen neue Berge auf und noch welche. Wo ist das Tor zum Mill-Gletscher? Lager! Wir brauchen eine genaue Position, bevor wir weitermachen. Wir dürfen uns nicht versegeln.

17. 1. 90
−28° C

Sturm! Die ganze Nacht über fliegen die Zeltplanen. Es kracht, stiebt, heult. Am Morgen ist es nahezu unmöglich, den Zeltausgang zu öffnen. die Schneedrift hat ihn »zugemauert«. Draußen »White out«. Nicht die Nebel, die Schneefahnen sind so dicht, daß wir nur wenige Meter weit sehen können, und der Sturm verbietet ein Weitermachen. Wir warten ab.
Am »Abend« kommt der Wind in Böen. Vor den Bergen steht eine Nebelwand, nur die Gipfel sind frei. Unser Zelt ist völlig vereist und am

Pos.: wie gestern
712 mb
2580 m

Eingang (innen) liegt Schnee. Es ist unmöglich, es trocken zu halten. Vielleicht können wir »nachts« losgehen. Nein. Wieder ein Tag verloren.

18. 1. 90
−25° C

Pos.: 85° 25,02' S
168° 19,47' O
771 mb
2000 m

Harter, aber schöner Tag. Der aufregendste bis jetzt.
Wir kreuzen etwa 2 Std. lang gegen den Wind, steigen zu einem Paß hoch (Navigation: ok) und fahren drüben zum Mill-Gletscher ab. Alle 3 Reise-Arten (»Esel«, »Pinguin«, »Schwalbe«) kommen zur Anwendung. Es ist eine Freude zu sehen, daß Arved trotz Problemen mit dem Segel gut mithält. Die Landschaft ist gigantisch, Ausmaße (Bergketten, Wüsten, Gletscher), die sich niemand vorstellen kann. Und das Wissen, da ist nirgends niemand, gibt dem ganzen eine erhabene Stimmung.
Der Wind ist wechselhaft, so daß wir das Segel mindestens 10mal auslegen und wieder einrollen müssen.

19. 1. 90
−25° C

Pos.: 85° 10,15' S
167° 29,74' O
801 mb
1800 m

Eiswandern. Schöner und harter Tag.
Wir gehen 7 Std. lang mit Grödeln (2 kurze Unterbrechungen mit Schirm bleiben leider ohne Erfolg) über rauhes, blankes Eis. Viele Spalten auf den Buckeln.
Der Schlitten ist auf dem blanken Eis zwar relativ leicht zu ziehen, aber die Füße »schwimmen« und es geht hügelauf, hügelab.
Wir lagern zwischen Steinbrocken am Rand des Gletschereises. Gewohnte Umgebung für mich.
Weniger Wind am »Abend«.
Wir haben müde Knochen und ich (wieder) ein ausgeleiertes linkes Kniegelenk, eine Verschleißerscheinung aus den Jugendjahren.

20. 1. 90
−24° C

Harter und guter Tag.
Die Schlieren am Himmel gehen und kommen.
Nicht allzuviel Wind.
Wir laufen 5 Std. mit den Steigeisen (A. verliert 3 Zacken) und segeln dann ein Stück. Eine schmale, harte Schneestraße (oft Spalten, oft Blankeis) mäandert zwischen Eisbrüchen hindurch. Das Tempo wird beängstigend schnell. Dabei gibt es keinen Spielraum für Fehler. Gewaltige Ausblicke.
Leider verletzt sich Arved das linke Knie (das Segel hebt ihn und er fällt in eine Querspalte) und er kommt zu Fuß nach. Aus Sorge, er sei verletzt, gehe ich nach langer Wartezeit ein gutes Stück zurück. Zum Glück ist er ok. So verlieren wir viel Zeit.

Pos.: 84° 51,57′ S
168° 06,09′ O
820 mb
1580 m

Lager zw. Mill- und Beardmore-Gletscher. Rundherum lauter Spalten. Dieses Laufen auf Blankeis ist zermürbend. Zudem ist mein Schlitten (auch wegen des Mehrgewichts) kaputt. (Risse zwischen Bodenplatte und Bauch.)

21. 1. 90
−15° C

Bisher härtester und gefährlichster Tag.
Wir gehen großteils zwischen und über riesige Spalten. Wir müssen einen Eisbruch überwinden, der wie der obere Teil des Khumbu-Gletschers am Mt. Everest aussieht. Wind aus Nord; meist sonnig.
Arved läuft sehr gut und zeigt bei den Spalten Instinkt und keine Angst. Ich bin begeistert.
Swithinbank hat uns eine »saubere« Route beschrieben. Wir laufen 8 Std. und kommen vor lauter Hin und Her, Auf und Ab nicht weit. Oft

Pos.: 84° 44,08′ S
169° 27,97′ O
857 mb
1270 m

liegt Schnee zwischen Blankeis, oft sind die Spalten 10 und 20 m breit; zum Glück haben sie eine einzige Richtung. Wir finden den Ausweg zw. zwei Riesenspalten.

22. 1. 90
−16° C

Wieder Nordwind. Am »Cloudmaker« (Berg) hängt am Morgen eine dicke Wolke und bald ist die Sonne verdeckt. Im Süden kaum Wolken. Die Kälte und der Wind kommen jetzt vom bewölkten Schelfeis.
7 Std. gelaufen (»Esel«). Es ist ein fürchterliches Auf und Ab. Auch laufen wir 2 Meilen, um eine nach Norden zu kommen. Von oben haben wir keine Übersicht über die Route. Wir versuchen, über Randströme die Mitte des Beardmore-Gletschers zu erreichen. Arved läuft gut, obwohl er mir den Speck abgenommen hat, so daß mein kaputter Schlitten leichter wird. Wir verstehen uns (ohne viele Worte) sehr gut.

Pos.: 84° 30,01′ S
170° 01,52′ O
881 mb
1030 m

23. 1. 90
−10° C

Anstrengender und gefährlicher Tag. Am Morgen Schneefall und Nebel. Wind wieder aus Nord.
Wir gehen 2 Std. lang auf Skiern, dann 3 Std. mit Grödeln auf blankem Eis und am Ende quälen wir uns 2 Std. lang über einen wild zerklüfteten Eisbruch, der auf keiner Karte vermerkt ist. Wir bleiben stecken, gehen mühsam zurück, und können ihn letztendlich links umgehen.
Zum Teil sind die Spalten so groß, daß man eine Kirche hineinstellen könnte. Von oben kommend, sind diese Eisbrüche nicht zu sehen, plötzlich bist du drin, und es gibt keinen Ausweg. Wir sind im Ärger über die unerwarteten Gefahren harmonisch vereint.

Pos.: 84° 16,59′ S
170° 19,34′ O
904 mb
830 m

24. 1. 90
−15° C

Nordwind!!
Unguter Tag. Wir laufen auf Skiern und mit Grödeln.
Anfangs haben wir recht gute Sicht, am Nach-

mittag schrumpft sie auf weniger als 50 m. Das Navigieren wird anstrengend für mich.

Der unruhige Boden (Schnee, Eis, Sastrugis, Spalten) ist eine graue Masse. Immer wieder trete ich in Löcher.

Mit Kompaß laufen bedeutet immer wieder, riesige Rücken überqueren; ohne Kompaß würden wir jetzt im Nebel im Kreis laufen.

Nimmt denn dieses Eis kein Ende? Wo beginnt die harte Schneeunterlage?

Pos.: 84° 00,69′ S
170° 29,39′ O
922 mb
650 m

7 Std. gelaufen. Mit Umwegen sind das sicher mehr als 30 km. Aber wie weit sind wir tatsächlich nach Norden Richtung McMurdo gekommen?

25. 1. 90
−19° C

Gutes Wetter. Die Sonne ist stechend heiß. Am Morgen versuchen wir zu segeln, alle Mühe bleibt leider vergebens. Wir laufen dann und segeln am »Abend« (»Pinguin«) noch 3 Std. Alles in allem sind wir mehr als 10 Std. auf den Beinen. Wir schaffen es bis knapp vor Gateway.

Zweimal falle ich mit einem Bein (trotz der Skier) in eine Spalte. Es gibt tückische Löcher unter einer dünnen Schneedecke. Nun habe ich Beulen an Knien, Hintern und Ellenbogen und immerzu Hunger. Wir essen bereits die Speck-

Pos.: 83° 33,15′ S
171° 02,57′ O
967 mb
200 m

schwarten. Es gibt keine Reste mehr. Wir müssen sparsam sein, weil die Rationen bei der jetzigen Geschwindigkeit nicht ausreichen, die erste Station am Ross-Meer zu erreichen.

26. 1. 90
−9° C

Rasttag. Trotzdem gehen wir über den Paß von Gateway. Arved läuft erstmals seit dem 14. 11. wieder voraus. Schlechte Sicht (Sonne in Nebel), Wind aus allen Richtungen.

Wir steigen zuerst an und laufen gegen das Ross-Ice-Shelf hinab.
Wir haben alle Ausrüstungsstücke überprüft, geflickt, aussortiert.
In 20 Tagen müssen wir in McMurdo sein.
Im Moment ist alles zu, es schneit auf den umliegenden Bergen. Die Winde haben offensichtlich lokalen Charakter. Von ihnen erwarte ich vorerst wenig Hilfe. Daß es vorwiegend Südwind hier geben soll, halte ich für ein Märchen. Wer hat es gemessen?

Pos.: 83° 29,73′ S
170° 56, 15′ O
977 mb
230 m

Es ist warm. Ich schwitze immerzu: im Schlafsack, beim Laufen. Trotzdem vereisen wir nicht mehr so wie am Hochplateau.

27. 1. 90
−15° C

Blizzard.
Wir beginnen um 2 Uhr 30 zu kochen, weil guter Wind aufkommt. Wir wollen weiter.
Schlechte Sicht bei bewölktem Himmel.
Um 4 Uhr, als wir das Zelt verlassen wollen, herrscht Schneesturm, der sich 24 Std. lang steigert, in den Böen das Zelt fast zerreißt und niederdrückt. Arved ist zweimal draußen, um die Schlitten als Windschutz aufzustellen und Proviant zu holen. Der Sturm wirft ihn fast um. Stundenlang stützen wir die Zeltplanen von innen. Später stellen wir einen Gleitschirm so an die innere Südseite des Zeltes, daß er die Windstöße auf der Plane von innen abfedert.
Wir hoffen und warten, lesen, zweifeln.

Pos.: wie gestern
988 mb
70 m

28. 1. 90
−5° C

»White out« und wechselnder, leichter Wind. Es schneit. Es ist zum Verzweifeln! Wir laufen (»Esel«) und kommen im Neuschnee (etwa 20 cm) nur ganz langsam voran. Das Legen der

Spur ist anstrengend für mich. Zweimal verirren wir uns in gewaltigen »Drifts« zwischen Bergen und Ross-Schelfeis. Die Eiswälle sind so groß wie die chinesische Mauer. Arved ermittelt die Position und wir laufen um die Eisrücken herum.

Du siehst im »White out« nie, ob eine Spalte kommt. Einmal stehe ich 20 cm vor dem Spaltenrand, der eine der beiden Skier kragt über dem Abgrund, als ich die Spalte erkenne. Du ahnst keinen Horizont. Himmel und Eisfläche sind gleich. Wie gerne würde ich mich mit Arved im Vorauslaufen abwechseln.

Pos.: 83° 20,78′ S
170° 39,55′ O
988 mb
80 m

Wir schwitzen und alles ist naß. Diese Reise ist der Trip in alle Extreme. Zu viel oder zu wenig Wind, zu viel oder zu wenig Kälte ... Wärme ... Sicht.

29. 1. 90
−6° C

Wieder keine Sicht, wieder kein Wind. Er kommt abwechselnd aus allen Richtungen (ein wenig), nur nie aus Süd. Wieder ist es zu warm.

Es liegt neuer Schnee und meine Skier brechen bei jedem Schritt zusätzlich durch die darunterliegende Harschschicht.

Wir gehen knapp 7 Std. (viele Mulden) und werden morgen wohl weitergehen müssen, wenn kein Südwind aufkommt. Jetzt rächt sich unser Zögern am Plateau nach dem Pol. Wir haben nur zwei Möglichkeiten, um überhaupt durchzukommen:

1. Essen rationieren und 4 Tage mehr laufen als geplant oder

Pos.: 83° 06,11′ S
170° 09,35′ O
975 mb
200 m

2. längere Etappen gehen und keine Rasttage einlegen.

Alles ist naß, auch der Schlafsack.

Dementsprechend ungemütlich wird das Zeltleben.

30. 1. 90
−15° C

Nordwind!
Wir laufen 6 Std. bei schlechter Sicht gegen den Wind, der gegen »Abend« ein wenig nach West dreht. Es ist feuchtkalt, und da alle unsere Kleider klamm sind, gefrieren sie sofort, wenn wir rasten oder stehen bleiben. Einige Male reißen die Wolken an den Bergen kurz auf, dann wieder grauer Boden, grauer Himmel, eine graue Wand vor dir, in die du hineinläufst. Das Wetter spielt gegen uns wie der Wind und die Zeit. Verbissen laufe ich voraus.
Langsam wird unsere Lage ausweglos. Ein Funken Hoffnung auf Südwind bleibt. Nach allen Statistiken müßte hier immer Südwind sein. Haben wir die Segel umsonst 1000 km weit geschleppt?

Pos.: 82° 54,44′ S
169° 55,84′ O
967 mb
70 m

31. 1. 90
−16° C

Erster Schönwettertag seit langem.
Wir stehen um ca. 3 Uhr 30 auf und sind um 6 Uhr 30 startklar.
Ein Stück können wir sogar das Segel gebrauchen (»Pinguin«).
Um die Mittagszeit wird es klar und die große Gebirgskette links von uns ist sichtbar. Gewaltiger Anblick. Wir laufen knappe 8 Stunden.
Ab heute wollen wir den Rhythmus umstellen. Um »Mitternacht« aufstehen und bis zum frühen »Nachmittag« laufen. Wir hoffen auf morgendlichen Südwind. Jetzt am »Abend« haben wir Nordwind und der Himmel ist wieder bedeckt.
Zum Essen trinken wir wieder einmal Eskimowein (Schneewasser).

Pos.: 82° 30, 63′ S
169° 18,89′ O
974 mb
0 m

1. 2. 90
−16° C

Wieder kein Segelwind!
Öfters schaue ich »nachts« vors Zelt. Nord- oder

Nordostwind. Ich schlafe nur ganz leicht, wie ein Vogel, um jeden Windhauch zu registrieren. Dann – beim Laufen – haben wir schwachen Südwind. Zu wenig, um segeln zu können. Wir laufen also (»Esel«) gute 7 Std. in der Hoffnung, 16 Meilen zu schaffen. Der Weg bis McMurdo ist zwar einfach, aber immer noch fast so weit wie Nansens Grönland-Durchquerung 1888, und der Schnee ist stumpf. Die Schlitten bremsen, und wir sind in 80 Tagen schon fast 2000 km gelaufen.

Pos.: 82° 13, 04′ S
169° 01, 40′ O
977 mb
40 m

---

2. 2. 90
−12° C

Es ist ein Jammer: Alles ist feucht, die Sicht schlecht und der Wind kommt abwechselnd aus allen Himmelsrichtungen. Unsere Segelhoffnungen schwinden.

Es kostet Überwindung, den ganzen Tag stur nach Norden zu gehen – vor dir eine graue Nebelwand, hinter dir ein Schlitten, der mit jeder Stunde schwerer wird. Es ist, als ginge es aufwärts. Dabei ist die Fläche hier bretteben mit gigantischen Schiefern, den Sastrugis. Bei jedem Schritt gibt die Schneedecke nach, riesige Schneebretter brechen in sich zusammen. Trotz allem: wir dürfen uns keine Gehminute schenken. Ich gehe jeweils bis zum Ende der vorgenommenen vollen Stunde (1¼ Std.) und warte auf Arved.

Pos.: 81° 55, 67′ S
168° 47,18′ O
974 mb
60 m

---

3. 2. 90
−18° C

Recht guter Tag.

Es ist zwar meist bewölkt und kalt, aber Wind (Brise) aus Süd.

Segeln können wir nicht, aber das Segel hilft den Schlitten ziehen, und so gehen wir im Langlaufschritt (»Pinguin«) nach Norden. Wir starten früh und laufen den ganzen Tag. Arved bringt viel Einsatz. Weit links von uns sind als Silhouette die Berge zu sehen.

Die Wolken sind wie Locken. Ab und zu schneit es leicht. Der Schnee am Boden ist wie aufgehäufter Rauhreif. Eine tiefe Spur bleibt hinter meinem Schlitten zurück, der Arved folgt.

Drei solche Tage und wir sind gerettet! Mehr und mehr fange ich an, laut zu denken, besonders

Pos.: 81° 26,08′ S
168° 31,00′ O
980 mb
10 m

beim Gehen. Arved hofft, daß uns im Notfall (kein Segelwind) der italienische Hubschrauber von McMurdo herausholt. Ich versuche es ihm seit Tagen auszureden.

4. 2. 90
−21° C

Schöner und sehr kalter Tag.

Vielleicht ist es die feuchte Luft, die die Kälte so schneidend macht; mehr ist es wohl unser Fettmangel. Wir sind nur noch Haut und Knochen.

Die Kälte geht mir durch Mark und Bein.

In den beiden ersten Marschstunden friere ich fürchterlich, laufe rascher, um mich aufzuwärmen. Dann ziehe ich mich wärmer an.

Wir laufen den ganzen Tag. Nordwind!

Zwei Flugzeuge fliegen fast genau über uns zum und vom Pol.

Pos.: 81° 08,61′ S
168° 13,46′ O
982 mb
0 m

Es kostet jeden Tag mehr Überwindung, die Stunden zwischen den Pausen auf die Minute genau zu gehen – aber, wenn wir einmal anfangen abzuweichen, ist es aus, dann bleiben wir hängen.

5. 2. 90
−12° C

Wieder ein anstrengender Lauftag, wieder Nordwind, wieder geschunden.

Ich fühle mich mies, weil ich unbarmherzig

treibe. Wir müßten jetzt nicht so weite Strecken laufen, wären wir früher immer 7 oder 8 Stunden pro Tag gegangen. Verfallserscheinungen (Körper + Ausrüstung) machen sich bemerkbar. Wir haben beide Sehnenscheidenentzündungen und Hunger, Hunger, Hunger. Die knapp 5000 kal/ Tag sind jetzt (ausgemergelt, 30−40 km Marsch/ Tag, der stumpfe Schnee dazu) zu wenig. Wir essen alles von der Tagesration, einschließlich der Speckschwarten. Wir wollen und müssen am 15. März in McMurdo sein. Schlieren von Norden und das Gebirge rechts sind immer noch zu sehen.

Pos.: 80° 52,27′ S
168° 08,11′ O
980 mb
20 m

Kondensstreifen der DC 130 weisen nach McMurdo.

6. 2. 90
−15° C

Nordwind und Hunger!
Die Schlieren im Norden bleiben den ganzen Tag über unverändert. Die Berge links sind als blaue Silhouetten immer zu erkennen. Als träten wir auf der Stelle.
Wir laufen 2 Std. + 4 × 1¼ Std.
Wenn ich bedenke, daß wir 80 Schritte in der Minute laufen und jeder Schritt Schmerzen im Fuß, im Knie, in den Hüftgelenken, in den Schultern, in den Ellenbogen verursacht, sind das bei 6000 Schritten pro Runde (1¼ Std.) zu viele Schmerzen, um sie zu ertragen. Würde mich jemand zwingen, diese elende Schinderei zu Ende zu gehen, ich hätte schon aufgegeben. Aber wir taten und tun es freiwillig und bestimmen uns Tag für Tag dazu, weiterzugehen.

Pos.: 80° 35,87′ S
168° 08,74′ O
973 mb
70 m

7. 2. 90
−22° C

Wieder eine »Hundeetappe« gelaufen. Beim Vorauslaufen trete ich eine tiefe Spur, ja einen

Graben in den weichen Schnee. Den Kompaß bin ich zwar gewohnt, er bleibt aber eine Belastung. Südwestwind. Zum Segeln zu wenig Wind. Beim Laufen (»Pinguin«) reißt er mich immer wieder nach rechts (Windrichtung). Wir mischen die Gehformen und kommen so vom Kurs ab.

Leichte Bewölkung, die Berge sind klar. Der Wind ist sehr kalt und da all unsere Kleider feucht sind, frieren wir mehr.

Pos.: 80° 14, 19′ S
168° 25,36′ O
971 mb
90 m

Gegen Abend nimmt der Wind zu. Wir hoffen, daß er sich nachts weiter steigert und lagern, um für den idealen Wind ausgeruht zu sein. So recht will ich nicht dran glauben: Guter Segelwind?

8. 2. 90
−23° C

Miserabler Tag. Nur Scott ging es an dieser Position schlechter.

Keine Sicht, es ist, als ob du über Wolken stolpertest. Der Wind kommt aus Südwest, aber so schwach, daß das Segel immer wieder zusammenfällt. Wir laufen mit und ohne – den ganzen kalten Tag lang.

Der Himmel ist zu, die Luft feuchtkalt und die Kleider vereist. Das Vorauslaufen macht Mühe, trotzdem kein Ärger darüber, wenn Arved gut nachkommt.

Wir entwickeln einen trockenen Galgenhumor und hungern mit Fassung. Arved ist härter und zäher, als ich am Pol noch gedacht habe, und kann sich bis zur Erschöpfung fordern.

Pos.: 79° 57,88′ S
168° 26, 23′ O
967 mb
120 m

Wir reden fast nur noch von McMurdo und der Heimreise.

Daß dieses leichte Stück das härteste werden sollte, hätten wir nie gedacht.

9. 2. 90
−15° C

Endlich Südwind! Nach morgendlicher Flaute und schlechter Sicht kommt am »Nachmittag« starker Wind auf, der sich am »Abend« zum Sturm steigert. Wir laufen und segeln »Pinguin« und »Schwalbe«, bis uns die Finger und Füße abzufrieren drohen. Der Boden ist windbewegter und immer wieder fahren wir über Bruchharsch.
Düstere Wolken rund um uns herum.
Gewitterstimmung (europäisch). Arved folgt mir auf den Fersen.
Wir fixieren das Zelt und hören dem Sturm zu, der pfeift und heult und singt.

Pos.: 79° 10,89′ S
168° 31,81′ O
967 mb
110 m

Es kommt uns jetzt kälter vor wie am Plateau. Vielleicht kommt schon der Winter. In 4 Tagen könnten wir so in McMurdo sein. Das war mehr als Glück im letzten Moment.

10. 2. 90
−18° C

Nach einer stürmischen Nacht − ich habe schlecht geschlafen und meinen Xi-Stein (tibetisches Seelenbarometer) verloren − ein klarer Tag. Vor uns die Berge: Minna Bluff, Mt. Erebus mit seiner Rauchfahne.
Leider kommt der Wind aus Südwest. Wir segeln hart gegen den Wind (kreuzend). Über Eisplatten und stumpfe Schneeinseln kommen wir gut voran, können allerdings den richtigen Kurs nicht halten. Trotzdem sind wir gerettet! Aller Ärger ist vergessen. Wir sind ein gutes Team, wenn kein Druck da ist.
Wir schlagen früh unser Lager auf und wagen uns mit Heißhunger an unsere Essensreserven,

Pos.: 78° 35,31′ S
168° 37,86′ O
976 mb
60 m

die wir für den 16. 2. und später aufbewahrt haben. In 3 Tagen sind wir sicher in McMurdo. Also sind die Hungertage vorbei und damit auch schon vergessen. Es macht Spaß.

11. 2. 90
−15° C

Aufregender Tag.
Nach 2 Std. schwachem Segelwind fahren wir (mit gebremster Kraft) bei miserabler Sicht durch einen Eisbruch. Dann laufen wir nochmals 2 Std. lang durch einen ausgetrockneten Gletschersumpf und erreichen nach weiteren 2½ Std. den tiefen Sattel zwischen Black und White Island. Leider nicht ganz. Wir haben uns vom Morgenwind zu dieser längeren Route verführen lassen, und laufen ziemlich viel im Zick-Zack. Jetzt sind wir bald da und fügen uns der Kälte, dem Wind (jetzt aus Nord) und dem Schicksal. Wenigstens können wir essen, essen, essen.
Wir wissen beide, daß wir es geschafft haben. Arved ist lebensfroh und ich bin ihm dankbar für alles, was ich von ihm gelernt habe: Positionsbestimmung, Nahrungsmittelzusammenstellung, Ruhen im Zelt. Daß ich oft antreiben mußte, wird er wohl verzeihen können.

Pos.: 78° 15, 19′ S
167° 02,12′ O
980 mb
30 m

12. 2. 90
−9° C

Nordwind.
Wir starten spät, überqueren den Paß zw. Black und White Island und marschieren 2 Std. über die Eisfläche Richtung McMurdo.
Alles ist klar (Zeitplan, Route). Spätestens am Abend würden wir in McMurdo sein.
Wir streben Willies Field an. Da kommt ein Raupenfahrzeug in unsere Richtung. Es sind Neuseeländer, die zur Black Island wollen. Sie erzählen uns, daß wir Gäste in der Scott Base sind und daß Briefe dort liegen. Sie verständigen über Funk ihre neuseeländische Station (Scott Base).
Wir laufen weitere 3 Std. und treffen ein weiteres NZ-Fahrzeug, das uns eine Stunde vor der Basis

Pos.: **77° 51,00′ S**
166° 45,00′ O
984 mb
20 m

abfängt. Wir filmen, fotografieren und fahren zuletzt über eine Schotterstraße zur Scott Base, wo wir begeistert empfangen und aufgenommen werden. Wir sind da!!

IV. Der Antarktis-Vertrag vom 1. Dezember 1959

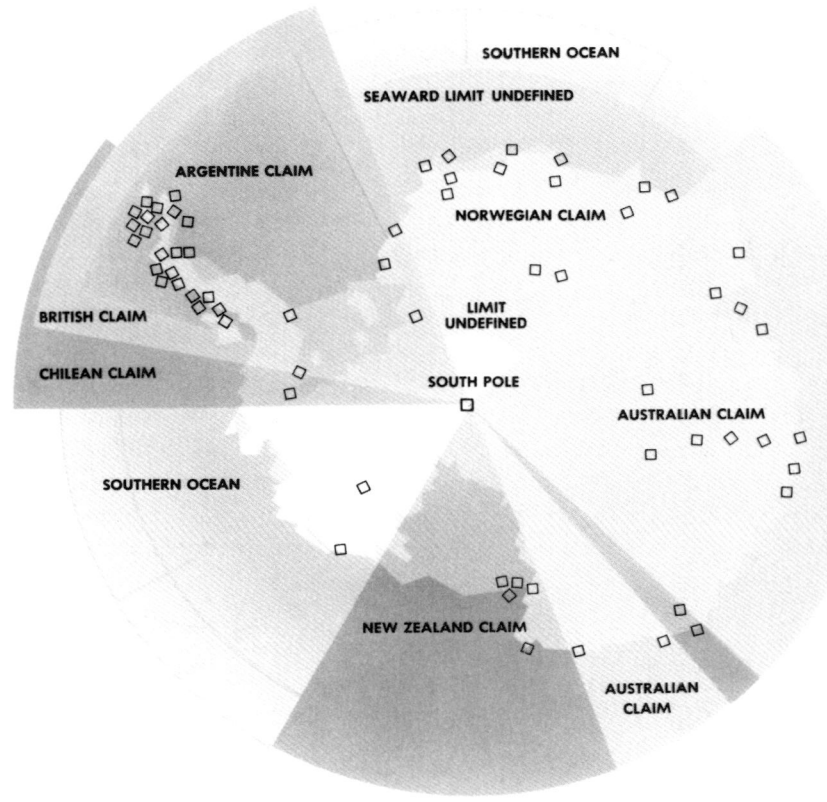

SOUTHERN OCEAN

SEAWARD LIMIT UNDEFINED

ARGENTINE CLAIM

NORWEGIAN CLAIM

BRITISH CLAIM

CHILEAN CLAIM

LIMIT
UNDEFINED

SOUTH POLE

AUSTRALIAN CLAIM

SOUTHERN OCEAN

NEW ZEALAND CLAIM

AUSTRALIAN
CLAIM

Sieben Nationen (Argentinien, Chile, Frankreich, England, Norwegen, Australien, Neuseeland) beanspruchen Land in der Antarktis. Eine Gefahr für den »Weltpark«.

Die Regierungen Argentiniens, Australiens, Belgiens, Chiles, der Französischen Republik, Japans, Neuseelands, Norwegens, der Südafrikanischen Union, der Union der Sozialistischen Sowjetrepubliken, des Vereinigten Königreichs Großbritannien und Nordirland und der Vereinigten Staaten von Amerika,

in der Erkenntnis, daß es im Interesse der ganzen Menschheit liegt, die Antarktis für alle Zeiten ausschließlich für friedliche Zwecke zu nutzen und nicht zum Schauplatz oder Gegenstand internationaler Zwietracht werden zu lassen;

in Anerkennung der bedeutenden wissenschaftlichen Fortschritte, die sich aus der internationalen Zusammenarbeit bei der wissenschaftlichen Forschung in der Antarktis ergeben;

überzeugt, daß die Schaffung eines festen Fundaments für die Fortsetzung und den Ausbau dieser Zusammenarbeit auf der Grundlage der Freiheit der wissenschaftlichen Forschung in der Antarktis, wie sie während des Internationalen Geophysikalischen Jahres gehandhabt wurde, den Interessen der Wissenschaft und dem Fortschritt der ganzen Menschheit entspricht;

sowie in der Überzeugung, daß ein Vertrag, der die Nutzung der Antarktis für ausschließlich friedliche Zwecke und die Erhaltung der internationalen Eintracht in der Antarktis sichert, die in der Charta der Vereinten Nationen niedergelegten Ziele und Grundsätze fördern wird – sind wie folgt übereingekommen:

Artikel I

1. Die Antarktis wird nun für friedliche Zwecke genutzt. Es werden unter anderem alle Maßnahmen militärischer Art wie die Einrichtung militärischer Stützpunkte und Befestigungen, die Durchführung militärischer Manöver sowie die Erprobung von Waffen jeder Art verboten.
2. Dieser Vertrag steht dem Einsatz militärischen Personals oder Materials für die wissenschaftliche Forschung oder für sonstige friedliche Zwecke nicht entgegen.

*Pinguinkolonie im Eis. Zeichnung von Dr. Wilson. Wilson, der Scott bei seiner ersten
Antarktis-Expedition schon begleitet hatte, war auch Naturwissenschaftler.*

Artikel II

Die Freiheit der wissenschaftlichen Forschung in der Antarktis und die
Zusammenarbeit zu diesem Zweck, wie sie während des Internationalen
Geophysikalischen Jahres gehandhabt wurden, bestehen nach Maßgabe
dieses Vertrags fort.

Artikel III

1. Um die in Artikel II vorgesehene internationale Zusammenarbeit
bei der wissenschaftlichen Forschung in der Antarktis zu fördern, vereinbaren die Vertragsparteien, daß, soweit möglich und durchführbar,
a) Informationen über Pläne für wissenschaftliche Programme in der
Antarktis ausgetauscht werden, um ein Höchstmaß an Wirtschaftlichkeit
und Leistungsfähigkeit der Unternehmungen zu ermöglichen;
b) wissenschaftliches Personal in der Antarktis zwischen Expeditionen
und Stationen ausgetauscht wird;

c) wissenschaftliche Beobachtungen und Ergebnisse aus der Antarktis ausgetauscht und ungehindert zur Verfügung gestellt werden.

2. Bei der Durchführung dieses Artikels wird die Herstellung von Arbeitsbeziehungen auf der Grundlage der Zusammenarbeit mit denjenigen Sonderorganisationen der Vereinten Nationen und anderen internationalen Organisationen, die ein wissenschaftliches oder technisches Interesse an der Antarktis haben, auf jede Weise gefördert.

Artikel IV

1. Dieser Vertrag ist nicht so auszulegen,
a) als stelle er einen Verzicht einer Vertragspartei auf vorher geltend gemachte Rechte oder Ansprüche auf Gebietshoheit in der Antarktis dar;
b) als stelle er einen vollständigen oder teilweisen Verzicht einer Vertragspartei auf die Grundlage eines Anspruchs auf Gebietshoheit in der Antarktis dar, die sich aus ihrer Tätigkeit oder derjenigen ihrer Staatsangehörigen in der Antarktis oder auf andere Weise ergeben könnte;
c) als greife er die Haltung einer Vertragspartei hinsichtlich ihrer Aner-

kennung oder Nichtanerkennung des Rechts oder Anspruchs oder der Grundlage für den Anspruch eines anderen Staates auf Gebietshoheit in der Antarktis vor.

2. Handlungen oder Tätigkeiten, die während der Geltungsdauer dieses Vertags vorgenommen werden, bilden keine Grundlage für die Geltendmachung, Unterstützung oder Ablehnung eines Anspruchs auf Gebietshoheit in der Antarktis und begründen dort keine Hoheitsrechte. Solange dieser Vertrag in Kraft ist, werden keine neuen Ansprüche oder Erweiterungen bestehender Ansprüche auf Gebietshoheit in der Antarktis geltend gemacht.

Artikel V

1. Kernexplosionen und die Beseitigung radioaktiven Abfalls sind in der Antarktis verboten.

2. Werden internationale Übereinkünfte über die Nutzung der Kernenergie einschließlich von Kernexplosionen und der Beseitigung radioaktiven Abfalls geschlossen, denen alle Vertragsparteien angehören, deren Vertreter zur Teilnahme an den in Artikel IX vorgesehenen Tagungen berechtigt sind, so finden die durch solche Übereinkünfte festgelegten Vorschriften in der Antarktis Anwendung.

Artikel VI

Dieser Vertrag gilt für das Gebiet südlich von 60° südlicher Breite einschließlich aller Eisbänke; jedoch läßt dieser Vertrag die Rechte oder die Ausübung der Rechte eines Staates nach dem Völkerrecht in bezug auf die hohe See in jenem Gebiet unberührt.

Artikel VII

1. Um die Ziele dieses Vertrages zu erreichen und die Einhaltung seiner Bestimmungen zu gewährleisten, hat jede Vertragspartei, deren Vertreter zur Teilnahme an den in Artikel IX vorgesehenen Tagungen berechtigt sind, das Recht, Beobachter zu benennen, welche die im vorliegenden

Artikel erwähnten Inspektionen durchführen. Die Beobachter müssen Staatsangehörige der sie benennenden Vertragspartei sein. Die Namen der Beobachter werden jeder anderen Vertragspartei mitgeteilt, die das Recht hat, Beobachter zu benennen; ihre Abberufung wird ebenfalls mitgeteilt.

2. Jeder nach Absatz 1 benannte Beobachter hat jederzeit völlig freien Zugang zu allen Gebieten der Antarktis.

3. Alle Gebiete der Antarktis einschließlich aller Stationen, Einrichtungen und Ausrüstungen in jenen Gebieten sowie alle Schiffe und Luftfahrzeuge an Punkten zum Absetzen oder Aufnehmen von Ladung oder Personal in der Antarktis stehen jedem nach Absatz 1 benannten Beobachter jederzeit zur Inspektion offen.

4. Jede der Vertragsparteien, die ein Recht auf Benennung von Beobachtern haben, kann jederzeit Luftbeobachtungen über einzelnen oder allen Gebieten der Antarktis durchführen.

5. Jede Vertragspartei unterrichtet zu dem Zeitpunkt, zu dem dieser Vertrag für sie in Kraft tritt, und danach jeweils im voraus die anderen Vertragsparteien

a) über alle nach und innerhalb der Antarktis von ihren Schiffen oder Staatsangehörigen durchgeführten Expeditionen und alle in ihrem Hoheitsgebiet organisierten oder von dort aus durchgeführten Expeditionen nach der Antarktis;

b) über alle von ihren Staatsangehörigen besetzten Stationen in der Antarktis und

c) über alles militärische Personal oder Material, das sie unter den in Artikel I Absatz 2 vorgesehenen Bedingungen in die Antarktis verbringen will.

Artikel VIII

1. Um den nach Artikel VII Absatz 1 benannten Beobachtern und dem nach Artikel III Absatz 1 Buchstabe b) ausgetauschten wissenschaftlichen Personal sowie den diese Personen begleitenden Mitarbeitern die Wahrnehmung ihrer Aufgaben nach diesem Vertrag zu erleichtern, unterstehen sie – unbeschadet der Haltung der Vertragsparteien bezüglich der Gerichtsbarkeit über alle anderen Personen in der Antarktis – in bezug auf alle Handlungen oder Unterlassungen, die sie während ihres der Wahr-

nehmung ihrer Aufgaben dienenden Aufenthalts in der Antarktis begehen, nur der Gerichtsbarkeit der Vertragspartei, deren Staatsangehörige sie sind.

2. Unbeschadet des Absatzes 1 werden bis zur Annahme von Maßnahmen nach Artikel IX Absatz 1 Buchstabe e) die Vertragsparteien, die an einer Streitigkeit über die Ausübung von Gerichtsbarkeit in der Antarktis beteiligt sind, einander umgehend konsultieren, um zu einer für alle Seiten annehmbaren Lösung zu gelangen.

Artikel IX

1. Vertreter der in der Präambel genannten Vertragsparteien halten binnen zwei Monaten nach Inkrafttreten dieses Vertrags in der Stadt Canberra und danach in angemessenen Abständen und an geeigneten Orten Tagungen ab, um Informationen auszutauschen, sich über Fragen von gemeinsamem Interesse im Zusammenhang mit der Antarktis zu konsultieren und Maßnahmen auszuarbeiten, zu erörtern und ihren Regierungen zu empfehlen, durch welche die Grundsätze und Ziele des Vertrages gefördert werden, darunter Maßnahmen
a) zur Nutzung der Antarktis für ausschließlich friedliche Zwecke;
b) zur Erleichterung der wissenschaftlichen Forschung in der Antarktis;
c) zur Erleichterung der internationalen wissenschaftlichen Zusammenarbeit in der Antarktis;
d) zur Erleichterung der Ausübung der Inspektionsrechte nach Artikel VII;
e) im Zusammenhang mit Fragen betreffend die Ausübung von Gerichtsbarkeit in der Antarktis;
f) zur Erhaltung und zum Schutz der lebenden Schätze in der Antarktis.
2. Jede Vertragspartei, die durch Beitritt nach Artikel XIII Vertragspartei geworden ist, ist zur Benennung von Vertretern berechtigt, die an den in Absatz 1 genannten Tagungen teilnehmen, solange die betreffende Vertragspartei durch die Ausführung erheblicher wissenschaftlicher Forschungsarbeiten in der Antarktis wie die Einrichtung einer wissenschaftlichen Station oder die Entsendung einer wissenschaftlichen Expedition ihr Interesse an der Antarktis bekundet.
3. Berichte der in Artikel VII genannten Beobachter werden den Vertre-

tern der Vertragsparteien übermittelt, die an den in Absatz 1 genannten Tagungen teilnehmen.

4. Die in Absatz 1 genannten Maßnahmen werden wirksam, sobald sie von allen Vertragsparteien genehmigt worden sind, deren Vertreter zur Teilnahme an den zur Erörterung dieser Maßnahmen abgehaltenen Tagungen berechtigt waren.

5. Einzelne oder alle der in diesem Vertrag vorgesehenen Rechte können vom Tag des Inkrafttretens des Vertrags an ausgeübt werden, gleichviel, ob Maßnahmen zur Erleichterung der Ausübung solcher Rechte nach diesem Artikel vorgeschlagen, erörtert oder genehmigt sind.

Artikel X

Jede Vertragspartei verpflichtet sich, geeignete, im Einklang mit der Charta der Vereinten Nationen stehende Anstrengungen zu unternehmen, um zu verhindern, daß in der Antarktis eine Tätigkeit entgegen den Grundsätzen oder Zielen dieses Vertrags aufgenommen wird.

Artikel XI

1. Entsteht zwischen zwei oder mehr Vertragsparteien eine Streitigkeit über die Auslegung oder Anwendung dieses Vertrags, so konsultieren die betreffenden Vertragsparteien einander, um die Streitigkeit durch Verhandlung, Untersuchung, Vermittlung, Vergleich, Schiedsverfahren, gerichtliche Beilegung oder sonstige friedliche Mittel ihrer Wahl beilegen zu lassen.

2. Jede derartige Streitigkeit, die nicht auf diese Weise beigelegt werden kann, wird – jeweils mit Zustimmung aller Streitparteien – dem Internationalen Gerichtshof zur Beilegung unterbreitet; wird keine Einigkeit über die Verweisung an den Internationalen Gerichtshof erzielt, so sind die Streitparteien nicht von der Verpflichtung befreit, sich weiterhin zu bemühen, die Streitigkeit durch eines der verschiedenen in Absatz 1 genannten friedlichen Mittel beizulegen.

Artikel XII

1. a) Dieser Vertrag kann jederzeit durch einhellige Übereinstimmung der Vertragsparteien, deren Vertreter zur Teilnahme an den in Artikel IX vorgesehenen Tagungen berechtigt sind, geändert oder ergänzt werden. Eine solche Änderung oder Ergänzung tritt in Kraft, wenn die Verwahrregierung von allen diesen Vertragsparteien die Anzeige erhalten hat, daß sie sie ratifiziert haben.

b) Danach tritt eine solche Änderung oder Ergänzung für jede andere Vertragspartei in Kraft, wenn deren Ratifikationsanzeige bei der Verwahrregierung eingegangen ist. Jede Vertragspartei, von der binnen zwei Jahren nach Inkrafttreten der Änderung oder Ergänzung nach Buchstabe a) keine Ratifikationsanzeige eingegangen ist, gilt mit Ablauf dieser Frist als von dem Vertrag zurückgetreten.

2. a) Eine Konferenz aller Vertragsparteien wird so bald wie möglich abgehalten, um die Wirkungsweise dieses Vertrags zu überprüfen, wenn nach Ablauf von dreißig Jahren nach Inkrafttreten des Vertrags eine der Vertragsparteien, deren Vertreter zur Teilnahme an den in Artikel IX vorgesehenen Tagungen berechtigt sind, durch eine Mitteilung an die Verwahrregierung darum ersucht.

b) Jede Änderung oder Ergänzung dieses Vertrags, die auf einer solchen Konferenz von der Mehrheit der dort vertretenen Vertragsparteien einschließlich einer Mehrheit derjenigen genehmigt worden ist, deren Vertreter zur Teilnahme an den in Artikel IX vorgesehenen Tagungen berechtigt sind, wird von der Verwahrregierung allen Vertragsparteien sofort nach Abschluß der Konferenz mitgeteilt und tritt gemäß Absatz 1 in Kraft.

c) Ist eine solche Änderung oder Ergänzung nicht binnen zwei Jahren nach Mitteilung an alle Vertragsparteien gemäß Absatz 1 Buchstabe a) in Kraft getreten, so kann jede Vertragspartei jederzeit nach Ablauf dieser Frist der Verwahrregierung ihren Rücktritt von diesem Vertrag mitteilen; der Rücktritt wird zwei Jahre nach Eingang der Mitteilung bei der Verwahrregierung wirksam.

Artikel XIII

1. Dieser Vertrag bedarf der Ratifikation durch die Unterzeichnerstaaten. Er liegt für jeden Staat zum Beitritt auf, der Mitglied der Vereinten Nationen ist, sowie für jeden anderen Staat, der mit Zustimmung aller Vetragsparteien, deren Vertreter zur Teilnahme an den in Artikel IX vorgesehenen Tagungen berechtigt sind, zum Beitritt eingeladen wird.
2. Die Ratifikation dieses Vertrags oder der Beitritt dazu wird durch jeden Staat nach Maßgabe seiner verfassungsrechtlichen Verfahren durchgeführt.
3. Ratifikationsurkunden und Beitrittsurkunden werden bei der Regierung der Vereinigten Staaten von Amerika hinterlegt, die hiermit zur Verwahrregierung bestimmt wird.
4. Die Verwahrregierung teilt allen Unterzeichnerstaaten und beitretenden Staaten den Tag der Hinterlegung jeder Ratifikations- oder Beitrittsurkunde sowie den Tag des Inkrafttretens des Vertrags und etwaige Änderungen oder Ergänzungen desselben mit.
5. Nach Hinterlegung der Ratifikationsurkunden durch alle Unterzeichnerstaaten tritt dieser Vertrag für jene Staaten und für Staaten in Kraft, die Beitrittsurkunden hinterlegt haben. Danach tritt der Vertrag für jeden beitretenden Staat mit Hinterlegung seiner Beitrittsurkunde in Kraft.
6. Die Verwahrregierung läßt diesen Vertrag nach Artikel 102 der Charta der Vereinten Nationen registrieren.

Artikel XIV

Dieser Vertrag, der in englischer, französischer, russischer und spanischer Sprache abgefaßt ist, wobei jede Fassung gleichermaßen verbindlich ist, wird im Archiv der Regierung der Vereinigten Staaten von Amerika hinterlegt; diese übermittelt den Regierungen der Unterzeichnerstaaten und beitretenden Staaten gehörig beglaubigte Abschriften.

Mitgliedstaaten des Antarktis-Vertrags

+ Großbritannien   31. 5. 60
+ Republik Südafrika   21. 6. 60

+ Belgien	26. 7. 60
+ Japan	4. 8. 60
+ USA	18. 8. 60
+ Norwegen	24. 8. 60
+ Frankreich	16. 9. 60
+ Neuseeland	1. 11. 60
+ UdSSR	2. 11. 60
+ Polen	8. 6. 61 (29. 7. 77)
+ Argentinien	23. 6. 61
+ Australien	23. 6. 61
+ Chile	23. 6. 61
Tschechoslowakei	14. 6. 62
Dänemark	20. 5. 65
Niederlande	30. 3. 67
Rumänien	15. 9. 71
+ DDR	19. 11. 74 (5. 10. 87)
+ Brasilien	16. 5. 75 (12. 9. 83)
Bulgarien	11. 9. 78
+ BRD	5. 2. 79 (3. 3. 81)
+ Uruguay	11. 1. 80 (7. 10. 85)
Papua-Neuguinea	16. 3. 81
+ Italien	18. 3. 81 (5. 10. 87)
Peru	10. 4. 81
Spanien	31. 3. 82
+ Volksrepublik China	8. 6. 83 (7. 10. 85)
+ Indien	19. 8. 83 (12. 9. 83)
Ungarn	27. 1. 84
Schweden	24. 4. 84
Finnland	15. 5. 84
Kuba	16. 8. 84
Südkorea	28. 11. 86
Griechenland	8. 1. 87
Nordkorea	21. 1. 87
Österreich	25. 8. 87
Ecuador	15. 9. 87

Die ersten 12 genannten Staaten gehören zu den Erstunterzeichnerstaaten des Vertrags, die Daten beziehen sich auf die jeweilige Ratifizierung.

+ Konsultativstaaten. Neben die 12 Erstunterzeichnerstaaten sind 8 weitere getreten. Das in Klammern angegebene Datum zeigt, wann diese Staaten den Konsultativstatus erhalten haben.

Papua-Neuguinea trat dem Vertrag als erstes asiatisches Entwicklungsland bei, als es von Australien unabhängig wurde.

V. Weltpark Antarktis

Packeis. Im antarktischen Winter erstarren Eisberge, Schollen, Schnee zu einem einzi-gen Packeisgürtel. Riesiger Druck entsteht durch Eispressungen.

Die Antarktis – der »letzte Kontinent« – ist in Gefahr. Nach 200 Jahren Forschung soll auf dem Eiskontinent die Aufteilung und Ausbeutung von Bodenschätzen beginnen.

Als der Seefahrer James Cook 1773 mit seinem Schiff den südlichen Polarkreis durchschnitt – mit Kurs auf das sagenumwobene Südland »Terra australis incognita« –, war er enttäuscht. Es sei »dort unten« kein »Benefiz« zu machen. In dem berühmt gewordenen Satz »Ich habe noch nie soviel Eis gesehen« sind seine Forschungsergebnisse zusammengefaßt.

Der Gletscherkontinent ist 12,4 Millionen Quadratkilometer groß, Abermillionen Schollen und Eisberge umgeben ihn im Winter und Sommer. Der Packeisgürtel erstarrt im antarktischen Winter auf einer Fläche von rund 20 Millionen Quadratkilometern. Der Begriff Festland wird in der Antarktis relativ.

Auf dem eigentlichen Land, Antarktika genannt, liegt die größte Eismasse der Erde. Der Panzer ist bis zu 4500 Meter hoch. Sein Gewicht: 27 Billiarden Tonnen. Diese Last hat den Kontinent in Jahrmillionen um 800 Meter gesenkt. Unter dem Druck des Eises ist die Erdkruste eingedrückt worden.

339

Der Pinguin ist das Symbol der Antarktis. Er gleicht einem Herrn im Frack. Mit dem entsprechenden Respekt sollte er behandelt werden.

Die Eiskappe ist ein einziger, mächtiger Gletscher. Aus über 100 000 Jahre altem Schnee zusammengepreßt. Er ist in ständiger Bewegung. Das Eis fließt mit einem Tempo von bis zu 2,5 Kilometer pro Jahr zur Küste. Dort kracht es in wolkenkratzergroßen Stücken ins Meer. Blizzards toben mit Spitzengeschwindigkeiten von 200 km/h über das Inland. Kälterekord: minus 89,2° Celsius. Der Winter in der Antarktis ist so kalt wie in den entsprechenden Gebieten des Nordens. Der Sommer erheblich kälter. Die mittlere Jahrestemperatur liegt am Südpol unter − 50°C. Südlich des 60. Breitengrades unter dem Gefrierpunkt. Nur zwei Prozent der Antarktis sind frei vom Eis.

Nachdem 1895 der erste Mensch Antarktika betreten hatte, begann die »heroische Phase« der Südpolerforschung. Mit Ponys, Huskies, später mit Motorschlitten, Kettenpanzern und Flugzeugen drangen die »Eroberer« in das größte bis dahin unberührte Biotop der Erde ein.

Roald Amundsen erreichte am 14. Dezember 1911, einen Monat vor Robert F. Scott, den Südpol. Voller Genugtuung hißte er dort die norwegische Flagge. Der Mensch hatte den letzten »weißen Fleck von der Weltkarte« getilgt. Tiere oder Pflanzen fand Amundsen im Landesinneren nicht.

Auf dem Festland gibt es kein einziges Säugetier. Ein Gebiet, das größer ist als Australien und mindestens dieselbe Oberfläche hat wie Europa und die USA zusammen, beherbergt heute keine einzige höhere Tierart. Die wenigen Säugetiere der Antarktis leben alle im Wasser. Im Meer ist es »warm«. Dabei ist »warm« für das Meerwasser in der Antarktis ein relativer Begriff. Ein abgehärteter Mensch würde nur ein ganz kurzes Bad überleben. Wenn ein Seehund aber vom Eis ins Wasser gleitet, muß er ungefähr dasselbe empfinden wie wir, wenn wir in die Sauna gehen.

Arved Fuchs und ich haben bei unserer 2800 Kilometer langen Reise über das Innere des Eiskontinents kein einziges Tier gesehen. Nicht einmal einen Gletscherfloh.

Für die Entwicklung organischen Lebens ist auf dem Eis die Kombination von Kälte mit starkem Wind extrem ungünstig. Dazu kommt der geringe Feuchtigkeitsgehalt der Luft und im Winter der Mangel an Sonnenlicht.

Nur ein Doldenblütler, eine Nelken- und eine Grasart halten dem extremen Klima der Antarktis stand. An Felsen wuchern da und dort Moose und Flechten.

Seehunde beim Sonnenbad. Am Rande des Festlandes, wo das Eis dünn ist, haben Seehunde, Seelöwen, Seeleoparden ihre Luftbadeplätze.

Im Wasser hingegen gibt es reiches Leben: große Fischbestände und Schwärme von Mini-Langusten, Krill genannt. In riesigen Mengen umflutet er die Küstengewässer. Krill bildet die Grundnahrung für die Blau- und Finnwale, die sich die rosafarbenen Krebschen tonnenweise aus den Fluten filtern.

Der berühmteste Bewohner der Antarktis, ihr Symboltier, ist der Pinguin. Millionen Exemplare brüten an den Küsten. Die fluguntauglichen Vögel leben zu Zehntausenden in ihren Kolonien, über Jahrtausende brüten sie an denselben Stellen am Rand des Wassers. Auch Urtierchen, Milben, Springschwänze gehören zur antarktischen Fauna. Und die Seehunde natürlich, die sich in Gruppen auf dem Eis sonnen.

Der Mensch lebt erst seit 30 Jahren ständig dort. In rund 70 wissenschaftlichen Stationen hat er sich auf dem weißen Kontinent gut eingerichtet. Die größte Forscherstadt (USA) steht in McMurdo am Rande des Ross-Schelfeises. Im Sommer wohnen etwa 1500 Menschen dort.

Das Interesse der Antarktis-Forscher gilt neben ihrer wissenschaftlichen Arbeit den reichen Öl- und Metallschätzen, die sich unter der gigantischen Eisdecke finden. Wieviel an fossilem Brennstof im Boden lagern, weiß noch niemand. Seitdem aber geklärt ist, daß die Antarktis

McMurdo ist die größte Station der Antarktis: Eine kleine trostlose Stadt auf der Ross-Insel am Rande des Eiskontinents.

vor 200 Millionen Jahren vom Superkontinent Gondwana abgebrochen ist, schließen die Forscher auf ähnliche Rohstoffvorkommen, wie wir sie von Südafrika her kennen.

Der Rohstoffabbau durch die Industrienationen ist aufgrund des Antarktis-Vertrages von 1959 vorerst unmöglich. Doch einige der 20 Konsultativstaaten wollen sich jetzt freien Zutritt zu den Rohstofflagern verschaffen. 1991 wird der Vertrag neu ausgehandelt.

Um der Gefahr großer Umweltschäden durch Rohstoffabbau und Öltransport im Eismeer vorzubeugen, haben Greenpeace und andere Organisationen den Begriff »Weltpark« kreiert und propagiert.

Während der »Zweiten Weltkonferenz über Nationalparks«, 1972 im Yellowstone-Nationalpark in den USA abgehalten, wurde der erste ernstzunehmende Vorschlag für einen Weltparkstatus der Antarktis entwickelt.

In einer Resolution wurde »der große wissenschaftliche und ästhetische Wert der unbeeinflußten natürlichen Ökosysteme der Antarktis« betont und alle Mitglieder des Antarktis-Vertrages

342

wurden aufgefordert, »in Verhandlungen einzutreten mit dem Ziel, den antarktischen Kontinent und die ihn umgebenden Ozeane zum ersten Weltpark unter der Aufsicht der UNO zu proklamieren.

Im Rahmen des ersten Antarktis-Vertrages 1959 schon war man sich einig, das größte Natur-Biotop der Welt »für alle Zeiten« schützen zu wollen. 1972 wurde im Rahmen der »Konvention über den Schutz des kulturellen und natürlichen Erbes der Welt« auf die Antarktis als ein Gebiet hingewiesen, das als Ganzes für die Menschheit von unschätzbarem Wert ist:

»Ein zu schützender Ort muß eine wichtige Stufe der Erdgeschichte repräsentieren; er muß einen wesentlichen gegenwärtig ablaufenden geologischen Prozeß oder einen biologisch-evolutiven Prozeß repräsentieren oder die Interaktion des Menschen mit der natürlichen Umwelt; er muß außergewöhnliche natürliche Phänomene oder geologische Formationen oder Gebiete von ungewöhnlicher Naturschönheit umfassen; es muß sich um ein Gebiet mit bedeutenden natürlichen Biotopen handeln, in dem bedrohte Tiere und Pflanzen von außergewöhnlichem universalem Wert überleben.«

Wie das ausgezeichnete Greenpeace-Buch über die Antarktis beweist, erfüllt die Antarktis all diese Bedingungen. Viele Wissenschaftler, Naturschützer, Abenteurer, die Antarktika kennen, setzen sich heute für die »Weltpark«-Idee ein. So auch »Transantarctica« und wir, die wir im antarktischen Sommer 1989/90 den Kontinent zeitlich parallel und auf verschiedenen Routen überquert haben. Wir sind nach wie vor miteinander in Kontakt, um unserem Anliegen mehr Gewicht zu geben.

Die Erkundung und Ausbeutung von Bodenschätzen muß nicht nur untersagt werden, weil dabei die ursprüngliche Wildheit der antarktischen Landschaft verlorenginge. Der Transport von Rohstoffen durch den Treibeisgürtel der Antarktis ist so riskant, daß er nicht verantwortet werden kann. Wasser, Klima und alles Leben wären dabei extrem gefährdet, wie es das »Exxon-Valdez«-Unglück in Alaska jüngst grausam demonstriert hat.

»Transantarctica« und wir haben einen wilden weißen Kontinent erlebt. Viele Menschen haben über unsere Bilder und Berichte einen Einblick in eine Landschaft gewonnen, die schützenswert ist. Wir wollten nicht für einen Tourismus in der Antarktis werben und sind uns darin einig, daß ein solcher nur unter sorgfältiger Kontrolle fortgesetzt werden darf.

In unseren gegenseitigen Glückwünschen kommt dies zum Ausdruck:

To Transantarctica. Congratulations! All our respect for completing one of the Great Polar Journeys of all time.
Let's now fight together for World Park Antarctica. Safe journey home.
Polarcross
Arved Fuchs   Reinhold Messner

Reinhold & Arved
Congratulations on your successful completition of your expedition! Sounds like you had a very interesting time. I am looking forward to hearing about it in more detail. I would like to talk with you about a few items that concern us both.
Transantarctica

Ein Weltpark-Konzept Antarktika muß folgende Punkte berücksichtigen:

1. Die Antarktis darf politisch nicht aufgeteilt werden. Sie gehört der gesamten Menschheit. Landansprüche werden nicht akzeptiert, d. h. nicht festgeschrieben.
2. Die Antarktis muß frei bleiben von Waffen und militärischen Einrichtungen. Keinerlei nukleare Aktivitäten.
3. Jeder Abbau von Rohstoffen muß untersagt bleiben.
4. Wissenschaftliche Forschungsarbeit soll nur beschränkt, kooperativ und koordiniert zwischen allen wissenschaftlichen Stationen in der Antarktis durchgeführt werden.
5. Jede Form von Tourismus, der auf Maschinen zurückgreift, soll untersagt werden.
6. Keinerlei Müll darf in der Antarktis gelagert werden oder dort zurückbleiben.

Die US-Station am Südpol. Eine Herkules-Maschine in der Luft. Die Antarktis ist ein idealer Ort für wissenschaftliche Arbeit. Bestimmte Beobachtungen sind nur dort möglich.

Es müssen nun Mechanismen zur Durchsetzung solcher Bestimmungen entwickelt werden. Auch muß es in Zukunft eine internationale Kontrollinstanz geben, die dafür sorgt, daß die Versprechen des Antarktis-Vertrages eingehalten werden. Bisher war nur Greenpeace zum Schutz der antarktischen Umwelt vor Ort. Künftig müssen nicht nur unabhängige Instanzen die ökologischen Schäden durch wissenschaftliche und logistische Maßnahmen untersuchen, auch die Überwachung des Fischfangs muß geregelt werden.

Neuseeland, Australien, Frankreich und Italien (besonders Ministerpräsident Andreotti) unterstützen das Weltpark-Konzept. Persönlichkeiten wie Jean-Jacques Cousteau, Jean-Louis Etienne und Will Steger haben dazu beigetragen, daß breite Bevölkerungsschichten mit der Problematik einer Aufteilung und Ausbeutung der Antarktis bekannt wurden. Der Aufklärungsprozeß hat erst begonnen. Wenn Dokumentarfilmer wie der Grimme-Preisträger Axel Engstfeld für einen Weltpark Antarktis eintreten, können sie sehr viel für eine Veränderung des Bewußtseins bei den Menschen tun:

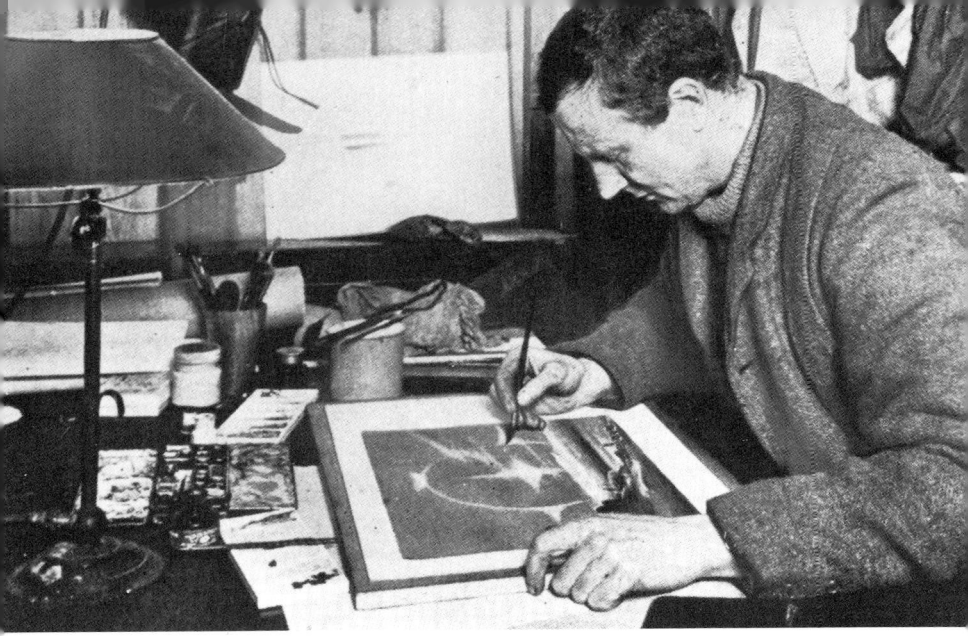

Dr. Edward Wilson hat mit seinen Zeichnungen viele Menschen für die Schönheit der Antarktis begeistert. Auch das trägt zu ihrem Schutz bei.

»Für mich hat die Antarktis über den Konflikt Bodenschätze gegen stabiles Ökosystem starken symbolischen Charakter. Sie ist wirklich das letzte Stück auf diesem Planeten, das nicht besiedelt ist, das letzte Stück, das nicht zu irgendeiner Nation gehört und das nicht aufgeteilt ist. Und für mich heißt die Frage: Ist der Mensch in der Lage, das zu akzeptieren und vielleicht mal ein Stück Land auf diesem Planeten so zu lassen, oder muß man sich auch das unter den Nagel reißen? Im Prinzip wiederholt sich genau das, was in anderen Ländern passiert ist: entdecken, erobern, ausplündern. Es ist ein eisiger Spiegel von unserem Verständnis von Welt.«

Ein Schutz der Antarktis ist allerdings nur dann möglich, wenn wir uns in unserer Reiselust einschränken. Dasselbe gilt auch für die Arktis. Eine kürzlich in allen Zeitungen angekündigte Polarreisemöglichkeit ist für jeden Umweltschützer wie ein Schlag ins Gesicht. Sie kostet nicht nur eine Menge Geld, sie kostet so viel an Polarwildnis, daß es niemand von uns verantworten kann.

346

»Luxusreise zum Nordpol
Hamburg (AP). Zum erstenmal können westliche Touristen im
August an einer Reise mit dem größten Eisbrecher der Welt, der
sowjetischen »Rossja«, zum Nordpol teilnehmen. Wie ein Sprecher der Polar Schiffahrts-Consulting GmbH in Hamburg-Wedel
am Montag mitteilte, bietet das 75 000 PS starke Atomschiff
neben sowjetischen Wissenschaftlern rund 60 Passagieren Platz
für eine zweiwöchige Luxusreise. In dem Fahrpreis von 35 000
Mark pro Person sei eine Barbecue-Party mit Lachs, Kaviar und
Wodka direkt am Pol enthalten.«

Trotz aller Kritik an unserer Antarktis-Transversale wage ich zu hoffen,
daß potentielle Nachahmer bereit sind, sich dieselben Beschränkungen
aufzuerlegen, die Arved Fuchs und ich auf uns genommen haben. Um die
weiße Wildnis Antarktika nicht zu stören, sind wir zu Fuß gelaufen.
Unsere Reise ins Eis hatte ich nicht als Protestmarsch geplant – sie hat sich
unterweges zum »Werbespot« für die Weltpark-Idee entwickelt. Unsere
Bilder beweisen, daß die Antarktis unendlich schön und deshalb schützenswert ist.

VI. Ralf-Peter Märtin/ Reinhold Messner

Chronik der Antarktis-Expeditionen

> Wer alles ertragen kann,
> darf alles wagen.
> Vauvenargues

350 v. Chr. Die Griechen waren es, die die Antarktis »erfanden«, damit sie fast 2000 Jahre später entdeckt werden konnte. Alles in der Welt, lehrte der griechische Philosoph Aristoteles (384–322 v. Chr.), habe anderswo seine Entsprechung, sei nach einem Gesetz der Symmetrie angeordnet. Da es im Norden der als Kugel gedachten Erde, unter dem Sternbild des Bären (griech. *arktos*) gelegen, eine kalte Zone, die Arktis, gab, mußte dieser eine ebenfalls kalte Zone auf der Südhalbkugel, die Antarktis, entsprechen. Die antiken Geographen griffen das Modell auf und entwickelten fünf Klimazonen. Jeweils eine kalte im Norden und Süden, daran anschließend je eine gemäßigte Zone, die wiederum durch eine heiße voneinander getrennt seien. Bewohnbar aber seien nur die gemäßigten Breiten. Auf der Nordhalbkugel war damit der Raum zwischen der Ostsee im Norden und der Sahara im Süden gemeint.

100 n. Chr. Claudius Ptolemäus (um 100 – nach 160), der berühmteste Vertreter der antiken Geographie, fügte diesem Modell zwei wesentliche Ergänzungen hinzu. In seinen Schriften behauptete er, die südlichen Breiten seien fruchtbar und reich bevölkert, von der Nordhalbkugel jedoch durch einen heißen Feuergürtel getrennt. Beide Zugaben erhöhten den Reiz, sich auf die Suche nach dem unbekannten Südland zu machen: Der Schlüssel zum Reichtum hieß Mut und Tapferkeit.

Im christlichen Mittelalter wurden diese Denkmodelle nicht weiterentwickelt. Weitgehend setzte sich die Ansicht durch, die Erde sei eine Scheibe. Theologisch ließ sich die Existenz von Menschen auf der unzugänglichen Südhalbkugel auch nicht rechtfertigen. Wie hätten diese von Adam und Eva abstammen und mithin göttlichen Ursprungs sein sollen?

351

Scott-Denkmal in Christchurch/Neuseeland.
Ich wollte mit meiner Expedition nicht am Scott-Denkmal rütteln, ich wollte aber historische Antarktis-Abenteuer begreifen und beurteilen lernen.

Erst im 15. Jahrhundert, als das Zeitalter der Entdeckungen anbrach, besann man sich auf Ptolemäus. Nicht nur Indien wollten die portugiesischen Seefahrer finden, als sie sich langsam an der afrikanischen Küste entlang nach Süden hinuntertasteten, sondern auch die »Terra australis incognita«, das unbekannte Südland.

1497 Zunächst schien alles für Ptolemäus zu sprechen. Die Tropenhitze wäre wohl mit seinem Feuergürtel gleichzusetzen. Aber ein neuer, von der Nordhalbkugel getrennter Kontinent war Afrika nicht. Das bewies Vasco da Gama, als er 1497 das Kap der Guten Hoffnung umsegelte und tatsächlich den Seeweg nach Indien fand.

1519 Das Interesse richtete sich nun auf Südamerika, dessen östliche Küste die Spanier erkundeten. 1519 entdeckte Magellan die später nach ihm benannte Straße, die Durchfahrt zum Pazifik, und berichtete, er hätte im Süden Berge mit vielen Feuern auf einem unbekannten Land gesichtet, das er Tierra del Fuego, Feuerland nannte. War dies die Nordspitze der unentdeckten Terra australis? Um die gleiche Zeit etwa kehrte der französische Seefahrer Paulmyer de Gonneville in den kleinen nordfranzösischen Hafen Honfleur zurück. Er berichtete Wunderdinge. Wahre Geschichten? Auf der Fahrt nach Amerika sei er von einem gewaltigen Sturm immer weiter nach Süden verschlagen worden. Schließlich hätte er die Küste eines unbekannten Landes erreicht. Für ihn war dies unzweifelhaft die gesuchte Terra australis. Sechs Monate habe er sich in diesem Land aufgehalten. Laut verkündete er, er habe Eden gefunden, ein Paradies, in dem die Menschen in Zufriedenheit lebten und nicht zu arbeiten brauchten. Als Beweis legte er Pelzwerk von unbekannter Art, Farbstoffe und Federschmuck vor. Die Wirkung seines Berichts war enorm. Über 200 Jahre hielt sie an. Die Hoffnung auf materiellen Gewinn, auf Gold, trieb immer neue Expeditionen hinaus. Amundsen spricht dies offen, fast zynisch aus, wenn er sagt: »Herrschsüchtige Machthaber hofften auf Vergrößerung ihres Besitzes. Männer, die nach Vermögen strebten, träumten von phantastischen Mengen des verlokkenden Metalls.« Immer wieder versuchten französische Expeditionen, den Bericht Gonnevilles zu verifizieren. Vergeblich.

1578 Schließlich ließ sich auch die englische Königin Elisabeth I. dazu verleiten, ihren Admiral Sir Francis Drake auf die Suche zu schicken.

Drake erreichte 1578 Feuerland, setzte Südkurs und stellte fest, daß südlich von Kap Hoorn Atlantik und Pazifik ineinander übergehen. Auch hier war die Terra australis nicht zu finden.

1769/70 Fast 200 Jahre vergingen, bis der englische Kapitän James Cook endlich fündig zu werden schien. Auf seiner ersten Reise in den Pazifik hatte er 1769 Neuseeland und 1770 Australien entdeckt. War damit die Frage gelöst, der sagenhafte Südkontinent lokalisiert? Die englische Admiralität wollte Antwort. Ein für allemal. Wiederum beauftragte sie Cook. Er sollte die Weiten des Südatlantiks und -pazifiks systematisch durchforschen. Der Kapitän wußte, was ihn in dieser Zone, den »Roaring Forties« (den brüllenden Vierzigern), erwartete. Dort wehen Westwinde mit Heftigkeit. Sorgfältig rüstete Cook seine Schiffe »Resolution« und »Adventure« aus. Mehr als drei Jahre lang sollte diese Reise dauern.

1773/75 In den drei antarktischen Sommern 1773, 1774 und 1775 kreiste Cook den letzten unbekannten Kontinent der Erde ein. Er überquerte als erster den südlichen Polarkreis und segelte an der Packeisgrenze entlang. Trotz intensiver Suche fand er keinen Durchschlupf. Seine Schiffe (die »Resolution« maß gerade 30 Meter Länge, die »Adventure« noch weniger) gerieten immer wieder zwischen Eisberge. In riesigen Treibeisfeldern erlebten Kapitän und Mannschaft die gefährlichsten Situationen. Cook war ein ausgezeichneter Navigator. Auch hatte er die Expedition von langer Hand vorbereitet. Er führte sie exzellent. Er verlor nur vier Mann.

Das praktische Ergebnis dieser seiner 2. Reise war dennoch mager. Cook meldete der Admiralität, daß es in den südlichen Meeren keinen weiteren Kontinent gäbe. Er schloß allerdings nicht aus, daß sich ein Eiskontinent um den Südpol erstrecke. Sollte dies zutreffen, sei das Land wegen des Eises unzugänglich und wertlos. 120 Jahre lang sollte diese Aussage Bestand haben.

1819 Die 1200 Kilometer lange antarktische Halbinsel ist wie ein Finger ausgebildet. Dieser Teil des Kontinents reicht in Richtung Südamerika am weitesten nach Norden. Von seiner Spitze bis Kap Hoorn sind es nur 1200 Kilometer. 1819 wurde das englische Handelsschiff »Williams« bei der Umseglung von Kap Hoorn so weit nach Süden getrieben, daß ihr Kapitän William Smith glaubte, Land gesichtet zu haben.

1820 Diese Behauptung sollte überprüft werden. 1820 wurde die englische Brigg »Andromache« mit Smith an Bord nach Süden gesandt. Sie stand unter dem Kommando von Leutnant Bransfield. Er sichtete ebenfalls Land. Dennoch muß er sich heute den Ruhm mit Captain N. B. Palmer (USA) und dem Baron von Bellingshausen (Rußland) teilen, die die antarktische Halbinsel um dieselbe Zeit vor ihre Fernrohre bekamen. Obwohl strittig bleibt, wer nun als erster Mensch das Festland gesehen haben soll, sind heute alle Beteiligten in der Antarktis verewigt. In Form von geographischen Bezeichnungen.

Fest stand jedenfalls, daß die Antarktis in ihrer ganzen Ausdehnung ein Eiskontinent war. Der Traum vom fruchtbaren Südland war endgültig zerstört. Das Land dort unten, mochte es sich um einen zusammenhängenden Kontinent oder um eine eisbedeckte Inselgruppe handeln, war unzugänglich, extrem kalt, lebensfeindlich und unbewohnt. In nächster Zukunft sollte sich nur eine Gruppe von Menschen für die Antarktis interessieren: die Wal- und Robbenjäger. Sie hatten unter den Tierbeständen auf der Nordhalbkugel so schlimm gehaust, daß sie dringend neue »Betätigungsfelder« brauchten. Die Forscher traten in den Hintergrund.

1824 Einer dieser Walfänger, James Weddell, ein ausgezeichneter Kommandeur, der seine Leute mit drei Weingläsern Rum pro Tag bei Laune hielt, durchbrach 1824 den Packeisgürtel und fand dahinter offenes Wasser. Mit viel Glück war er in einem der wärmsten antarktischen Sommer nach Süden gesegelt. Er entdeckte das heute nach ihm benannte Weddell-Meer und erreichte den bis dahin südlichsten Punkt auf der Erde.

1838/42 1838–1842 war die erste amerikanische Antarktis-Expedition unter Charles Wilkes auf dem Weg nach Süden. Sie sollte nicht besonders erfolgreich sein. Wilkes verlor vier seiner sechs Schiffe. Er sichtete das nach ihm benannte Wilkes-Land.

1839/43 Professioneller gingen die Briten vor. Sie rüsteten zwei Eisschiffe aus: »Erebus« und »Terror«. Spezialisten versahen sie mit doppelten Deck- und Rumpfwänden. Die Außenplanken wurden mit Kupfer beschlagen. Das Innere wurde durch wasserdichte Schotten geteilt. Kommandant war James Ross, ein erfahrener Arktiskapitän. Er kannte sich im Eis aus und hatte 1831 den magnetischen Nordpol gefunden. Nun sollte er den magnetischen Südpol finden, dessen ungefähre Lage der deutsche Mathematiker Gauß bereits errechnet hatte. Ross navigierte entlang der Packeisgrenze. Dann fand er einen Durchschlupf und segelte in eine riesige Bucht, das nach ihm benannte Ross-Meer. Die Briten erreichten am Cap Adare das antarktische Festland. Beim Versuch, weiter nach Süden zu kommen, verlegte den Schiffen eine gigantische, über 50 Meter hohe Eiswand den Weg. Ross war auf das größte Schelfeisfeld der Welt gestoßen, das heute als Ross-Schelfeis bekannt ist. Eine Treibeisfläche, so groß wie Frankreich und Belgien zusammengenommen. Es liegt noch südlicher als das Weddell-Meer. Ein weiteres Vordringen war wegen des Treibeises unmöglich. Der Wissensdurst war vorerst gestillt. Die Walfänger holten reiche Beute.

1895 Am Ende des 19. Jahrhunderts nahm das Interesse an der Antarktis wieder zu. Eine junge Forschergeneration machte sich über die letzten weißen Flecken der Erdkarte her. Alles Unbekannte sollte erobert werden. Der Geist des industriellen Zeitalters konnte keine Terra incognita dulden.

Am 24. 1. 1895 betrat erstmals ein Mensch der modernen Zeit bei Cap Adare den Boden der Antarktis: der Norweger Carsten Borchgrevink (1864–1934). Ob südamerikanische Indianer schon vorher dort gewesen waren, bleibt umstritten. Pfeilspitzen, die später auf der Halbinsel gefunden wurden, lassen darauf schließen.

1898 1898 überwinterte zum erstenmal ein Schiff in der Antarktis. Sein Kapitän, Adrien de Gerlache, war Belgier. Das Schiff trug den Namen »Belgica«. Die Expedition brach viel zu spät auf und war schlecht ausgerüstet. Vermutlich unfreiwillig wurde die »Belgica« im Packeis der Bellingshausen-See eingeschlossen. Vom 2. 3. 1898 bis zum 14. 3. 1899 driftete das Schiff mit dem Packeis. Angst, Panik und Krankheiten breiteten sich aus. Daß Schiff und Mannschaft den antarktischen Winter überstanden, verdankte die Expedition zwei Teilnehmern: Cook und Amundsen. Beide sollten noch von sich reden machen. Der amerikanische Schiffsarzt Dr. Frederick Cook wird später gegen Robert Peary

beanspruchen, als erster den Nordpool erreicht zu haben (1908). Der Norweger Roald Amundsen, 1. Bootsmann auf der »Belgica« und ein Schüler Fridtjof Nansens, ist mit seinen 26 Jahren bereits ein erfahrener Abenteurer und wird zum erfolgreichsten Eisfahrer aller Zeiten werden.

1899 Was die »Belgica« gezwungenermaßen mit sich hatte geschehen lassen müssen, nahm Borchgrevink ein Jahr später freiwillig auf sich. Seine Expedition überwinterte bewußt in der Antarktis. Ein Experiment, das wichtige Erkenntnisse brachte. Anschließend fuhr Borchgrevink mit Hundeschlitten über das Ross-Schelfeis zum Murray-Gletscher. Zwei Finnen betreuten dabei die Hunde, die zum erstenmal in der Antarktis als Zugtiere eingesetzt wurden. Sie erreichten die Position 78° 50′ Süd, den südlichsten Punkt, an den je ein Mensch bis dahin gekommen war.

1902/04 Drei wissenschaftliche Expeditionen folgten in den darauffolgenden Jahren: Von 1902 bis 1904 erforschte eine deutsche Expedition unter der Führung von Erich von Drygalski die atlantische Küste der Antarktis (Kaiser-Wilhelm-II-Land); eine schwedische unter Otto Nordenskjöld widmete sich der antarktischen Halbinsel und eine schottische unter William Bruce war in der Weddell-See und am Coats-Land tätig. Gleichzeitig begann jener Mann seine antarktischen Abenteuer, der mehr als alle anderen zum »Helden« des Eiskontinents werden sollte: R. F. Scott.

Der Brite Robert Falcon Scott (1868–1912) stammte aus kleinbürgerlichen Verhältnissen. Sein Vater war Bierbrauer, seine Mutter vergötterte den Knaben. 1881 trat Robert, gerade 13 Jahre alt, als Kadett in die Marineschule der Royal Navy ein. Er absolvierte die Lehrjahre. Es folgte die übliche Offizierskarriere. R. F. Scott wurde im Pazifik und in der Karibik eingesetzt. Er war 31 Jahre alt und im Rang eines Leutnants, als er auf den Mentor der Antarktisforschung, Clements R. Markham, traf, den damaligen Präsidenten der Royal Geographical Society. Markham suchte einen Führer für die Antarktis-Expedition und Scott eine Gelegenheit zu brillieren, um Karriere zu machen.

1901/04 Die Küstenlinie der Antarktis war durch die vorangegangenen Expeditionen im großen und ganzen bekannt. Nun ging es um die Erforschung des Landesinneren. Gleichzeitig um die Inbesitznahme des letzten herrenlosen Kontinents. Gebrauchsnutzen versprach sich Mark-

357

Robert Falcon Scott in der »Kluft« des Eiswanderers. Scott, ein ausdauernder und willensstarker Mann, sollte der »Held« des Südpols werden.

ham nicht, aber um so mehr Ruhm, der sich mit jeder neuen Expedition an Britanniens Fahne heften lassen würde. Scott war der richtige Mann dafür. Er war nicht nur ehrgeizig, stark und begeisterungsfähig. Er war britischer Offizier, und das mit Stolz. Scott erhielt für seinen Auftrag ein nagelneues, eigens für diese Expedition konstruiertes Schiff, die »Discovery«. Als er am 31. 7. 1901 in See stach, verabschiedete ihn das englische Königspaar. Um die Bedeutung dieser großangelegten Entdeckungsreise zu unterstreichen, hatte Markham halb England dafür begeistert. Am 8. 1. 1902 erreichte die »Discovery« Cap Adare. Am McMurdo-Sund errichtete die Mannschaft ihr Winterlager, eine stabile Holzhütte aus Fertigteilen. Scott führte einen Ballon mit, den er zur Luftaufklärung einsetzte. Am 4. 2. stieg er damit auf, um das Ross-Schelfeis zu inspizieren. Leider war die Eisfläche nicht bretteben, wie er gehofft hatte. Berge und ein Folge von welligen Hügeln breiteten sich vor ihm aus. Scott gedachte, diese »Fläche« mit Ponys und Hunden zu überwinden. Nach der ersten Überwinterung startete Scott einen ernsthaften Versuch, in die Nähe des Pols zu gelangen. Seine Begleiter waren Ernest Henry Shackleton und Dr. Edward Wilson. Die zwei Schlitten mit Proviant, Brennstoff und Ausrüstung wurden von 19 Hunden gezogen. Die Expedition startete am 2. 11. 1902. Am 3. 2. 1903 kehrten die Männer zur »Discovery« zurück. In den 93 Tagen hatten sie eine Strecke von 1500 Kilometer zurückgelegt, was einer durchschnittlichen Tagesleistung von 16 Kilometer entspricht. Zuletzt zogen die Männer die Schlitten selber, da die Hunde den Strapazen nicht gewachsen waren und alle erschossen werden mußten.

»Die Engländer hatten entweder schlechte Hunde – oder sie konnten nicht mit ihnen umgehen... Die Briten haben der Welt laut und unmißverständlich erklärt, daß Skier und Hunde in diesen Regionen unbrauchbar seien und daß Fellkleidung unsinnig sei. Wir werden sehen – wir werden sehen.«

So urteilte Amundsen später über Scotts und Shackletons erste Expeditionen. Die Geschichte sollte ihm recht geben.

Scott, Wilson und Shackleton hatten zwar weniger als die Hälfte der Strecke zum Pol geschafft, damit aber einen neuen Südrekord aufgestellt. Scott beschrieb diese »Heldentat« in einem eindrücklichen Tagebuch. Auch die Leiden. Der gesundheitliche Zustand der Teilnehmer war am

*Shackleton, Scott und Wilson (von links nach rechts) beim Aufbruch zu ihrer Land-
reise, die die Freundschaft Wilson/Scott und die Rivalität Shackleton/Scott begründete.*

Ende des Marsches miserabel. Alle litten an Schneeblindheit, Shackleton
und Wilson hatten Skorbut. Nur die Tatsache, daß sie auf den letzten 100
Kilometern bis zum Schiff gutes Wetter hatten, rettete die Expedition.
Die Teilnehmer waren total erschöpft. Ein Schneesturm hätte ihnen mit
Leichtigkeit den Garaus machen können. Trotz seines Protests wurde der
kranke Shackleton auf das Versorgungsschiff »Morning« gebracht. Wütend fuhr er nach England zurück. Das war der Anfang der Rivalität
zwischen »Shack« und Scott.

Nach dem zweiten antarktischen Winter erkundete Scott ab Oktober
1903 das Transantarktische Gebirge. Er stieß auf die dahinterliegende
Ebene, das Victoria-Land, vor. Die sechs Männer dieser Expedition
legten in 59 Tagen 1160 Kilometer zurück und erreichten eine Höhe von
2700 Meter (Durchschnittsgeschwindigkeit 20 Kilometer pro Tag). Die
Temperaturen waren mörderisch. 40° unter Null. Auf Hunde hatte man
von vornherein verzichtet. »Man-hauling« – die Schlitten selbst ziehen –
war Scotts Taktik. Es wurde sein Glaubensbekenntnis. Am 24. 12. 1903
war die Gruppe wieder wohlbehalten an Bord der »Discovery«. Scott
war der unbestrittene »Held« der Antarktis. Als am 1. 4. 1904 Scotts
Schiff in den neuseeländischen Hafen Christchurch einlief, erwartete ihn

eine begeisterte Menschenmenge. Die praktischen Ergebnisse der Expedition konnten sich sehen lassen. Das Ross-Schelf, das Transantarktische Gebirge und das Victoria-Land waren erkundet worden. Man wußte jetzt mehr über den Eiskontinent. Viel mehr. Der Südpol aber war noch weit weg. Unerforscht. Er wurde als Ziel die fixe Idee von »Shack«. Ernest Henry Shackleton (1874–1922), von seinen Freunden »Shack« genannt, wurde in Irland geboren. Er war 6 Jahre jünger als Scott, der Typus Haudegen. Mit 17 Jahren trat er in die englische Handelsmarine ein. Rasch brachte er es zum 3. Offizier. Als er Scott begegnete und ihn in die Antarktis begleitete, war er neugierig, lebensfroh und lernbereit. Als einer der besten Männer der Expedition wurmte es ihn unsäglich, den Strapazen nicht gewachsen gewesen zu sein. Er wußte, daß er Scott überlegen war, mußte es aber erst beweisen. Er schlug sich fortan als Journalist durch, hielt Vorträge, kandidierte erfolglos um einen Parlamentssitz. Auch als Geschäftsmann reüssierte er nicht. Schließlich entschloß er sich, ein zweites Mal und auf eigene Faust in die Antarktis zu gehen. Diesmal wollte er den Pol erobern, koste es was es wolle. Das Geld, das Scott von der Royal Navy reichlich zur Verfügung gestellt worden war, floß bei »Shack« freilich spärlicher. Immerhin reichte es aus, die Expeditionsausrüstung (Schlitten, Schlafsäcke, Skier etc.) zu kaufen, die er vorwiegend in Norwegen besorgte. Dort hatte man Erfahrung im Eis. Sein Schiff, die »Nimrod«, war 40 Jahre alt.

1908/09 Am Neujahrstag 1908 startete die Expedition von Neuseeland aus. Am Cape Royds, 20 Kilometer von Scotts Überwinterungspunkt entfernt, schlug sie ihr Lager auf. Shackleton brachte ein »Auto« mit in die Antarktis. Es war das erste motorbetriebene Eisfahrzeug. Dieses skurrile 15-PS-Gefährt bewährte sich jedoch nicht. Statt Hunden wollte »Shack« mandschurische Ponys einsetzen. Er hatte sie um die halbe Welt transportiert, um sie als Zugtiere zu testen. Die Route zum Pol projektierte er über das Ross-Schelf zum Beardmore-Gletscher, jenem Weg, den er mit Scott kennengelernt hatte. Über den Gletscher hoffte er die Südpolarebene zu erreichen und bis zum Südpol vorzustoßen. Am 20. 10. 1908 brach er mit einem halben Dutzend Ponys und drei Begleitern auf. Brennstoff und Lebensmittel waren für 91 Tage berechnet. Ebenfalls auf den Schlitten befand sich das Futter für die Ponys. Auf dem Ross-Schelf bereits mußten »Shack«, Marshall und Adams die ersten Tiere erschießen. Ponys schwitzen im Gegensatz zu Hunden und sind

Shackletons Auto funktionierte in der Antarktis nicht so, wie er gedacht hatte. Nach einigen Testfahrten wurde darauf verzichtet.

daher für extreme Minusgrade ungeeignet. Am 26. 11. erreichten sie den südlichsten Punkt der Scott-Expedition. »Shack« triumphierte. Weiter! Es wurde kälter, der Schnee weicher. Als sie sich den Beardmore-Gletscher hinaufkämpften, wurde die Situation wirklich deprimierend. Ein Pony nach dem anderen brach zusammen. Das Fleisch wurde in Depots für den Rückmarsch eingelagert. Das letzte der geschundenen Tiere fiel in eine der vielen Gletscherspalten, die sich immer riesiger auftaten.

Knapper und knapper wurden die Lebensmittel. Die Marschleistung von durchschnittlich 20 Kilometer pro Tag war viel zu wenig, um zum Pol und vor dem antarktischen Winter wieder zur »Nimrod« zurückzukommen. »Shack« erkannte, daß sie nicht schnell genug waren. Am 9. 1. 1909, nur 175 Kilometer vom Pol entfernt, gaben sie auf. Der Rückmarsch wurde zu einem Wettlauf mit dem Tod. Das Wetter wurde immer schlechter. Als Nahrungsmittel diente fast nur noch Pony-Mais. Shackleton befahl nicht, er lief voraus. So trieb er seine Männer an. Obwohl sie Segel auf den Schlitten hißten und damit auf Tagesleistungen von 31–47 Kilometer kamen, waren sie zu langsam. Der Rückmarsch dauerte bis zum 4. 3. In 128 Tagen hatten sie 2736 Kilometer (Schnitt:

21 Kilometer pro Tag) zurückgelegt. Halbverhungert kletterten sie an Bord der »Nimrod«. Parallel zu Shackletons Vorstoß nach Süden hatte eine zweite Gruppe seiner Expedition unter der Führung von Douglas Mawson den magnetischen Südpol erreicht. Dieser befand sich damals ca. 500 Kilometer vom Ankerplatz des Schiffes entfernt.

Nach England zurückgekehrt wurde auch »Shack« als Held gefeiert. Er genoß den Beifall der Öffentlichkeit, schrieb ein erfolgreiches Buch über die Expedition und wurde Berufsabenteurer. Edward VII. schlug ihn zum Ritter und stiftete ihm 20000 Pfund. Nichtsdestoweniger hatte Shackleton Schulden. Die Expeditionskosten waren so hoch gewesen, daß er sie noch über Jahre durch Vorträge abarbeiten mußte.

1911/12 Dreieinhalb Jahre später endlich sollte jener Wettlauf zum Südpol beginnen, der zwei Erfolge und eine Tragödie brachte. Die beiden Hauptakteure waren Scott und Amundsen. Der Norweger Roald Amundsen (1872–1928) wurde in der Nähe von Oslo geboren. Ursprünglich sollte er Medizin studieren, gab aber das Studium auf und fuhr zur See. Er wurde Entdecker und Abenteurer, *der* Spezialist im arktischen Eis. 1898 hatte er an Bord der »Belgica« in der Antarktis überwintert. 1903–1906 bewältigte er als erster die Nordwestpassage, was ihm vor allem in England Anerkennung einbrachte. Er kannte sich sowohl in der Arktis wie in der Antarktis bestens aus, besaß hervorragende Führungseigenschaften und war ein genauer Planer. Seine Taktik beruhte auf kleinen, schnellen Expeditionen. In jeder Hinsicht war er ein Profi. Amundsen plante gerade eine Reise zum Nordpol. Fridtjof Nansen hatte ihm das berühmte Schiff »Fram« dafür geliehen. Als plötzlich die Nachricht um die Welt ging, der amerikanische Arktisspezialist Robert Peary hätte bereits 1909 den Nordpol erreicht, änderte Amundsen stillschweigend seinen Plan. Er wollte zum Südpol. Es war im gleichen Jahr, ja fast zur selben Zeit, als Robert F. Scott zum zweiten Mal in die Antarktis aufbrach. Diesmal »mußte« Scott bis zum Südpol kommen. Er wollte Shackleton »schlagen« und, wie er sich ausdrückte, »dem Britischen Empire die Ehre sichern, diese Großtat vollbracht zu haben«. Er und nur er wollte den Union Jack am Südpol aufrichten. Am 15.6.1910 fuhr Scott mit seinem Schiff »Terra Nova« von Cardiff ab. Als er in Melbourne Zwischenstation machte, erwartete ihn folgendes Telegramm:»Erlaube mir, Ihnen mitzuteilen, daß die ›Fram‹ in die Antarktis fährt. Amundsen.«

Der Norweger Roald Amundsen war ein blendender Skifahrer, Planer und Seemann. Seine Taktik: kleine, schnelle Expeditionen mit Eskimoausrüstung.

Scott wußte, was das zu bedeuten hatte. Der Norweger wollte ebenfalls zum Südpol! Bis zuletzt hatte Amundsen seinen Plan geheimgehalten. Seine Mannschaft glaubte zuerst, er wolle um Südamerika herum in das arktische Bering-Meer fahren. Auf hoher See eröffnete er seinen Leuten die eigentliche Absicht und das Ziel der Reise. Er stellte ihnen anheim, sich ihm anzuschließen oder auf seine Kosten zurückzureisen. Keiner sollte unfreiwillig in die Antarktis mitkommen. Kein einziger weigerte sich, ihm zu folgen. Am 14. 1. 1911 lief Amundsens Schiff in die Walfischbucht ein. Von hier aus, vom Ostrand des Ross-Schelfeises, führte der kürzeste Weg zum Südpol. Auf dem Eis errichtete die Mannschaft das Winterlager »Framheim«.

Scott, der die Antarktis zehn Tage früher erreicht hatte, wählte seinen Lagerplatz am Cape Evans, 30 Kilometer nördlich seiner ersten Landungsstelle. Die Rivalen waren 800 Kilometer voneinander entfernt. Amundsens Basis lag 100 Kilometer näher am Pol. Scott tröstete sich damit, daß er den Vorteil hatte, auf der bereits bekannten Shackleton-Route schneller voranzukommen.

Amundsen wußte nichts über seinen Weg. Nur, daß er 1300 Kilometer vom Pol entfernt war. Den Rest des antarktischen Sommers nutzten beide Gruppen, Vorratslager auf den geplanten Routen anzulegen. Die Norweger kamen viel weiter als die Briten. Amundsen hatte mehr als 100 der besten Schlittenhunde mitgebracht. Er wollte ausschließlich mit von Hunden gezogenen Schlitten operieren. Scott verfügte über Motorschlitten, Ponys und Hunde.

Ein strenger Winter setzte ein. Während es bei den Norwegern familiär zuging, kapselte sich Scott von der Mannschaft ab. Amundsen hatte einen streng einzuhaltenden Tagesplan aufgestellt, jeder hatte seine Aufgabe. Die ganze Ausrüstung wurde überprüft, umgeändert. Alles wurde diskutiert, einschließlich einer präzisen Regelung, wann wieviel Alkohol getrunken werden durfte. In der Unterkunft der Scott-Truppe herrschte die hierarchische Ordnung der Royal Navy. Proviantkisten teilten den Raum in eine Offiziers- und eine Mannschaftsmesse. Abends hielten die Offiziere und Wissenschaftler gelehrte Vorträge.

Beim ersten Versuch scheiterte Amundsen. Fehlstart. Das Wetter ließ erst am 20. 10. 1911 den Marsch zum Pol zu. Vier Mann hatte sich Amundsen als Begleiter ausgesucht: Wisting, Bjaaland, Hassel, Hanssen. Vier Schlitten, auf denen Verpflegung und Brennstoff für Monate gesta-

Amundsens Hundeschlitten-Expedition vor den Transantarktischen Bergen. Die Route wurde mit Depots versehen und mit Schneepyramiden markiert.

pelt waren, sollten von insgesamt 52 Hunden gezogen werden. Die Tiere stammten aus der Arktis, aus Nordgrönland vor allem. Als Eskimohunde waren sie das Eis gewöhnt, Schlitten ziehen war ihre Spezialität.

Scott startete fast zwei Wochen später. Am 2. 11. 1911 fuhr er mit allem los, was er hatte: Motorschlitten für die erste Etappe übers Schelfeis. Dazu 10 Ponys und 23 Hunde. Alles in allem 13 Schlitten und 16 Mann. Hunde und Ponys kamen aus Sibirien. Die Männer beider Expeditionen liefen auf Skiern.

Amundsen rückte außerordentlich schnell über das Schelfeis vor. An jedem Breitengrad ließ er Depots anlegen und markieren. Am Fuß des Transantarktischen Gebirges, 550 Kilometer vom Pol entfernt, hatte er noch 42 Hunde. Mit diesen schaffte er planmäßig den steilen Aufstieg zur Südpolarebene. Oben angelangt ließ er die 24 schwächsten Hunde, deren Zugkraft er nun nicht mehr brauchte, erschießen. Sie mußten nun nicht mehr gefüttert werden, dienten ihrerseits aber als Futter. Kälte und Sastrugis machten Amundsen schwer zu schaffen. »Der Ballsaal des Teufels« nannten seine Männer die gefährlichste Strecke der Südpolarebene, ein Spaltengebiet mit weichem Schnee. Am 14. 12. 1911 erreichten Amundsen und seine Begleiter den Südpol. Sie erschossen weitere sechs Hunde als Futter für die restlichen zwölf, die sie zurück zur »Fram« bringen sollten. Ohne größere Schwierigkeiten kehrten sie am 25. 1. 1912 mit elf Hunden und zwei Schlitten zur Basis an der Walfischbucht zurück. Für die 3000 Kilometer hatten die Norweger 99 Tage gebraucht. Das ergibt die außerordentliche Durchnittsleistung von 30 Kilometer pro Tag und bedeutet bis heute die schnellste Hundeschlittenreise dieser Art überhaupt. Amundsens »Sieg« war kein Zufall. Er beruhte auf der richtigen Einschätzung des Problems Südpol und auf vorsorglicher Planung. Amundsens Taktik, mit mathematischer Genauigkeit berechnet, war aufgegangen. Da er alle Komponenten – Männer, Hunde, Schlitten, Nahrung – optimal auswählte, hatte er von vornherein eine bessere Ausgangsposition als Scott. Und dies, obwohl er mit dem Manko der unerforschten Route gestartet war.

Scott folgte mit Shackletons Taktik – Ponys als Zugtiere – Shackletons Route. Er dachte weniger an den Konkurrenten Amundsen als vielmehr an seinen englischen Rivalen »Shack«, der einmal sein »Schüler« gewesen war. Als Scott den Beardmore-Gletscher erreichte, hatte er von seinen zehn Ponys fünf bereits verloren. Die restlichen erschoß er jetzt und legte mit dem Fleisch ein weiteres Depot an. Für den Rückmarsch. Nach dem Aufstieg auf das 3000 Meter hohe Plateau schickte er die Hundemannschaft zurück. Die Engländer konnten nicht besonders gut mit Hunden umgehen und wollten sie nicht schlachten. Sie hielten sie außerdem für unzuverlässig. Selbstziehen »ehrte den Mann«. Mit nur zwei Schlitten und sieben Mann marschierte er zu Fuß weiter. Unglücklicherweise addierten sich viele Handikaps: Stürme, Sastrugis, stumpfer Schnee. Scotts Excpedition, ganz anders als die des »Technikers« Amundsen, war ideologisch überladen. Amundsen wollte den Pol erreichen. Sonst nichts. Er wollte auch den Ruhm, der erste zu sein. Das setzte jedoch voraus, daß er sein Unternehmen überlebte. Scott und seine Begleiter aber wollten über die geographischen Fakten hinaus etwas beweisen. Sie wollten mit ihrem Einsatz der Welt zeigen, daß die Briten keineswegs dekadent, sondern weiterhin eine »Heldenrasse« waren. Für »ihre Sache« auch zum Sterben bereit. Bowers, einer von Scotts Begleitern, stilisierte in seinem Tagebuch das Schlittenziehen als Beweis dafür hoch. Und Scott schrieb: »Die Reise hat wieder einmal gezeigt, daß Engländer Mühsale ertragen, einander helfen und dem Tod tapfer ins Auge sehen können wie in der Vergangenheit.«

Diese Form der Selbstaufopferung war nun auch nötig. Auf der

Ein vergängliches Grabmal für Scott, Wilson, Bowers, Oates und Evans. Als die drei zuletzt Gestorbenen gefunden worden waren, errichtete man ihnen ein Grabmal aus Schnee. Der Wind hat es längst wieder fortgetragen.

Südpolarebene mit ihren Sastrugis, dem tiefen, stumpfen Schnee und dem schneidenden Südwind war Scotts Mannschaft ein maroder Haufen. Die Erschöpfung der Gruppe wurde immer offensichtlicher. Tagesetappen von nur 10 Kilometern waren keine Seltenheit. Am 4. 1. 1912 schließlich mußte Scott seine kleine Truppe noch einmal teilen. Mit nur noch einem Schlitten und vier Mann, darunter sein jahrelanger Freund Dr. Wilson, zog er weiter zum Pol. Trotz allem erreichte er sein Ziel am 17. 1. 1912. Er hatte zwar Shackleton »geschlagen«, den Wettlauf um den Südpol aber verloren. Neben der norwegischen Flagge, die dort flatterte, pflanzte Scott den Union Jack. Der Rückmarsch der demoralisierten Gruppe wurde zur Katastrophe. Zwei, Evans und Oates, starben unterwegs. Dreizehn Kilometer von dem rettenden Ein-Tonnen-Depot entfernt endete am 29. 3. 1912 die inszenierte Heldengeschichte. Tödlich geschwächt und vom Schneesturm festgehalten, konnten Scott, Wilson und Bowers nicht mehr weiter. Keine Hilfstruppe konnte sie erreichen. Als man ihre gefrorenen Leichen acht Monate später fand, entdeckte man auf ihrem Schlitten 16 Kilogramm Gesteinsproben und im Zelt Scotts Tagebuch, das ihn »unsterblich« machen sollte. Die englische Presse titelte: »Vom Schicksal geschlagen!« Der Tod Scotts und seine Fähigkeit, seine Leiden plastisch zu erzählen, befriedigten das Bedürfnis nach einem tragischen Helden. Jahrzehntelang deckte die Schilderung der unendlichen Schinderei alle peinlichen Fragen gnädig zu. Eine Diskussion über die unbrauchbaren Transportmittel, die unzureichende Planung und die Männer, die ihre norwegischen Skier mangels Training nicht richtig benutzen konnten, wurde verhindert. Aber auch Amundsen mit Scott zu vergleichen ist falsch, weil ihre Methoden nicht vergleichbar sind. Was blieb nach der »Eroberung« des Südpols?

1912/13 Wilhelm Filchner (1877–1957), ein bayerischer Oberleutnant, formulierte die nächste antarktische Herausforderung. Ziel der von ihm geleiteten 2. deutschen Antarktis-Expedition war es, die Eiswüste von der Weddell-See bis zum Ross-Meer zu durchqueren. Eine Irrsinnsidee. Dabei wollte man feststellen, ob der Kontinent eine geschlossene Landmasse oder aber durch einen Eiskanal getrennt sei.

Filchner besaß wenig Eiserfahrung. Er war allein durch das Pamir-Gebirge geritten und hatte eine Expedition durch das Hochland Tibets geführt. Zum Training begab er sich mit seinen Leuten nach Spitzbergen. Alles wurde eifrig geübt: Skilaufen, der Umgang mit Huskies, das Leben im Zelt. Nansen und Nordenskjöld halfen bei der Auswahl des Schiffes, und Shackleton beriet Filchner bei der Verstärkung des Rumpfes. So viel prominente Unterstützung gab Selbstvertrauen. Das norwegische, für Polarfahrten gebaute Schiff taufte Filchner um. Die »Deutschland« war für das Eismeer gewappnet.

Die Weddell-See ist wegen ihrer miserablen Wetterverhältnisse berüchtigt. Das Treibeis vor der Küste ist tückisch. Aber tapfer kämpfte sich die »Deutschland« vom 10. 12. 1912 bis zum 27. 1. 1913 durch ein Labyrinth von Eisbergen und -schollen.

Als Filchner endlich die Küste sichtete, der das später nach ihm benannte und bis dahin unbekannte Eisschelf vorgelagert ist, glaubte er den Erfolg auf seiner Seite zu haben. Aber kaum hatten die Männer Anfang Februar aus vorgefertigten Teilen ein Holzhaus als Stützpunkt errichtet, zerbrach das Eis unter ihnen in riesige Schollen. Hunde, Haus und Männer trieben nach Norden einer Katastrophe zu. Immerhin gelang die Rettung. Was aber nicht mehr glückte, war das rechtzeitige Erreichen der offenen See. Filchner hatte ursprünglich mit der »Deutschland« nach South Georgia reisen wollen, um bei der dortigen Walfangstation überwintern zu können. Zu spät – schon Anfang März fror das Meer überraschend schnell zu. Das Schiff wurde vom Eis eingeschlossen und kam nicht wieder frei. Unfreiwillig driftete die »Deutschland« einen ganzen antarktischen Winter lang im Eis. Erst Ende September 1913 kam sie wieder frei. Zurückgekehrt in die Zivilisation lehnte Filchner alle Aufforderungen, nochmals in die Antarktis zu starten, kategorisch ab. Es gäbe dort nichts zu holen, und Tibet interessierte ihn mehr. Im übrigen war er der Meinung, daß die wirklich spektakulären Erfolge im antarktischen Eis nur von Mannschaften erreicht werden könnten, bei denen die Polarforschung Tradition hätte: Skandinavier, Russen, Kanadier. Und Briten natürlich. Shackleton hörte das gern. Er war begeistert von Filchners Plan gewesen, er sah sein Scheitern mit Genugtuung.

1914/17   Sir Ernest Henry Shackleton, mittlerweile 40 Jahre alt, griff Filchners Idee auf. Seine Polarexpedition würde alle vorangegangenen in den Schatten stellen. Er plante das Abenteuer seines Lebens. In einer beispiellosen Werbekampagne trieb er innerhalb von zwei Jahren soviel Geld auf, daß er zwei Schiffe ausrüsten konnte. 5000 Abenteurer meldeten sich, um an seiner neuen antarktischen Expedition teilzunehmen. »Shack« wählte aus. Im Frühsommer 1914 waren die Vorbereitungen abgeschlossen. Die »Endurance« (Ausdauer) unter dem Kommando von Shackleton sollte in die Weddell-See laufen und dort am Rand des Filchner-Eisschelfs überwintern. Gleich zu Beginn des antarktischen Sommers würde Shackleton dann, begleitet von sechs Mann, auf Hundeschlitten den Kontinent überqueren. Ein neuartiges Schneefahrzeug, ein Vorläufer des heutigen Ski-doo, sollte sie unterstützen. Die geplante Route führte über das Filchner-Eisschelf, den Südpol, den Beardmore-Gletscher und über das Ross-Schelfeis zum McMurdo-Sund.

Eine zweite Expedition sollte ihm entgegengehen. Ihre Aufgabe war es, von einem zweiten Schiff, der »Aurora« aus, eine Station am Mc-Murdo-Sund zu errichten, um von hier aus auf dem Ross-Schelfeis Lebensmitteldepots anzulegen. Als Treffpunkt beider Expeditionen war der Beardmore-Gletscher vorgesehen. Eine so kühne Überquerung war nur denkbar, nachdem Scott den Südpol erreicht und Filchner den Startpunkt erkundet hatte. Wollte »Shack« beweisen, daß er besser war als Scott? Wollte er die britische Ehre nach dem Desaster von 1912 wiederherstellen, oder wollte er nur ein Abenteuer erleben – den »letzten Trip auf Erden«? Alles war vorbereitet. Was er freilich nicht einkalkuliert hatte, war der Ausbruch des Ersten Weltkriegs. Patriot, der er war, stellte Shackleton Schiffe und Mannschaften der Admiralität zur Verfügung. Diese entschied sich aber für die Fortsetzung des kühnen Vorhabens. Der Krieg würde bald vorbei sein, dachte »Shack«. Er sollte sich täuschen. Am 8. 8. 1914 lief die »Endurance« aus dem Hafen von Plymouth aus. Ohne Zwischenfälle erreichte das Schiff am 26. 10. South Georgia. »Shack« steuerte sofort weiter in die Weddell-See. Zwischen Packeis und Eisbergen eingeklemmt wurde die »Endurance« drei Monate lang bravourös nach Süden manövriert. Sie schaffte es aber nicht, bis zur Küste vorzudringen. Am 19. 1. 1915 fror sie endgültig ein. Wiewohl die Stimmung unter der 28-köpfigen Besatzung ausgezeichnet blieb – man trainierte die Hunde, veranstaltete Ponyrennen, spielte Fußball auf dem Eis und las in der eigens mitgeführten Encyclopaedia Britannica – spielten die Elemente der »Endurance« übel mit und trieben das Schiff mit den Eismassen 2410 Kilometer weit. Am 24. 10. 1915 befand es sich 917 Kilometer nördlich des Einschlußpunktes. Es kam noch schlimmer: Das Schiff kam nicht mehr frei. Nicht zu Beginn des antarktischen Sommers, nicht im »Herbst«. Es geriet zwischen die Eispressungen, die es langsam zerdrückten. Als wäre es aus Pappe, brach es in tausend Teile. Glück im Unglück war es, daß dieser Vorgang fast einen Monat lang dauerte. Die Ausrüstung, Rettungsboote, aller Proviant konnten aus dem Schiff geborgen werden. Shackletons Expedition war gescheitert, dem Eis ausgeliefert, vielleicht zum Tode verurteilt. Die gesamte Mannschaft verfügte nur noch über drei Beiboote, fünf Zelte und wenig Essen. Zum Trost spendierte »Shack« ein halbes Würstchen pro Mann. Am 21. 11. 1915 sank die »Endurance«.

War es Ironie des Schicksals, daß gerade zu diesem Zeitpunkt – mit dem voranschreitenden Sommer – das Eis weich und brüchig wurde? »Shack« befahl den Marsch über das Treibeis. Trotz großer Gefahren zogen die Männer die Beiboote über das Eis. Weiter und weiter nach Norden. Höchste Sorgfalt bestimmte die Auswahl der Lagerplätze, die Route. Einmal mehr bewährte sich Shackletons Stellvertreter Frank Wild (1874–1930). Er war um diese Zeit wohl einer der erfahrensten Antarktis-Forscher. 1901–1904 hatte er an Scotts erster Expedition teilgenommen. 1907–1909 war er mit Shackleton unterwegs gewesen und 1911–1914 hatte er an einer weiteren Antarktis-Expedition teilgenommen. Fast ein Jahrzehnt hatte Wild auf dem Eiskontinent zugebracht. »Shack« und seine Leute wußten das zu schätzen. Shackleton versuchte, die Paulet-

Für seine Expedition quer über den Eiskontinent hatte Shackleton ein Schneefahrzeug entwickelt, einen Vorläufer des heutigen Ski-doo.

Insel zu erreichen, wo Nordenskjöld 1903 eine kleine Hütte erbaut und ein Lebensmitteldepot angelegt hatte. Am Neujahrstag 1916 passierte die Gruppe den Polarkreis. Die gescheiterte Expedition arbeitete sich weiter vor, aber knapp 100 Kilometer vor dem rettenden Ziel mußte sie erneut die Richtung ändern. Das Eis war in seiner Brüchigkeit vollkommen unkalkulierbar geworden. Immer schwieriger wurde es, altes, festes Packeis für einen Lagerplatz zu finden. Immer öfter passierte es, daß unmittelbar neben den Zelten plötzlich Spalten aufklafften.

Shackleton und Wild beschlossen, so rasch wie möglich die offene See zu erreichen. Sie wollten Kurs auf Elephant Island nehmen. Auf ihre Mannschaft war weiterhin Verlaß. Die eintönige Nahrung, Seehundfleischeintopf und gebratenen Walfischspeck, belebten sie durch Lesungen aus dem einen Band der Encyclopaedia Britannica, den sie weiterhin mit sich herumschleppten. Am 14. 4. 1916 betraten die Männer nach 16 Monaten Odyssee auf dem Eismeer zum erstenmal wieder festes Land.

Elephant Island war kein Paradies. Zum Glück gab es aber Seehunde und Pinguine. Das Nahrungsproblem war damit vorerst gelöst. Allerdings hatte es wenig Sinn, darauf zu hoffen, daß ein Schiff vorbeikam. Hilfe mußte selbst organisiert werden. Der nächste bewohnte Fleck war

South Georgia. Am 24. 4. 1916 brach Shackleton mit einem Beiboot und fünf Männern dorthin auf. Das Kommando über die Zurückgebliebenen auf Elephant Island übertrug er Frank Wild.

Wild, ein Überlebensspezialist, wußte, daß der glückliche Ausgang der Expedition vom ungebrochenen Durchhaltewillen aller Teilnehmer abhing. Dementsprechend organisierte er den Lageralltag. Die beiden Boote wurden umgestülpt und zu Behausungen umfunktioniert. In langer Arbeit wurden sie winterfest gemacht. Das größte Problem dabei war das Kondenswasser. An einem einzigen Tag mußten 728 Liter Wasser nach draußen geschöpft werden. Jeder Sonnabend und jeder Geburtstag wurde gefeiert. Zu den Festen wurde ein Cocktail gebraut, der aus heißem Wasser, Ingwer, Zucker und einem Teelöffel denaturiertem Spiritus bestand. Man übte sich im Chorgesang. Ein Banjo hatte man über alle Gefahren hinweggerettet. Eine Spezialität der »Endurance«-Mannschaft war es, Spottverse zu singen, musikalisch untermalt, mit denen die kleinen Schwächen einzelner Expeditionsteilnehmer erbarmungslos bloßgelegt wurden. Eine Woche lang hatte dann das Opfer Zeit, über eine passende Antwort nachzudenken. Erst am nächsten Sonnabend durfte mit gleicher Münze heimgezahlt werden. Der »Boß«, Shackleton, wurde jederzeit zurückerwartet. Niemand erlaubte sich Nachlässigkeiten. Die Disziplin brach auch nicht zusammen, als die Nahrungsmittel knapper wurden. Es war Anfang August. Die Männer, erfinderisch und genügsam, kochten alte Seehundknochen aus. Sie entdeckten Seegras als Gemüse und fanden es »sehr schmackhaft«. Am 12. 8. 1916 schenkte Wild den letzten Rest Spiritus aus. Fortan toasteten sie mit heißem Wasser mit Ingwergeschmack. Der Winter ging langsam zu Ende. Am 30. 8. sahen sie schließlich Segel über der Kimm. »Shack« kam zurück. Nach 105 Tagen »Eisgefangenschaft« auf Elephant Island kam der »Boß«, um seine Mannschaft abzuholen.

Shackleton hatte nicht gerade eine Vergnügungsreise gehabt. Im Gegenteil. Aber er hatte alle Schwierigkeiten gemeistert. South Georgia liegt 1300 Kilometer von Elephant Island entfernt! Im offenen Mini-Boot fuhr »Shack« wochenlang durch ein Gebiet, das wegen seiner Stürme berüchtigt ist. Der ewig wolkenverhangene Himmel erschwerte die Navigation. Freilich, es hatte keine Alternative gegeben. »Shack« nahm nur für einen Monat Lebensmittel mit. Hätte er in dieser Zeit das Ziel oder ein rettendes Schiff nicht erreicht, wäre ohnehin alles zu Ende gewesen. Für ihn und für die wartende Mannschaft mit Wild.

Die erste Etappe, quer durch die Eisberge, absolvierten »Shack« und seine Argonauten mit Geschick. Auf der offenen See lag ihre Tagesleistung um die 100 Kilometer pro Tag. Sie hatten fast schon zwei Drittel der Strecke geschafft, als sie ein Sturm überfiel, der das ganze Boot mit einer Eisschicht überzog. Die Wellen, denen sie ausgesetzt waren, übertrafen alles, was Shackleton in seinen 26 Seemannsjahren gesehen hatte. Da einer ihrer Tanks leckschlug, litten sie bald unter Trinkwassermangel. Sie überlebten knapp.

Nichtsdestoweniger sichteten sie am 8. 5. 1916 die Küste von South Georgia, die in diesem Abschnitt dermaßen von Klippen durchsetzt ist, daß sie zunächst nicht landen wollten. Angesichts eines heraufziehenden Hurrikans blieb ihnen jedoch nichts anderes übrig. Wiederum fanden sie einen Durchschlupf zum Strand. Mit Glück. Man war gelandet. Die rettende Walfangstation lag 27 Kilometer weiter entfernt. Um sie zu erreichen, mußte ein Bergrücken überquert werden. 3000 Meter hoch. Zwei Männer waren so krank, daß sie dazu nicht in der Lage waren. Shackleton ließ einen dritten Mann zu ihrer Pflege zurück und marschierte mit den beiden anderen los, über die Berge. Als Shackleton die Station betrat und sich vorstellte, hing erstauntes Schweigen in der Luft. Seine erste Frage war, ob der Krieg zu Ende wäre. Nein, er war es nicht. Trotzdem, er mußte die Rettungsaktion organisieren. Was für Shackleton insofern schwierig wurde, als die tückischen Eisverhältnisse der Weddell-See drei Versuche scheitern ließen. Erst mit dem vierten Schiff, einem chilenischen Regierungssegler, den er in Punta Arenas aufgetrieben hatte, kam »Shack« nach Elephant Island durch. Noch vom Schiff aus zählte er die Männer, die am Strand zusammenliefen. Erst als er die Zahl 22 erreicht hatte, fiel die Sorge von ihm ab. Er war ungeheuer erleichtert. Auf all den gefährlichen Passagen, über drei Jahre hinweg, hatte er nicht einen einzigen Mann verloren.

Nicht nur vom Pech verfolgt war die Parallelexpedition, die Hilfsmannschaft im Ross-Meer. Die »Aurora« hatte am 7. 1. 1915 das Ross-Schelfeis erreicht und am Cape Evans eine Gruppe von zehn Mann nebst Vorräten an Land gesetzt. Man richtete sich in Scotts alter Hütte ein. Anfang April 1915 trieb ein ungeheurer Sturm die »Aurora« samt der sie umgebenden Eismassen nach Norden ab. Die abgeschnittene Mannschaft, von der vier starben, ahnte nicht, was Shackleton widerfahren war. Sie wurde erst am 10. 1. 1917 gerettet. In der Zwischenzeit, da sie Shackleton vom Pol her erwarteten, hatten sie unter größten Strapazen auf dem Ross-Schelfeis bis zum Beardmore-Gletscher Lebensmitteldepots eingerichtet. Alles vergebens. Ein Abenteuer im klassischen Sinn, das nichts einbrachte als persönliche Erfahrung für jeden einzelnen. Und das ist genug.

1928 Die zwanziger Jahre sahen in der Antarktis die stürmische Entwicklung einer neuen Transporttechnik, der Fliegerei. George Hubert Wilkins (1888–1958), ein australischer Abenteurer, war der erste, der sie in der Antarktis erprobte. Gleich Shackleton hatte Wilkins den Ersten Weltkrieg im Eis verbracht. 1913–1917 nahm er als Fotograf an einer Arktis-Expedition teil. 1921 heuerte ihn Shackleton für sein letztes Antarktis-Unternehmen an, auf dem der »Boß« an einem Herzanfall sterben sollte. Ab 1926 flog Wilkins dann von Alaska aus in die Arktis. 1928 gelang es ihm, den amerikanischen Zeitungstycoon Randolph Hearst als Sponsor für seine Antarktis-Pläne zu gewinnen und seinen Traum zu realisieren. Mit zwei Lockheed-Eindeckern unternahm er von Deception-Island die ersten Flüge über die antarktische Halbinsel.

Parallel zu Wilkins startete der gleichaltrige Richard Byrd (1888–1957) seine Antarktis-Flüge. Der im Ersten Weltkrieg hochdekorierte Fliegeroffizier stammte aus bester amerikanischer Südstaatenfamilie. 1926 bereits war ihm der erste Flug zum Nordpol geglückt. Als Amundsen, sein Begleiter, ihn fragte, was er nun vorhabe, antwortete er prompt: deinen Pol. Er wollte zum Südpol fliegen.

1928/29 Am 24. 12. 1928 erreichte Byrd mit seinem Schiff den Rand des Ross-Schelfeises. In der Walfischbucht erreichte er den Stützpunkt »Little America«. Seine Expedition war die bestausgerüstete, die je die Antarktis betreten hatte. Byrd verfügte über drei speziell für extreme Kälte ausgerüstete Flugzeuge. Dazu 95 Hunde und 50 Mann. Ab dem 15. 1. 1929 wurden Testflüge mit den Maschinen unternommen. Schnell zeichneten sich vier Probleme ab, mit denen die Flieger fertigwerden mußten: das Anwerfen der Motoren, die beständig einzufrieren drohten, die Vereisung der Tragflächen, die Navigation, die sich wegen der Nähe des magnetischen Südpols als überaus schwierig erwies; schließlich das schlechte Wetter mit häufiger Sichtbehinderung. Während des nun einsetzenden antarktischen Winters wurde eine der Maschinen durch einen Schneesturm am Boden zerstört.

Ein Direktflug zum Pol, das wurde rasch klar, war ohne Zwischenstation zu riskant. Das zu überquerende Transantarktische Gebirge türmt sich bis zu einer Höhe von 4500 Metern auf: eine Flughöhe, die die dreimotorigen Ford-Maschinen schwerbeladen nicht erreichen konnten. Also mußte ein Benzindepot zum Auftanken geschaffen werden. Byrd plante, über den Axel-Heiberg-Gletscher, also entlang der Amundsen-Route, zu fliegen. Am Fuß der Berge mußte er vorher ein Tanklager einrichten. Am 19.11.1929 standen die Benzinfässer des Depots in Reih und Glied. Auf dem Rückweg von diesem Depotflug nach »Little America« ging der Treibstoff aus, und die Maschine mußte 160 Kilometer von der Station entfernt notlanden. Wegen des schlechten Wetters dauerte es drei Tage, bis die zweite Maschine der in Not geratenen Mannschaft zu Hilfe eilen konnte. Am 28.11.1929 meldete die Bodenstation am Gletscher über Funk, daß sie gutes Wetter hätten. Byrd flog sofort mit drei Begleitern los. Sie überquerten das Ross-Schelfeis, schwenkten nach 700 Kilometer in Richtung auf den Axel-Heiberg-Gletscher ein, entschieden sich dann aber spontan und auf Sicht für den Liv-Gletscher, der ihnen flacher erschien. Die ihn begrenzende Bergkette überflogen sie mit knapper Not. Dabei warfen sie Ballast ab, zwei Lebensmittelsäcke, die ihnen im Falle einer Notlandung das Überleben sichern sollten. Wind und Wetter waren ihnen zum Glück gewogen. Ohne Schwierigkeiten erreichten sie den Pol. Sie flogen, ohne zu landen, zurück und landeten zum Auftanken im Depot. Nach 16 Stunden waren sie glücklich und übermüdet wieder in »Little America«. Ihre Ankunft in New York wurde zum Volksfest, Byrd zum Konteradmiral befördert. Nach diesem erfolgreichen Polflug wurde auch ein Überfliegen der Antarktis denkbar.

1934/35 Lincoln Ellsworth (1880–1951) hatte das Glück, einen reichen Vater zu haben und somit die Freiheit, seine Träume zu realisieren. Die ererbten Millionen sicherten ihm Unabhängigkeit. Als passionierter Flieger wußte er auch gleich, welche Herausforderung in der Antarktis auf ihn wartete. Ellsworth beabsichtige, Shackletons Idee und Byrds Technik kombinierend, die Antarktis im Flugzeug zu überqueren: »Das letzte große Abenteuer!« Er wollte von der Walfischbucht zur Weddell-See fliegen und wieder zurück. Diese Strecke war 5500 Kilometer lang. Ellsworth kaufte ein. Zunächst Hubert Wilkins, der Versorgung und Ausrüstung der Expedition organisierte. Fliegerische Erfahrung brachte Bernt Balchen ein, der Pilot Byrds, der Ellsworths Flugzeug steuern

sollte. Ellsworth sparte weder am Schiff, das er als Western-Freund
»Wyatt Earp« taufte, noch am Flugzeug, einer Spezialanfertigung, die für
ihre Zeit beachtliche 370 km / h flog. Ellsworth gab ihr den Namen »Polar
Star«. Im Januar 1934 betrat er mit seiner Mannschaft das Ross-Schelfeis.
Kaum war das Flugzeug auf dem Eis gelandet, zerbrach die Eisplatte.
Die »Polar Star« konnte nur noch beschädigt geborgen werden. Ellsworth kehrte in die USA zurück, ließ die Maschine reparieren und fuhr
ein zweites Mal los. Diesmal steuerte er die Weddell-See an, um von dort
zur Walfischbucht zu fliegen.

Die Expedition richtete ihren Stützpunkt auf Deception Island ein.
Aber das Pech verfolgte den Millionär weiterhin. Gleich beim ersten
Startversuch zerschlug ein gefrorenes Ölstück die Pleuelstange eines
Zylinders. Es gab im Lager für alles Ersatzteile. Eine Reserve-Pleuel-
stange aber hatte man nicht. Fluchend schickte Ellsworth die »Wyatt
Earp« nach Südamerika, um das Ersatzteil zu besorgen. Die Fluggesell-
schaft PanAm tat ihr Bestes. Ellsworth zahlte. Ende November 1934 war
die »Polar Star« wieder instandgesetzt.

Das schlechte Wetter machte Ellsworth den nächsten Strich durch
seine Rechnung. Den ganzen Dezember verbrachte die Mannschaft mit
Warten. Schließlich gab Ellsworth am 3. 1. 1935 entnervt auf. Er befahl
die Heimreise. Prompt wurde das Wetter besser. Ellsworth und Balchen
bestiegen das Flugzeug. Nach einigen Stunden Flugzeit drehte Balchen
plötzlich ab. Er hatte am Horizont Wolkenformationen bemerkt, die
nach Sturm aussahen. Ihm war das nicht geheuer. Seinem empörten
Arbeitgeber erklärte er, daß er keine Lust habe, Selbstmord zu begehen.
Dies bedeutete den Abbruch der Expedition. Ellsworth war wütend. Im
März 1935 kehrte die »Wyatt Earp« in die USA zurück.

Ungeachtet der Summen, die ihn seine fixe Idee bereits gekostet hatte,
finanzierte Ellsworth einen weiteren Versuch. Er engagierte einen neuen
Piloten, den Briten Herbert Hollick-Kenyon. Im November 1935 reisten
sie in die Antarktis. Diesmal richteten sie den Stützpunkt auf Dundee
Island ein. Von dort bis zur Walfischbucht waren es in Luftlinie gerechnet, der man ja möglichst folgen wollte, 3700 Kilometer. 14 Stunden
würden sie benötigen, um dorthin zu fliegen, schätzten sie.

Am 23. 11. 1935 flogen die beiden los. In 14 Stunden legten sie nonstop
2900 Kilometer zurück. Dann zwang sie extrem schlechte Sicht zum
Niedergehen. Sie warteten 19 Stunden. Nach dem zweiten Start aber
konnten sie nur eine halbe Stunde weit fliegen. Diese zweite Zwangs-

pause am Boden dauerte drei Tage. Als sie zum dritten Mal aufstiegen, sollte ihr Flug nach einer Stunde zu Ende sein. Ein Schneesturm hielt sie acht Tage fest. Beim ersten ruhigen Wetter gruben sie die »Polar Star« aus dem Schnee und starteten ein viertes Mal. Sie flogen erleichtert vier Stunden weit. Von der Walfischbucht trennten sie noch 200 Kilometer. Ein letztes Mal gingen die beiden einsamen Flieger in der Einöde nieder, um den Tank aufzufüllen. Am nächsten Tag war wunderbares Flugwetter. Bloß das Benzin reichte nicht mehr. 16 Kilometer vor »Little America« mußten Ellsworth und sein Pilot notlanden. Schlagartig wurde das Wetter schlecht, Nebel fiel ein. Das wahre Abenteuer begann. Acht Tage lang marschierten die beiden »Abenteurer« bei Sichtweiten von 30 Metern orientierungslos herum, bis sie endlich die Station »Little America« fanden. Es war der 15. 12. 1935. Drei Tage später traf die »Wyatt Earp« ein. Die Expedition war nicht billig, aber erfolgreich gewesen. Ellsworth, befragt, ob ihm der Flug so viel Geld wert gewesen war, antwortete: Er bereue nicht einen einzigen Cent.

1946 / 47 In der Folgezeit wurde die Antarktis mehr und mehr zum Tummelplatz von »Eroberungsspielen«. Technische Machbarkeit und politische Einflußnahme bestimmten die Reisen. Verschiedene Nationen schnitten sich auf der Landkarte unterschiedlich große Stücke aus dem Kontinent und verfochten ihre Rechte. Die These, daß sie mit dem Anspruch auch die Souveränität innehätten, halten sie aufrecht. Göring schickte Dornier-Flugboote und ließ von ihnen Stabmarkierungen mit Hakenkreuzsymbolen abwerfen, um so die Ansprüche des Deutschen Reiches zu demonstrieren.

Nach dem Ende des Zweiten Weltkrieges beorderte die U. S. Navy unter dem Kommando von Richard Byrd die größte Expedition aller Zeiten ins ewige Eis. Dreizehn Schiffe, darunter Eisbrecher und U-Boote, stachen 1946 in See. Sie transportierten 23 Flugzeuge und Hubschrauber auf ihren Decks und verfügten über eine Besatzung von 4700 Mann. Als die Flotte am 1. 3. 1947 von diesem Unternehmen, »High Jump« genannt, zurückkehrte, hatten die amerikanischen Piloten 60% der gesamten antarktischen Küstenlinie aus der Luft fotografiert. Eine Fläche von 3,9 Millionen Quadratkilometern war abgeflogen worden.

1955/58 Die Zeit der einzelnen Abenteurer war offenbar vorbei. Was jetzt zählte, war der massive Einsatz modernster Technik, für deren Kosten private Sponsoren nicht mehr ausreichten. Jetzt stellten reiche Industriestaaten ihre Budgets zur Verfügung, um »einen Fuß« in der Antarktis zu haben. Wissenschaftliche Forschung war dabei oft ein Vorwand, das unwirtliche Land zu »besetzen«.

1957 wurde zum »Internationalen Geographischen Jahr« erklärt. Zwölf Nationen beteiligten sich daran. 60 Forschungsstationen sollten in der Antarktis eingerichtet werden. Allen voran engagierten sich die USA. Am 31.10.1956 landete Captain George Dufek (1903–1977), der schon an der Operation »High Jump« teilgenommen hatte, mit seinem Flugzeug am Südpol. Er war damit der erste Mensch, der diesen Punkt nach Scott wieder betrat. Im März 1958 gab es bereits sieben amerikanische Stützpunkte in der Antarktis, für die man die beachtliche Summe von 245 Millionen Dollar aufgewendet hatte. Ganze Maschinenarsenale wurden stationiert: Flugzeuge, die durch Raketen in ihren Starteigenschaften entscheidend verbessert worden waren. Raupenschlepper, sogenannte Sno-Cats; umgerüstete Traktoren, deren Motoren der extremen Kälte gewachsen waren. Der Aktionsradius der Expeditionen erweiterte sich durch die technischen Finessen mehr und mehr.

So gerüstet wollte man sich mit neuer Technik den alten Herausforderungen widmen. Vivian Fuchs (geb. 1908) organisierte zum »Geographischen Jahr« die »Commonwealth-Transantarctic-Expedition«. Dieser Plan, die alte Shakleton-Idee mit Maschinenkraft zu realisieren, wurde so genannt, weil nicht nur die englische Queen Elizabeth II. das Patronat übernahm und 100000 Pfund spendete, sondern auch Neuseeland, Australien und Südafrika den Finanztopf Fuchs' großzügig füllten. Diese Monsterreise kostete eine Unsumme an Geld, Logistik und technischem Aufwand.

Mit Hilfe von Sno-Cats und speziellen Eis-Traktoren, versorgt und begleitet von Flugzeugen, gedachte Fuchs die Antarktis gleichsam »niederzuwalzen«. Der alte Plan von Filchner und Shackleton, die Landreise von der Weddell-See zum Ross-Meer, mußte endlich zur Ausführung kommen.

Dieses Unternehmen mit Maschinenkraft durchzuführen war vor allem eine versorgungstechnische Anstrengung. Die Motoren der Spezialfahrzeuge verbrauchten riesige Mengen Treibstoff. Ersatzteile mußten bereitgestellt, Flugzeuge zur Luftaufklärung eingesetzt werden. Wo

Ein umgerüsteter Traktor, mit dem die Hillary-Gruppe die Fuchs-Expedition unterstützte. Heute steht er in der Antarktis-Abteilung des Museums in Christchurch.

man mit den Maschinen nicht durchkam, wollte man es mit Hunden versuchen. Allein bei der ersten Fahrt von Fuchs' Schiff »Theron« schafften seine Männer 300 Tonnen Versorgungsgüter an Land.

Im November 1955 legte Fuchs einen Stützpunkt am Filchner-Eisschelf an, den er beziehungsreich Shackleton-Base nannte. Nach der Überwinterung errichtete er im Januar 1957 ein zweites Depot 350 Kilometer weiter südlich. Durch Luftaufklärung erkundete er die beste Route zum Pol für seine »Panzerwagen«.

Parallel zur Fuchs-Gruppe arbeitete sich der Neuseeländer Edmund Hillary (geb. 1919), der Erstbesteiger des Mount Everest, vom Ross-Schelfeis des McMurdo-Sunds nach Süden vor. Er sollte die Route für Fuchs mit Benzin- und Lebensmitteldepots präparieren. Hillary folgte dabei einem völlig neuen Weg, der über den Skelton-Gletscher und das Victoria-Land zum Pol führte. Am 14. 10. 1957 brach er mit seinen panzerähnlichen, mit Raupen bewehrten Traktoren auf. Trotz ständiger technischer Probleme erreichte er am 4. 1. 1958 den Pol. Nur noch 90 Liter Treibstoff waren in den Tanks. Für die 1600 Kilometer lange Strecke hatte er 81 Tage benötigt.

Fuchs war mit seinem Konvoi am 24. 11. 1957 zur Antarktis-Überque-

379

rung gestartet. Am 19. 1. 1958 traf er am Pol ein. Fünf Tage blieb er in der amerikanischen Station. Hillary war nach McMurdo zurückgeflogen und blieb für Notfälle dort in Reserve. Am 24. 1. brach Fuchs nach McMurdo auf, ohne größere Probleme und dank der von Hillary angelegten Depots erreichte er am 2. 3. die dortige Station. In 99 Tagen hatte Fuchs 3472 Kilometer zurückgelegt, was einer Durchschnittsleistung von 35 Kilometern pro Tag entspricht. Damit war das Problem der Antarktis-Überquerung auf dem Landweg offiziell gelöst. Wer dachte in den Jahren der Eroberung des Weltraums schon an eine Durchquerung im Stil Scotts?

1980/81 Es vergingen 22 Jahre, bis wieder eine Antarktis-Durchquerung gewagt wurde. Die Engländer Ranulph Fiennes, Charles Burton und Oliver Shepard hatten sich vorgenommen, die Erde auf dem Null-meridian zu umrunden. Ihre »Transglobe« genannte Expedition führte sie auch in das Südpolargebiet. Der Null-Meridian verläuft hier unweit der südafrikanischen Station Sanae III durch das Königin-Maud-Land zum Südpol. Die drei benutzten Ski-doos, Motorschlitten mit 640-ccm-Motoren. Jede Maschine konnte bis zu 500 kg transportieren. Die Engländer ließen sich aus der Luft versorgen. In 67 Tagen legten sie 3600 Kilometer zurück. Am 29. 10. 1980 starteten sie und erreichten am 11. 1. 1981 wohlbehalten die neuseeländische Scott-Base am McMurdo-Sund. Die größte Gefahr waren für sie die verwehten Spalten der antarktischen Gletscher gewesen.

1984/86 Im gleichen Jahr, 1981, faßte der Engländer Robert Swan (geb. 1956), den Entschluß, »in the footsteps of Scott« zum Südpol zu marschieren. Der Plan leuchtete seinen Landsleuten offenbar ein. Innerhalb von drei Jahren fanden sich zwei Partner, Roger Mear (geb. 1950) und Gareth Wood (geb. 1952), und 500 Sponsoren, die insgesamt 3,5 Millionen DM zusammenbrachten. Die Zeit der historischen Abenteuerspiele hatte begonnen. Die Absicht der drei war es, 75 Jahre nach Scotts Scheitern die alte Route zum Pol im Stil der Jahrhundertwende nachzulaufen: zu Fuß, ohne Funkgerät, ohne Luftunterstützung, ganz auf sich gestellt. Im Oktober 1984 brachen sie mit einem kleinen Trawler in die Antarktis auf. Beziehungsreich nannten sie ihn, in Anspielung auf Shackletons letztes Schiff »Quest«, »Southern Quest«. Swan und seine Leute nahmen sich Zeit. Fast ein Jahr lang trainierten sie auf dem Ross-Schelfeis.

Sie bestiegen den Mount Erebus und testeten Mountainbikes in der Dunkelheit des antarktischen Winters. Am 2. 11. 1985 zogen sie schließlich mit drei Schlitten los. Jeder Schlitten wog 100 Kilogramm. Halb soviel wie die Schlitten Scotts, die 200 Kilogramm gewogen hatten. Das war nicht nur darauf zurückzuführen, daß die modernen Ausrüstungsgegenstände (Schlafsäcke, Zelte, Skier) weniger Gewicht hatten als die entsprechenden Geräte zu Scotts Zeiten. Es war von vorneherein geplant, die Expedition am Pol zu beenden. Swan wollte sich von dort nach McMurdo zurückfliegen lassen. Man benötigte so natürlich weniger Lebensmittel, weil keine Depots für den Rückmarsch angelegt werden mußten. Die Kalorienration war mit 5200 Einheiten pro Tag viel höher bemessen als bei Scotts Expedition 1911/12.

Die Expedition absolvierte die 1450 Kilometer lange Strecke in 70 Tagen. Sie startete wie Scott am 2. 11. (1985). Sie traf am 11. 1. 1986 am Südpol ein.

Zugesetzt hatte den Männern all das, was auch die Mannschaft Scotts gequält hatte: Schneestürme, extreme Minusgrade, Nebel, Sastrugis, Gletscherspalten. Die drei jungen Nachläufer äußerten höchste Bewunderung für Scotts Leistung. Sie waren sehr froh, den Weg nicht zurücklaufen zu müssen. Pech war nur, daß die »Southern Quest« inzwischen vom Packeis zerdrückt worden war. Ironischerweise genau an dem Tag, als die Polgruppe das Ziel zu Gesicht bekam. Swan, Mear und Wood wurden mit US-Flugzeugen ausgeflogen.

1986/87 Um die gleiche Zeit etwa war Monica Kristensen in Norwegen auf die Idee gekommen, Amundsens Marsch zum Pol mit den gleichen Mitteln, die er damals eingesetzt hatte, zu wiederholen. »90 Grad Süd« taufte Monica Kristensen (geb. 1951), eine in Cambridge promovierte Glaziologin, ihre Expedition. Sechs Jahre verwandte sie für die Vorbereitung. Sie organisierte, trieb viel Geld auf, insgesamt 5 Millionen DM, und kaufte einen alten Walfänger. Mit ihrem Schiff »Aurora«, ebenfalls eine Reminiszenz an Shackleton, lief die Expedition im Oktober 1986 aus dem Hafen von Oslo aus.

Mit Monica Kristensen hatte die Expedition einen weiblichen Führer. Ihre drei Begleiter für den Marsch zum Pol hatten alle Eiserfahrung. Speziell für die Betreuung und Führung der 22 Schlittenhunde hatte sie zwei Dänen angeheuert, Jesper Andersen und Jacob Larsen, die mehrere Expeditionen in Grönland durchgeführt hatten. Die sorgfältige Planung empfahl sich auch deswegen, weil das Unternehmen der Norwegerin ehrgeiziger als das der Engländer konzipiert war. Denn Kristensen wollte und mußte wie Amundsen vom Pol wieder zurück zur Walfischbucht, da die Amerikaner der Pol-Station eine Rückbeförderung per Flugzeug von vorneherein kategorisch ablehnten. Wer in der Antarktis operieren wollte, mußte vollkommen autark sein. Da der antarktische Sommer im Jahr 1986 spät einsetzte und Kristensen auf eine Überwinterung verzichtet hatte, kam sie von Anfang an in Zeitverzug. Die Gruppe konnte erst am 17. 12. 1986 starten. Das Unternehmen wurde ein Rennen gegen die Zeit, das Kristensen verlor. Vorgesehen war, wollte man nicht in der Antarktis überwintern, daß die »Aurora« spätestens Anfang März 1987 wieder erreicht sein mußte. Trotz aller Anstrengungen lagen die Durchschnittsetappen dieser Hundeschlittenexpedition unter 20 Kilometer pro Tag. Kristensen sah keine Chance durch- und wieder zurückzukommen. 440 Kilometer vom Pol entfernt sah sie sich zum Aufgeben gezwungen. Am 30. 1. 1987 drehte die Gruppe um. Sie schaffte es gerade noch rechtzeitig, zur »Aurora« zu kommen, bevor das Packeis sie einschloß. Immerhin hatten Kristensen und ihre Männer mit den Hundeschlitten fast 2000 Kilometer zurückgelegt, wobei mit einem kleinen Flugzeug Nahrungsmitteldepots angelegt worden waren.

1989/90   Mehr als das Dreifache dieser Strecke hatten sich Will Steger (geb. 1944) und Jean-Louis Etienne (geb. 1946) im Sommer 1989/90 vorgenommen. Steger, Bergsteiger, Abenteurer und Hundezüchter aus Minnesota, der auf eine reiche Erfahrung mit Hundeschlitten in der Arktis zurückgreifen konnte, und Etienne, ein französischer Arzt und Bergsteiger, der auf Skiern und mit Unterstützung aus der Luft allein zum Nordpol marschiert war, wollten mit ihrer Expedition »Transantarctica« mehrere Fliegen mit einer Klappe schlagen: Ihre Überquerung sollte die längstmögliche sein, sie sollte dem Frieden sowie der Ökologie dienen, vor allem war sie auch als PR-Spektakel mit Live-TV-Übertragungen und einer eigenen Zeitschrift geplant. Schon rein technisch gesehen war das Vorhaben groß angelegt. Die Durchquerung der Antarktis sollte nicht auf der »klassischen« Route Weddell-See/Ross-Meer erfolgen. Steger und Etienne wählten die längste mögliche Strecke (6450 Kilometer), von der Nordspitze der antarktischen Halbinsel (Hope Bay) am Mount Vinson, dem höchsten Berg des Kontinents, vorbei, durch die Thiel-Berge zum Südpol, dann durch Ostantarktika über die

Die Transantarctica-Expedition am Südpol. Von links: Somers, Dahl, Steger, Etienne, Boyarsky, Funatsu. Eine internationale Gruppe für Frieden und Umwelt.

russische Station Vostok durch das Wilkes-Land hinunter zur Davis-See, wo die UdSSR-Station Mirnyj liegt. Neben den beiden Initiatoren waren vier Mann – ein Russe, ein Chinese, ein Japaner und ein Engländer – dabei. Jeder hatte sein Aufgabe, und alle sechs bildeten ein perfektes Team. 36 Hunde, die öfters ergänzt und ausgewechselt wurden, zogen die drei Schlitten der Expedition, die mit einem Gewicht von je 450 Kilogramm beladen waren. Mehr als ein Dutzend Depots, mit Flugzeugen angelegt, erleichterten den Nachschub. Die Internationalität der Gruppe sollte ihr internationales Anliegen bekräftigen: Vor dem Auslaufen des Antarktis-Vertrages 1991 wurde die Aufmerksamkeit der Weltöffentlichkeit massiv auf den bedrohten Kontinent gelenkt – mit einem modernen Hundeschlitten-Abenteuer, das seinesgleichen sucht.

Wiewohl die Expedition für sich in Anspruch nahm, die erste Durchquerung der Antarktis ohne mechanische Hilfsmittel durchzuführen, war sie von vornherein auf technische Hilfen wie Schneefahrzeuge und Flugzeuge angewiesen. 12 Depots wurden aus der Luft angelegt, 5 Forschungsstationen als Etappenziele benutzt. In ihnen wurden insgesamt 14 Tonnen Nahrungsmittel und Hundefutter gelagert. Erschöpfte und kranke Hunde wurden zur Erholung ausgeflogen und durch frische ersetzt. Die ausgefeilte Logistik kostete fast 20 Millionen DM. Steger und Etienne trieben das Geld bei französischen Industrieunternehmen, bei einem amerikanischen Hundefutterhersteller, bei Sportartikelfirmen und einer Fernsehgesellschaft auf.

Aufgrund der langen Strecke war die Expedition gezwungen, bereits im antarktischen Winter unter den härtesten Witterungsbedingungen aufzubrechen (17. 7. 1989). Im September, bei Temperaturen von minus 43°, lagen Männer und Hunde wegen eines Schneesturms 13 Tage fest. Trotz der Verspätung hielten sie am Ende ihren Zeitplan ein und erreichten am 11. 12. 1989 den Südpol. Von dort bis zur russischen Station Vostok benutzten sie eine Route, auf der noch nie ein Mensch gefahren war. Am 24. 2. 1990 schließlich gelangten sie an ihr endgültiges Ziel, die russische Station Mirnyj an der Davis-See, wo sie ihr Schiff, die eigens dafür gebaute »UAP«, so genannt nach einer französischen Versicherungsgesellschaft, die sie ebenfalls gesponsert hatte, erwartete. Bis auf ein paar erfrorene Hunde waren keine Verluste zu beklagen. In 213 Tagen hatte die Expedition 6400 Kilometer geschafft, was einer Tagesleistung von durchschnittlich 30 Kilometern entspricht. Eine großartige Leistung!

Zeitlich und teilweise parallel zur »Transantarctica«, ihren Weg manchmal kreuzend, verlief die Expedition, die im vorliegenden Buch ausführlich geschildert wird: die »Würth-Antarktis-Transversale«. Reinhold Messner (geb. 1944), der Südtiroler Bergsteiger und Abenteurer, der als einziger Mensch alle 14 Achttausender ohne Sauerstoffmaske bestiegen hat, und Arved Fuchs, (geb. 1952), ein deutscher Seemann und Arktis-Kenner, der im Winter 1984 im Faltboot um Kap Hoorn gepaddelt war und am 14. 5. 1989 im Rahmen einer internationalen Expedition unter der Leitung von Robert Swan zu Fuß den Nordpol erreicht hatte, griffen den alten Filchner / Shackleton-Plan der Antarktis-Durchquerung in seiner ursprünglichen Form auf. Sie verwirklichten ihn mit zwei Depots per Flugzeug als Kompromiß »by fair means«. Aus eigener Kraft, zu Fuß liefen sie über den Kontinent, nachdem sie ein Flugzeug zum Startpunkt gebracht hatte. Sie demonstrierten durch persönlichen Einsatz ihr Engagement für einen »Weltpark Antarktis« und die in einem solchen geltenden Regeln: keine motorisierte Fortbewegung mehr, keine intensive Depotfliegerei, wie sie bei der Benutzung von Schlittenhunden nötig wird, kein Zurücklassen von Müll. Dank ihrer Selbstbeschränkung kamen Messner und Fuchs mit knapp einer Million DM Expeditionskosten aus, wenn man die Produktionskosten des TV-Films nicht mitrechnet.

Der ursprüngliche Plan, vom Rand des Ronne-Eisschelfs zum Südpol zu laufen, zerschlug sich, als der Start in die Antarktis aufgrund schlechter Wetterbedingungen immer wieder verschoben werden mußte. Als die beiden endlich in »Patriot Hills«, einer Station der privaten Organisation »Adventure Network«, am Rand der Ellsworth-Berge landeten, hatten sie bereits zwei Wochen Verspätung. Eine weitere Woche Zeit verloren sie wegen Benzinmangels. Am 13. 11. 1989 brachen sie von einem Punkt am Rande des Kontinents, 500 Kilometer innerhalb der Ronne-Schelfeisdecke, zum Pol auf. Sie zogen anfangs je einen Schlitten mit 80 Kilogramm Last (Kocher, Zelt, Brennstoff, Nahrungsmittel) hinter sich her. Geplant waren nur zwei Versorgungspunkte auf der (in Luftlinie gemessen) 2450 Kilometer langen Strecke. Der erste in den Thiel-Bergen, der zweite am Südpol. Am 6. 12. 1989 trafen Messner und Fuchs an den Thiel-Bergen ein und ergänzten ihre Nahrungsmittelvorräte. Nach einer zweitägigen Erholungspause gingen sie weiter zum Pol. Das von Fuchs angewandte, eigentlich für die Seefahrt bestimmte und erstmals bei einer Landreise in der Antarktis eingesetzte satellitengestützte Navigationssystem GPS bewährte sich. Am 31. 12.1989 erreichten sie die amerikanische Forschungsstation am Südpol. Den 1050 Kilometer langen Streckenabschnitt hatten sie in 48 Tagen (22 Kilometer pro Tag) bewältigt. Nach drei Rasttagen ergänzten die beiden zum zweiten und letzten Mal ihren Proviant.

Am Pol beluden sie ihre Schlitten mit je 120 kg; das Maximum dessen, was sie unter den harten antarktischen Bedingungen zu ziehen imstande waren. Auf den Bedarf von 5200 Kalorien pro Tag umgerechnet bedeutete dies Nahrung für 45 Tage. Der Brennstoff sollte für mehr als 50 Tage reichen. Aus der Gewicht-Strecken-Rechnung ergab sich, daß die 1450 Kilometer über die Südpolarebene, den Mill- und den Beardmore-Gletscher und das Ross-Schelfeis, teilweise auf der alten Scott-Route, bis zur neuseeländischen Scott-Station am McMurdo-Sund, eine durchschnittliche Marschleistung von 35 Kilometer pro Tag erforderte.

Trotz der arg mitgenommenen Füße von Fuchs hielten die beiden Eiswanderer die Steigerung ihrer Marschleistung um fast 50% für möglich, da sie mit Drachensegeln den vom Pol her wehenden Wind ausnutzen wollten. Die Rechnung ging lange nicht auf. Schwierige Strecken, Windstille und schlechter Schnee bremsten die beiden. Die ihnen empfohlene Route über den Mill-Gletscher erwies sich als ideal. Wegen tückischer Gletscherspalten aber war die Diagonale über den Beardmore-Gletscher extrem gefährlich. Stillstand oder kurze Etappen kompensierten sie mit Tagesmärschen, die in der Spitze bei 104 Kilometern lagen. Zuletzt kam günstiger Wind auf und am 12. 2. 1990 trafen sie, abgemagert, doch gesund, in der Scott-Base ein. In 92 Tagen hatten sie 2800 Kilometer Laufstrecke zurückgelegt, was einer Tagesdurchschnittsleistung von 30 Kilometern entspricht.

Zum ersten Mal in der Geschichte der Antarktis war damit der Eiskontinent zu Fuß, ohne die Hilfe von Schlittenhunden, durchquert worden. Dazu noch mit minimaler Flugunterstützung und in einer fabelhaft kurzen Zeit. Amundsen war 1911/12 mit seinen Hundeschlitten auf etwa die gleiche Tagesleistung gekommen. Steger/Etienne lagen trotz beständigen Hundenachschubs und besserer Ausrüstung nicht viel darüber. Fuchs und Hillary waren mit dem gigantischen Materialeinsatz ihrer Schneetraktoren gerade 5 km/h schneller gewesen. Der Engländer Shackleton, der erfolgreichste Eisgeher der frühen Jahre und vom Typus her wohl am ehesten mit dem Südtiroler vergleichbar, hatte es bei seinem fast geglückten Marsch zum Pol auf 21 Kilometer am Tag gebracht – über eine lange Strecke wie Fuchs und Messner die Proviantschlitten selbst ziehend.

VII. Anhang

tenda a cupola
2 persone
per l'Antartide

Prototipo
mi serve per un
test a Solda
4.-9.2.'89

raggio del sole

nero

Paleria

ne si
ma

Caro Signor Ferrino,
quest'idea potrebbe essere nuova
e realizzabile per il futuro. Con
questo sistema posso collezionare il
calore del sole e asciugare + ri-
scaldare la tenda in Antartide
abbiamo 24 ore di sole (basso).
difficile soltanto trovare il
20 esterno, che deve essere trasparente
forte (vento). La tenda deve essere
facilmente montabile. Paleria, tenda
interna e poi quella esterna sopra
Cordiali saluti

Minimalausrüstung: Südpol

Kochen:

MSR–Kocher (Putzbenzin ¼ l M / T) mit Hülle
Benzinflaschen (viele), Reservepumpen
3 Töpfe (Kaffee 1¼ l; Essen 2½ l; Wasser 3 l)
Feuerzeug 2–3 Stück
Sperrholzplatte 30 × 40 cm (Kochunterlage)
Klopapier zum Putzen usw., Naseputzen (1 Rolle / Mann / Woche)
Plastikbecher
Aluteller?
Löffel
Taschenmesser
Kelle
Bürste

Kleider:

Papierunterhosen (3 / Woche)
Normale Unterhosen (4 / M.)
Netzunterwäsche 1 ×
Flauschi (2-teilig) 1 ×
Dünne Unterwäsche (u) 1 ×
Anorak mit Wolfspelz. (Gore) 1 ×
Überhose (nicht Latz) (Gore) 1 ×
Belaklawa – Mütze Flauschi 1 ×
Maske – Brille 1 ×
normale Brille 1 ×
Strümpfe (1 Paar / Woche)
Handschuhe ohne Finger
Handschuhe Arktis 2 ×
Handschuhe mittel 1 ×
Schuhe mit Innenschuh 1 ×
Daunenjacke mit Vaper line (nur N.Pol)
Neoprenstrümpfe 1 Paar

389

Skizze und Anregung für unser Antarktis-Zelt.
Bei allen meinen Expeditionen konnte ich neue Ausrüstungsideen entwickeln: so entstan-
den Plastik-Schuh, Scherensteigeisen, »Ever-dry-Seil«.

Shackletons Schneefahrzeug.
Mit motorbetriebenen Transportschlit-
ten ist heute eine Antarktis-Expedition
relativ problemlos durchführbar, aus
ökologischen Gründen aber nicht mehr
verantwortbar.

Allgemeine Ausrüstung:

Zelt
2 × Matten
1 × Thermos (1 l)
1 × Schlafsack
1 × Pi-Pott
1 × Schlitten (+ Matte)
2 × Magellan (GPS)
Karten
Skier mit Fellen
leichte Stöcke
Schaufel
1 Reserveski für alle
Medizin (Pflaster, Sehnens.)
1 × Argos?
Niedereisen
Eispickel
Tagebuch

1 × Recorder mit Mikro / Earfon
1 Buch / Mann
Schnaps (1 l / Monat)

Essen:

Kaffee (richtigen)
Kekse (3 St./Mann)
Speck und hartes Brot
Parmesankäse (Gelatine)
Kohlenhydratfrühstück
Haselmark (2/Mann)
Sorbiniriegel (Gelatine)
getrocknete Bananen
Trockenobst + Nüsse
Fruchtschnitten
Suppen in Gelatine (Tomaten, Gemüse)
Tee
Gefriergetr. Nahrung (Reis, Nudeln, Kartoffeln)
Pemmikan
Olivenöl in Gelatine
Butter in Gelatine
Nudeln + Püree + Reis (so mitnehmen)
Schokolade/wie S.Pol

Genußmittel:

Gewürze
Schnaps
Fishermens

Die Antarktis in Stichworten

Fläche der Landmasse: 12 393 000 km²
Fläche einschließlich der Schelfeistafeln: 13 975 000 km²
Volumen über dem Meeresspiegel: 28,6 Mill. km³. So gemessen ist die Antarktis der
  zweitgrößte Kontinent nach Asien (42,5 Mill. km³)
Mittlere Höhe des Inlandeises: 1720 m
Größte Eisdicke: 4335 m
Eisfreie Fläche: 200 000 km²
Höchste Erhebung: Mount Vinson (ca. 4900 m)
Tiefste Einsenkung des Landes unter der Eismasse: 2588 m unter dem Meeresspiegel
Länge des Transantarktischen Gebirges: 4100 km
Tiefste gemessene Temperatur (Station Wostock): − 89,2° C (zugleich niedrigste
  je auf der Erde gemessene Temperatur)
Temperatur (Jahresmittel) im Inlandeis, Station Wostock: − 56° C
Temperatur (Jahresmittel) in der Küstenregion: − 20° bis − 11° C
Vegetation: ca. 450 Flechtenarten, 70 Moosarten, 160 Algenarten. An höheren
  Pflanzen finden sich nur auf der Antarktischen Halbinsel 3 Arten
Tiere: Keine Landsäugetiere, keine Landvögel, keine Reptilien oder Amphibien,
  keine Landmollusken, keine Mücken. Nur an den Küsten leben Pinguine,
  Robben und Seevögel, die sich im wesentlichen aus dem Meer ernähren.

30°

Se

60°

Georg von Neumayer•
(BR Deutschld.)

Elephant I.

N
Q

King George I.

Deception I.

General
Belgrano II
(Arg.)

GRAHAM LAND

Filchner
Station
(BRD)

Filchner-
Schelfeis

Shackleton
Ra.

Adelaide I.

Antarktische Halbinsel

Berkner
I.

PALMER LAND

George VI Sound

Ronne-
Schelfeis

Support Force
Gletscher

Forrestal Ra.

Pensacola-
Geb.

U.S. Siple•

Ellsworth Mountains

Patriot Hills

90°

Bellingshausensee

ELLSWORTH LAND

Vinson-Massiv
4897

Thiel
Mts.

Amunds

(US

De Gerlache
Seamounts

M A R I E   B Y R D

L A N D

Axel Heil

KING
EDWARD VII
LAND

S

120°

Bay of

Ungefährer Routenverlauf:

–·–·–·–· Amundsen
············ Scott
– – – – – Hillary-Fuchs
–··–··–··– Transantarctica
———— Messner-Fuchs

0   200   400   600 km

150°

30°

60°

60°

eis

W A B E N L A N D

M A U D   L A N D

70°

King Edward-
Schelfeis

80°

Lambert Gl.
Mawson
Escarpment

PRINCESS
ELIZABETH
LAND

WILHELM II LAND

90°

QUEEN
MARY
LAND

Mirnyy
(UdSSR)

Drygalski I.

Eisdicke 3700   Vostok (UdSSR)

+ Geomagnetischer Südpol
      (1985)

Wilkes

W I L K E S   L A N D

120°

_re Gl._

Ferrar Gl.

Erebus
794

alski-
erzunge

David Gl.

Nova Bay
(Italien)

Borchgrevink Coast

GEORGE V
LAND

+ Magnetischer
      Südpol
      (1985)

Mawson Pen.
Schelfeis

150°

Unser Weg über den Mill- und Beardmore-Gletscher

tatsächlich gegangene Route

von Charles Swithi

84°S

22.1

23.1

24.1

25.1

26.1

10°

GLACIER

HOOD GL.

Mount Harcourt

ohlene Route